邮轮专业系列教材

邮轮旅游地理（第3版）

CRUISE TOURISM
GEOGRAPHY

李 华／主编
刘义军 郭一明／参编

北京·旅游教育出版社

图书在版编目（CIP）数据

邮轮旅游地理 / 李华主编. -- 3版. -- 北京 : 旅游教育出版社, 2024. 12. -- （邮轮专业系列教材）.
ISBN 978-7-5637-4801-3

Ⅰ．F591.99

中国国家版本馆CIP数据核字第2024C3V386号

邮轮专业系列教材

邮轮旅游地理
（第 3 版）

李华　主编

刘义军　郭一明　参编

责任编辑	刘彦会
出版单位	旅游教育出版社
地　　址	北京市朝阳区定福庄南里1号
邮　　编	100024
发行电话	（010）65778403　65728372　65767462（传真）
本社网址	www.tepcb.com
E - mail	tepfx@163.com
排版单位	北京旅教文化传播有限公司
印刷单位	唐山玺诚印务有限公司
经销单位	新华书店
开　　本	787 毫米 × 1092 毫米　1/16
印　　张	19.75
字　　数	363 千字
版　　次	2024 年 12 月第 3 版
印　　次	2024 年 12 月第 1 次印刷
定　　价	48.00 元

（图书如有装订差错请与发行部联系）

序一

邮轮产业被誉为漂浮在水道上的黄金产业。

自20世纪80年代至今，邮轮业的发展以每年7.6%的平均速度增长。全球邮轮旅游市场主要集中在北美和欧洲，其中，发达国家邮轮旅游占据了全球市场的最大份额，但随着国际邮轮产业将发展重点转向亚洲尤其是中国内地这一新兴市场，亚太地区邮轮业发展迅速，增长速度已明显高于世界平均值。

我国的邮轮产业经历了十余年的磨砺前行，已经步入稳步发展阶段。中国交通运输协会邮轮游艇分会（CCYIA）的统计数据表明，中国港口接待邮轮数量逐年增加。中国以优越的地理位置、独具魅力的东方文化、丰富的旅游资源和潜力巨大的客源市场成为亚洲邮轮市场的核心组成部分，越来越受到邮轮公司的重视。随着经济实力的不断提升和对外开放程度的不断增强，邮轮旅游为越来越多的人所熟知和接受，中国已经成为未来最具潜力的邮轮市场。

海洋是各国经贸文化交流的天然纽带，在建设"21世纪海上丝绸之路"的蓝图下，我国邮轮产业的发展将有利于重现海上丝绸之路的繁荣，促进沿线国家的经济发展与共同富强。同时邮轮经济的健康持续发展也将为实现我国海洋强国的梦想起到推波助澜的作用。在我国经济发展新常态下，邮轮旅游作为旅游产业中的新兴产品，有较强的产业关联性，将成为现代服务业发展的新经济增长点，能进一步促进整体经济结构的升级和变革。

邮轮产业涉及邮轮建造业、邮轮经营业、邮轮母港服务以及邮轮旅游四大环节。目前我国邮轮的"产业化"格局尚未形成，邮轮经济的乘数效应仍未得到明显体现，邮轮业务的发展对港口城市带来的综合影响很小，本土经济受益有限。其原因在于与邮轮经济发展相关的制度法规体系、人才培养体系、产业服务体系以及文化意识培育还不够。

伴随着国际邮轮公司在华运营力度的加大、各大邮轮品牌争相布局中国，国内邮轮港口的规模化建设，以及本土邮轮公司的发展，无疑将需要大批通晓国际邮轮运营、港口管理、邮轮产品销售、邮轮服务等知识和技能的专业人才。据相关统计，我国邮轮人才的需求量持续增加。因此，加强和规范邮轮人才的培养任务非常紧迫。

上海海事大学是一所以航运、物流、海洋、经济管理为特色学科的综合性大学。结合邮轮产业蓬勃发展的契机，上海海事大学有责任在上海市"国际航运中心"建设中为中国乃至全球提供邮轮中高端人才。为了休闲旅游产业的蓬勃发展，2012年4月18日，上海海事大学与英国海贸集团、上海国际港务集团等共同成立了亚洲邮轮学院，开启了旅游管理（邮轮管理方向）本科人才培养之路。随后，立足国际邮轮产业发展前沿，针对中国邮轮产业面临的诸多前瞻性问题，以教育带动问题研究，上海海事大学首创开设了邮轮管理EMBA班，致力打造汇集邮轮产业的产、学、研、政、商、资本等各领域碰撞和融合的平台。

本套邮轮系列规划教材由上海海事大学组织兄弟院校共同编写，集结了我国邮轮行业专家和学者的智慧和力量，主要包括《邮轮运营管理》《邮轮旅游地理》《邮轮港口规划与管理》《邮轮旅游服务管理》《邮轮市场营销》《邮轮英语》《海洋旅游学》《水上旅游管理》《航运市场营销管理》等，意在为我国中、高端邮轮人才培养提供一套全面系统的邮轮专业教材。

我衷心地希望有更多的学生选择邮轮管理专业，更多的旅游从业者选择邮轮行业，并参与邮轮管理相关培训和学习，切实提高自身综合素质和业务能力，真正推动上海乃至全球邮轮产业朝着更规范和可持续发展的方向迈进。

也祝愿全球邮轮产业蓬勃发展！

中国交通运输协会会长 钱永昌

序二

作为全球旅游业发展最快的部门，邮轮旅游受到了广泛的关注。在过去的近40年里，尽管全球经济经历了各种因素导致的多次衰退和波动，然而邮轮乘客的数量却保持了平均7%的增长。全球游客对邮轮旅游需求的持续升温，拉动了邮轮企业的创新和邮轮船队的更新与扩容，也推动了港口所在地的国家和城市邮轮码头等接待设施的建设。

自2006年嘉年华集团旗下的歌诗达邮轮公司的爱兰歌娜号在上海首开了邮轮母港航线，中国邮轮旅游经历了十几年的发展，已经成为全球邮轮业最重要的市场之一。作为一种新型的旅游方式，邮轮旅游正被越来越多的人所接受和喜爱；邮轮企业也不断地调整部署以提供更好的产品和服务来适应中国市场的需求。

邮轮产业作为中国的新兴业态，在与邮轮旅游直接相关的旅游销售和代理、邮轮码头建设和运营等领域发展迅速。由此带动了大批的邮轮旅游相关产业人才的需求，我国邮轮专业人才的培养成为迫切之需。不少高校开始在原有旅游管理、酒店管理、航海航运等专业的基础上开设邮轮旅游、邮轮管理和邮轮海乘等邮轮类专业，并且在培养方式上积极探索，在原有专业的基础上，积极与企业合作，重视实践环节，取得了一些开拓性的成果。作为专业教学重要载体的邮轮类系列教材建设，也在这一过程中应运而生。

《邮轮旅游地理》是一本体现邮轮旅游区域地理特征的教材。主编李华教授凭借在邮轮旅游领域多年的教学和研究实践，不仅积累了大量的国内外文献和资料，而且形成了较强的行业洞察力，为本教材的编写提供了很好的基础。理论扎实、时效性强、内容全面是本教材的特点。因此，该教材得到多家高校的采用和青睐。此次修订出版的第3版教材，汲取各方意见与建议，追踪行业发展最新动态，丰富与完善教学内容，提供了与时俱进的知识体系，更加适用于高等院校相关专业师生使用，也为邮轮行业的专业人士提供科学的参考资料。

中国邮轮旅游业的起步和发展过程中面临种种机遇和挑战，也正是在这个过程中，一大批邮轮旅游管理和服务人才得以成长起来；同时邮轮专业人才的培养和教育体系也逐渐起步和发展，其中邮轮教材建设起到了关键的作用。我希望有越来越多的旅游学者关注和参与邮轮旅游的研究和教学实践，为我国的邮轮旅游产业的发展贡献力量；也希望教材的建设和发展能够吸收和融合更多学者的智慧。

华东师范大学工商管理学院院长、教授、博导

前 言

邮轮旅游是一项充满魅力和令人憧憬的旅游休闲活动，旅游者可以跟随独具风格的移动豪华酒店，漂浮在蓝天碧海之间，在日出日落之际，游历沿途不同文化和风情的国家和港口，体验丰富多彩的邮轮生活，享受各色美食和周到的服务。邮轮旅游是全球最受欢迎的旅游产品之一，邮轮旅游业成为现代旅游业中最为活跃、发展最为迅猛的产业之一。2023年全球邮轮运力总客位达到64.4万个，而这个数量在2000年时仅为21.7万个。

经历了疫情考验的邮轮行业不仅构建了成熟完善的防疫体系，且呈现出高韧性和高活力。2023年邮轮旅游乘客量达到2019年的106%，游客出游意向也比疫情前高出6%。同时，市场呈现出显著的年轻化、更长航程、目的地深度体验和多样化等新趋势。预计2028年全球邮轮运力供给将超过74.6万。

目前北美洲和欧洲地区仍然是邮轮旅游的主要客源地和目的地，但是亚太地区凭借其快速成长的市场规模、丰富的旅游资源和不断兴建的邮轮专用码头，逐渐成为新兴的邮轮市场和目的地。

邮轮旅游业的发展依赖由邮轮港口和旅游目的地决定的邮轮航线和产品，这些要素是邮轮旅游地理的核心内容，本教材将在梳理邮轮旅游业发展中所涉及的地理要素的理论基础上，系统介绍世界各个区域邮轮旅游地理的特征和格局。

本书共分十七章：

第一章至第七章系统地介绍了邮轮旅游地理的基础知识和基本理论，内容涵盖邮轮旅游的基本概念和发展、世界邮轮旅游市场、邮轮公司、全球邮轮港口、邮轮航线和旅游目的地、世界邮轮建造业的地理格局以及世界内河游轮发展等。理论篇的内容将以全产业的视角，融合行业动态和研究成果，引领读者对全球邮轮旅游产业发展的特征和地理格局有一个较为全面的认识，同时具备一定的学科理论基础和行业洞察能力。

第八章至第十七章综合世界地理区划和全球邮轮航区特征，将全球分为北美洲、加勒比海、南美洲、北欧波罗的海、南欧和地中海、东北亚和东南亚、中东/阿拉伯海、大洋洲和南太平洋、非洲和南极洲等地区，分别对各个区域的地理特征、邮轮港口和旅游目的地、区域主要的邮轮航线进行介绍。本部分的内容基本涵盖了全球各地区主要的邮轮旅游地理的要素，即港口、航线和旅游目的地，但鉴于篇幅所限，一些小港和目的地没能一一介绍，有待有兴趣的读者去发现。

  本教材在介绍基本理论和知识点的同时也设计了"探究活动"和"知识拓展"的模块，以期教师和读者在了解基础内容的同时获得更深层次的启发，助力教师开展探究性的教学活动，提高学习效果。

  《邮轮旅游地理（第3版）》的统计数据和资料更新以2019年的居多（受疫情影响），有利于读者掌握行业最近的发展动态和趋势。

  教材的编写引用了国内外相关学者的成果和网站的内容，由于篇幅所限，未能一一标注，将尽可能在文后参考文献中列出，在此向这些学者和网站表示衷心的感谢。感谢参与本教材编写的各位编者的辛勤劳动，以及上海海事大学的吕思丽、吴勇、王丽娜、张亦卓、韩伯钧、朱丽、周金云等同学在书稿校对过程中的认真工作，魏梓昀和许泽成同学承担了本次新版的数据更新工作。

  若书中有错漏之处，衷心希望翻阅此书的各位专家和读者能不吝赐教，批评指正，以便修订完善。

李华
2024年11月

目　录

第一章　邮轮旅游概述 ··· 1
 第一节　邮轮旅游的基本概念 ··· 1
 第二节　邮轮旅游业的特征和趋势 ··· 7
 第三节　世界邮轮旅游业的发展历程 ······································· 17

第二章　世界邮轮旅游市场 ··· 26
 第一节　世界主要邮轮市场发展概况 ······································· 26
 第二节　中国邮轮市场的发展和特征 ······································· 35

第三章　全球邮轮公司 ·· 42
 第一节　世界邮轮公司概况 ··· 42
 第二节　嘉年华集团 ·· 45
 第三节　皇家加勒比集团 ·· 51
 第四节　其他邮轮公司 ··· 55

第四章　邮轮港口布局和规划 ·· 63
 第一节　全球邮轮港口的布局 ·· 63
 第二节　邮轮港口布局的条件和因素 ······································· 65
 第三节　邮轮港口规划和设计 ·· 69
 第四节　世界级的邮轮母港 ··· 76

第五章　全球邮轮航线的布局 ·· 83
 第一节　全球邮轮航线布局特征 ··· 83
 第二节　邮轮航线和目的地的设置因素 ··································· 88

第六章　世界邮轮建造业地理格局 … 92
第一节　世界邮轮建造业发展概况 … 92
第二节　邮轮建造业的特征和发展趋势 … 96
第三节　世界邮轮建造业的地理格局 … 103

第七章　全球内河游轮的发展 … 110
第一节　内河游轮概述 … 110
第二节　全球内河游轮的运营公司和品牌 … 113
第三节　世界内河游轮旅游的主要区域和航线 … 129
第四节　中国内河游轮旅游的发展 … 137

第八章　北美洲地区 … 142
第一节　区域地理特征 … 142
第二节　邮轮港口和旅游目的地 … 145
第三节　区域主要邮轮航线 … 160

第九章　加勒比海地区 … 164
第一节　区域地理特征 … 164
第二节　邮轮港口和旅游目的地 … 168
第三节　地区主要邮轮航线 … 177

第十章　南美洲地区 … 181
第一节　区域地理特征 … 181
第二节　邮轮港口和旅游目的地 … 184
第三节　区域主要邮轮航线 … 195

第十一章　北欧波罗的海地区 … 198
第一节　区域地理特征 … 198
第二节　邮轮港口和旅游目的地 … 202
第三节　区域主要邮轮航线 … 211

第十二章　南欧和地中海地区 … 214
第一节　区域地理特征 … 214

第二节　邮轮港口和旅游目的地 …………………………………………… 216
　　　第三节　区域主要邮轮航线 …………………………………………………… 228

第十三章　东北亚和东南亚地区 …………………………………………………… 233
　　　第一节　区域地理特征 ………………………………………………………… 233
　　　第二节　邮轮港口和旅游目的地 …………………………………………… 235
　　　第三节　区域主要邮轮航线 …………………………………………………… 248

第十四章　中东/阿拉伯海地区 ……………………………………………………… 252
　　　第一节　区域地理特征 ………………………………………………………… 252
　　　第二节　邮轮港口和旅游目的地 …………………………………………… 256
　　　第三节　区域主要邮轮航线 …………………………………………………… 261

第十五章　大洋洲和南太平洋地区 ………………………………………………… 263
　　　第一节　区域地理特征 ………………………………………………………… 263
　　　第二节　邮轮港口与旅游目的地 …………………………………………… 265
　　　第三节　区域主要邮轮航线 …………………………………………………… 276

第十六章　非洲地区 ………………………………………………………………… 279
　　　第一节　区域地理特征 ………………………………………………………… 279
　　　第二节　邮轮港口和旅游目的地 …………………………………………… 282
　　　第三节　区域主要邮轮航线 …………………………………………………… 290

第十七章　南极洲地区 ……………………………………………………………… 292
　　　第一节　区域地理特征 ………………………………………………………… 292
　　　第二节　邮轮港口和旅游目的地 …………………………………………… 294
　　　第三节　地区主要邮轮航线 …………………………………………………… 297

参考文献 ……………………………………………………………………………… 302

第一章 邮轮旅游概述

第一节 邮轮旅游的基本概念

一、邮轮

邮轮（Cruise）是具有定线、定期航行的，并具备生活、娱乐、购物等设施，以供游客休闲度假为主要功能的海上船舶。随着邮轮旅游的不断发展，邮轮的概念范畴也在不断扩大，内河湖泊的游船、游艇也归入了邮轮旅游的范畴。在国内，多数业界人士和媒体都比较认同将海上巡游的游船称为"邮轮"，而把江河中航行的客轮称为"游轮"，小型的客轮则称为"游船"。

邮轮原是指海洋上定线、定期航行的大型客运轮船（Shipping-liner），早期还负责运载两地间的邮件，因为"邮"字与邮政事业有关，所以被称为邮轮。随着航空技术和旅游业的发展，原本意义上作为客运或邮政运输的邮轮渐渐退出了历史舞台。取而代之的是定位完全不同的豪华邮轮，其配备有齐全的生活、娱乐、休闲与度假等各类设施。本质上，邮轮是一种"漂浮的酒店"，是漂浮在海面上的"超五星级宾馆"，被称为"无目的地的目的地"和"海上流动度假村"等。因此，邮轮不仅是一种运送旅客体验风情、领略风光的工具，而且是一种休闲度假的综合服务平台。

邮轮业和其他休闲旅游业的本质区别在于邮轮既是一种交通方式，又是一种旅游目的地。旅客巡游的经历不仅仅包括巡游本身，很大程度上还体现为欣赏国内外停靠港的景色，享受船上精美住宿膳食服务，体验船上豪华休闲娱乐设施，参加丰富多彩的海岸远足游览等。在实际操作中，邮轮公司可以提前将不同航线的舱位出售给消费者，消费者可以通过诸如度假辅助计划（Vacation Planner）、旅游代理订位（Travel Agent Locator）、热线订购（Hot Line）以及在线订购（Book Online）等多种渠道购买船票，从而方便有效地计划出行时间、出行航线、港口、景点以及邮轮上用餐、娱乐和岸上观光、远足等活动。

邮轮根据其所处的年代不同可以分为传统邮轮和现代邮轮。传统邮轮也称"远洋邮轮"，是邮政部门专用的运输邮件的交通工具之一，附带运送旅客。现代邮轮出现在20世纪60年代末，由于喷气式飞机在世界范围内的广泛应用，以交通为目的的邮轮经营不善，转而专门用于豪华旅游休闲度假，在北美及欧洲地区盛行起来。现代邮轮设施豪华、节目丰富、排水量大，被称为"无目的地的目的地""海上流动度假村"，是当今世界旅游休闲产业不可或缺的一部分。

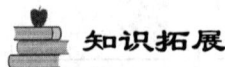知识拓展

邮轮的类型

（1）根据邮轮船型大小可以将邮轮分为巨型邮轮、大型邮轮、中型邮轮、小型邮轮。

邮轮的规模，通常以注册总吨位（GRT）与载客量（Pax Capacity）来衡量。一般根据吨位划分邮轮船型的大小，划分标准也有所差异，但是由于现代邮轮船型规模日渐庞大，邮轮的吨位纪录不断被刷新，因此邮轮大小划分的标准也逐渐提高。根据统计得到的数据并结合行业习惯，邮轮规模的划分标准为：30 000吨位以下为小型邮轮，30 000~70 000吨位为中型邮轮，70 000~100 000吨位为大型邮轮，100 000吨位以上的为巨型邮轮。

90年代初开始，大、中型邮轮一直占据着邮轮市场的主力，巨型邮轮也在90年代末开始出现，此后每年都有新的巨型邮轮建成交付，大型及巨型邮轮得益于其更为明显的运营效益正呈现出逐步占领邮轮市场的趋势。而小型邮轮在邮轮市场中也一直占据一席之地，且数量基本未变。可以预见，随着老船的退役和新船的涌现，邮轮平均吨位将继续上升，邮轮的大型化趋势仍将持续。

在国际邮轮队伍中，"海洋标志号"是皇家加勒比游轮旗下的第27位成员。"海洋标志号"的排水量达25万吨，最多可容纳7600位游客和2350名船员。

截至2023年底，世界前十大超级邮轮如表1-1所示。

（2）根据邮轮航行的区域可将邮轮分为国际邮轮、地区邮轮、海岸线邮轮与内河邮轮。

（3）根据豪华程度邮轮可分为经济型、标准型、豪华型、赛豪华型和超豪华型。

- 3星级经济型邮轮（Eco）。
- 3或3+星级标准邮轮（Std）。
- 4星级的豪华邮轮（Dlx）。
- 4+或5星级的赛豪华邮轮（Dlx+）。
- 5+的超豪华邮轮。

这种分类多为西欧、北美市场的邮轮运营商采用。

表1-1 世界前十大超级邮轮

序号	名称	所属公司	吨位/吨	建造时间
1	海洋标志号 Icon of the Seas	皇家加勒比游轮	250 000	2023年
2	海洋奇迹号 Wonder of the Seas	皇家加勒比游轮	236 857	2022年

续表

序号	名称	所属公司	吨位/吨	建造时间
3	海洋交响乐号 Symphony of the Seas	皇家加勒比游轮	228 081	2018 年
4	海洋和谐号 Harmony of the Seas	皇家加勒比游轮	226 963	2016 年
5	海洋绿洲号 Oasis of the Seas	皇家加勒比游轮	226 838	2009 年
6	海洋魅力号 Allure of the Seas	皇家加勒比游轮	225 282	2010 年
7	地中海世界欧罗巴号 MSC World Europa	地中海邮轮	215 863	2022 年
8	歌诗达翡翠海岸号 Costa Smeralda	歌诗达邮轮	185 010	2019 年
9	歌诗达托斯卡纳号 Costa Toscana	歌诗达邮轮	185 010	2021 年
10	艾瑞瓦号 Ariva	P&O 邮轮	184 700	2022 年

二、邮轮码头

邮轮码头主要有三种类型：母港（Home Port）、停靠港（Port of Call）和目的地港（Destination Port）。邮轮码头一般都具有以下特点：

（1）港区接近城市中心，水深和航道条件良好，岸线较长；

（2）全年停靠泊邮轮数量和游客流量较大；

（3）周边配套的旅游资源丰富，著名景点较多；

（4）陆、空交通便利；

（5）码头附近拥有高标准的大型购物、餐饮场所与宾馆酒店；

（6）具有符合国际法规和惯例的出入关和口岸管理程序；

（7）拥有现代化的码头设施及可持续发展的条件。

邮轮母港是指邮轮出发和返程并进行后勤补充和修整的固定地点，是游客的集散地，不仅拥有包括定期和不定期停泊大型邮轮的码头，还位于配套设施齐全、相关产业发达、旅游资源丰富的城市及周边区域。母港是邮轮船舶的运营基地，为邮轮提供维护、补给及乘客集散服务。一个地区能否成为邮轮母港，码头水深是关键条件之一，表 1-2 为北美洲、欧洲和亚洲部分邮轮母港的水深情况。世界主要邮轮母港的水深基本在 10 米以上，平均深度达到了 11 米。

表 1-2 北美洲、欧洲和亚洲部分邮轮母港水深情况

北美港口	水深/米	欧洲、亚洲港	水深/米
迈阿密	12.8	伦敦	11.5~14.6
洛杉矶	13.7	阿姆斯特丹	15.0
长滩	12.8	汉堡	13.8
圣地亚哥	12.1	巴塞罗那	13.72
旧金山	12.2	鹿特丹	16.0~21.5

续表

北美港口	水深（米）	欧洲、亚洲港	水深（米）
纽约	12.2	新加坡	10.6~14.0
波士顿	10.7	巴生	10.9~13.4
新奥尔良	12.2	中国香港	11.0
温哥华	18.0	天津	11.5

资料来源：《世界港口及内陆点索引手册》。

停靠港是邮轮航线中途的停靠点，邮轮通常会停靠6~12小时，港口可以支持观光和补给服务；目的地港是以深度体验为核心，如海岛、极地的登陆体验，可弹性延长停泊时间。纽约曼哈顿邮轮码头见图1-1。

图1-1　纽约曼哈顿邮轮码头

三、邮轮公司

邮轮公司是指拥有邮轮船队，承担邮轮引进、运营、维修等费用，从邮轮旅游者中获得经济收入的单位。邮轮产业的经营具有明显的规模经济效应，全球邮轮市场份额75%以上由三家大型邮轮企业——嘉年华集团、皇家加勒比游轮集团和地中海邮轮公司所控制，呈现明显的寡头垄断特征。

邮轮公司向旅客提供不同期限、不同航线的多种服务，消费者可以选择从短期（比如两天）到长期（比如几周）的巡游。每条邮轮服务于一定的航程，航程本身以及邮轮上的休闲娱乐设施是消费者花费的主要组成部分。邮轮的航行速度、出发的港口、停靠的旅游地、航程的期限以及停靠地之间的距离构成了整条服务航线（Itinerary）。

目前，世界邮轮产业竞争依然处在寡头竞争阶段。最著名的三大邮轮企业为嘉年华集团、皇家加勒比集团以及地中海邮轮公司，占世界邮轮产业 75% 以上的市场份额。近几年，三大邮轮公司都获得了较快的发展。以嘉年华为例，嘉年华的总部设在佛罗里达的迈阿密，公司邮轮主要服务于北美、南美、欧洲等。该集团是世界上最大的邮轮集团，到 2019 年 12 月，拥有 87 艘邮轮 22.5 万个床位，在北美、欧洲（如英国、德国、西班牙）、大洋洲（如新西兰、澳大利亚）拥有 10 个邮轮品牌。嘉年华在 2019 年的总收益为 208 亿美元，纯收入为 30 亿美元。正因为其市场强劲的增长势头和可观的经济效益，邮轮业才被誉为"漂浮在黄金水道上的黄金产业"。

四、邮轮旅游

邮轮旅游是有别于传统国际旅游的一种新兴业态。传统的国际旅游，人们总是拎着行李从一个景点赶到另一个景点，四处奔波。而邮轮旅游，提供了一个"旅游基地"的概念，整个邮轮本身就是一个"移动着的度假村"。在邮轮旅游中，人们可以将行李放在客舱里，到达目的地港口城市后轻松下船观光。邮轮旅游提供大部分人度假时所需要的各种元素——浪漫、兴奋、放松、探险、逃避、发现和奢华。随着经济的发展，越来越多不同生活方式、不同兴趣爱好的人加入邮轮旅游的行列。

作为旅游的一种形式，邮轮旅游的基本运营方式是以邮轮为运作平台，以邮轮母港为依托，以航线和节点（停靠港）为运行支撑，以海陆结合式的旅游产品和高品位的服务作为其收益的主要来源。邮轮旅游的内容以船上和船下为分界点，分为岸上活动和海上活动。海上活动通常包括船上休闲娱乐、健身食宿等内容。岸上活动与一般的观光旅游基本相同。邮轮在航线上设置若干停靠港口供游客登岸游览。邮轮靠泊这些港口城市之后，游客和船员可依照喜好选择登岸自行游览，抑或参加邮轮或者岸上旅游运营商提供的包价旅行团。对于岸上旅游景点而言，邮轮是运送乘客的一种交通工具，岸上旅游目的地向邮轮乘客提供的服务与向一般游客提供的服务相同，包括观光、餐饮、购物等。鉴于邮轮在停靠港停留的时间一般为清晨抵达，晚上离开，停靠 8~12 小时，极少有过夜的情况，游客在岸上旅游地住宿的概率较小。但是对于母港而言，游客在正式的邮轮旅游开始前和结束后在母港城市的游览没有严格的时间限制，因而游客在母港城市住宿的概率较大。

邮轮旅游产品是满足旅游者在旅游活动过程中精神、文化、生活需求的物质实体和非物质形态的服务的各种要素的组合，它由邮轮公司提供，以邮轮为载体，并且以邮轮本身和邮轮线路为典型和传统的市场表现形式。如目前，我国邮轮旅游市场上主要的航线有三条：中日韩航线、港台航线和东南亚航线；邮轮主要有皇家加勒比游轮、地中海邮轮和我国的招商伊顿、爱达、蓝梦等邮轮公司提供的邮轮。

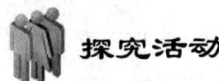 探究活动

邮轮旅游这种旅行方式始于18世纪末,兴盛于20世纪60年代。邮轮度假风潮是由欧洲贵族开创的,它的精髓在于全家人借浩瀚的海洋去寻访历史,是一种优雅、闲适、自由的旅行,是欧美人最向往的度假方式之一。邮轮是海上漂浮的度假村,省去车马劳顿,享受旅游的每分每秒。在所有形式的度假旅游中,邮轮度假的顾客满意率最高,重游率也最高。研究表明,乘坐邮轮的人中有超过80%的人表示"非常满意"或者"很满意",有90%的人日后会再次乘坐邮轮。邮轮旅游已经成为全球旅游业中增长最快的一部分。今天的邮轮将带领人们前往世界各地不同的旅游目的地,提供温泉、健身俱乐部、特色餐厅、儿童娱乐设施,以及各种各样的体育活动、互联网服务及满足各种年龄层次人需求的娱乐活动。

活动任务: 登录爱达邮轮官网(https://www.adoracruises.com),了解邮轮品牌故事,邮轮目的地航线,邮轮上的美食、娱乐和舱房类型,思考邮轮旅游与传统意义上的旅行有哪些差异。

五、邮轮产业和邮轮经济

现代邮轮业是以大型豪华游船为运作依托、跨国旅游为核心的新型产业,提供旅游市场的高端产品。国际邮轮产业具有两个鲜明特点:一是能在一定程度上带动和促进邮轮航行涉及的区域节点上的船舶维修业、港口服务业等相关产业的发展;二是邮轮乘客具有较高于普通民众的消费能力,对航线上港口城市的服务业具有一定拉动作用。因而,邮轮产业是交通运输业、旅游休闲业、高端服务业深度融合的综合性产业。作为一个与上下游产业密切关联的产业,邮轮产业的发展包含很多门类,如邮轮港口建设、邮轮船舶建造、邮轮商业服务、邮轮旅游交通、邮轮物资供应、邮轮金融保险等,并对拉动内需、促进地方经济发展作用巨大。邮轮产业是邮轮经济的核心产业,是运输业与旅游业的结合,更趋向于接近旅游业,其运行与发展是由邮轮乘客的消费而形成的,邮轮乘客的消费又以邮轮乘客的邮轮票价和额外消费的形式体现。

邮轮产业是指以邮轮为核心,以海上观光旅游为具体内容,由交通运输、船舶制造、港口服务、旅游观光、餐饮、购物、银行保险等行业组合而成的复合型产业。邮轮产业链涉及邮轮制造业、邮轮公司、邮轮港口、岸上旅游4个环节,其中,邮轮制造业属于高端船舶制造领域,目前基本被欧洲垄断,每年能够获得几百亿欧元的收益。随着国际邮轮产业链的不断延伸,邮轮旅游将给邮轮母港和停靠港城市带来极大的人流、信息流、交通流,从而有力地带动这些地区物流、通信、房地产、文化、旅游、餐饮、购物等关联产业的形成和快速发展。

邮轮产业的主要特点如下:

(1)经济要素的聚集性。邮轮产业形态于20世纪60年代后期形成于北美,其聚集性主要表现在两方面:一是为邮轮及邮轮旅客服务的各类机构和相关产业(如商业、宾

馆、餐饮、陆空交通、金融、中介代理），一般聚集在港口附近及周边地区；二是优良的邮轮母港可以吸引更多的邮轮集聚，而多艘邮轮的集聚可极大地拉动当地的经济。

（2）旅游产品的网络性。与邮轮网络相联系的主要有三项：邮轮游客输出地、邮轮游客旅游消费地和邮轮中转地。以上每一部分都有各自的网络，同时又能有机地相连，组成一个互动的系统。其主要通过各大邮轮公司、邮轮旅游代理、各级政府以及港口企业等进行连接。尽管有时邮轮本身就是旅游目的地，但上岸观光既可以提高旅游附加值，也可以调节游客的海上生活，同时还可给邮轮补给，因此，邮轮停靠的港口构成了邮轮产业中重要的网络节点。

（3）服务对象的全球性。尽管当今的经济正朝着全球一体化的方向发展，但真正具有跨区域特点的产业并不多，而邮轮产业一开始就定格为跨区域性产业。邮轮航线的生命力在于其跨国和跨洋性，如环球邮轮可以到达世界上任何一个大型码头。邮轮上的船员和游客往往来自全球几十个国家和地区，他们说不同的语言，使用不同的货币。

（4）文化的多元性。总体来说，由于邮轮产业起源于贵族休闲文化，故其所有相关的服务都体现出奢华的特点。许多邮轮都配备了极尽可能的华丽装饰。例如，有些邮轮接待大厅的装饰几乎与泰坦尼克号如出一辙。金碧辉煌不但能够体现出邮轮消费的价值，同时也能提升邮轮本身的品位，吸引更多的游客去体验邮轮生活；各国文化在邮轮上竞相辉映，显示出邮轮产业文化的开放性；邮轮装饰中体现出的风格以及各种风格间的差异，也增加了邮轮之旅的神秘色彩。

邮轮经济是指以邮轮旅游为核心产品带动相关产业发展而产生的总体经济效应。对于目的地来说，邮轮经济的主要收入来源在于邮轮公司及其乘客和船员在港口城市和周边地区购买产品和服务所带来的消费，这些消费构成了邮轮旅游的直接经济效应。因此，能否吸引邮轮停靠并扩大乘客和船员的消费成为获取邮轮经济效应的关键。

第二节　邮轮旅游业的特征和趋势

一、邮轮旅游业的特征

（一）全球化网络的节点经济

邮轮旅游是国际旅游中最具全球化特征的一个分支行业。从目前邮轮业的运营情况看，邮轮制造主要集中在挪威、芬兰、意大利、德国等国家；邮轮企业（特别是邮轮集团总部）主要分布于美国、英国、希腊、马来西亚、挪威；邮轮业资金主要来自美国、德国、英国和日本；海运注册多选择在巴拿马、利比里亚、百慕大、塞浦路斯和巴哈马；邮轮运营管理人才主要来自意大利、希腊、挪威、英国等国家；船员主要来自南欧和东南亚。因此，可以说邮轮产业是一个全球化的网络性产业，以连接七大洲的整个海洋作为运营舞台，以遍布世界各地的码头作为依托，构建起庞大的航游网络。邮轮码头构成了航游网络的节点，邮轮经济就成为网络化的节点经济。

从邮轮旅游运营的视角看，要想发展邮轮经济就要通过邮轮码头的建设，吸引国际邮轮的到达而成为邮轮产业的节点。当然，邮轮经济效应的大小取决于网络节点的重要性或者说取决于邮轮码头在邮轮航游网络中的角色和地位。邮轮码头根据其重要性分为母港码头、停靠港码头与目的地港。研究表明，邮轮母港的经济收益是停靠港的10~14倍。当一个港口城市被定位为停靠邮轮的母港，该区域就会形成较大的邮轮经济效应。港口城市发展邮轮经济的重要方式，就是建立标准的邮轮码头以吸引邮轮靠泊，并争取成为大型邮轮公司的邮轮母港。

（二）聚集性特征

邮轮旅游的聚集性表现为两个方面：一是各类相关要素集聚在邮轮码头附近，以便及时快捷地为邮轮及邮轮乘客提供优质服务，因此，邮轮母港所在地一般会以邮轮码头为中心形成邮轮产业集聚区，既为邮轮补给、维护、修理等相关产业开辟了一个可观的新市场，又带动了服务游客的餐饮、住宿、旅游、购物等各方面经济的发展，成为当地新的经济增长点。产业聚集区的形成可降低产业发展的交易成本，构建区域竞争优势，并进一步形成产业集群、促进产业升级。二是优良的邮轮母港能吸引更多邮轮集聚本港，而多艘邮轮的集聚又大大促进了本地的邮轮经济，使其具备规模经济，从而有能力提供更为高效的邮轮设施和服务，进一步提升其产业竞争力和在全球邮轮网络中的地位。这使得邮轮母港不仅仅是邮轮码头，更是一个邮轮城概念，如美国的迈阿密、英国的伦敦、亚洲的新加坡和中国香港。这就要求致力于发展邮轮经济的城市必须为邮轮码头预留足够的发展空间，并在发展初期给予各方面的支持。

（三）显著的规模经济特征

邮轮产业具有显著的规模经济特征，这体现在两个方面：单艘邮轮的规模经济和船队的规模经济。前者表现为邮轮注册吨位（GRT）越大，载客量越多，单个舱位成本越低，达到收益平衡点所需收取的邮轮价格也越低，产品的价格竞争力也就更强。这就使得每年新投入运营的邮轮体量越来越大，如皇家加勒比游轮集团所属的"海洋标志号"，总吨位达25万吨，可承载7600名乘客。后者表现为邮轮船队规模越大，分摊到每艘邮轮上的固定成本和变动成本越低，邮轮运营商就可以让利于消费者以获得竞争优势，或增加公司的利润。具体来说，规模较大的船队既可以降低前期的研发、设计、建造和培训单位成本，又可以在运营期更有效地分担巨大的销售、行政管理、广告宣传和采购成本。

同时，大的邮轮船队可以凭借其规模优势，与旅游分销商或代理商建立全球性或区域性的营销网络，从而提高邮轮舱位出租率。

（四）寡头垄断的市场结构

由于邮轮造价高昂，资产专用性强，运营成本高，因此国际上经营邮轮旅游业务的公司较少。全球排名前3位的邮轮运营企业分别为嘉年华集团、皇家加勒比游轮集团、地中海邮轮公司。这三大邮轮企业，占全球邮轮业市场75%以上的份额，呈现出明显的寡头垄断市场特征。这种较强的市场垄断结构使得邮轮运营业具有较高的进入壁垒，具体表现为已有企业的品牌效应所造成的进入壁垒、利用已有的分销系统形成的进入壁垒、与旅游经营商进行产品组合等合作形成的进入壁垒、借助对邮轮码头的控制实施的进入壁垒、通过提高舱位供给量所形成的进入壁垒等。在寡头垄断市场结构下，由于邮轮运营中船票和船上产品销售具有不同的价格弹性，因此，邮轮公司大多采取类似两部收费制的定价策略，即不断降低船票价格的同时，对游客的船上消费项目进行较高的加成定价。

（五）发展的区域不均衡

首先，表现为区域市场开发的不均衡。邮轮运营具有鲜明的松散特性（Footloose Nature），根据经济地理学的相关理论，该类经济活动通常倾向于选择在市场容量较大的地区开展生产经营活动。以美国为首的北美地区人均收入高，消费较为超前，因而成为世界上最大的邮轮市场，游客数量一直占世界份额的80%左右。当然，随着邮轮旅游向全球其他区域的不断延伸，北美所占份额有下降趋势。

其次，表现为邮轮航线的地理集中性。全球邮轮旅游活动的主要区域为加勒比海区域、欧洲/地中海区域、亚洲/南太平洋、阿拉斯加、墨西哥西海岸等地，其中加勒比海地区和欧洲/地中海区域又是最为密集的邮轮旅游活动区，邮轮到访量分别占全世界的43%和22%。

最后，表现为邮轮港口特别是邮轮母港的分布不均衡。美国是拥有邮轮母港最多的国家，2019年发送游客数量占全球的52.2%。迈阿密港（Miami）、卡纳维拉尔港（Port Canaveral）、埃弗格雷斯港（Port Everglades）、加尔维斯顿港（Galveston）和长滩港（Long Beach）五大邮轮港口占美国客运量的68%。

（六）邮轮运营的地理季节性调配特征

邮轮公司所开发的邮轮航线是随着季节、旅游淡旺季等对运力作调配的一种经营方式。国际邮轮旅游中虽然也有终年航行在世界各地的环球邮轮（World Cruise）和远洋邮轮（Extended-length Cruise），但其所占比例很小，大多数邮轮都是巡游于特定海域的区域性邮轮。目前，世界主要的邮轮航行区域有加勒比海区域（包括加勒比海、墨西哥湾及其周边海域）、地中海、东南亚海域、南太平洋海域、北欧海域、阿拉斯加、美国东西海岸等。由于气候、洋流等因素，这些区域仅在特定季节适合开展邮轮旅游，因此，邮轮船队为获得较高的出租率，都会采取季节性调配（Seasonal Repositioning）策略，定期改变其始发母港和邮轮航线。这样大多数邮轮公司都能够使其邮轮舱位出租率达到100%及以上。表1-3列举了世界主要邮轮经济区域的航线淡旺季情况。

表1-3 世界主要邮轮经济区域航行季节

	1月	2月	3月	4月	5月	6月	7月	8月	9月	10月	11月	12月
加勒比海域	★	★	★	★	☆	☆	☆	☆	☆	★	★	★
地中海	☆	☆	☆	★	★	★	★	★	★	★	☆	☆

续表

	1月	2月	3月	4月	5月	6月	7月	8月	9月	10月	11月	12月
东南亚海域	★	★	★	☆	☆	☆	☆	☆	★	★	★	★
南太平洋海域	★	★	★	☆	☆	☆	☆	☆	☆	☆	★	★
阿拉斯加	○	○	○	☆	★	★	★	★	☆	☆	○	○
美国西海域	★	★	★	☆	☆	☆	☆	☆	☆	☆	★	★
美国东海域	☆	☆	☆	☆	☆	☆	☆	☆	★	★	☆	☆

注：表中★代表航行旺季，☆代表航行平季，○代表航行淡季。

二、邮轮旅游的分类

邮轮既然与陆地上的各式旅游目的地性质相同，那么也必然同陆地上的旅游目的地一样，在规模大小、营运属性和品牌形象及市场定位等方面各不相同。本书就以邮轮的营运性质和市场定位两种分类方式对邮轮旅游进行简略的区分。

（一）邮轮的营运性质分类

依照不同的营运性质，邮轮可以大致分为五类：

1. 传统型邮轮（Traditional Cruise）

传统型邮轮特征是体形庞大，尖头方尾，外形设计有怀旧感，讲究人性化服务，对穿着的规定比较正式，船上的娱乐活动大都比较高雅。例如早期的泰坦尼克号以及近代冠达邮轮（Cunard Cruise）旗下女王系列邮轮和水晶邮轮船队都属于此类。至于正式穿着这一规定，早期每逢晚宴男士必穿燕尾服、女士需着晚礼服的陈规现在已经完全舍弃，取而代之的是一周之内至多两晚正式穿着（Formal Dress Code）。且只要求男士穿着深色西装外套配以浅色衬衫，打蝴蝶结或深色领带，女士则以穿着一件西式晚礼服或中式长旗袍为准。

2. 标准型邮轮（Standard Cruise）

标准型邮轮特征为5万吨及以上吨位和1000名以上载客容量的邮轮。公共设施较为宽敞多元，游憩娱乐活动通俗化，岸上观光游程、港口税捐以及小费等自费服务项目较多。由于船上游客人数庞大，因此在配置餐厅、秀场等资源时多采取两批座次方案予以间隔处理。除了以时间差错开用餐和观剧的人潮外，亦可避免出现场地爆满或拥挤混乱的现象。

3. 主题型邮轮（Theme Cruise）

主题型邮轮以迪士尼乐园起家，并引领全球主题公园热潮的迪士尼集团于1998年加入邮轮船队的营运，即成为主题型邮轮的典型代表。船上的设施和工作人员皆依照迪士尼动画中的场景和人物设计，尤其受到家庭游客的欢迎。此外，现今各大邮轮公司推出的产品都有了明显的主题化倾向：依据不同的淡旺季节需求变动设计特殊航程与活动节目。利用非旅游旺季的时段,在船上举办各种游学、讲座、戏剧、音乐会等主题式活动以填补市场淡季的空档。如荷美邮轮（Holland America Cruise）的海上大学以环游世界的浮动校园为号召招生,聘请各国不同科目的老师于船行途中授课,船上多国籍的学生既可以环游世界拓宽视野,又不至于因远离校园荒废功课,同时还大大拓展了人际交往能力。

4. 豪华型邮轮（Luxury Cruise）

豪华型邮轮特征是设备豪华、载客量较少（一般仅搭载百人上下）,服务生与乘客人数比例高达1:1,特别讲究个人品位,穿着服饰不必正式,极少有自付费的额外要求。其服务对象以中老年银发富商巨贾为主要客群。例如世鹏女王邮轮（Seabourn Goddess Cruises）系列船队,以及银海邮轮船队（Silversea Cruise）的银风、银云等系列船队即属于此类豪华型邮轮的代表。

5. 博彩型邮轮（Casino Cruise）

博彩型邮轮是一种特殊的邮轮,俗称为赌船。船公司通常利用周末时段,以极低的价位收费,并附加免费来回接送、附送赌资、筹码等促销手段,以吸引某些禁止赌博国家的爱好博彩人士上船。当邮轮驶抵公海地带时随即抛锚停驶以节省油料,并任由赌客通宵达旦豪赌,直至周末结束再回航靠岸。这一特殊经营的邮轮形态,大都出现于美国东西两岸外海以及亚太地区多数华人聚居的海岸线外公海一带。

（二）邮轮旅游的市场定位分类

根据市场定位,邮轮旅游可以分为四类:时尚型（Contemporary）、尊贵型（Premium）、奢华型（Luxury）、特殊型（Niche）,见表1-4。

表1-4 邮轮旅游市场分类

分类	时尚型	尊贵型	奢华型	特殊型
航程长度/天	3~7	7~14	≥7	≥7
船型特点	现代、大型或超大型	现代、中型或大型	小型或中型	小型
邮轮公司	Carnival, RCCL, NCL, Princess, Costa 等	Holland America, Celebrity 等	Crystal, Silver Sea, Seabourn 等	A&K, Swan, Star 等
邮轮线路	加勒比海、地中海、亚洲	加勒比海、地中海、阿拉斯加	环球航游	环球航游等
平均每日花销/USD	50~100	150~300	300~2000	200~900

资料来源：Bjornsen, p.（2003）, The growth of the market and global competition in the cruise industry. Paper presented at the cruise and ferry conference, Earls Court, London。

三、邮轮旅游业发展的影响

（一）邮轮旅游的经济效应

邮轮产业是世界上最具潜力的产业之一，对其他产业的拉动和影响显著。邮轮产业的运行能够推动其上游和下游产业链的发展：邮轮的建造与修理及其设施的配套等，将使相关的若干产业直接受惠；邮轮在码头的抵离、停靠及生产的油、水、备品补给会引发有关的产品和服务的关联交易；邮轮公司还需要在母港设置规模较大的地区总部，并招聘一定比例的船务人员，为港口都市直接提供了一定的就业岗位，并提供当地的交通、酒店、租车、旅行服务等一系列直接服务产品。因而，邮轮旅游产生很强的经济效应。据统计，有1人参加邮轮旅游，就会带动9个就业岗位；接待一位邮轮游客的收益，相当于接待两个境外游客的收益。表1-5为2018年邮轮产业对全球的经济贡献。

表1-5 2018年邮轮产业对全球的经济贡献

类别	贡献价值
游客和邮轮员工岸上观光人数/百万人	148.0
直接消费总计/10亿美元	35.37
产出贡献总计/10亿美元	150.0
收入贡献总计/10亿美元	50.24
劳动岗位贡献/百万个	1.17

资料来源：CLIA，the Global Economic Contribution of Cruise Tourism，2018。

 **知识拓展**

邮轮产业的经济效应

邮轮产业经济效应显著，按照CLIA的统计，每接待一位国际游客的收入是740美元，而邮轮接待的游客收入高达1341美元。2018年，游客和邮轮员工共计有1.48亿人次参加岸上观光，直接消费353亿美元。这353亿美元的消费中还包括邮轮公司用以购买船上使用的商品和货物的花费。这些消费总共产生的包括直接的、间接的、诱导的产出贡献高达1500亿美元。这也同时创造了近117万个工作岗位，并获得502.4亿美元的收入贡献。在发达国家，邮轮经济以其集聚性、网络性、全球性及多元性发挥着明显的增长极作用。同时，邮轮旅游的迅速发展，对所在城市和地区展示都市国际形象、提高休闲品质、增进国际的文化交流等社会效益的实现均有重要的意义。

另外，根据BREA对全球21个邮轮旅游目的地的调查统计，邮轮产业对当地的经济影响表现为如下特征：

● 邮轮旅游所带来的消费金额为19.9亿美元。

- 通过对1544万邮轮乘客和270万曾参与了岸上观光的邮轮乘客的抽样调查分析，邮轮旅游消费金额当中有14.8亿美元用于船上消费，2.62亿美元用于岸上观光消费。
- 每一位邮轮乘客在岸上平均消费支出为95.92美元，每一位邮轮船上员工在岸上平均消费支出为96.98美元。
- 邮轮相关产业为当地创造了4.52万个工作岗位，并为此向当地支付了7.28亿美元的人员工资收入。
- 根据对一艘载有2550名乘客和480名员工的邮轮的保守估计，在加勒比地区一个从母港到另外一个挂靠港的航程里，游客和员工总共能够消费大约22.6万美元，其中游客和船员的消费支出比例分别为85%和38%。

邮轮旅游经济效应体现出以下三个特点：

首先，邮轮旅游具有国际性。邮轮旅游涉及的区域范围是国际旅游的范围，并非局限于某一个国家或地区，因而，邮轮旅游的经济效应是具有国际意义的经济效应。

其次，邮轮旅游具有高层次性。邮轮旅游通常是与较高收入相联系的一种旅游方式。根据日本经济学家筱原三代平的主导产业选择基准，高收入弹性对产业的发展起着重大作用，而邮轮旅游恰好满足这一要求。随着经济的增长，人们收入水平的整体提高，邮轮旅游的经济效应越发明显。

最后，邮轮旅游具有范围广的特点。它通常和很多产业如吃住行游购娱等行业、制造业等产生更为紧密的联系，并且有很多的上下游关联企业，因而它的经济效应尤为突出。

邮轮经济是一种以海洋为舞台、以邮轮为载体、以海陆互动和旅游休闲为内涵的消费形式，最终通过此消费形式对相关行业产生强大的经济辐射作用。邮轮产业的发展对于港口城市经济的促进作用是显著的，特别是当一个城市被定位为邮轮母港，其可以获得来自两个方面的巨大收益：一是游客带来的，包括他们在当地及周边地区的交通、就餐、住宿、观光和购物等消费收益；二是邮轮的物料补给、维修以及停靠费用等。

与此同时，对目的地，特别是经济较不发达的停靠港型邮轮目的地来说，邮轮是一个很容易产生经济漏损的产业。加勒比邮轮旅游的困境也反映了邮轮产业的缺陷。虽然有诸多因素影响邮轮经济对地方的贡献，但是邮轮产业能否为当地带来可观的收益，最根本的还是取决于当地的经济体系满足邮轮产业需求的能力。地方需要建立一个公共或民间的组织，来保证邮轮公司的采购与当地的供应链充分整合。这样邮轮业的绝大部分购买力才可以保留在当地的供应商手中。这种中介形式组织的重要性还体现在可以将当地能够满足邮轮需求的商品和服务有针对性地对邮轮公司进行宣传营销，同时搭建供应商和邮轮公司之间的对话平台，加快外国邮轮公司供应链的本地化进程。

（二）邮轮旅游的环境影响

邮轮本身是一座浮动的城市，不可避免地会产生许多污染，对环境造成不良的影响。随着邮轮旅游的飞速发展，它对环境造成的压力也越来越引起学术界的关注。虽然邮轮只占海上航行商船的 1%，但是邮轮制造的污染占所有商船污染的 25%。如此大量的污染对母港和停靠港产生很大影响（Uebersax，1996）。美国环保局（EPA）2000 年发布的数据显示，一艘承载 5000 人（包括船上工作人员）的邮轮每天产生约 500 000 加仑的废水和 50 000 加仑的生活污水。

　　邮轮旅游给大量的游客提供了利用海洋资源的机会，给旅游目的地带来可观的经济收入，但邮轮活动以及与之相关的基础设施的建设，给海洋和旅游目的地造成的环境污染及对当地居民生活的影响也不容小觑。2007 年 11 月 23 日凌晨，"探索者号"邮轮在靠近南极圈的南设得兰群岛附近撞上一座冰山后沉没，船舱内的燃油泄漏，形成了 8 千米长、5 千米宽的污染带，对附近海域造成严重环境污染。2012 年 1 月 13 日的歌诗达"协和号"邮轮发生触礁事故，专家担心邮轮上装满 2300 吨柴油的油缸破损漏油，酿成海洋生态大灾难。吉廖岛一带原本海水清澈，是潜水胜地，附近是海豚和鲸鱼等的保护区，但邮轮成为一个"生态计时炸弹"。邮轮经济带来的环境负面影响引起了建设邮轮码头的城市思考和重视，成为国际邮轮业发展面临的重要问题之一。

　　David Johnson 运用了常用于分析制造业产品环境影响的分析工具——生命周期评估（Life-cycle Analysis）对邮轮旅游的环境影响进行了分析，将邮轮产品按照制造业产品从原材料到生产、分销、使用和废弃五个阶段进行解析，具体地分析每个阶段对环境造成的影响，见表 1-6。

表 1-6　邮轮对目的地的环境影响

设施建设的影响（Infrastructure Impacts）	邮轮建造的污染，目的地建邮轮专用码头和其他港口设施，以及港口附近商店、宾馆、酒店等设施建设的影响。对自然环境的人为干预改变本地的海浪朝向，进而改变沉积物的堆积以及大量设施建设对浅海生物圈的影响
邮轮运转的影响（Operation Impacts）	邮轮消耗燃料时产生的水污染和空气污染，净化后的污水二次排放对环境的影响以及邮轮靠岸时对海床的物理伤害
物流和客流的影响（Distribution Impacts）	邮轮带来的大量客流考验目的地的环境承载力，而补给邮轮的商品和货物会对当地的陆路运输设施提出更高的要求。对于邮轮母港来说，其发达的空中运输设施对环境的影响也不容忽视
游客游览的影响（Use Impacts）	大量游客短时间集聚，挑战用水、食物、药品等基本物资的供给。同时，由于旅游纪念产品的开发，珍稀动植物，特别是目的地特有物种的保护受到威胁
污染物排放的影响（Waste Impacts）	除国际海事组织（IMO）发布的相关污染物类别之外，20 世纪 70 年代发布的世界船只污染预防大会议定书（MARROL Protocol）特别规定了船只污染种类和预防处理措施。主要类别包括燃油泄漏、垃圾、生活污水、塑料制品和危险化学物质。这些都需专业完善的设施加以回收和处理

（三）邮轮旅游的社会影响

　　邮轮出航后会在多个停靠港口停靠，邮轮的停靠以及邮轮乘客的岸上观光会对停靠港城市造成一定影响，这些影响主要体现在以下四个方面：

　　第一，游客数量突增。人的数量增加会超过港口承载的量，随着邮轮数量的增加和船舶规模增长，这已成为一个重要问题。近年来邮轮船舶的大型化使得邮轮所带来的乘客数量剧增，中大型的邮轮可以承载3000~5000位乘客，如果邮轮港口同时接待四艘邮轮停靠，那么港口地区将短时间内拥入12 000~20 000位游客。不仅乘客的体验会受到影响，更重要的是当地居民被迫面临过度拥挤和与此增长相关的其他问题。这些问题在许多方面都是邮轮旅游所特有的，因为每天都有大量人口短期涌入，相反，传统旅游的游客是停留在度假村或在一个地区更深入地游览，而停靠港社区居民的生活质量直接受访客量的影响。

第二，港口体验的同质化。加勒比海地区是成熟邮轮旅游目的地的典范。因此，港口在一定程度上变得同质化。如珠宝店、免税商店的酒类和其他商品，还有其他各种各样同质化的旅游产品都会在各港口出现。许多公司（例如，Little Switzerland, Diamonds International等）在各个港口都有商店。虽然这种同质化可能对拥有商店的外部公司具有经济价值，但它会对当地人产生影响。以阿拉斯加的凯奇坎为例，原本市中心有很多商店，但邮轮使得市中心对当地居民失去吸引力，他们只能到本次邮轮季结束后再次享受宁静的城市。

第三，体验到的社会文化的真实性有限。游客是否有机会与当地文化互动并体验当地文化，并尊重当地文化。乘客对当地特色景点和文化的体验受到所花费时长以及同时游览该景点的其他邮轮乘客数量的限制。邮轮乘客上岸时间有限，而游客往往倾向多游览几处景点，这导致游客在一个景点所花的时间很少；此外，邮轮乘客数量过多会影响游览质量。关于社会文化真实性的另一个问题是船上关于港口的讲解和那些导游提供的信息的准确性。乘客一般依赖这些邮轮员工获取信息，但这些信息往往是有限或不正确的。

第四，港口附近的土地占用和开发引发矛盾。矛盾来自船舶港口投资影响，邮轮旅游业的进入会占用土地进行旅游开发，然而最后获益的一般为外来者以及港口方面，这些环节中没有当地居民的参与，因此社区会经历与旅游业和相关项目建设土地的掠夺有关的抗议，其中腐败现象会有所增加。此外，居民与邮轮旅游开发商之间的矛盾会更加严重，不利于当地旅游的发展。

四、邮轮旅游业发展的趋势

（一）邮轮巨型化和功能多样化趋势

鉴于邮轮产业的规模经济特征以及满足旅游者多样化需求的考虑，国际邮轮企业所购置的船只越来越趋向大型化及内部功能的多样化。从邮轮吨位来看，相关资料表明：20世纪80年代建造的邮轮单船平均达2.6万吨、776客位；90年代建造的邮轮单船平均4.6万吨、1205客位；2000年后建造的邮轮单船平均7.66万吨、1815客位。世界主要邮轮公司2009年首航的新建邮轮平均吨位已经达到12.8万吨，其中最大的为皇家加勒比游轮的"海洋标志号"邮轮，其总吨位为25万吨，可承载7600位乘客。在邮轮巨型化的同时，邮轮功能也日趋多样化。目前，除了传统的酒吧、咖啡厅、免税商店、夜总会、健身中心、图书馆、会议中心、豪华赌场、游泳池、青少年中心外，很多邮轮还设置有高尔夫球场/练习场、保龄球馆、篮球馆、排球馆、网络咖啡吧、滑浪池、攀山墙、滑冰场等设施。

（二）邮轮旅游主题化趋势

主题邮轮产品早在邮轮业发展之初就已存在，但其成为邮轮公司开发和营销的重点则始自20世纪80年代。在市场竞争日益激烈和邮轮需求日趋多样化的环境下，适应特定消费群体的旅游需求，开发主题化的邮轮产品以形成差异化成为邮轮公司获得竞争优势的利器之一，主题化邮轮旅游也成为世界邮轮市场中热销的产品。如嘉年华推出了"魅力海上读书"活动，邀请畅销书作者与游客同船旅游，共同讨论书中精彩的情节。皇家加勒比邮轮在邮轮上推出了运动型的项目，如高尔夫爱好者可以打轻击球，热衷攀岩的人可以参加攀岩活动，为游客的旅行增添了许多乐趣。此外，一些邮船公司为儿童准备了各种游戏活动，为年轻人准备了舞会，为成年人提供水疗和室内运动项目或专题讨论会等。在主题化邮轮产品热销的趋势下，依托鲜明主题，按照主题公园的模式与思路进行经营，成了当前全球邮轮公司新兴的经营模式。

（三）短程化和近岸游增多趋势

邮轮旅游的日程变化幅度较大。从历史数据来看，有长达100多天的环球航游，也有仅停留一日或一夜的短程近海巡游。基本上可将其分为4种类型：环球游、远洋游、区域游和近岸游。根据马丁对1985年至2002年前两类邮轮旅游类型研究的结论可知：环球游平均航期为100天，远洋游为60天。另外，根据世界各大邮轮公司的航线数据，区域游的航期平均为6~7天，而近岸游则平均为2~3天。根据国际邮轮协会的相关数据，在上述4类邮轮旅游类型中，环球游和远洋游所占比例很小，仅为1%左右；区域游所占比例最大，历年来约占到60%；近岸游的比例在近年来一直呈上升趋势。综合来看，导致这种趋势的主要原因有3个：一是自"9·11"恐怖袭击后，人们普遍产生了对远程旅游安全性的担忧，因此，倾向于避免跨洋航游，参加近岸旅游；二是虽然停靠港的旅游吸引物仍是促使人们参加邮轮旅游的一个重要因素，但在邮轮巨型化和功能多样化的趋势下，邮轮本身作为一个终极目的地的观念更加深入人心，因此，一些仅在周边海域航游而不停靠任何港口的邮轮产品日益增加；三是邮轮公司为吸引新的客源市场，特别是亚太等新兴经济体内的客源市场，开发出一些旨在提供尝试性体验的短程航游产品。

（四）联营化趋势

邮轮旅游联营化指的是邮轮公司与旅游经营商、交通服务提供商（陆路和航空）、旅游港口等相关企业形成较为紧密的合作关系，共同为游客提供一体化的邮轮体验服务。这种运营模式首先且主要体现在交通体系方面，即邮轮公司开办飞机—游船、铁路—游船、汽车—游船等多种方式的联运业务。比如，英国公主邮轮公司与其主要客源地美国的140多个城市及加拿大的11个城市的航空公司建立联运业务关系，使旅游者在上下游船当天能够免费享受机场接送服务，为游客乘船旅游提供了极为便利的条件。随着邮轮产业的进一步发展，联营化特征也逐步扩展至其他业务内容，如有些邮轮公司开始购买海岛，开发岸上旅游观光产品。

（五）邮轮公司的发展呈产业垄断化趋势

自 20 世纪 70 年代邮轮公司纷纷建立时起，合并和兼并的风潮就一直伴随着邮轮旅游产业化进程的发展，在这期间的重大事件包括：1971 年特拉法加并购冠达邮轮；1974 年 P&O 并购公主邮轮；1988 年嘉年华并购荷美邮轮；1997 年嘉年华并购歌诗达；1998 年皇家加勒比并购精英邮轮，嘉年华并购冠达邮轮；2001 年，公主邮轮以 51% 的持股权与皇家加勒比游轮合并。直至 21 世纪初，伴随着当时邮轮三大巨头嘉年华、皇家加勒比和诺唯真邮轮三足鼎立之势形成，邮轮旅游业的产业格局才日趋稳定，不过，近年来地中海邮轮超过了诺唯真邮轮。除了垄断的大集团之外，还有一些小的邮轮公司并存，如日本 1990 年成立的 NYK 邮轮，主要是在日本海域内航行，定位在高端，乘客也大多是本国人士。此外还有专注于内河航线的维京邮轮。这些小的邮轮公司有一个共同的特点就是其目标市场比较明确，范围也较小，这种小而专的经营之道使得它们在这些行业巨头的夹缝中生存下来。整个产业呈现的是垄断巨头和产品专门化的小船队共存的局面。

第三节　世界邮轮旅游业的发展历程

一、世界邮轮旅游的发展

邮轮在国外已经有 100 多年的历史。19 世纪初，由于飞机技术还不成熟，一些人开始登上邮轮漂洋过海，邮轮旅游开始发展；那时邮轮是邮政部门专用的运输邮件的交通工具之一，并且同样运送旅客，但一般的邮轮均带有游览性质。在邮递服务的初期，洲际的邮递服务，都是依靠邮务轮船将信件和包裹由此岸送到彼岸，这些英国轮船往往需要悬挂英国皇家邮政的信号旗。但是邮轮最重要的功能还是运载邮件和移民。

1850 年以后，英国皇家邮政允许私营船务公司以合约形式，帮助它们运载信件和包裹。这个转变，令一些原本只是载客船务公司旗下的载客远洋轮船，摇身一变成为悬挂信号旗的载客远洋邮务轮船。"远洋邮轮"一词，由此诞生。

但由于后来喷气式民航客机的出现，远洋邮轮渐渐丧失它的载客、载货功能和竞争力；远洋邮轮的角色，亦由邮轮演变为只供游乐的游轮。所以严格上来说，现在一些旅程或长或短的玩乐式邮轮，由于丧失了运载信件和包裹的功能，只能称之为游轮，而不是邮轮。与远洋邮轮不同的是，游轮通常不会横渡海洋，而是以最普遍的绕圈方式行驶，起点和终点港口通常是同一港口，旅程通常较短，少则 1~2 天，多则 1~2 周。

直至 20 世纪初，一些邮轮开始为旅客提供有限的基本设施如客房及餐厅服务。20 世纪中期是航空旅游的兴盛时期，为增加竞争力，邮轮公司开始倡导邮轮假期的概念。邮轮假期的发展在 20 世纪 80 年代渐趋蓬勃，不少邮轮公司加入其中，并投资建造设施更豪华、节目更丰富、排水量更多的邮轮,使邮轮变成一个豪华的海上度假村。邮轮被称为"无目的地的目的地""海上流动度假村",是当今世界旅游休闲产业不可或缺的一部分。这个行业目前在欧美规模庞大,有300~400艘邮轮,每天载着大量游客航行于世界100多个国家和地区。

进入21世纪以后,世界邮轮经济发展迅猛,一些国际大都市在经济发展中相继渗入了"邮轮经济"(Cruise Economy)的元素。自20世纪80年代至今,全球邮轮业年均游客量增速达到6%。2023年邮轮旅游达到2019年水平的107%,出游意向较比疫情前高出6%。2023年全球邮轮业经济影响达1686亿美元,支持160万个就业岗位和支出工资达569亿美元。2022—2028年,全球邮轮运力预计将增长19%,至2028年,将增加60多艘新船。根据全球权威邮轮机构与组织(PSA、CLIA、ECC)的预测,2023年和2027年全球邮轮乘客将分别达到3150万和3950万人次的规模。其中,欧洲和亚洲市场的增速将表现得更为明显。

以市场为导向的邮轮公司运力部署表明,北美是全球最主要的邮轮消费市场,最著名的旅游目的地是加勒比、地中海、北欧和阿拉斯加等。2019年国际邮轮协会的数据表明,邮轮消费者多为旅游休闲者,年龄的中位数为46.5岁,比20年前的52岁降低不少,这说明越来越多的年轻人被吸引到这一新型休闲旅游行业中来。

从2009—2019年的数据可以看出(见表1-7),全球邮轮市场需求从每年的1759万人增长到每年的2967万人,增加了68.7%。从2018年到2019年,邮轮旅客增长了4.0%,略低于2017年到2018年6.7%的增幅。

表1-7 全球及欧美地区邮轮客运量及增长趋势(2009—2019)

单位:百万人

区域	2009年	2014年	2015年	2016年	2017年	2018年	2019年	10年增长率/%
北美	10.40	12.21	12.20	12.49	13.12	14.34	15.51	49.2
欧洲①	5.04	6.39	6.58	6.79	6.94	7.17	7.71	52.9
合计	15.44	18.60	18.78	19.28	20.06	21.51	23.22	50.4
其他地方②	2.15	3.74	4.40	5.87	6.66	7.00	6.45	200.1
合计	17.59	22.34	23.18	25.15	26.72	28.51	29.67	68.7

注:①包括俄罗斯以及除了欧盟27国之外的其他中欧、东欧国家。
②主要从2009年开始估计和调整,考虑在南半球的动态增长情况。
资料来源:G.P.Wild(International)Limited from CLIA,IRN and other sources.

另外,根据CLIA的调查,2019年全球86%的邮轮乘客(约2550万人)主要来自以下10个国家(见表1-8)。

第一章 邮轮旅游概述

表1-8 2019年全球邮轮十大客源国排名

国家	游客数量/百万人
美国	14.2
德国	2.59
英国	1.94
中国	1.92
澳大利亚	1.24
加拿大	1.04
意大利	0.95
巴西	0.57
西班牙	0.55
法国	0.54

资料来源：G.P. Wild（International）Limited from CLIA，IRN and other sources。

从表1-8可以看出，美国仍然是全球最大的邮轮客源国，以1420万乘客数量占据全球邮轮乘客数量的近48%，而德国和英国则占了15%左右。值得一提的是，近年才开始兴起邮轮旅游度假方式的中国，2019年的邮轮游客数量为192万人次左右，仅次于美国、德国和英国，位列第四，由此可见中国的邮轮旅游市场发展速度相当迅猛。

二、世界邮轮旅游业发展的四个时期

（一）越洋客运时期

19世纪末至20世纪前期，人类在飞行航空器远未发明之时，横越大洋的旅行大多以船舶运输为主力，此时期是海上定期运输客轮的鼎盛时期。直至第二次世界大战之后的20世纪50年代，喷气式客机发明并投入商业运行，引发了一波航空运输的革命性发展，越洋客轮遂逐渐失去其海上运输功能。

（二）客轮发展时期

20世纪初，欧美客轮从业者为顺应潮流趋势，改变船舶吨位、船舱空间及加装各式休闲娱乐设施，配合南欧爱琴海周边希腊、埃及等三大古文明遗迹景点，着手推动开拓地中海邮轮旅游航线。其发展历程大致分为如下四个阶段。

第一，20世纪最初十年：史上第一艘地中海邮轮 Prinzessin Victoria Cruise，在1901年至1914年，每年冬季以避寒航行方式，于地中海海域营运了十四年之久。1912年冠达邮轮引进 Laconia 及 Franconia 两艘客货两用轮船加入邮轮市场。

第二，20世纪二三十年代：Laconia 号于1922年率先创环航世界之壮举，海上邮轮航线自此开始逐步扩展至大西洋两岸海域、中美洲加勒比海，最后北达阿拉斯加、波罗的海，南迄亚太地区以及南太平洋等海域。

第三，20世纪40至70年代："二战"之后，各家邮轮公司逐步推出较短天数、较低价位航线，以及装设各式新颖先进的游憩设施，除了传统银发旅客族群外，也吸引了更多较年轻的中产阶层旅客参与。

第四，20世纪八九十年代：80年代《爱之船（Love Boat）》电视剧以及90年代《泰坦尼克号（Titanic）》灾难电影风靡全球，引发了人们冒险探奇的兴致和热潮，影视剧的流行起到了推波助澜的宣传效果。90年代世界邮轮市场持续成长，更加速了邮轮产业的持续发展。

（三）奢华邮轮时期

20世纪初期邮轮服务对象，大都以中老年有钱有闲的富商巨贾为主要客群。而邮轮有别于其他各式交通运输工具的附属设施，也成为百年来邮轮产业持续发展的一大特色。其中1912年号称"永不沉没"却不可思议地撞上一座冰山而沉入海底的泰坦尼克号（Titanic）客船，除装设有餐厅、酒吧、咖啡厅、游艺室、电影院外，率先配备了舞厅、游泳池和健身馆等游憩设施，开启先例，此后邮轮产业竞相以各式奢华游乐设施招徕客人。至今，一艘中型或大型的所谓豪华邮轮，最起码的甲板设备及其基本设施，大致须有如下配置：

（1）运动甲板（Sun or Sports Deck）及丽都甲板（Lido Deck）：这两层为邮轮的最上两层，设施有游泳池、池畔酒吧、健身房、美容院、SPA三温暖、运动步道、网球场、小型高尔夫球场、自助餐厅、24小时简餐餐厅、小型舞厅等。

（2）服务设施甲板（Promenade Deck, Upper & Lower）：此为邮轮的中间三层，基本设施大致有主餐厅、游憩场所、剧场、歌舞厅、电影院、卡拉OK、各式主题酒吧、咖啡厅、免税精品店、便利商店、相片冲洗店、会议中心、电脑上网设备、卫星通信、儿童游乐场、婴儿照护中心、医疗设施等。

（3）客房区（Stateroom, Cabin）：邮轮以收取的价位决定舱房的层级，大致可分为内舱（Inside Cabin）、外舱（Outside or Sea View Cabin）、阳台舱（Balcony or Veranda Cabin）、套房舱（Suite Cabin）等四大类型。

（四）超级巨轮时期

目前世界上前三大邮轮公司，依邮轮船队规模排列依次为嘉年华邮轮、皇家加勒比游轮以及地中海邮轮。各家邮轮船队新造并加入营运的船只，也以大约每月下水一艘新船的惊人数字增长。尤有甚者，各家邮轮船队竞相订造所谓"史上最大超级巨轮"而争奇斗艳，且几乎每年都会有一艘破纪录的最高吨位邮轮面世。

（1）1999年"海洋航海家Voyager of the Seas"系列邮轮：皇家加勒比船队旗下140 000吨级"海洋航海家"系列邮轮，于1999年下水营运，号称史上最大吨位邮轮，加上各船均配备有高达70米的极富刺激性的攀岩设备，而轰动一时。

（2）2004年"玛丽皇后二世号Queen Mary Ⅱ"邮轮：冠达海运于2004年初建造完成下水营运的"玛丽皇后二世号"，船舶吨位高达148 000吨，当时成为邮轮旅游史上最大吨位的一艘邮轮。

（3）2006 年"海洋自由号 Freedom of the Seas"系列邮轮：皇家加勒比船队为了超过冠达海运，2005 年 158 000 吨级的"海洋自由号"系列邮轮，在芬兰的造船厂建造完成下水。全长 339 米，比玛丽皇后二世号略短 6 米，宽度则比玛丽皇后二世号多 15 米。可搭载 4 000 多名乘客，载客量超过玛丽皇后二世号 1.5 倍。

（4）海洋自由号"世界最大"的头衔，也没有保持太久，2009 年和 2010 年的海洋绿洲号和海洋魅力号分别以 220 000 吨和 225 000 吨级很快刷新了邮轮的新纪录。

（5）2023 年，"海洋标志号"作为全球船队规模最大的邮轮品牌皇家加勒比游轮旗下的第 27 位成员，打破了其姐妹船在"绿洲系列"保持了 14 年的最大邮轮纪录。其排水量达 25 万吨，最多可容纳 7600 位游客和 2350 名船员。

 探究活动

在国外，邮轮旅行的历史曾经在泰坦尼克时代达到了辉煌，当时的社会上层人士无一不将乘坐邮轮旅行作为身份的象征。还记得电影中男主角赢得一张三等船票后欣喜若狂的样子吗？虽然这份幸运最终让他丧命，但泰坦尼克号凄美的悲剧并没有阻挡住人们搭乘豪华邮轮的梦想，只是更加促使造船者努力探索增加邮轮安全性的途径。

泰坦尼克号，由英国白星航运公司设计，在位于爱尔兰贝尔法斯特的哈兰德与沃尔夫造船厂兴建，被称为"世界工业史上的奇迹"。1912 年 4 月 14 日，载着 1316 名乘客和 891 名船员的泰坦尼克号与冰山相撞，并于 4 月 15 日在北大西洋沉没，该海难也被认为是 20 世纪人间十大灾难之一。2012 年 4 月 14 日为豪华邮轮泰坦尼克号沉没 100 周年纪念日。联合国教科文组织 4 月 5 日宣布，依据《保护水下文化遗产公约》，"泰坦尼克"号残骸从其沉没百年之日起受教科文组织保护。

活动任务：查阅相关资料，了解在邮轮发展历史上，还有哪些邮轮可与著名的泰坦尼克号相提并论，并了解这些邮轮的建造特征、动力构造和内部设施。

三、邮轮业在中国

（一）中国邮轮市场发展

中国真正意义上的邮轮旅游产品供给始于 2006 年意大利歌诗达邮轮公司在中国市场母港航次的开辟，自此我国邮轮旅游开始进入快速发展期。近年来，我国邮轮市场的发展势头迅猛，邮轮接待规模逐年攀升，我国邮轮产业已步入"到港服务与公民出境服务并举"的阶段。

中国交通运输协会邮轮游艇分会（CCYIA）的统计数据表明，从 2006 年到 2017 年，中国港口接待邮轮数量从 115 艘次增加到 1181 艘次，同比增幅达到 927.0%。2018 年，市场规模在多年的高速增长后首次出现下降，随之正式进入从"高速度增长"转向"高质量、高品位发展"的战略调整期。

图1-2显示了2011—2019年中国邮轮接待航次。图中显示，我国邮轮接待呈现逐年增长的态势。

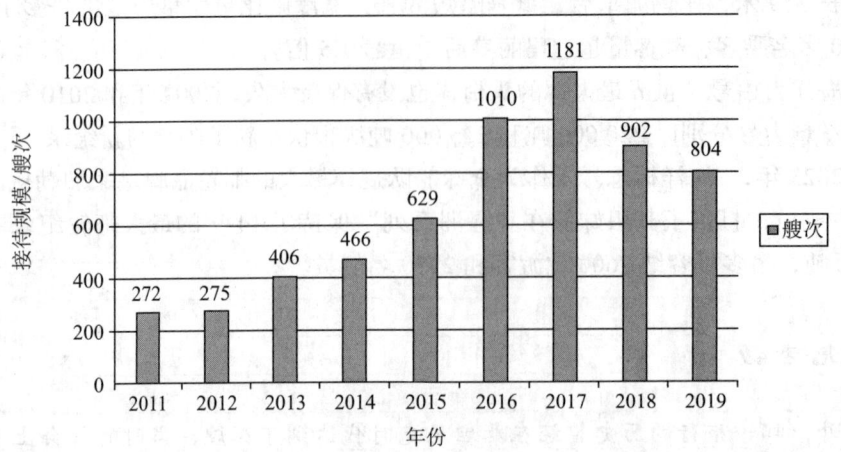

图1-2 中国邮轮接待规模趋势（2011—2019）

（二）我国邮轮经济的发展态势

我国地跨东北亚和东南亚两个大区，不仅是亚洲夏季邮轮航线重要的起始港和目的地，也是冬季邮轮航线的重要停靠点，同时还是全球环游航线的必经之地。加之我国独特的东方文化、丰富的旅游资源和潜力巨大的客源市场，使我国成为亚洲邮轮市场的核心组成部分，日益受到邮轮公司的重视。我国主要沿海经济发达城市的人均GDP已达到中等发达国家水平，已具备了邮轮旅游强有力的经济基础，高速增长的中国经济逐渐成为中国邮轮经济快速发展的强大动力，中国有着其他国家难以比拟的巨大客源市场输出能力。对中国消费者而言，邮轮旅游是一种新型的高端海洋旅游产品，近些年全球三大邮轮集团旗下邮轮相继开辟了由中国港口出发的东北亚和东南亚新航线。

越来越多的中国港口城市相继对邮轮经济发展产生浓厚兴趣，中国邮轮市场越来越受到国内外旅游业界的重视，邮轮旅游正成为中国白领阶层新的休闲度假方式。截至2023年中，我国约有16个港口城市有过国际邮轮的接待经验，沿海各港口城市也正争相发展邮轮经济，其中具有客源发送能力的邮轮母港主要有天津东疆国际邮轮母港、上海国际邮轮组合母港（上海港国际客运中心和吴淞口国际邮轮港）和厦门国际邮轮中心三个国际邮轮港。大连、烟台、青岛、威海、南京、舟山、宁波、广州、深圳、海口、三亚、北海等港口属于具有国际邮轮接待历史的邮轮停靠港，也都在积极研究本地发展邮轮经济的可能性。同时，随着国际邮轮旅游品牌的树立和出入境审批政策的便捷，越来越多的中国人也将改变旅游方式，选择搭乘豪华邮轮到境外特别是亚太地区旅游。

据中国交通运输协会邮轮游艇分会（CCYIA）预计，中国邮轮产业发展将依次经历国际邮轮到港服务阶段（第一阶段）、到港服务与公民出境服务并举阶段（第二阶段）和中国邮轮经济发展成熟阶段（第三阶段）这三个阶段（见图1-3）。在第一阶段，中国邮轮业各界逐步形成对邮轮经济发展的共识，全国沿海各港口城市纷纷规划邮轮码头，建设邮轮接待设施；邮轮消费市场经历了起初的萌芽，从基本了解、知晓发展到逐步接受邮轮旅游这一新兴的海上度假方式；而国家、区域及地方政府层面，则相继出台了推动产业发展的一系列规划、法规、政策及试点方案等。从近两年发展趋势看，目前中国邮轮经济尚处于一、二阶段间的过渡期，该时期以母港邮轮逐渐增多，其艘次逐渐接近并超过到访邮轮艘次为基本识别特征。

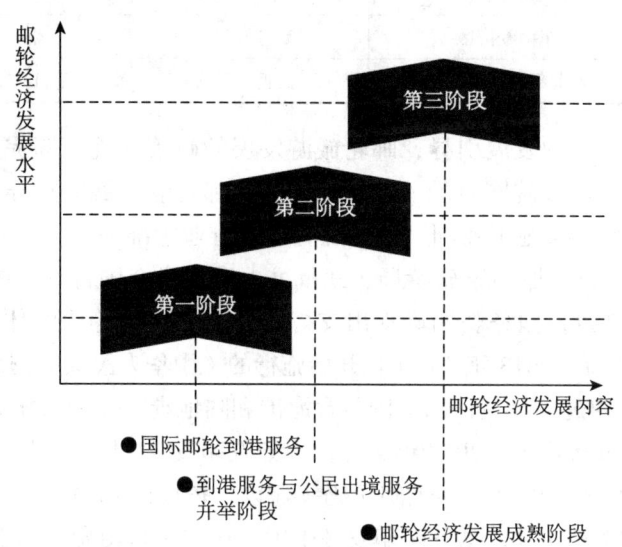

图1-3 邮轮经济发展阶段示意图

（三）我国邮轮港口的建设和发展

随着邮轮经济在我国起航且日益升温，上海、三亚、厦门、大连、天津、青岛和宁波等许多旅游经济发达的沿海港口旅游城市，已逐步认识到邮轮经济对本地经济的重要性，适时提出了开发邮轮旅游的计划和设想，并积极将发展邮轮经济列入城市经济发展规划，积极采取措施加以实施。当前，已投入使用和规划建设中的邮轮港、邮轮码头就有近15个城市（见表1-9）。珠海、宁波、威海、秦皇岛、连云港、北海等沿海城市也启动邮轮码头的前期研究、规划。

根据2007年交通运输部公布的《全国沿海港口布局规划》，中国大陆地区将形成三大邮轮设施集结地："以上海港为主布局国内、外旅客中转及邮轮运输设施""以深圳、广州、珠海等港口为主布局国内、外旅客中转及邮轮运输设施""以湛江、海口、三亚等港口为主布局国内、外旅客中转及邮轮运输设施"。

表 1-9　中国邮轮港口的空间结构

地区	经济腹地	中心港口	地域港口
华北地区	辽东半岛经济区	大连	营口、锦州
	山东半岛经济区	青岛	烟台、威海、日照
	京津唐经济区	天津	秦皇岛、唐山
华东地区	长江三角洲经济区	上海	宁波、温州、舟山、南京
华南地区	珠三角经济区	香港	广州、深圳、珠海、惠州、汕头
	闽东南经济区	厦门	福州、泉州
	环北部湾经济区	三亚	海口、湛江、北海、钦州、防城

国家重视邮轮产业的发展引导，邮轮旅游发展的政策环境不断完善。2008年6月，国家发改委下发了经国务院同意的《关于促进我国邮轮业发展的指导意见》；2010年6月，原国家旅游局发布实施了亚洲第一个邮轮专业行业标准——《国际邮轮口岸旅游服务规范》；2012年9月，原国家旅游局正式批准上海成为全国首个"中国邮轮旅游发展实验区"；2013年2月，国务院明确提出支持邮轮游艇码头等旅游休闲基础设施建设，积极发展相关服务产品。2013年7月1日开始施行的《中华人民共和国出境入境管理法》，规定外国人24小时内过境免签证的范围包含海港和陆地港；原国家旅游局也将邮轮旅游列入重点培育的旅游新业态。2017年2月，国务院印发《"十三五"现代综合交通运输体系发展规划》，明确提出有序推进邮轮码头建设，拓展国际国内邮轮航线，发展近海内河游艇业务。2017年3月，国务院印发《中国（辽宁）自由贸易试验区总体方案》提出，加快东北亚区域性邮轮港口和国际客运中心建设。同年3月，国务院印发《中国（浙江）自由贸易试验区总体方案》。2017年11月，国家发展改革委印发《增强制造业核心竞争力三年行动计划（2018—2020）》中，提出推动邮轮建造发展。2018年3月，国务院办公厅印发《关于促进全域旅游发展指导意见》提出积极发展邮轮游艇旅游。2018年4月，国务院发布《关于支持海南全面深化改革开放的指导意见》提出加快三亚向邮轮母港方向发展。2022年8月工业和信息化部、国家发展改革委、财政部、交通运输部、文化和旅游部五部委联合发布《关于加快邮轮游艇装备及产业发展的实施意见》。海关总署2024年印发《海关支持邮轮产业发展的措施》。这些都为未来中国邮轮产业发展创造了必要而宽松的政策环境。

我国邮轮产业已经结束了以接待国际旅游船舶挂靠为主的第一阶段，正处于步入快速发展的重要转折阶段。2010年至2015年，随着邮轮旅游日渐成为新的休闲度假方式，邮轮出境将会掀起一股热潮，中国的邮轮产业也将经历到港服务与公民出境服务并举的第二阶段。经历了三年的新冠疫情，中国邮轮旅游将迎来新一轮的发展。

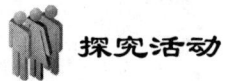 **探究活动**

我国邮轮旅游发展实验区

邮轮旅游发展实验区是指由原国家旅游局批准设立的,依托当地丰富的港口资源、旅游资源和区位优势,以邮轮母港建设为核心而成片开发的面向国内外游客的集旅游运营、餐饮购物、免税贸易、酒店文娱、港口地产、金融服务等于一体的综合服务区。截至2017年,我国已设立6个邮轮旅游发展实验区。

- 2012年9月上海(宝山区、虹口区)邮轮旅游发展实验区成立。
- 2013年4月天津邮轮(滨海新区)旅游发展实验区成立。
- 2016年5月深圳(蛇口)邮轮旅游发展实验区成立。
- 2016年5月青岛邮轮旅游发展实验区成立。
- 2017年7月福州邮轮旅游发展实验区成立。
- 2017年8月大连邮轮旅游发展实验区成立。

我国邮轮旅游实验区的工作重点主要集中在以下几个方面:

第一,创新邮轮口岸的监管机制。主要包括:创新邮轮口岸通关便利化举措;创新国际货柜国境转运模式;创新邮轮运营联动保障机制。

第二,探索建立邮轮旅游市场规则体系。首创邮轮旅游合同,厘清"经营者与游客"的权责关系;发布邮轮旅游经营规范,厘清政府、邮轮公司、旅行社、港口和游客的权利义务;建立和推进邮轮船票试点制度,"凭票进港、凭票登船",建立"邮轮和游客"承运关系,进一步明确了游客与邮轮公司的关系;创设邮轮延误综合保险,协调保险公司制定相关邮轮滞船风险综合保险调处机制方案。

第三,建立对接国际一流的标准的港口服务标准体系。推进国家级服务业标准化试点项目;探索中国邮轮港口服务标准。成立我国邮轮港口服务标准联盟"亚太邮轮港口服务标准化联盟";建立邮轮变频岸电系统,推广绿色能源。

第四,推进邮轮全产业链发展。上游:发展本土豪华邮轮设计建造产业;中游:吸引国际主要邮轮公司企业入驻;下游:全面提升邮轮服务,发挥邮轮带动效应。

资料来源:《2018中国邮轮发展报告》。

活动任务:查阅相关资料,了解邮轮旅游发展实验区建立的意义,思考邮轮实验区未来的发展方向。

复习思考题

1. 了解邮轮、邮轮旅游、邮轮经济、邮轮公司和码头等相关概念。
2. 回顾世界邮轮旅游的发展历程,查找资料,分析未来的发展趋势。
3. 查找资料,统计近年来中国邮轮旅游的发展数据。
4. 思考国民休闲时代的到来对邮轮市场的发展有何影响。

第二章 世界邮轮旅游市场

第一节 世界主要邮轮市场发展概况

根据行业的传统,全球邮轮市场大致可分为北美、欧洲、亚太和世界其他区域几大板块。

一、游客数量与客源分布

现代邮轮旅游起源于 20 世纪 30 年代的美国,并于 20 世纪 60 年代进入快速发展时期。20 世纪 80 年代以来,以年均 7.2% 的增长率进入井喷期。如图 2-1 所示,该图显示了 2011 年到 2019 年世界邮轮市场游客数量,2019 年底新冠疫情对邮轮产业造成了重大影响,邮轮的停航减少了游客的数量。从表 2-1 可以看到,美国是世界最大的邮轮消费市场,约占到全球邮轮市场总份额的一半,但市场已经出现饱和。伴随着北美邮轮市场在国际邮轮市场中占有率的下滑,其他地区随着各自邮轮业的发展,所占市场份额表现出逐年递增的趋势。从邮轮客源分布来看(见表 2-1),美国以 46.6% 的市场占有率成为世界最重要、最成熟的邮轮市场。中国紧随其后,名列第二。在欧洲内部,德国、英国、意大利、法国和西班牙都是区域内邮轮市场主要的客源输出地。

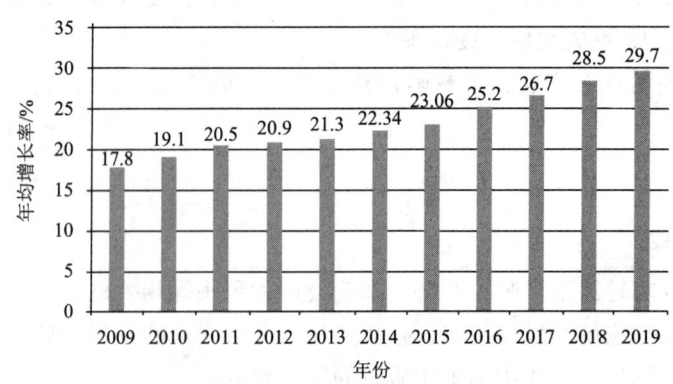

图 2-1 世界邮轮游客数量及分布情况

资料来源:CLIA 2018 State of the Cruise Industry Report。

第二章 世界邮轮旅游市场

表 2-1 世界邮轮客源分布情况

序号	国家	全球市场份额 /%	5 年内变动率 /%
1	美国	46.6	9.14
2	中国	8.50	148.19
3	德国	8.00	2.10
4	英国	7.69	5.25
5	澳大利亚	5.26	35.13
6	加拿大	3.23	10.36
7	意大利	3.23	20.67
8	法国	2.43	0.45
9	巴西	2.02	40.91
10	西班牙	2.02	10.13

资料来源：CLIA 2018 State of the Cruise Industry Report。

二、北美邮轮旅游市场

北美是邮轮旅游发展繁荣的根据地，一直在世界邮轮旅游市场中占据重要的版图。该地区拥有众多运营优良的邮轮码头、完备的邮轮政策和产品销售网络以及根基深厚的市场基础。近年来的情况表明，北美市场份额仍居全球各地区之首，但增长的速度趋于平缓。2019 年邮轮产业为北美地区带来约 1540 万人次国际游客，比 2018 年增长了 8.2%。

国际邮轮协会（CLIA）公布的数据显示：2019 年，约有 1420 万人次美国居民曾搭乘邮轮旅行，占全球邮轮游客总量的 48%。2019 年，美国母港共接待 1380 万邮轮旅客，占全球总接待量的 49%。佛罗里达州的母港约接待 708 万人次邮轮旅客，占美国母港总接待量的 60%。2019—2022 年世界主要客源市场客流量如图 2-2 所示。

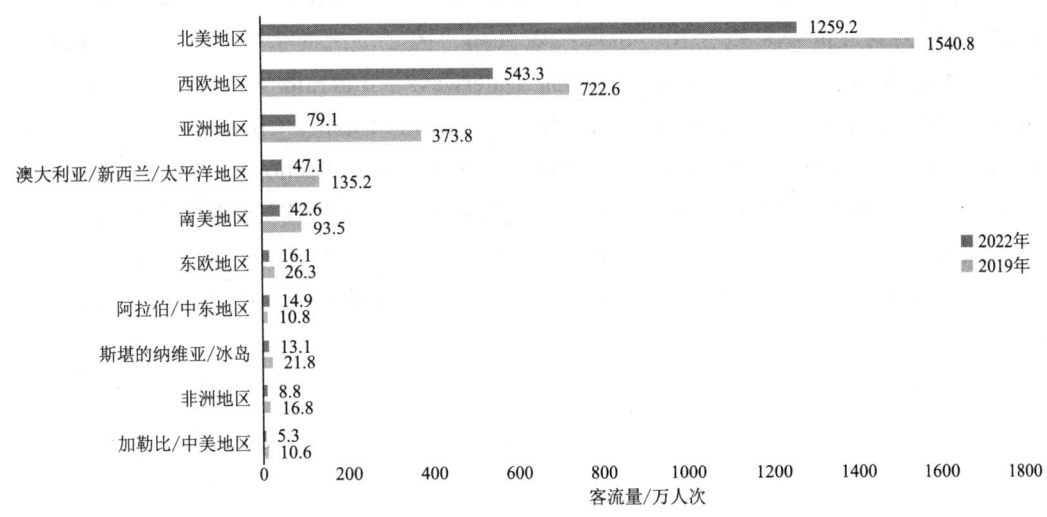

图 2-2 2019—2022 年世界主要客源市场客流量

资料来源：CLIA One Resource 2022 Passenger Data。

从客源市场分析来看，北美地区邮轮乘客92.2%来自美国，约1419.9万人次。加拿大乘客占了6.7%，约103.7万人次。而北美其他地区的乘客只占1.1%左右，主要来自墨西哥、巴拿马、百慕大和巴巴多斯（见图2-3）。

除了作为最大的邮轮客源地，北美地区同样也是最大的邮轮目的地。2019年，超过4000个搭载2214万人次乘客的邮轮航次穿越北美地区。从北美地区上船的游客数量占全球的52.2%。2019年共有915万人次乘客从五个最大的邮轮港口（迈阿密港、埃弗格雷斯港、卡纳维拉尔港、加尔维斯顿港和长滩港）登船，占了整个北美地区的68%。

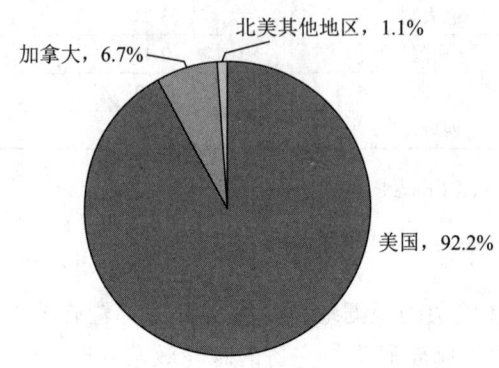

图2-3　2019年北美地区邮轮客源构成

资料来源：CLIA 2019 North American Market Report.

有多家国际邮轮公司部署船队在北美地区，它们分别是：精钻邮轮公司、精致邮轮公司（Celebrity Cruises）、皇家加勒比集团（Royal Caribbean）、嘉年华集团、歌诗达邮轮公司、水晶邮轮公司、冠达邮轮公司、迪士尼邮轮公司、荷美邮轮公司、Hurtigruten、地中海邮轮公司、挪威邮轮公司、大洋邮轮公司、Paul Gauguin、公主邮轮公司、丽晶七海邮轮公司、世邦邮轮公司、银海邮轮公司、风之颂邮轮公司、海洋梦想帆船公司、AIDA Cruises、AmaWaterways、Avalon Waterways、Emerald Waterways、Pearl Seas Cruises、PONANT Yacht Cruises and Expeditions、Scenic Luxury Cruises & Tours、Tauck River Cruises、TUI Cruises、Uniworld Boutique River Cruise Collection、Windstar Cruises。

每年这些邮轮公司在北美地区共提供了一百多艘船。运力仍在不断增长，这主要得益于大船的不断推出。尽管世界邮轮运力在向亚洲、澳大利亚以及南美三个新兴市场加大部署，但是北美地区仍然保持了全球最大邮轮运力市场的头衔，占全球可供床位数的40%。

2014—2019年美国邮轮市场规模情况见表2-2、2018年北美地区运力分布图见图2-4。

第二章 世界邮轮旅游市场

表2-2 2014—2019年美国邮轮市场规模情况

指标	2014	2015	2016	2017	2018	2019	年复合增长率
1. 运力与客源（百万人次）							
全球邮轮乘客总量	23.3	24.0	24.8	26.6	28.5	29.7	+4.3%
其中：美国客源占比	48.6%	49.0%	49.2%	49.0%	49.1%	47.8%	−0.3%
美国母港登船乘客量	11.06	11.58	12.21	13.03	13.98	14.20	+4.6%
2. 消费规模（十亿美元）							
邮轮公司总支出	19.59	19.89	20.20	21.24	22.28	23.23	+3.1%
商品与服务采购	13.65	13.88	14.12	14.73	15.34	16.01	+2.9%
资本支出	1.98	2.06	2.14	2.21	2.27	5.17	+17.6%
乘客与船员消费	3.96	4.07	4.18	4.42	4.67	5.11	+4.7%
行业经济贡献总值	23.55	23.96	24.38	25.66	26.95	28.34	+3.3%

数据来源：CLIA《北美洲邮轮市场年度报告》（2014—2019）、美国海事管理局（MARAD）港口统计数据。

注：行业总值 = 邮轮公司支出 + 乘客船员消费（CLIA核算标准）。

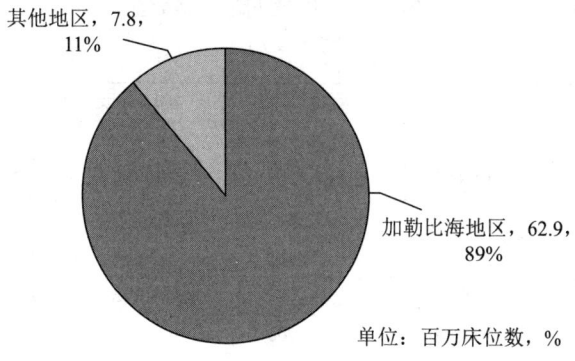

图2-4 2018年北美地区运力分布图①

资料来源：CLIA and G. P. Wild (International) Limited。

三、欧洲邮轮旅游市场

欧洲是紧随北美之后的全球第二大邮轮市场。尽管金融危机对该地区的旅游市场造成了较大的冲击，欧洲仍是全球邮轮市场发展最为迅猛的地区。其中，英国市场是近年来冉冉升起的一颗明星，在欧洲市场中起到领头羊的作用；德国市场的发展也不容小觑，已成为紧随英国之后的欧洲第二大邮轮市场。从市场条件看，欧洲拥有7.4亿人口，美国仅有3.4亿人口，而且欧洲民众拥有更长的假期和更丰富且邻近的目的地可供选择，可以预见，欧洲市场所蕴藏的更大发展潜力无疑有待进一步激活。

---

① 美国东海岸地区包括加拿大、新英格兰和百慕大，加勒比地区包括巴哈马，以及在加勒比海的墨西哥港口和巴拿马。

2022年，欧洲本土邮轮游客量占全球邮轮游客量近25%，相比六年前27%的所占比例略有下降。欧洲主要邮轮港口都分布在地中海地区和北欧地区，港城互动优良使城市作为旅游目的地、港口作为邮轮航线始发地或停靠点，都吸引着全球无数游客。欧洲邮轮业的发展很大程度上得益于这些富有魅力的邮轮母港与停靠港的驱动。

根据 G. P. Wild（International）Ltd. 和 BREA 两家机构受欧洲邮轮委员会及其附属机构委托共同研究完成的《2017年邮轮旅游业对欧洲的经济影响研究报告》，尽管全球面临经济危机，欧洲邮轮业仍继续呈现出稳步增长的趋势。2021年邮轮经济给欧洲地区带来了440亿欧元的直接经济贡献并创造了31.5万个工作岗位。欧盟各国中乘坐邮轮旅游的游客最多的国家依次为德国223万人，英国201万人，意大利83万人，西班牙53万人。欧洲40家本土邮轮公司，共137艘邮轮在欧洲市场运营；该市场的邮轮客位总数大约16.40万个；另外，在欧洲市场由非欧洲本土的23家邮轮公司运营的邮轮有75艘，共计9.5万个邮轮客位。2019年超过759万欧洲居民参加邮轮旅游，约占全世界邮轮乘客总量的25%；2019年从欧洲港口出发的邮轮乘客数量为650万人次，欧洲公民约占70%。邮轮航线集中于地中海航线、波罗的海航线和欧洲航线的250个欧洲港口城市。近年欧洲主要母港乘客数量见表2-3。

表 2-3 欧洲主要母港乘客数量

单位：人次

母港	国家	2015 年	2016 年	2017 年	2019 年
地中海地区					
巴塞罗那	西班牙	2 540 302	2 683 594	2 712 247	3 137 918
奇维塔韦基亚	意大利	2 271 652	2 339 676	2 204 336	2 652 403
威尼斯	意大利	1 582 481	1 605 660	1 427 812	1 611 341
比雷埃夫斯（雅典）	希腊	980 049	1 094 135	1 055 559	1 098 091
马略卡（帕尔马）	西班牙	1 721 906	1 627 373	1 673 210	
马赛	法国	1 451 059	1 597 213	1 487 313	1 865 918
热那亚	意大利	798 521	797 239	1 051 015	2 018 847
萨沃纳	意大利	948 459	810 097	939 038	
北欧地区					
南安普敦	英国	1 750 000	1 860 000	2 000 000	
哥本哈根	丹麦	680 000	740 000	849 000	535 000
基尔	德国	458 152	485 497	513 909	
汉堡港	德国	519 453	722 015	810 000	785 000
阿姆斯特丹	荷兰	281 941	331 532	383 000	201 537

注：所有数据都包含了于停靠港上船的客人数量。

资料来源：Med Cruise, Cruise Europe and individual port data.

从客源市场来看，2019年欧洲地区87.2%的客源集中在5个国家。其中，来自英国的乘客有199.2万人，来自德国的邮轮乘客有258.7万人，二者占了整个欧洲地区的

60.3%；还有 204.8 万乘客来自意大利、法国和西班牙，占了大约 27.0%；欧洲其他地区乘客占了 12.7%，主要来自瑞士、挪威、奥地利和荷兰等地区。来自欧洲地区的 759 万邮轮乘客中，有 650 万人是从欧洲的港口登船，见图 2-5。

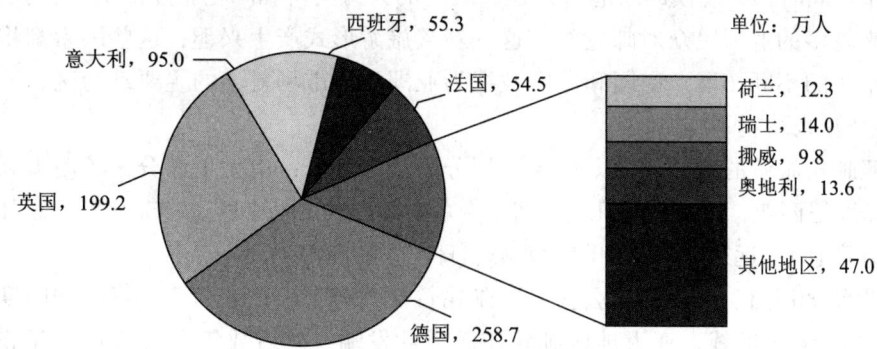

图 2-5　2019 年欧洲邮轮客源市场分布图①

资料来源：G.P.Wild（International）Limited from CLIA，IRN and other sources。

自 2012 年以来，欧洲客源市场的邮轮乘客增长了 23.7%。欧洲客源市场乘客由 2017 年的 696 万人增加到 2019 年的 759 万人，增长率为 9.1%。这一增长的主要原因是自 2011 年以来欧洲地区吸引了更多的来自北美的客源。同样，欧洲地区挂靠港口的邮轮乘客数量在近年从 2869 万人增加到 3415 万人，增长率达到 19%。

在供应量方面，2018 年至少有 166 艘和 121 艘邮轮活跃在地中海和北欧地区。其中，在欧洲地中海地区提供了约占总量 60% 的共计 3000 万床位天数，在北欧地区提供了 2030 万床位天数（见图 2-6）。地中海地区国家和港口城市集中密集，因此既作为客源地，又作为目的地；既作为出发港，又作为停靠港。其中主要的母港有巴塞罗那、奇维塔韦基亚、威尼斯、雅典等。主要的目的地港口或者中转港口有马赛、那不勒斯、杜布罗夫尼克、圣托里尼、科孚岛、里窝那等。

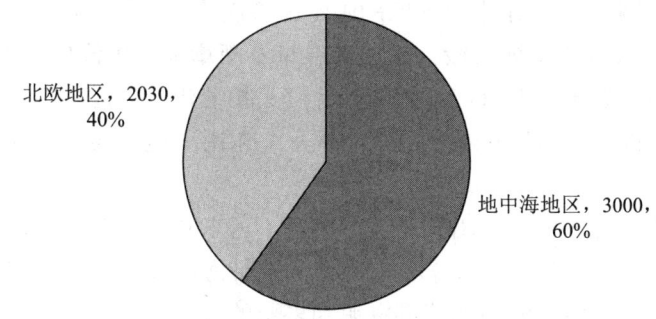

图 2-6　2018 年欧洲地区运力分布图②

资料来源：CLIA and G.P Wild（Interational）Limited。

---

① 英国地区包括爱尔兰。
② 地中海地区包括大西洋群岛，北欧地区包括黑海。

四、亚太邮轮市场

亚太地区邮轮旅游发展速度迅猛。随着亚洲经济的持续繁荣，中产阶级的规模呈几何式扩张。同时，大规模的新港口兴建、政府的大力支持和邮轮企业的努力扩张及推广，使得越来越多的亚洲民众对邮轮旅游这一新兴旅游形式产生兴趣，这些因素都将推动亚洲邮轮市场的不断拓展。中国和印度被视为亚洲旅游市场复苏的主要动力区，日韩市场也保持稳健的发展态势。

按照邮轮旅游的航域，亚太地区可划分为三大分区：南太平洋分区（澳大利亚、新西兰、印度尼西亚、巴布亚新几内亚等）；东南亚分区（马来西亚、菲律宾、新加坡、印度、越南等地）；远东地区（中国、朝鲜、日本、韩国等）。

20世纪80年代，"玛苏丽公主号"邮轮首次开辟了以马来西亚、泰国和印度尼西亚为目的地的14天航线，亚太地区邮轮旅游就此发端。此后数年有若干邮轮开辟了亚太地区的母港航线。此时亚太地区的邮轮市场以这种短期季节性的航线和世界环游航线的亚太航段为主，运营商主要是欧美的豪华邮轮品牌，如冠达邮轮（Cunard）、银海邮轮（Silver Sea）等。20世纪90年代迅速崛起的中产阶级为市场的发展提供了强大的动力，并改变了亚太地区邮轮旅游客源市场的结构。区域内各国意识到了邮轮旅游发展的巨大空间，开始积极推动亚太地区邮轮市场的发展。

基础设施建设方面，新加坡、中国香港等地大型邮轮港口的兴建为邮轮市场的发展提供了设施保障。仅1992年新加坡就投入了3500万美元兴建邮轮港口，之后又推出一系列优惠政策以鼓励大型旅游运营商和国际邮轮公司积极参与亚太邮轮业的发展。

产品供应方面，1993年马来西亚丽星邮轮公司的成立加快了亚太邮轮旅游的发展进程。2000年丽星邮轮已发展成为世界第三大邮轮集团，旗下三个品牌共计20艘邮轮，是常年活跃在亚太市场上的中坚力量。此外，皇家加勒比游轮和嘉年华邮轮也开拓了一批亚太新航线。20世纪最后10年是亚太地区邮轮从萌芽走向加速发展的时期。

进入21世纪以来，不仅东南亚地区的邮轮旅游依然保持着强劲的增长势头，远东地区的邮轮旅游也进入迅速发展阶段：来访游客量不断增加，中国的上海、天津、三亚、厦门，韩国的釜山、济州等港口城市的新邮轮码头相继建成。远东区客源市场也得到进一步拓展。亚太地区邮轮旅游正在从其核心区——东南亚地区与澳新地区向太平洋西海岸扩张。

现今亚太邮轮旅游发展呈现出东南亚、澳新、远东共同繁荣的局面：东南亚是亚太邮轮航域的中心地带，很长时间以来，东南亚的热带海岛在邮轮产品名录中就是亚太地区的代名词。该地区纯净的海岛型旅游资源和多彩的异域文化吸引了大量邮轮造访，新加坡以及中国香港等地高效的邮轮港口亦极大地推动了东南亚地区邮轮旅游的发展；澳新地区是相对独立的邮轮航域，有着自成一体的市场特征，航线的设置多为澳新地区和大洋洲诸岛，市场发展比较完善；远东地区是发展较快的分区，主要表现为中国邮轮港口基础设施的兴建和客源市场的发展。此外，迪拜等新晋旅游目的地的崛起将亚太地区邮轮市场地域向中东地区推进。

亚太地区邮轮旅游目前仍处于新兴邮轮市场阶段，图 2-7 显示了 2019 年亚太地区邮轮旅游客源构成。其中，澳大利亚和中国领跑亚太地区客源市场。

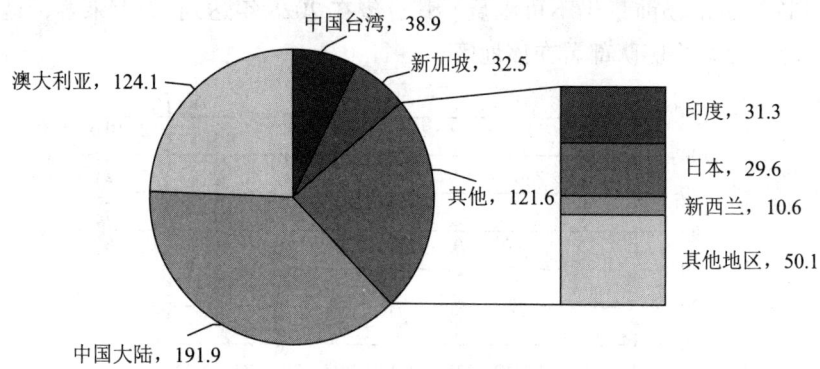

图 2-7　2019 年亚太地区邮轮旅游客源构成

资料来源：G. P. Wild（International）Limited from CLIA，IRN and other sources。

（一）澳大利亚

根据统计，2019 年澳大利亚邮轮乘客达到 124.1 万人，成为全球增长速度最快的地区之一（见图 2-8）。2019 年，澳大利亚邮轮乘客在总人口中的市场渗透率达到 4.9%，再次成为全球邮轮业市场渗透率最高的国家。随着澳大利亚过去 10 年来乘客数量的不断增长，其有望在 2028 年达到 190 万乘客的目标，这也带动了越来越多的邮轮公司将运力部署在该地区。

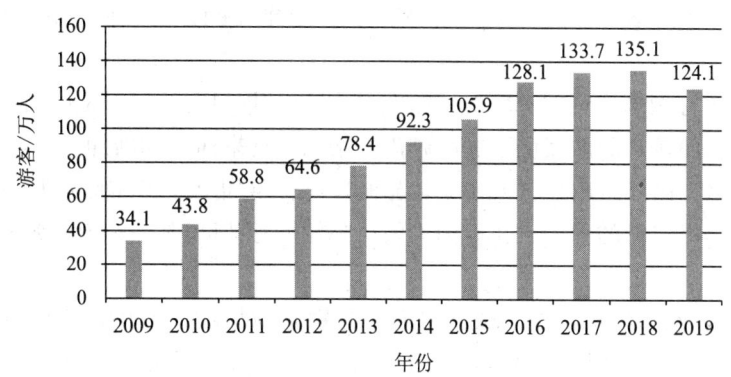

图 2-8　2009—2019 年澳大利亚邮轮游客数量

资料来源：CLIA，Australia 2016&2017. Cruise Industry Source Market Report。

（二）新西兰

2019 年，新西兰由于经济开始复苏，全年邮轮乘客数量跃升到 10.6 万人，比 2017

年增长 8.1%（见图 2-9）。在过去的 10 年时间里，新西兰的邮轮乘客数量呈翻倍增长，年平均增长率达到 14.7%。然而，从世界范围来看，新西兰地区仍然属于比较小的客源市场，但与澳大利亚一样属于飞速增长。2019 年，新西兰的邮轮乘客在总人口中的市场渗透率为 2.13%。尽管邮轮船只和航线的部署在北半球持续扩大，但澳大利亚地区包括新西兰未来的邮轮旅游市场前景仍不可限量。其有望在 2028 年达到 15 万乘客，这也带动了越来越多的邮轮公司将船队部署在该地区。

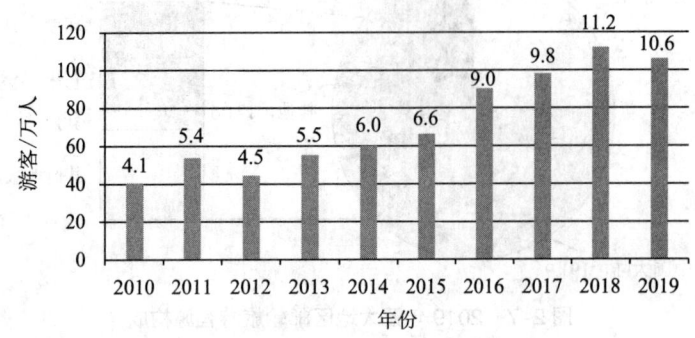

图 2-9　2010—2019 年新西兰邮轮游客数量

资料来源：CLIA，New Zealand 2019. Cruise Industry Source Market Report。

（三）东亚地区

东亚地区（包括东北亚和东南亚）是一个近年来快速发展的新兴市场，其市场潜力巨大。自 1999 年以来，部署于东亚地区的邮轮吨位及其运能不断提升，尤其是以中国和印度两大新兴经济体的崛起导致邮轮旅游出行方式井喷式增长，使得越来越多的邮轮公司开始将船投入亚洲，运营全年或季节性航线。虽然目前大多数国际邮轮公司在开发新航线以迎合那些想乘邮轮去远东游玩的客人，但更重要的是，它们也在试图开辟亚洲的新兴客源市场。

东北亚地区有相当数量的邮轮航线始发自中国大陆地区。这些邮轮驶往日本、韩国及中国台湾地区；而较长的航线南下驶往越南、泰国、马来西亚和新加坡。在以新加坡为中心的东南亚地区，由于政府重视开发邮轮旅游较早，再加上终年气候炎热、停靠港之间距离接近、拥有丰富多彩的异域文化等因素使得邮轮国际船队进入该市场较早，且形成全年运营模式。

目前，东亚地区三大主要区域枢纽港口分别是新加坡以及中国上海和香港。另外，如天津、厦门、三亚、横滨、福冈、釜山等亚洲其他母港也在不断兴起。

据 CHART 管理咨询公司的长期预测，2040 年亚洲市场邮轮客运量将达到 1730 万人。图 2-10 显示了 2020—2040 年亚洲邮轮客运量增长趋势预测。图中显示，中国大陆、日本、印度尼西亚和印度都在亚洲市场中占据不小的比重，而中国大陆将成为亚洲市场的主力军，预测在 2030 年达到 400 万客运量，到 2040 年则将翻倍达到 800 万左右，占整个亚洲市场的 47%。

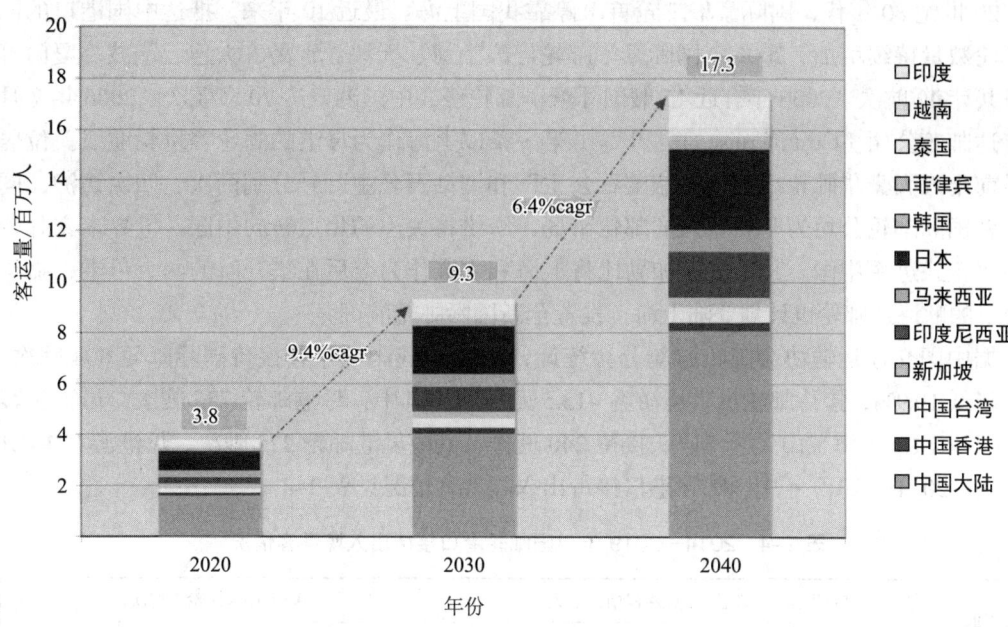

图 2-10　2020—2040 年亚洲邮轮客运量增长趋势预测①

资料来源：CHART Management Consultants PTY Ltd。

亚太地区是未来世界邮轮市场的新兴市场和发展重心。按照国际邮轮旅游的航域，亚太地区可分为三大格局：远东板块［中国（包括中国台湾地区、中国香港地区）、日本、韩国等］；东南亚板块（新加坡、马来西亚、泰国、印度、越南、菲律宾等）；南太平洋板块（澳大利亚、新西兰和大洋洲诸岛）。其中，东南亚一直以来都是亚太邮轮市场的中心地带。该地区优越的海岛资源和特有的东南亚风情吸引大量游客到来。远东地区是发展速度较快的板块，主要表现在中国邮轮市场的崛起。此外，澳新地区也是热门的邮轮目的地和客源输出地，2017 年两国参加邮轮旅游的游客数量分别占到总人口的 5.4% 和 1%。

第二节　中国邮轮市场的发展和特征

一、中国邮轮市场的发展

中国地跨东北亚和东南亚两个大区，不仅是亚洲夏季邮轮航线重要的起始港和目的地，也是冬季邮轮航线的重要停靠点，同时还是全球环游世界航线的必经之地。优越的旅游资源开始让越来越多的国际邮轮公司关注中国市场。

---

① cagr 指复合年增长率。

20世纪80年代，国际豪华邮轮首次停靠我国上海。最近10年来，抵达中国港口的国际邮轮数量持续增加。2005年国际豪华邮轮停靠上海、天津、青岛、大连、宁波、厦门等港口共计40航次。2006年有近15艘国际豪华邮轮停靠中国港口达70多航次。2006年7月歌诗达邮轮公司（Costa Cruises），开辟了第一条以上海作为母港的邮轮客班轮航线。位居世界前十五大豪华邮轮之列的"蓝宝石公主"和"钻石公主"号分别两次、四次访沪，同时众多国际邮轮公司为开发新兴的邮轮市场，纷纷将关注的焦点转向中国。世界多家邮轮公司将正式进军中国。其中皇家加勒比将上海和香港作为今后在华开航的两大母港，嘉年华麾下的歌诗达邮轮也计划登陆上海，设置全新国际邮轮航班。

据中国交通运输协会邮轮游艇分会统计，2019年我国全年共接待国际邮轮804艘次，同比降低10.9%，接待邮轮出入境游客413.5万人次。其中：母港邮轮735艘次，母港旅客398.6万人次。上海宝山吴淞口码头接待240艘次，其中母港邮轮225艘次，母港游客181.1万人次。2014—2019年中国邮轮港口接待出入境乘客情况见表2-4。

表2-4 2014—2019年中国邮轮港口接待出入境乘客情况

邮轮港	接待国际邮轮出入境游客情况/人次				接待国际邮轮/艘次			
	2014年	2016年	2017年	2019年	2014年	2016年	2017年	2019年
上海	1 218 087	2 944 876	2 978 137	1 893 446	272	509	512	258
三亚	155 965	96 485	40 049	6435	71	25	12	4
青岛	5158	86 000	109 441	176 287	2	52	95	51
天津	187 000	715 662	942 145	725 533	42	128	175	121
厦门	36 435	200 876	161 807	413 717	23	79	77	136
广州	—	325 967	403 534	441 924	—	104	122	93
大连	6742	64 807	69 071	88 507	6	27	31	39
深圳	—	22 280	189 056	373 098	—	14	109	57
舟山	2372	17 777	30 619	16 048	1	13	15	5
海口	38 062	64 582	26 092	0	20	41	32	0

资料来源：《2019中国邮轮产业发展报告》。

二、中国邮轮市场发展的基础和条件

（一）中国旅游市场渐趋成熟，休闲度假市场快速增长

旅游消费是经济发展到一定阶段的必然要求。国际邮轮经济发展规律是：当一个国家或地区人均GDP达到6000美元至8000美元时，邮轮经济的发展便具备了条件。按平均汇率计算，2016年中国人均GDP达到7760美元，有9个省市的人均GDP超过了1万美元。随着居民消费升级，国内旅游正由观光旅游向休闲度假旅游转变。同时，我国人口老龄化现象和趋势明显，这为休闲度假旅游增加了更大的市场机遇。

随着社会经济的发展，大众化休闲度假需求在发达地区已经产生，在其他地区也即将产生，这种消费大众化给我们提供了一个广阔的市场空间。在所有形式的度假旅游中，邮轮度假的顾客满意率最高，重游率也最高。研究表明，乘坐邮轮的人中有超过80%的人表示"非常满意"或者"很满意"，有90%的人日后会再次乘坐邮轮。邮轮旅游已经成为全球旅游业中增长最快的一部分。邮轮将带领人们前往世界各地不同的旅游目的地，提供温泉、健身俱乐部、特色餐厅、儿童娱乐设施，以及包括高尔夫、攀岩在内的各种各样的体育活动，还有互联网及满足各种年龄层次人群需求的娱乐活动。

（二）中国经济新常态要求转型升级，邮轮将成旅游产业新增长点

我国经济正在向形态更高级、分工更复杂、结构更合理的阶段演化，经济发展进入新常态，经济增长速度正从高速增长转向中高速增长，经济发展方式正从规模速度型粗放增长转向质量效率型集约增长，经济结构正从增量扩能为主转向调整存量、做优增量并存的深度调整，经济发展动力正从传统增长点转向新的增长点。

中国经济正由原来的工业主导型向服务主导型转变，这种趋势将对中国经济增长、就业以及其他各方面带来深远而持久的影响。数据显示，2019年，服务业增加值占比53.9%，继续超过第二产业。居民消费是中国经济的新增长点之一，中国的居民消费占GDP的比重每年上升0.7%，目前已升至57.8%左右。我国消费具有明显的模仿型排浪式特征，现在个性化、多样化消费渐成主流，这对未来消费政策的制定有重要意义。新的经济结构调整已经开始，居民消费的比重、服务业的比重均不断上涨。

邮轮旅游在我国近年来得到快速发展，世界各大邮轮公司加快挺进中国市场，邮轮旅游产品的市场销售不断趋旺。邮轮旅游项目除了给旅行社和游船公司带来巨大的商机外，也给停靠码头，特别是母港（可供多艘邮轮同时停靠，可供游客上下，并能为停靠邮轮提供补给、维修等综合服务的港口）带来巨大的经济效益。因此，在我国经济发展新常态的背景下，邮轮旅游不仅将是旅游产业中的新兴产品，而且由于其产业的关联性强，将成为现代服务业发展新的经济增长点，促进整体经济结构的升级和变革。

（三）中国邮轮旅游市场渗透率低，发展潜力巨大

邮轮市场渗透率是指一个国家的邮轮游客占该国总人口的比例。邮轮市场渗透率越高就说明该国家或地区邮轮旅游的发展程度越高，游客的邮轮旅游意识较高。资料显示，世界的邮轮游客中差不多有一半以上是美国人，这也就客观解释了美国邮轮市场渗透率为什么能够处于高水平了。据相关统计，美国市场渗透率为3.3%，3.3亿人口中有1100万邮轮游客；欧洲是1.1%，5亿人口中有500万邮轮游客；拉美是0.2%，5.7亿人口中有100万邮轮游客；亚太是0.45%，中国游客的渗透率更低，仅为0.05%。目前，中国市场即使按3亿的中产阶级人口总量的1%来计算，也有300万游客乘坐邮轮，潜力巨大。中国有着庞大的人口基数，这对于邮轮公司来说，将是一个巨大的吸引力。所以，就中国市场而言，邮轮产业有着巨大的发展潜力。

（四）中国出境游市场发展迅速，邮轮旅游成新宠

随着改革开放的推进，一方面中国与外国直接交流的机会逐步加大，出境游的限制

也在逐步减少；另一方面改革开放推动了中国经济的发展，随着人民收入水平的增加，人们对旅游的渴望就会越来越大。

从出境游客量来说，近15年来中国的出境旅游出现了爆发性的增长。2004年中国的出境游客还不到3000万人次，而到2019年中国出境游客达到1.69亿人次，见图2-11。预计2025年出境旅游规模1.97亿人次，复合增长率5%。

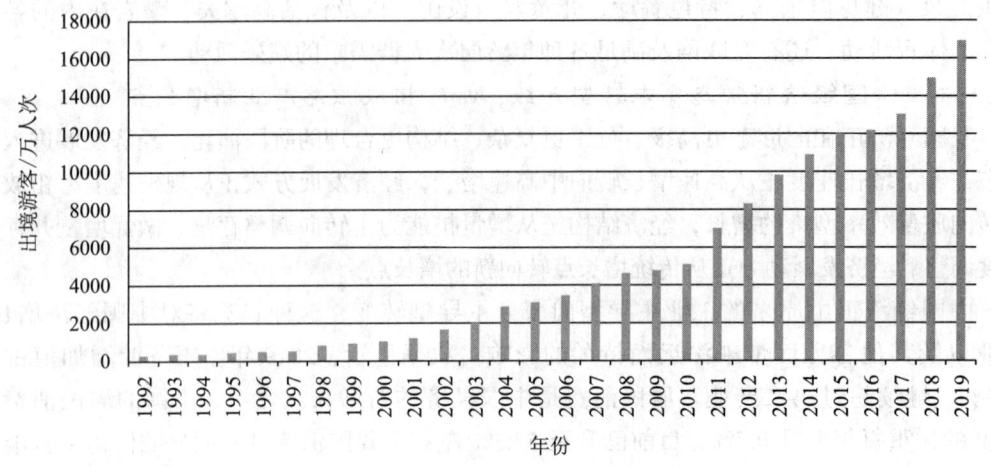

图 2-11　中国出境旅游市场规模

资料来源：中国政府网。

从出境游消费金额来说，纵向比较中国市场上的游客消费金额，在2007年以前是处于一种缓慢增长的状态，但2007年以后，增长幅度越来越大，2019年更是达到了1338亿美元，同比增长3.3%。横向来看，中国出境游客消费比重为世界最高，是世界大国中唯一保持快速增长的国家。国民出境游的愿望越来越强烈，越来越多的人想走出国门，去见识海外风土人情。这些都在说明中国出境旅游市场的成熟和稳定性，也是中国旅游市场发展的重要推进器。

我国出境游中以度假为主的休闲旅游占据了较大的市场份额，并逐步增长。调查统计显示，2019年内地公民出境总量达1.55亿人次，是世界上最大的出境客源地，而且大幅领先第二、第三梯队。

数据显示，2019年我国游客赴亚洲国家或地区旅游达到7575万人次，占48.9%。数据显示，2019年超过五百万人次的目的地国家有韩国、泰国、日本。2019年全年赴泰国的中国游客超过1000万人次；来自泰国旅游局的权威数字显示，近两年来超过40%的中国游客为第二次及重复旅游的"回头客"。

据《2019中国邮轮产业发展报告》资料，2019年邮轮载运的出入境游客已达490.6万人次，而2012年和2013年全年分别为81万人次和120万人次，增幅显著。2019年我国主要邮轮港口邮轮靠泊艘次及游客量见表2-5。

表 2-5　2019 年我国主要邮轮港口邮轮靠泊艘次及游客量

地区	母港邮轮/艘次	访问港邮轮/艘次	母港游客/人次	访问港游客/人次
天津	104	17	686 458	39 075
上海	225	33	1 810 786	60 648
厦门	128	8	395 977	17 740

与此同时，越来越多的亚洲国家和机构主办大型活动和会议，使得邮轮有越来越多的机会进入亚洲充当水上酒店。这为临时性的高级别住宿需求提供可选择的解决方案，对于参会者来说也十分安全。中国是全球邮轮旅游发展最快的新兴市场，面临着前所未有的发展机遇。

三、中国邮轮产品供给发展现状和特点

（一）邮轮旅游产品主要由外资邮轮公司供给，本土邮轮品牌开始进入市场

中国真正意义上的邮轮旅游产品供给始于 2006 年意大利歌诗达邮轮公司在中国市场母港航次的开辟，自此邮轮旅游开始进入快速发展期。此后，皇家加勒比、云顶香港（丽星邮轮）、公主邮轮、地中海、诺唯真等已相继开辟从中国母港出发的邮轮航线。外资邮轮公司在中国市场的竞争格局已初步形成。此外，一些邮轮公司已经在中国市场积极销售其欧洲远程航线，水晶邮轮、精致邮轮等外资邮轮公司也对中国市场兴致盎然。中国本土邮轮公司从无到有，从 2013 年开始，中资邮轮公司开始相继成立，并开始试水运营邮轮，如海娜号（2013—2015）、中华泰山号（2014—）、天海新世纪号（2015—2018）、钻石辉煌号（2016—2019）、鼓浪屿号（2019—）、大西洋号（2019）、蓝梦之星号（2019—2023）、世纪和谐号（2020—）、福熙憧憬号（2021—）、招商伊敦号（2021—）、地中海号（2021—）、爱达魔都号（2024—）、蓝梦之歌号（2024—）等。

（二）中国邮轮港口发展迅速，为邮轮公司提供战略性发展空间

从 2008—2018 年的十年间，各地先后在上海北外滩和吴淞口、天津滨海新区、深圳太子湾、厦门、三亚凤凰岛、青岛、舟山、广州南沙兴建了 9 个现代邮轮港，在温州、大连、连云港、海口将货运港升级改造成 4 个邮轮港，加上香港启德邮轮码头建设，总计邮轮泊位 32 个，港口建设总投资累计超过 200 亿元。2019 年至今，邮轮港口的规划建设仍在不断增加。截至目前，全国已经有 15 个邮轮码头实现运营，规划中的码头有 9 个。

（三）邮轮旅游产品供给以东北亚航线、东南亚航线和中国台湾航线为主

邮轮公司在中国市场上推出的邮轮旅游产品，较为成熟的航线主要是东北亚航线、东南亚航线及中国台湾航线。东北亚航线主要是从上海、天津出发，停靠日本福冈和韩国釜山、济州等港口；东南亚航线主要是从三亚出发，前往越南、新加坡、马来西亚等地；随着两岸"三通"政策的进一步落实，从厦门、上海、天津直航台湾的航线也受到游客的青睐。2013 年，冬季航线也在市场上出现。绝大多数的邮轮航线是短途航线，2014 年开始长线产品也开始进入中国市场，意大利歌诗达邮轮公司 2013 年宣布将在中国

市场运营首条86天环球航线，游客的航线选择更加丰富。

（四）邮轮产品营销竞争激烈，邮轮公司配合旅行社包船为主要销售形式

在产品营销过程中，各大邮轮公司展开了激烈的竞争，美国皇家加勒比游轮公司的邮轮吨位大且娱乐设施丰富，意大利歌诗达邮轮公司以浪漫和意大利风情作为卖点，本土邮轮则强调其休闲特征和较高的性价比。在产品市场中，中低端产品较为常见，家庭旅游和公司旅游占很大比例。产品定价模式采取船票加港务费、燃油附加费的形式。在分销渠道方面，以市场化分销和旅行社包船两种形式为主，也开始出现直销模式。在市场化分销中，邮轮公司为代理商定期举行产品培训和说明会，代理商销售邮轮船票后获得代理佣金。包船则是邮轮公司将整条船的舱位出售给旅行社，旅行社对产品进行包装销售，这种形式需要旅行社有很强的市场预测能力。

 探究活动

中国或将成全球最大邮轮市场

近年来，中国旅游业发展迅速，旅游路线不断翻新，游览方式发生了很大的变化。邮轮旅游也瞄准了中国市场的商机，希望在中国旅游市场分一杯羹。

全球最大邮轮运营商嘉年华集团总裁唐纳德在接受英国《金融时报》记者采访时曾表示，该公司旗下邮轮品牌在中国销售势头强劲，未来将推出更多专门针对中国市场的邮轮服务项目。

唐纳德说，中国拥有14多亿人口，经济增长迅猛。毫无疑问，无论从客源市场还是从国内港口市场来说，中国都将成为全球最大的邮轮市场。至于具体是在5年后、10年后，还是15年或20年后实现，仍有待观察。

商务部研究院国际服务贸易研究所研究员崔艳新对《国际商报》记者表示，近年来中国的旅游需求呈现出井喷式发展，其中出境游的增长尤为突出。2012年，中国的出境消费已经超过德国和美国，成为世界第一。2013年，中国和其他国家出境消费上的距离进一步拉大，进一步巩固了中国出境消费第一的地位。"可以说，中国具备了成为全球最大邮轮市场的条件。"崔艳新说。

中国人民大学重阳金融研究院世界经济项目主管高连奎也对此表示认同。他对《国际商报》记者表示，中国的消费能力在提升，旅游需求也在增长，这不仅激发了中国旅游业的内在动力，也吸引了大批的海外投资者。与此同时，旅游公司在游览线路和方式上不断变化、创新，吸引了更多游客。"我想，唐纳德的判断也是基于此种事实。"高连奎说。

资料来源：国际商报，http：//finance.ifeng.com/a/20140831/13033627_0.shtml。

活动任务：了解你周围的同学、朋友或家人，他们参加过邮轮旅游了吗？感受如何？如果没有参加过，近期是不是有计划去呢？如果他们并没有计划去乘邮轮，那么调查一下都有哪些因素阻碍人们决定参加邮轮旅游。是价格因素，抑或安全因素？等等。

复习思考题

1. 了解世界各主要邮轮市场的发展概况、邮轮发展政策,了解不同邮轮市场的定位和市场细分,了解不同邮轮市场邮轮消费者的消费模式。

2. 对比分析我国邮轮市场发展的优劣势及未来发展的趋势。

第三章 全球邮轮公司

第一节 世界邮轮公司概况

一、世界邮轮船队

世界邮轮业至今仍以欧美企业为市场主力,且嘉年华邮轮船队以及皇家加勒比游轮船队一直是全世界最主要的两大邮轮公司。根据对邮轮产业界新造船只订单的统计,两大邮轮公司在 21 世纪初期的五年之间,仍不断通过订购新船以增加船队的客舱容量,甚或通过并购其他邮轮公司船队等手段,持续保持其在整个业界的领先地位(见表3-1)。各邮轮船队新造并投入营运的邮轮船只,以大约每月下水一艘新船的惊人数字增长。全球巡航能力在 2022 年底将达到 620 000 客位和 375 艘邮轮,年总载客量全球将有 2040 万人。

表3-1 世界十大远洋邮轮船队

序号	邮轮公司	邮轮艘数/艘	载客量/人
1	皇家加勒比游轮(Royal Caribbean International)	24	88 000
2	嘉年华邮轮(Carnival Cruise Line)	23	70 700
3	诺唯真邮轮(Norwegian Cruise Line)	17	49 800
4	地中海邮轮(MSC Cruises)	19	62 700
5	公主邮轮(Princess Cruises)	17	45 500
6	阿依达邮轮(AIDA Cruises)	15	36 786
7	歌诗达邮轮(Costa Cruises)	12	35 900
8	荷美邮轮(Holland America Line)	12	20 400
9	精致邮轮(Celebrity Cruises)	14	28 500
10	胜景邮轮(P&O Cruises)	7	16 600

资料来源:http://www.cruisemarketwatch.com/capacity。

目前，北美邮轮旅游业处于强大的垄断地位，世界八大邮轮公司中，6家总部在美国，欧洲有2家（见表3-2）。

表 3-2　全球八大邮轮公司概况

全球八大邮轮公司	所属邮轮集团	成立时间	总部位置 国家	总部位置 城市	邮轮数量/艘
嘉年华邮轮（Carnival Cruise Line）	嘉年华集团	1972年	美国	迈阿密	26
荷美邮轮公司（Holland America Line）	嘉年华集团	1989年	美国	西雅图	15
公主邮轮（Princess Cruises）	嘉年华集团	1965年	美国	洛杉矶	17
歌诗达邮轮（Costa Cruises）	嘉年华集团	1959年	意大利	热那亚	12
皇家加勒比游轮（Royal Caribbean International）	皇家加勒比集团	1968年	美国	迈阿密	26
精致邮轮（Celebrity Cruises）	皇家加勒比集团	1989年	美国	迈阿密	13
诺唯真邮轮（Norwegian Cruise Line）	诺唯真邮轮公司	1966年	美国	迈阿密	16
地中海邮轮（MSC Cruises）	地中海邮轮公司	1987年	瑞士	日内瓦	15

2021年主要邮轮公司经营情况见表3-3。从图表中可以看出，几家公司垄断市场的局面仍未改变。

表 3-3　2021年主要邮轮公司经营情况

邮轮公司	母公司	净收入/百万美元	乘客/总人次
皇家加勒比游轮（Royal Caribbean International）	RCL	3048	2 657 900
精致邮轮（Celebrity Cruises）	RCL	1452	540 000
精钻邮轮（Azamara Club Cruises）	RCL	161	31 700
嘉年华邮轮（Carnival Cruise Line）	CCL	1803	2 528 100
歌诗达邮轮（Costa Cruises）	CCL	1121	862 400
公主邮轮（Princess Cruises）	CCL	2065	816 000
阿依达邮轮（AIDA Cruises）	CCL	1373	749 300
荷美邮轮（Holland America Line）	CCL	1095	384 200
P&O英国邮轮（P&O Cruises UK）	CCL	466	241 500
P&O澳大利亚邮轮（P&O Cruises Australia）	CCL	135	127 300
冠达邮轮（Cunard Line）	CCL	427	99 700
世鹏邮轮（Seabourn Cruise Line）	CCL	345	33 800
诺唯真邮轮（Norwegian Cruise Line）	NCL	2058	1 200 300
大洋邮轮（Oceania Cruises）	NCL	373	71 100
丽晶七海邮轮（Regent Seven Seas Cruises）	NCL	565	48 500
地中海邮轮（MSC）		1539	1 414 700

续表

邮轮公司	母公司	净收入/百万美元	乘客/总人次
迪士尼邮轮（Disney Cruise Line）		653	312 200
途易邮轮（TUI Cruises）		903	330 100

注：2021年数据受全球邮轮业暂停运营影响，实际载客量反为正常年份的30%~40%（依据CLIA）。

二、世界邮轮企业品牌和特征

大型的邮轮公司在邮轮产业链上表现出的战略行动具有非常明显的个性特征。一是都趋向于为获得规模经济优势，对巨型邮轮的投资与经营兴趣浓厚。比如目前出自MSC邮轮和皇家加勒比的世界上超大型的21万吨级和25万吨级的邮轮投放市场，并且大型邮轮在这两家公司的船队中所占的比重越来越大。二是各个公司均表现出向产业链上、下游拓展的经营行为，尤其是经营业务向下游的延伸更为明显。主要品牌统计分析详见表3-4。

表3-4 主要邮轮企业品牌统计汇总

邮轮集团	邮轮品牌	产品类型	目标客户群体	品牌特征
嘉年华	嘉年华邮轮	时尚、尊贵型	35岁以下热情奔放游客	美式丰富派对、fun-ship的代表，价格亲民
	歌诗达邮轮	时尚型	初次体验邮轮旅行的首选	浓厚意大利气息、价格适中
	公主邮轮	时尚、尊贵型	全球各年龄段的游客	服务到位，旅游享受符合宣传的"公主礼遇"
	荷美邮轮	古典豪华型	希望体验豪华舒适的富有游客	典雅高档的内部设计，充满艺术气息的艺术品
	冠达邮轮	尊贵型	追求品位的中产阶层	英伦风格
皇家加勒比	加勒比游轮	时尚型	热爱各项邮轮创新的游客	巨型邮轮，丰富多彩的游乐设施，舱房较小
	精致邮轮	豪华型	有艺术欣赏能力、品位出众的绅士淑女	极佳的美食和服务，充满艺术气息
	银海邮轮	豪华、探险型	追求奢华时尚体验的富有阶层	小型邮轮，私密奢华的旅行享受，私人定制的服务
诺唯真	诺唯真邮轮	时尚、尊贵型	追求品位的中产阶层	首创自由闲逸式邮轮假期，将悠闲和奢华气派相结合
	丽晶七海邮轮	豪华、舒适型	追求豪华、舒适和时尚体验的富有阶层	提供现代、典雅和高贵海上度假体验
	大洋邮轮	豪华、探险型	探险爱好者的富有阶层	美国乡村俱乐部的腔调，具有优雅和随性的风格

资料来源：网络资料总结。

第二节　嘉年华集团

嘉年华集团是迄今为止最为庞大的豪华邮轮船队，被业界誉为"邮轮之王"。嘉年华集团现有102艘邮轮，其中25艘8万~12万吨大型豪华邮轮，有33 000多名船员和5000多名员工，集团旗下拥有公主邮轮、荷美邮轮、歌诗达邮轮、冠达邮轮、世鹏邮轮等，歌诗达总部设于意大利的热那亚。

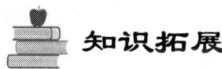 知识拓展

嘉年华集团的传奇扩张之路

嘉年华是邮轮业的一颗新星，没有冗长的历史，却能依靠创新和资本运作将自己打造成当今邮轮世界第一大集团。在这里，需要区分嘉年华邮轮和嘉年华集团。嘉年华邮轮是嘉年华集团的原始公司，成立于1972年，创始人泰德·阿丽森（Ted Arison）在迈阿密接手了轮船加拿大帝后（Empress of Canada）并更名为狂欢节（Mardi Gras），嘉年华由此而诞生。但是，嘉年华的第一艘邮轮并不顺利，在迈阿密港口一出发就碰上了暗沙。1975年，嘉年华购买了不列颠帝后（Empress of Britain），改名嘉年华（Carnivale），扩充了船队，以佛罗里达为根据地，给游客提供加勒比海上度假产品。20世纪70年代作为嘉年华的初生阶段，公司依靠短小的邮轮路线，配以拉斯韦加斯风格的装修和情调，并且以低廉的价格，迅速站稳了脚跟。1978年，嘉年华购买了曾经的瓦尔（Vaal）号，更名为节日号（Festivale），在经过3000万美元的重新装修和配置之后，成为从迈阿密出发前往加勒比的最大、最快的邮轮。

20世纪80年代的嘉年华迅速扩张，在此之后，嘉年华的邮轮几乎全是最新订购的，而非二手货。率先面世的是1982年的热带号（Tropicale），也是邮轮业高速建造新式邮轮的起点。自此之后的邮轮都不再是传统意义上的客轮，而是向着海上度假村的模式迈进。而这股邮轮建造热潮，从80年代一直持续到2008年。嘉年华在80年代也成为第一家在电视上打广告的邮轮公司，并且跟随发行股票的热潮在纽约上市。至此，嘉年华正式奠定了最受欢迎邮轮公司的业界地位。

1990年，嘉年华的扩张延续了不可思议的神话。吃水70367吨的梦幻号（Fantasy）下水，嘉年华的梦幻系列邮轮从此开始服务于90年代的佛罗里达。不仅如此，嘉年华努力超越极限，力求成为行业的领先者。1994年，嘉年华和半岛东方公主邮轮合并，成为世界最大的邮轮集团。1996年，行业第一艘超过十万吨级的邮轮，101 353吨的嘉年华佳运号（Carnival Destiny，另译远景）成为当时最大的邮轮。

时间进入2000年，嘉年华的邮轮越来越大，从110 000吨级的征服（Conquest）系

列邮轮,到 2009 年 130 000 吨的梦想号(Carnival Dream),嘉年华逐渐完成了布局美国各大市场的战略步骤,让竞争对手望尘莫及。嘉年华于 2022 年建成的最新一艘邮轮嘉年华庆祝号(Carnival Celebration),排水量高达 183 521 吨,这也是嘉年华邮轮船队中新的巅峰。

资料来源:http://www.oceancruiser.cn/carnival.html。

一、嘉年华邮轮公司(见图 3-1)

图 3-1　嘉年华邮轮公司 Logo

本公司旗下冠以"嘉年华"品牌的邮轮有:嘉年华微风号、嘉年华自由号、嘉年华光辉号、嘉年华征服号、嘉年华欢欣号、嘉年华光荣号、嘉年华骄傲号、嘉年华阳光号、嘉年华命运号、嘉年华想象号、嘉年华魔力号、嘉年华佳名号、嘉年华凯旋号、嘉年华梦想号、嘉年华魔幻号、嘉年华胜利号、嘉年华奇迹号、嘉年华英勇号、嘉年华天堂号、嘉年华灵感号、嘉年华幻想号、嘉年华自主号、嘉年华传奇号、嘉年华狂欢号等。

船队全年在欧洲、加勒比海、地中海、墨西哥、巴哈马航行运营;而季节性航线则有阿拉斯加、夏威夷、巴拿马运河、加拿大海域航线等。

嘉年华邮轮以"欢乐之船"(Fun Ship)为主题,强调动感美式的欢乐以区别丽星邮轮等竞争对手的服务。船队拥有多样化的休闲设施,装潢新颖、客舱宽敞;邮轮上的秀场节目与娱乐设施应有尽有,让旅客在船上宛如天天参加嘉年华盛会。多样化的美食佳肴、丰富的娱乐活动、免税商店、酒吧及俱乐部,还有豪华剧院播放着电影、运动比赛、音乐会及其他各种精彩节目等,种种迷人特质让嘉年华邮轮就如一处海上度假胜地。

二、爱达邮轮(见图 3-2)

图 3-2　爱达邮轮 Logo

20 世纪 60 年代以东德国家企业（德意志斯里得雷 Deutsche Seereederei）身份进入邮轮市场。1994 年，德意志斯里得雷向芬兰造船厂订购取名为爱达（1996 年运营）的邮轮，爱达品牌诞生。1997 年，挪威人运营的邮轮公司收购了爱达号。2001 年，爱达号被更名为 AIDAcara，从此奠定了爱达邮轮以"AIDA+××"命名的传统。2002 年，爱达维塔（AIDAvita）正式投入运营。2003 年，在爱达的第三艘邮轮爱达奥拉（AIDAaura）号投入使用之后，半岛东方公主正式并入世界上最大的邮轮度假集团——嘉年华集团。嘉年华稍后将阿罗萨品牌和两艘内河邮轮卖给了曾经的母公司——德意志斯里得雷。阿罗萨蓝色号被保留在嘉年华旗下，且更名为爱达布鲁（AIDAblu），成为未来爱达旗下最大的邮轮。2004 年，其正式更名为爱达邮轮，见图 3-3，成为美国嘉年华集团在德国的邮轮公司。目前爱达船队拥有爱达奥拉号、爱达贝拉号、爱达布鲁号、爱达 LUNA 号、爱达 MAR 号、爱达 SOL 号、爱达 STELLA 号等豪华邮轮游艇。

图 3-3　爱达邮轮船身特征图

三、公主邮轮（见图 3-4）

图 3-4　公主邮轮 Logo

1965 年创建，隶属于嘉年华集团，总部在美国洛杉矶，是全世界阵容最大的邮轮公司之一。目前拥有钻石公主号、星辰公主号、红宝石公主号、皇冠公主号、黄金公主号、翡翠公主号、蓝宝石公主号、太平洋公主号、海岛公主号、珊瑚公主号、黎明公主号、碧海公主号、皇家公主号、至尊公主号、加勒比公主号、海洋公主号、太阳公主号、帝王公主号等18艘大型邮轮,其中10万吨级以上的豪华邮轮8艘。全球航线150条,停靠270个港口。

公主邮轮标志着随心所欲,任君选择的海上假期。在满载2000多名乘客的邮轮上,仍可一边感受大船的设施和气派,一边品味小船队的温馨及亲切气氛,大船的选择,小船的享受(Big Ship Choice,Small Ship Feel)。有经济实惠的阳台舱房让游客在自己的阳台上享受清新的海风,欣赏风景。服务的信条可由C、R、U、I、S、E这六个字母代表。其意义分别为:礼貌(Courtesy)、尊重(Respect)、始终如一的卓越服务(Unfailing In Service Excellence)。上到船长的诚心欢迎,下至船舱服务人员对公主邮轮服务精神的践行,让乘客真正地倍感舒心。公主邮轮可游弋到希腊村落、加勒比海城镇、传统的亚洲、阿拉斯加、夏威夷和大溪地等世界知名旅游景区。

四、歌诗达邮轮(见图3-5)

图3-5 歌诗达邮轮Logo

歌诗达邮轮总部设于意大利热那亚,是嘉年华旗下邮轮品牌中最国际化的一个。起源于1860年的Costa家族,以创始人贾西莫·歌诗达先生(Giacomo Costa)的名字命名。船队现拥有经典号、浪漫号、炫目号、命运女神号、唯美号、赛琳娜号、协和号、维多利亚号、辉宏号、大西洋号、迷人号、幸运号、太平洋号、地中海号、皇冠号、Celebration号、neoRiviera号等邮轮。

以意大利风情(Cruising Italian Style)为品牌定位的意大利歌诗达邮轮公司是欧洲地区最大的邮轮公司。其邮轮无论是外观还是内部装潢,都弥漫着一股意大利式的浪漫气息,尤其在蔚蓝的欧洲海域,歌诗达船队以艳黄明亮色调的烟囱,搭配象征企业识别标志的英文字母C,航行所到之处无不令人投来惊艳的目光,成为欧洲海域璀璨耀眼的船队。歌诗达邮轮的足迹曾遍布除亚洲以外的几乎任何一个地区。

歌诗达邮轮2006年率先进入中国市场,是第一家运营中国母港航线的国际邮轮公司。2013年,歌诗达邮轮在中国大陆市场开辟冬季邮轮航线,成为首家全年在中国大陆运营母港航线的国际邮轮公司。

五、冠达邮轮公司（见图3-6）

图3-6　冠达邮轮公司Logo

冠达邮轮公司于1998年并入嘉年华集团，其船队在世界经济的发展中发挥了重要的作用，曾参与英国海外战役。从20世纪50年代开始，邮件和乘客横渡大西洋的工具逐渐由船舶变为航空，冠达邮轮公司同多数邮轮公司一样努力寻求业务转型。在1971年被英国航运及特拉法工业集团（British shipping and industrial conglomerate Trafalgar House）收购，并在1996年被挪威克瓦纳集团公司（Kvaerner）接手，1998年并入嘉年华集团。曾并购了加拿大北方轮船公司和冠达公司的主要竞争对手——白星邮轮（White Star Line曾运营著名的"泰坦尼克号"和"不列颠尼克号"）。冠达邮轮公司船队虽不能问鼎体量最大或者最为奢华，但以可靠和最安全著称。过去一个半世纪以来，冠达邮轮公司主导了跨大西洋的客运服务，并成为当时世界上最重要的大企业之一。

六、荷美邮轮公司（见图3-7）

图3-7　荷美邮轮公司Logo

该公司创立于1983年，总部设立在美国西雅图，自1989年起，加入了嘉年华邮轮控股集团公司。而今拥有德丹号、奥斯特丹号、欧罗丹号、新阿姆斯特丹号、诺丹号、华伦丹号、普林盛号、阿姆斯特丹号、马士丹号、鹿特丹号、威仕特丹号、尚丹号、雷丹号、史特丹号、维丹号等豪华邮船，运营500多条遍布于全球100多个国家的航线、320个港口。

荷美邮轮公司（全名荷兰美洲蒸汽轮船公司NASM）建立于1837年，以运送荷兰—

美洲之间的客运为主；曾搭载了约 85 万从欧洲移民到美洲新大陆的游客。截至目前，荷美邮轮已搭载超过 1000 万人次的旅客。

荷美邮轮非常注重"服务品质的维持"，它们在印度尼西亚拥有专属的旅馆训练学校，主要是培训专业的服务人员，掌握邮轮竞争最大的秘密武器——无与伦比的员工。邮轮的精神在于优秀的船员、良好的服务、品质的坚持及特有的风格。荷美邮轮高效率的荷兰籍工作人员，以及友善的印度尼西亚籍、菲律宾籍服务人员是绝佳的组合。无微不至的服务、亲切的笑容和体贴的关怀都使荷美邮轮吸引了众多忠实乘客。

七、世鹏（世邦）邮轮公司（见图 3-8）

图 3-8　世鹏（世邦）邮轮公司 Logo

本船队由挪威实业家 Mr.Atle Brynestad 创立于 1987 年，总部设立在美国佛罗里达州的迈阿密。船队目前有世邦传奇号、世邦精灵号、世邦奥德赛号、世邦航行者号、世邦探索号、世邦女神一号、世邦女神二号、世邦阳光号等豪华邮轮。

1998 年，嘉年华收购了世邦剩余 50% 股份，并将两家公司资产融合进库纳德线（Cunard Line Ltd）。库纳德的三艘小型邮轮海洋女神一号（Sea Goddess I）、海洋女神二号（Sea Goddess II）和皇家维京阳光号（Royal Viking Sun）在 1999 年转移到世邦品牌下经营，分别改名为世邦女神一号、世邦女神二号和世邦阳光号。

2002 年世邦游艇从库纳德公司独立出来，成为嘉年华直属的品牌之一。与库纳德相比，世邦的邮轮更小，市场更细，服务更胜，价格更高。世邦邮轮每艘邮船都采用华丽的全海景套房设计，船上拥有 104 间宽敞的套房，面积从 25 平方米至 53 平方米不等，客人拥有足够宽敞的空间邀请朋友室内用餐或在套房内举办私人鸡尾酒会。所有的套房都拥有海景，40% 的舱房拥有超大私人阳台。

八、P&O 英国邮轮（见图 3-9）

图 3-9　P&O 英国邮轮 Logo

P&O 英国邮轮船队创立于 1837 年，以纯粹英伦风格及提供中低价位收费水准为品牌诉求，是一个航线遍及世界各海域的豪华型老牌船队，也是全世界现存历史最悠久的邮轮公司。P&O 高雅的英式服务格调、专业流畅的邮轮航程与极佳的夜间娱乐表演活动，都是令其船队历久不衰的原因。其船队航线在加拿大、美国、中国、澳大利亚等都有行驶。

九、P&O 澳大利亚邮轮（见图 3-10）

图 3-10　P&O 澳大利亚邮轮 Logo

P&O 澳大利亚邮轮公司于 1932 年在澳大利亚成立，是全球邮轮业的先驱。当时公司的一条 23 000 吨的邮轮"Strathaird"从悉尼到诺福克岛航行一个来回花了五天五夜。如今，P&O 澳大利亚邮轮的船队和规模都发生了很大的变化。现在公司有 4 艘邮轮安排在澳大利亚和南太平洋区域的 40 个观光点航行，比如悉尼、布里斯班和奥克兰等。

第三节　皇家加勒比集团

一、皇家加勒比游轮有限公司（见图 3-11）

图 3-11　皇家加勒比游轮 Logo

该公司总部位于美国迈阿密，是全球第二大邮轮运营商，旗下拥有皇家加勒比国际游轮（船队系列构成见表 3-5）、精致邮轮、精钻邮轮、普尔曼陀邮轮（49% 所有权）、

TUI邮轮（50%合资）、天海邮轮等品牌。

2012年6月19日，皇家加勒比国际游轮旗下的"海洋航行者号"进入中国，并以上海为母港开设国际邮轮航线。2013年"海洋水手号"与"海洋航行者号"共同部署在中国，以上海、天津和中国香港为母港，全年运营35个前往日本、韩国、中国台湾、越南、新加坡、俄罗斯等国家或地区的精彩航次。海洋赞礼号于2016年5月3日从英国南安普敦港出发，开始了为期52晚的全球奥德赛首航，这艘船在那次航行中的最终目的地是中国天津。

表3-5 皇家加勒比国际游轮船队系列构成表

系列名称	所辖邮轮
绿洲系列	海洋绿洲号、海洋魅力号、海洋和谐号、海洋交响乐号、海洋奇迹号、海洋标志号
自由系列	海洋自由号、海洋自主号、海洋独立号
航行者系列	海洋冒险号、海洋探险号、海洋水手号、海洋领航者号、海洋航行者号
灿烂系列	海洋灿烂号、海洋光辉号、海洋旋律号、海洋珠宝号
梦幻系列	海洋神话号、海洋荣光号、海洋富丽号、海洋迎风号、海洋幻丽号、海洋梦幻号
君主系列	海洋帝王号
量子系列	海洋量子号、海洋颂歌号、海洋赞礼号
超量子系列	海洋奥德赛号、海洋光谱号

皇家加勒比国际游轮有百老汇式的娱乐表演，以及针对家庭和探险爱好者的娱乐项目。航线涵盖了全球最受欢迎的诸多旅游胜地。凭借其享誉世界的金锚服务，皇家加勒比国际游轮已连续11年在*TravelWeekly*读者投票中蝉联"最佳游轮公司"奖。

自1968年成立至今，皇家加勒比国际游轮始终保持行业领先地位，并建造了两艘全球最大的邮轮——"海洋绿洲号"（Oasis of the Seas）和"海洋魅丽号"（Allure of the Seas）。这两艘姐妹船的总吨位均为22.5万吨，将全新的"社区"理念引入邮轮，把邮轮空间划分为中央公园、百达汇欢乐城、皇家大道、游泳池和运动区、海上水疗和健身中心、娱乐世界和青少年活动区7个主题区域。"海洋水手号"与"海洋航行者号"邮轮上甚至还拥有免税购物大街——皇家大道，真冰溜冰场和直排轮滑道，高于海平面61米的攀岩墙，以及小型高尔夫球场等。近几年，最大邮轮的纪录被不断刷新，2023年25万吨的"海洋标志号（Icon of the Seas）"成为新的最大邮轮。

二、精钻邮轮（见图3-12）

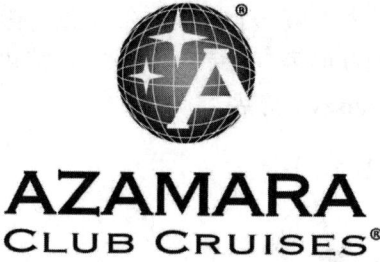

图3-12　精钻会邮轮Logo

精钻会邮轮是皇家加勒比游轮有限公司的子公司，Azamara是罗曼语词汇，包含了蓝（az）和海（mar）。古典时代，Acamar是可以从希腊纬度看到的最南方的一颗璀璨的星，这个名字，让人浮想起世界各地美丽旅程的万千风情。精钻会邮轮拥有精钻旅程号Azamara Journey和精钻探索号Azamara Quest两艘载客量均为694人的邮轮，93%的客舱拥有海景，68%的客舱拥有私人阳台，每间舱房都配备有服务员与管理员，有1∶2的服务员客人比例，邮轮注重床上用品、纺织品、平板电视、阳台装饰和家具、公共区无线互联网设施建设，由于体型相对较小，适合去往大型游船无法到达的景区。可提供更加个性化的体验，如Elemis的Astral Spa疗程、露天的五星级Discoveries餐厅、地中海风味特色Aqualina餐厅等。

三、精致邮轮公司（见图3-13）

图3-13　精致邮轮公司Logo

精致邮轮公司的豪华船队有精致千禧号、精致极致号、精致无极号、精致季候号、精致世纪号、精致星座号、精致新月号、精致嘉印号、精致尖峰号、精致水印号、精致远征号等邮轮。航线遍布美洲、欧洲、大洋洲。由Harry H. Haralambopoulos与希腊Chandris海运公司和Chandris邮轮公司的拥有者Chandris兄弟经过深思熟虑而建立。1989年，当邮轮工业飞速发展的时候，他们决定成立一家新的更好的邮轮公司，拥有更新的船只、更大的船舱、更关注于保持欧洲传统的餐饮和服务。皇家加勒比游轮有限公司1997年以1.3亿美元买下了精致邮轮公司。

精致邮轮标榜自己提供的邮轮旅游服务为"新的国际性标准"，从服务、住房、菜肴等方面都注重质量和风格，致力于提供超出客人预期的邮轮体验。自成立以来，精致邮轮将"经典中的精华，优雅的巡航和与时俱进"作为一种承诺。精致邮轮的烟囱上都有一个大大的 X，这是希腊字母表中第三个字母，在希腊文中念 chi，在英文中是 C，这就是精致邮轮创始人 Chandris 家族的第一个字母。2007 年精致邮轮成立了一家新的拥有中型船只的邮轮公司 Azamara Cruises（精钻）。

四、途易邮轮（见图 3-14）

图 3-14　途易邮轮 Logo

途易的子公司赫伯罗特邮轮在欧洲德语国家的豪华邮轮领域拥有较高知名度。旗下拥有汉萨同盟号（MS Hanseatic）、不来梅号（MS Bremen）、哥伦布号（MS Columbus）及 5 星豪华邮轮欧洲号（MS Europa）等邮轮。2008 年，途易与皇家加勒比游轮有限公司共同组建了途易邮轮。途易邮轮是一家合资公司，出资的一方为德国旅游集团、赫伯罗特的股东途易集团，另一方为皇家加勒比游轮。公司主营德语市场并希望增加在德国邮轮市场上的份额，于 2009 年 5 月试航了第一艘豪华邮轮麦希夫号（MeinSchiff）。主要在加勒比海、波罗的海、地中海、加那利群岛等区域运营。TUI 现有船队基本情况见表 3-6。

表 3-6　TUI 现有船队基本情况

船名	建造年份(年)	造船厂家	服役年份(年)	吨位（吨）	方便旗
Mein Schiff 3	2014	Meyer Turku Shipyard（Finland）	2014	99 430	Malta
Mein Schiff 4	2015	Meyer Turku Shipyard（Finland）	2015	99 500	Malta
Mein Schiff 5	2016	Meyer Turku Shipyard（Finland）	2016	99 800	Malta
Mein Schiff 6	2017	Meyer Turku Shipyard（Finland）	2017	98 800	Malta
Mein Schiff 1	2018	Meyer Werft（Turku，Finland）	2018	111 500	Malta
Mein Schiff 2	2019	Meyer Werft（Turku，Finland）	2019	111 500	Malta

资料来源：https://en.wikipedia.org/wiki/TUI_Cruises。

第四节　其他邮轮公司

一、小体量型奢侈邮轮公司

（一）海梦游艇俱乐部（见图 3-15）

图 3-15　海梦游艇俱乐部 Logo

海梦游艇俱乐部由挪威企业家族于 2001 年创立，总部位于美国佛罗里达迈阿密，习惯以"It's yachting, not cruising！"作为口号。

"游艇"海梦一号（SeaDream I）和海梦二号（SeaDream II）排水量只有 4300 吨，体积属轻量级，但它们却能以小巧船身脱颖而出，提供截然不同的海上玩乐风格。只提供 56 个船舱客房，最多只接待 112 位乘客，所以船上环境非常宁静，令游客自在许多；加上船队服务人员数目多达 95 人，职员与客人比例几乎一对一，客人享受的服务更是无微不至。此外，小巧的船身还提供更佳的灵活性，一般无法容纳巨型邮轮的港口，SeaDream 游艇都可进出自如，它们更常借此优势设计别出心裁的行程和活动。船的体积虽然较小，设施却极其丰富，其中船舱客房及套房分为四个级别，每间不但拥有典雅的布置和极宽敞的空间，且更全数面向海景。船上有两个大餐厅以及酒吧，还有其他设施如 SPA、健身中心、图书馆及赌场、仿真高球系统等，夜间在甲板放映电影，专为情侣安排小节目等，甚至户外一族可享受海上摩托车、玻璃底独木舟、帆船、滑水及香蕉船等各式游乐设施。

（二）银海邮轮（见图 3-16）

图 3-16　银海邮轮 Logo

罗马 Lefebvre 家族成立了一个具有创新性意义的公司（Silversea），它为客人提供了一种私人的卓越环球航海旅行。银海邮轮公司旗下拥有四艘豪华邮轮：银云号、银风号、银影号、银啸号。银海的行程将遍及全球七大洲。

银海邮轮所巡游的线路独具匠心，属小型邮轮，可直接驶入大型邮轮无法直接停靠和需要接驳的港口，还可停靠大多数大型邮轮不经过的港口。银海所经过的每一个港口城镇都各具特色，即使航行在同一区域，线路也基本不重复，让游客的邮轮度假充满了新鲜感。银海精致的邮轮是专门为少数的客人量身设计的，邮轮上意大利和欧洲的员工为客人提供了最高级别的私人化服务，同时客人也拥有更大的私密空间，以迎合每一位客人独一无二的需求。

（三）风星邮轮（见图3-17）

图3-17　风星邮轮Logo

风星邮轮创办于1984年。1987年，荷美线收购了风星50%的资产，次年，风星成为荷美线名下全资子公司。2011年，Windstar Cruises的母公司——位于美国西雅图的Ambassadors International公司宣告破产。而今，风星邮轮母公司已变更为Xanterra Parks & Resorts, Inc.。船队拥有风之星（WindStar）、风之歌（WindSong）、风之灵（WindSpirit）、风之浪（WindSurf）和风之奇（WindSaga）等邮轮。

Windstar Cruises拥有三艘动力风帆型迷你豪华邮轮。在市场上有着非同一般的特殊地位，它是唯一一家以帆船为船队的邮轮，见图3-18。定位于四星尊尚标准的高级邮轮系列，风星邮轮运营的产品不是每个人都能享受的邮轮度假方式。但是，风星邮轮吸引着邮轮度假者中眼光与爱好非常特殊的独特一族，以帆船出游为生活方式的精选旅行者。风星邮轮以帆船式的旅行闻名。其船上设施因为空间关系而受到限制。船上客房房间大，且包括DVD、iPod等附属高级设施，但是与其他高级邮轮不同，风星邮轮的房间都没有露台。而且，因为空间小，在船上的任何一角，都感觉被海水包围。风星邮轮的早餐和午餐都是自助餐，但是开餐时间覆盖24小时，也允许客人单独点餐。晚餐随意入座，并且提供一个免费但是需要提前预订的附选餐厅。

图 3-18　风星邮轮（Windstar Cruises）宣传图

二、其他特色邮轮公司

（一）迪士尼邮轮（见图 3-19）

图 3-19　迪士尼邮轮 Logo

迪士尼邮轮提供迪士尼公司自主营运的豪华邮轮游览服务，始于 1998 年，经营往返于美国东海岸的佛罗里达，包括巴哈马海域、加勒比海、美国西海岸——墨西哥蔚蓝海岸和地中海地区的多日航海度假产品。

依靠迪士尼的品牌优势和对主题公园管理的经验，迪士尼邮轮主要针对带小孩的家庭旅行者，提供短期的海上度假体验。通常，在迪士尼邮轮海上巡游度假产品中，游客只需要一次性支付费用，上船以后所有的费用都包括在内。整个旅行计划中，会有一部分时间在船上度过（当值海上巡游日时，将整天都在船上），而在邮轮到达一些目的地，通常是风景秀丽的岛屿，包括巴哈马迪士尼自有小岛 Castaway Cay 等之后会停靠，游客可以下船在目的地享受多种游乐项目，包括在海边游泳、潜水，在岛上参加冒险。邮轮上的剧院、舞台剧演出、儿童服务团队等都独具特点。其航程有巴哈马、加勒比海、阿拉斯加、巴拿马运河等路线，以及跨越大西洋到达欧洲的航线。

（二）大洋邮轮公司（见图 3-20）

图 3-20　大洋邮轮公司 Logo

大洋邮轮公司成立于 2002 年，由邮轮产业的退伍军人、分别在新生邮轮和水晶邮轮工作过的 Frank Del Rio 和 Joe Watters 共同创立。初期的两艘邮轮 R1 和 R2 都是购自新生邮轮公司并更名为"Regatta"和"Insignia"。2005 年又有来自新生邮轮公司的一艘邮轮加入大洋邮轮公司，大洋邮轮公司把它命名为"Nautica"。大洋邮轮公司强调以服务理念为游客创造最豪华最舒适的家的感觉，大洋邮轮把美食烹调和服务价格定位在中端市场，以力图吸引更多的普通阶层来邮轮旅行观光。

大洋邮轮公司现在开辟了黑海、不列颠岛、加勒比、中美洲、希腊小岛、地中海、墨西哥、北部海角、俄罗斯、斯堪的纳维亚和南美洲航线。航程包括在港口过夜逗留或者上岸观光。让乘客时刻沉浸于不同国家、不同区域的历史、文化氛围中，充分享受当地的风味美食。

（三）丽晶七海邮轮（见图 3-21）

图 3-21　丽晶七海邮轮 Logo

丽晶七海邮轮总部设在美国劳德代尔堡，位列全球顶级邮轮之席。丽晶邮轮的客房 100% 附设私人阳台，B 级以上的客房旅客皆有执事（管家）服务，法国知名美食大厨烹调美馔，Carita of Paris SPA、顶级醇酒等品质卓著。2005 年，分别被知名旅游杂志 *Travel and Leisure*（旅游及休闲杂志）与 *Ocean & Cruise News* 的读者评选为全球最佳小型豪华邮轮公司以及最佳年度邮轮。

除丽晶七海邮轮公司外，丽晶集团旗下还拥有如丽晶（Regent）国际饭店集团、瑞迪生旅馆及度假饭店集团、TGI Fridays 餐厅集团、卡尔森（Carlson）乡村旅馆及套房集团、北美公园（Park）旅馆集团、卡尔森度假集团等饭店、度假中心、餐厅等1530多家企业，业务范围遍及全球80个国家。

船队目前拥有七海海洋号（Seven Seas Mariner）、七海领航号（Seven Seas Navigator）、七海航海号（Seven Seas Voyager）三艘邮轮。航线遍及非洲、美洲、大洋洲、欧洲、拉丁美洲等，以及环球之旅。

（四）水晶邮轮公司（见图3-22）

图3-22 水晶邮轮公司Logo

水晶邮轮公司创建于1988年，总部设在东京，由日本邮船株式会社Nippon Yusen Kaisha（NYK）经营。现共经营两艘豪华邮轮和800多艘货船，在全球各地均设有办事处，航行线路通达全球的目的地。现经营两艘世界最豪华的邮轮：水晶合韵号（1995年首航，承载量922人）和水晶尚宁号（2003年首航，承载量1070人）。

水晶邮轮服务特点：六星级的邮轮，船上美元消费额度免费，顶级日式料理及各种迎合亚洲客人喜好的娱乐设施，如置身拉斯韦加斯的歌舞秀一般奢华。

邮轮上的设施形象符号如：Frette柔软尼浴袍，埃及纯棉内里被单，亚麻桌巾，餐桌鲜花，银器餐具，精致的高脚杯及木质家具等。船上的游乐内容如：奏鸣曲表演，甲板日光浴，以风水为设计灵感的SPA中心，干式桑拿浴和蒸汽室，健身中心的皮拉提斯以及瑜伽课程，各国风味餐饮等。

（五）诺唯真邮轮公司（见图3-23）

图3-23 诺唯真邮轮公司Logo

诺唯真邮轮公司总部设在素有"世界邮轮之都"美称的美国佛罗里达州迈阿密，自1966年开始营运至今已成为北美邮轮业最知名品牌之一，2016年2月底，Norwegian Cruise Line（原名"挪威邮轮"）更名为"诺唯真游轮"。新名字完美诠释了"承诺、专属和真诚"的品牌理念。目前公司拥有美国之傲号、挪威天空号、挪威爱彼号、挪威明珠号、挪威逍遥号、挪威珠宝号、挪威宝石号、挪威之晨号、挪威之星号、挪威翡翠号、挪威太阳号、挪威遁逸号、挪威畅意号、挪威精神号等豪华邮轮。航线遍及：阿拉斯加、加拿大新英格兰、加勒比、夏威夷、墨西哥沿岸、巴哈马及佛罗里达、巴拿马运河、百慕大、太平洋临海等。

1998年NCL挪威邮轮开辟了针对亚洲的东方航线。首创了"自由闲逸式邮轮假期"，精心将旅游的各种精彩元素与度假村的悠闲和奢华气派结合。目前营运的美国之傲号主要提供夏威夷航线,客户群体主要是美国和加拿大的中产阶级。NCL 美国目前营运"阿罗哈之傲""美国之傲""夏威夷之傲"。挪威邮轮的主要市场遍布北美、欧洲、南美洲及亚洲;NCL 美国则主要提供夏威夷航线。

NCL 以 F3 为主题的第三代自由闲逸式大型邮轮——爱彼号邮轮,已于 2010 年建造完成并下水。"自由式巡游"是没有时间表的自由式巡游,游客可自由创建自己的假期,随时下船结束旅程。拥有多达 13 个不同的餐厅,10 个超时尚酒吧及酒廊,海上保龄球场和两层楼高屏幕的任天堂 Wii,着装自由,可提供配备 3 间卧室和多达 465 平方米隐私空间的豪华私人庭院和花园别墅。

（六）地中海邮轮（见图 3-24）

图 3-24　地中海邮轮 Logo

地中海邮轮公司成立于 1987 年,总部位于意大利那不勒斯,在意大利的米兰、威尼斯、热那亚、罗马、巴勒莫、巴里,亚洲区的日本、中国香港等地共设有 42 处办公室。

由海运业起家的 MSC 运输集团从 1995 年开始将业务拓展到了观光邮轮的领域,并从 2000 年起随着全球邮轮旅游的风行,邮轮的业务量开始出现了大幅度的增长。经过过去数年的持续增长,地中海邮轮发展至今已成为拥有全球最先进船队的邮轮公司。地中海邮轮为旅客提供最佳的意大利风格邮轮假期,非常讲究意式文化与服务精神,独树一帜的特色将它与其他邮轮公司区别开来,是一家拥有全球运筹能力的私人家族邮轮公司。从船员热情的招待、剧院装饰及设计到特色美食、整体气氛,都反映出公司"意大利制造"的理念,也是地中海邮轮的特别之处。精心设计的各种邮轮行程与多元的船上活动则是消费者们一再选择搭乘 MSC 的主要因素之一。地中海邮轮是地中海市场上的佼佼者,全年均有航程安排,同时亦提供季节性的北欧、大西洋、加勒比海、红海、北美（含加拿大）、南美、印度洋及南非与西非的航程。

（七）丽星邮轮（见图 3-25）

图 3-25　丽星邮轮 Logo

丽星邮轮，被称为"亚太区的领导船队"，于1993年成立，以发展亚太区成为国际邮轮目的地为理念。2009年丽星邮轮有限公司更名为云顶香港有限公司。随后相继成立了星梦邮轮船队和收购了水晶邮轮，信心满满地继续其扩张全球邮轮业务的雄心。而丽星邮轮则成为云顶香港旗下亚洲业务的船队之一。

丽星邮轮是特别为亚洲旅游人士设计的。丽星邮轮并没有引进美国或欧洲式的邮轮，邮轮的设计配合了亚洲人的需要——饮食口味及习惯、娱乐及生活方式、多彩多姿的活动。因此，丽星邮轮有全新的邮轮旅游概念：船上设有丰富的饮食及娱乐设施、国际级的服务、短程的邮轮航线，包括充裕的观光时间、购物及饱尝地道美食。丽星邮轮亦提供了完善的海陆空旅程，引进世界各地的旅客到马来西亚、新加坡、中国香港、泰国及中国台湾旅游。

但是受到疫情的影响，云顶香港集团于2022年宣告破产。同年3月，名胜世界邮轮成立，原云顶集团掌门人林国泰出任执行主席；6月，名胜世界邮轮租赁了"云顶梦"号，并于新加坡首航。2023年，名胜世界邮轮再度收购"云顶梦"号，并将其更名为"名胜世界壹号"。

三、中资邮轮公司

1. 渤海邮轮有限公司

邮轮：中华泰山号

渤海邮轮有限公司成立于2014年2月，是渤海轮渡集团股份有限公司全资子公司，总部在香港。渤海邮轮有限公司全面负责邮轮的经营、管理，是中国内地首家自主运营管理豪华邮轮的公司。2014年，公司从欧洲购买了一艘2.5万总吨国际豪华邮轮——"中华泰山号"。这是中国第一艘全资、自主经营管理的超豪华邮轮。这艘邮轮将主要立足于中国周边的亚洲国家开展邮轮业务。自2014年开航以来，"中华泰山号"邮轮以国内邮轮港口为始发港，航线涉及多个国家和地区。

2. 星旅远洋国际邮轮有限公司

邮轮：鼓浪屿号

星旅远洋国际邮轮有限公司由中国旅游集团和中国远洋海运集团共同出资设立，总部设在香港，在厦门设有内地运营总部。公司致力于本土邮轮品牌打造，旗下一艘7万吨级豪华邮轮鼓浪屿号在中国母港运营，公司将以近洋航线为基础，逐步向远洋航线和国际母港航线延伸。2019年9月在厦门邮轮母港正式首航。

3. 上海蓝梦国际邮轮股份有限公司

邮轮：蓝梦之星、蓝梦之歌

上海蓝梦国际邮轮股份有限公司是成立于2016年的中国本土邮轮品牌。蓝梦之星是蓝梦邮轮旗下的第一艘轻体量邮轮，2019—2023年运营，总吨位2.5万吨；蓝梦之歌2024年6月投入运营，总吨位4.2万吨。蓝梦邮轮意在为游客打造一场探寻多元娱乐、品尝中国味道、观摩文化瑰宝和保持身心康健的海上国风之旅。

4. 三亚国际邮轮发展有限公司

邮轮：憧憬号

三亚国际邮轮发展有限公司隶属中国交建旗下中交海洋投资控股有限公司，2020年，三亚国际邮轮发展有限公司购买了原为公主邮轮公司旗下的"碧海公主"号邮轮，并更名为福熙"憧憬号"，总吨位7.7万吨，已顺利靠泊三亚凤凰岛邮轮母港。

5. 重庆冠达世纪游轮有限公司

邮轮：世纪和谐号

重庆冠达世纪游轮有限公司旗下12艘现代豪华长江五星级游轮舰队，是中国内河游轮产业标杆企业和中国水上旅游资源整合运营商。2020年10月，该公司从内河游轮向沿海邮轮延伸拓展业务，收购了嘉年华旗下的"魅力"号邮轮，现更名为"世纪和谐号"，总吨位7万吨，投入中国市场运营。

6. 招商局维京游轮有限公司

邮轮：招商伊顿号

招商局维京游轮有限公司由招商局集团旗下招商蛇口与维京游轮合资组建，旗下招商伊顿号邮轮是中国第一艘悬挂五星红旗的豪华邮轮。2021年4月，招商伊顿号邮轮在深圳海关监管下完成进境通关手续正式入境靠泊。秉承着高度尊重中国消费者的服务理念，公司对船上标识、餐饮、娱乐等进行了升级改造，将简约北欧风与中华文化有机融合，为游客提供高端游轮旅行体验与尊享服务。

7. 爱达邮轮有限公司

邮轮：爱达·魔都号、地中海号

爱达邮轮有限公司（Adora Cruises Limited），前身为中船嘉年华邮轮有限公司，是具备市场营销、商务运营、海事运营、酒店和产品管理、新造船管理等全运营能力的中国邮轮旗舰企业。爱达邮轮旗下首艘国产大型邮轮——爱达·魔都号（Adora Magic City），于2023年11月4日正式交付命名，并于2024年1月1日起以上海为母港开启首航季。第二艘国产大型邮轮也已在上海外高桥造船有限公司开工建造。爱达邮轮旗下被誉为"艺术之船"的地中海号（Mediterranea），于2023年9月30日从天津启航，迎来中国首秀。

复习思考题

1. 了解世界主要邮轮公司、品牌和船队的概况。
2. 熟悉嘉年华和皇家加勒比集团的主要邮轮品牌组成情况。
3. 查找资料，了解中国邮轮公司的品牌特征及主要航线。

第四章 邮轮港口布局和规划

第一节 全球邮轮港口的布局

全球邮轮港口按功能分为母港（Home Port）、停靠港（Port of Call）和目的地港（Destination Port）三类（CLIA）。母港是邮轮船舶的运营基地，为邮轮提供维护、补给及乘客集散服务；停靠港是邮轮航线中途的停靠点，邮轮通常会停靠6~12小时，港口可以支持观光和补给服务；目的地港以深度体验为核心，如海岛、极地的登陆体验，且可弹性延长停泊时间。我国的港口分类有所区别，分为母港、始发港和访问港三类。这主要受市场发展阶段差异影响，我国目前以始发港、短线航线为主，访问港停留时间短，长时间停靠的深度游还很少。

目前，全球共有162个国家和地区拥有超过1300个具有接待邮轮功能的邮轮港口和码头，主要分布在四大区域：北美洲、欧洲、亚太和中东地区，其中，北美洲和欧洲是邮轮港口集聚度最高的区域。

美国作为全球邮轮业最发达的地区，拥有全球最多邮轮的港口，76个邮轮港口基本围绕东西海岸线形成全域布局，由美国和加勒比地区达300多个的邮轮港口最先集聚形成的北美邮轮港口集群，也成为全球邮轮业发展最为成熟和发达的地区。欧洲国家众多，拥有发展邮轮旅游的天然优势，围绕地中海和波罗的海两大海域而建的邮轮港口多达300多个，成为全球第二大邮轮港口集群。随着全球邮轮产业的东移，中国、日本、新加坡等亚太地区国家加快邮轮港口建设，已逐步形成全球第三大邮轮港口集聚群。具体区域和国家邮轮港口数量见表4-1、表4-2。

表 4-1 全球邮轮港口区域分布及数量表

单位：个

港口所在区域	数量	港口所在区域	数量	港口所在区域	数量
欧洲—地中海和黑海	228	阿拉斯加和北美西海岸	43	北极和大西洋	27
欧洲—西不列颠群岛	137	北美东海岸	64	墨西哥里维埃拉	18
欧洲—波罗的海和北大西洋	101	巴拿马和中美洲	28	北太平洋	11
欧洲—内河区域	114	南太平洋	79	南极洲	14
亚洲	182	加勒比	81	密克罗尼西亚	5
南美洲	104	澳大利亚	67	夏威夷	6
非洲和中东	96	新西兰	32		

数据来源：www.marinevesseltraffic.com。

表 4-2 全球主要国家/地区/区域邮轮港口数量表

单位：个

国家/地区/区域	数量	国家/地区/区域	数量	国家/地区/区域	数量
美国	76	南极洲	15	秘鲁	7
法国	69	中国大陆	15	罗马尼亚	7
英国	69	格陵兰岛	14	泰国	7
澳大利亚	67	巴布亚新几内亚	14	委内瑞拉	7
意大利	63	丹麦	13	越南	7
日本	60	瑞典	13	保加利亚	6
希腊	55	马来西亚	122	佛得角	6
加拿大	49	俄罗斯	14	芬兰	6
德国	49	爱尔兰	11	斐济	6
挪威	49	奥地利	10	韩国	6
印度尼西亚	45	葡萄牙	10	菲律宾	6
西班牙	37	塞舌尔	10	所罗门群岛	6
新西兰	32	瓦努阿图	10	哥伦比亚	5
巴西	30	哥斯达黎加	9	牙买加	4
智利	26	巴拿马	9	中国台湾	4
厄瓜多尔	24	埃及	8	马尔代夫	4
墨西哥	22	印度	8	马达加斯加	4
法属波利尼西亚	21	法属新喀里多尼亚	8	阿根廷	3
克罗地亚	20	南非	8	比利时	3

续表

国家/地区/区域	数量	国家/地区/区域	数量	国家/地区/区域	数量
荷兰	20	巴哈马	7	百慕大	3
土耳其	20	古巴	7	以色列	3
冰岛	17	摩洛哥	7	新加坡	2

数据来源：www.marinevesseltraffic.com。

第二节　邮轮港口布局的条件和因素

一、邮轮港口布局的基本条件

按照全球邮轮旅游产业的发展规律，国际邮轮公司在选择评价邮轮港口时，比较注重的因素一般都集中在游客旅游的效率和便利程度、交通的可达性、船舶的航行条件、运营成本高低以及港区未来再发展的可能性等几个方面。

（一）特色旅游吸引物

旅游航程中的邮轮游客希望看到不同特色的城市风貌和不同地域的风土人情，获得全新的生活体验。除港口条件和所在城市的基础设施外，国际邮轮公司选择旅游目的地港口最先考虑的是当地有特色的旅游产品和旅游项目。在邮轮靠泊港口的那一段时间内，既要把城市最有特色的一面展现给游客，又要考虑满足不同游客的需求。向大多数游客提供旅游精品组合线路和项目的同时，也要提供一些个性化的旅游项目和产品。

（二）港口接待条件

旅游目的地港口应有足够水深的航道、泊位和必要的导航设施。航道水深是港口通航的基本条件之一，也是限制进港邮轮吨位的主要因素。从邮轮的安全角度考虑，应该留有一定的富余水深。当然，在特殊情况下，也可以考虑利用乘潮水位进港或离港，因而实际航道水深也可以浅一些。但因此靠离港的时间也要随潮位变化。同时，邮轮港口需提供高效率的船舶联检、引水、拖带服务，邮轮母港还需提供淡水、燃油、船用物料、食品、商品供应和相关服务；邮轮泊位应有良好的风浪遮蔽条件、安全条件和环境质量，不受噪声和污染的影响；一般应与港口的货运装卸作业区分开，或在有条件的城区设立专用的邮轮码头，能方便地接近城市社区并便于游客自由活动。

（三）客运通关设施

邮轮乘客具有同时到达的特点，对港口通关能力的压力很大。接待城市提供快捷高效的通关服务，尽快地疏导乘客通关，减少游客等候的时间是至为重要的。一般国际邮轮的岸上客运配套设施主要包括停车场、游客候船、安检、通关、行李搬运和领取、游客上下船升降舷梯等主要功能区。

（四）旅游接待服务能力

现代邮轮一般在停靠港停留一到两天。既需要接待城市向团体游客提供一条龙的团体旅游预订和接待服务，也需要为愿意自助旅游和自由活动的乘客提供周到的个性化服务；既要保证大量游客安全、顺畅地进行观光、购物、餐饮、娱乐、休闲活动，又要不影响正常的城市交通和市民生活，对城市基础设施和管理水平都提出了较高的要求。

（五）船舶供应服务

对船公司的船舶供应服务内容一般包括油料、淡水、配件、食品、物料，一般是通过专业的供应商提供服务，由外轮代理公司负责结算；对游客提出的个性化购物需求，一般是通过船方代订和服务来满足。

（六）城市交通

作为邮轮港口，应有方便快捷的市内交通、腹地交通、国内外空中和海上航线等。邮轮码头附近应该有足够的停车位置和通道；公共交通线路、轨道交通站和出租车待客区应该尽可能地贴近候船大楼，力争实现零换乘的交通。在城市对外交通方面，应该有通达腹地旅游区的高速公路、铁路系统以及通达主要旅游目的地和客源地的国内外空中及海上旅游航班。

知识拓展

北美邮轮母港间350千米距离现象

邮轮母港之间存在影响，能够分流彼此之间的客流，但是通过研究发现美国的邮轮母港之间距离多在350千米之内，这说明邮轮经济发展到一定程度，邮轮母港之间的距离会不断地缩小。邮轮母港350千米距离现象见图4-1。

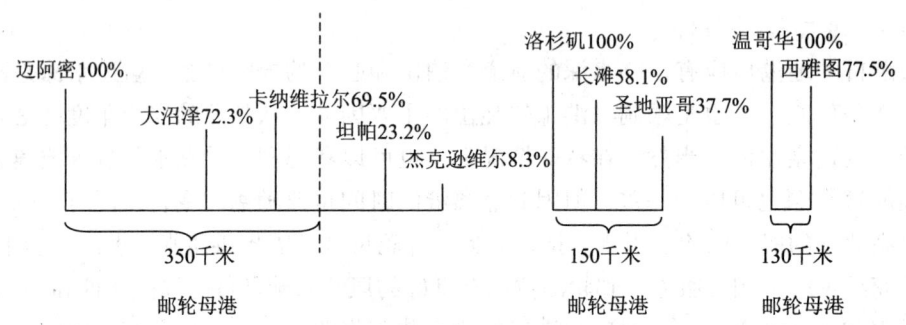

图4-1 邮轮母港350千米距离现象

资料来源：CLIA资料整理。

二、邮轮母港设置的因素

邮轮母港是指具备多艘大型邮轮停靠及进出所需的综合服务设施设备条件，能够为邮轮经济发展提供全程、综合及配套服务的地方。邮轮在此进行补给、废物处理、维护与修理，邮轮公司在母港所在地设立地区总部或公司总部。邮轮母港对所在区域的经济具有较强的推动力，因而邮轮母港的设置对一个国家或地区的邮轮产业发展来说至关重要。而邮轮母港的设置一般需要考量以下六个方面的重要因素。

（一）港区航道条件好和岸线长

一个地区要成为邮轮母港，港区需接近城市中心，具备良好的水深和航道条件，较长岸线。码头水深是关键条件之一。表4-3为世界主要邮轮母港水深情况。世界主要邮轮母港的水深基本在9米以上，平均水深达到了12米。新造的大型邮轮的吃水在9米左右，尽管邮轮的吨位和载客量在不断增大，但是吃水没有明显增加。为了满足未来邮轮大型化发展的需要，迈阿密港口管理局已经开始对新建邮轮码头及客运站进行规划，以适应未来邮轮发展的需要。

表4-3　世界主要邮轮母港水深情况

港口	水深/米	港口	水深/米
迈阿密	12.8（北部10.4）	西雅图	21
洛杉矶	13.7	温哥华	18
长滩	12.8	伦敦	11.5~14.6
圣地亚哥	12.1	阿姆斯特丹	15
旧金山	12.2	巴塞罗那	13.72
纽约	12.2	中国香港	11
波士顿	10.7	新加坡	10.6~14
休斯敦	11.89	巴生	10.9~13.4

资料来源：《世界港口及内陆点索引手册》。

（二）全年停靠泊邮轮数量和游客流量较大

母港作为邮轮航程出发的首个港口，邮轮上所有乘客都是在母港城市登船，所以母港城市必须有着良好的客源地市场，为母港提供强大的客源支撑。母港的选择主要是从客源地距离、客源地经济水平两个方面考虑。

1. 客源地距离

客源地距离是指母港所在地辐射到的相关区位客源地的距离。例如上海邮轮母港的客源地辐射即为华东地区，天津港为华北地区，三亚港为华南地区。对于一些核心邮轮区域来说，例如迈阿密等地客源辐射可覆盖全世界。但相对来说，邮轮母港客源市场的最佳辐射地还是母港所在地区域。地域交通越发达，母港所辐射的范围就越广阔。

2. 客源地经济水平

邮轮母港的设置除了需要考虑必要的客源地辐射距离外，客源地经济也是一个必要的前提条件。例如，中国上海母港之所以发展如此迅速，就是因为所在地华东地区为中国经济最发达的地区。新加坡邮轮母港的设置也是考虑到了其深厚的经济底蕴。所以，母港的设置需要考虑客源地及辐射地的经济发展水平，人民消费能力的大小。

（三）空港配套设施

母港的设置最基础的部分就是硬件的配套，包括邮轮码头的兴建、港口水位的调整、港口泊位的大小、港口综合补给能力强弱，等等。邮轮母港是邮轮长期停靠的基地，所以，母港配套设施的接待能力决定了一个母港未来发展潜力的大小。

（四）政策法规及符合国际惯例的出入关和口岸惯例程序

邮轮产业的发展必须依托优越的港口条件、完善的基础设施，投资大，周期长，仅靠企业、社会投资难以完成，这就需要政府做好相应的产业规划，吸引投资，做好政企合作。所以政府的相关政策法规和税收至关重要，地方政府的邮轮政策例如减免税收、吸引投资、邮轮免签等是刺激邮轮旅游发展的有效途径，这一点在济州港得到体现：济州港的免签极大提升了济州在东亚邮轮市场的地位和客源。而且港口当局与邮轮公司的合作必须在相关政策框架内实施，所以邮轮公司在设立母港时会综合考虑当地政府的态度，研究其政策法规。

同时需具备符合国际法规和惯例的出入关和口岸管理程序。邮轮母港所在城市提供快捷高效的通关服务，尽快地疏导游客，完成行李的装卸和交接，减少游客等候的时间是至关重要的。邮轮游客具有在同一时间同时到达的特点，对港口的通关能力压力很大，因此需要高效率的通关设施和设备。

（五）港口附近拥有高标准的购物接待设施及特色旅游吸引物

邮轮旅游是依托邮轮集海上航行与目的地岸上观光为一体的，所以，目的地的吸引力至关重要，目的地的特色风光、人文风情都是吸引游客的必要因素。例如，为了吸引探险游客，邮轮公司在阿根廷乌斯怀亚开辟了南极探索之旅。

（六）港口运营成本

港口运营成本包括港口建设费用、港口所在地的接待成本、交通成本、燃料和地方官僚作风支出，等等。母港选址不可避免地会接触到这些因素，邮轮公司也必须将这些显性、隐性成本综合考虑去衡量自己的效益，最终决定在某地开设母港是否合适。

 探究活动

完美母港（The Perfect Home Port）

2019年1月9日嘉年华集团全球港口及目的地发展高级副总裁乔拉·伊斯雷尔（Giora Israel）公布了嘉年华集团2018年完美母港（The Perfect Home Port）研究的主要内容。该研究汇聚了嘉年华集团18位顶级港口和海事运营高管的智库，这些高管加起来有425年的邮轮行业经验，其所提供的思想具有代表性。

1. 完美母港的四大核心支柱

● 市场考量。毫无疑问，一个地方的市场规模是选择邮轮母港的核心要素。

- 航线考量。这显示了一个港口与周边旅游目的地的关系。
- 航海考量。这指的是海上航行条件。
- 码头与选址考量。

2. 乔拉的"完美港口的7个原则"

- 市场可达性。飞机及开车3小时可达的市场可以作为评判标准。
- 航线多样性。与国际港口间多种航线选择,这是航线丰富度的重要指标。
- 母港城市的吸引力。理想的航线起点,大家都愿意去的地方,能够给人带来特别的体验,比如迈阿密、上海、巴塞罗那。
- 气候适宜度。具有全年运营和良好气候条件,消除淡旺季的影响。
- 港口及海事基础设施完备度。这为港口提供高效的服务提供了可能。
- 港口市场条件。有竞争力的港口和物流价格为邮轮公司低成本运营提供了可能。
- 发展环境。政府及旅行社的支持和合作,这也是邮轮公司需要重点考虑的。

该研究认为符合上述七项原则的邮轮港口,在世界上仅有两个:美国的迈阿密和新加坡。迈阿密名副其实,新加坡因为大型邮轮码头并不充足而被认为勉强能够达到"完美邮轮母港"的标准。

迈阿密如何能够达到"完美邮轮母港"的标准,数据显示:迈阿密港提供超过120个不同的航线,长度在2~24天,去往35个不同的国家和地区,由21个品牌的54艘船提供运营。(不包括一日游邮轮、过境及渡轮),这些多样化的航线选择使得迈阿密成为名副其实的世界邮轮之都。迈阿密邮轮港成功的第一秘诀就是航线。加勒比地区有数百个岛屿,其中有100多个访问港需要小型邮轮,许多大型邮轮公司将自己开发的岛屿作为访问港,这使得迈阿密具有无可比拟的航线优势。佛罗里达州有5个邮轮母港,从这5个母港出发可以到访27个访问港和10个国家,这样的航线丰富度,会吸引无数游客前往。

资料来源:谢燮,https://mp.weixin.qq.com/s/pR3VRdZNInCPAxEicXKagg。

活动任务:请根据"The Perfect Home Port"的原则分析中国邮轮港口的条件;参照迈阿密邮轮港,思考中国邮轮港口未来的发展还有哪些需要改进和提升的地方。

第三节 邮轮港口规划和设计

一、邮轮港口的功能布局

(一)主体功能分区

邮轮港口的实体一般是以国际客运中心作为依托而存在的,主体功能区是邮轮港口的核心和邮轮码头运营的指挥中心,与之相配套的设施通常集中在国际化的客运中心大楼及邻近的建筑物内部,这是邮轮港的心脏地带。

1. 办公设施

邮轮旅游是经济全球化的产物，具有典型的国际化特征；邮轮母港的运行需要港口提供与国际接轨的一流办公场所和设施。客运中心大楼应为相关部门、机构组织或单位提供办公场所与相应设施，这些机构部门包括港务行政管理机构、邮轮公司办事处、旅游批发商、旅行社等。总之，行政管理部门、组织和国际邮轮公司及其相应的上下游企业需要在邮轮码头附近的客运中心设立各自的办事处或经营管理机构，为邮轮及其乘客提供必需的公共服务。

2. 旅客服务设施

邮轮港口的国际化体现为客运中心为出入境旅客提供服务的设施和水准应该达到国际化的要求，主要包括出入境服务设施、行李服务设施、旅客大厅、残疾人服务设施、乘客候船室、VIP通道、连接码头的通道与舷梯、酒吧、咖啡厅、商场、餐馆、酒店及其他旅游服务设施等。以上这些设施设备应配备齐全，以全方位满足旅客的要求。旅客服务设施需要符合高效、便捷、舒适、功能齐全和人性化等要求，设施的综合性是衡量邮轮母港服务质量与水平高低的重要评判标准。

3. 邮轮营运服务设施

这些设施要求能够为邮轮和乘客提供高效、安全、专业和舒适的服务，主要包括泊位、登船设施——连接客运大楼的舷梯过道、补给服务设施、垃圾收集站、拖车服务设施、安全服务设施。

（二）附属功能分区

交通基础设施和公共活动设施附属于邮轮母港，也发挥着必不可少的服务功能。

1. 交通基础设施

交通条件是任何邮轮港口最为关键性的因素之一，港口往往会产生大流量的进出港口的客流和车流，这需要在码头区域构建发达、高效而便捷的"一体化"交通组织。同时，需具备完善的交通服务设施，如室内私人停车场、出租车扬招站、大型巴士站、公共停车场等。

2. 大型公共活动设施

邮轮码头前沿区域和客运大楼等主体建筑物的四周一般是游客和船员较为集中的区域，为方便他们在码头附近做短暂停留并营造该区域较好的环境和形象，应配有适于游客进行休闲活动、游憩功能较强的综合性大型公共活动设施，如大型滨水广场、标志性景观、滨水公园、公共绿地、纪念品商店等。

（三）外围功能分区

邮轮旅游是观光旅游和休闲旅游最完美的结合，邮轮经济是现代化经济发展到旅游经济的标志。邮轮码头的周边也是邮轮游客及相关人群活动较为频繁的区域，处于游客活动半径的有效范围内，因而外围区域同样具有商业开发价值和潜力。因此，要提高邮轮母港的吸引力及相应的开发价值，提升母港整体的对外形象，有必要在邮轮码头外围空间创造出一种与邮轮经济内涵相契合的商贸环境与旅游氛围，促使邮轮母港形成一种集群经济的产业空间,其配套即体现为商贸项目和旅游项目设施的开发。

外围功能区位于邮轮母港的外围,对邮轮母港运营起到辅助的作用,能提升母港的品位和整体形象。具体包括:

1. 商贸服务项目与设施

如面向航运企业提供商务服务功能的会议中心,商业写字楼,保税仓库,大型免税店,购物中心、超市,特色航运街,航运俱乐部,海事论坛与展览会,等等。

2. 旅游活动项目与设施

如旅游集散中心、旅游信息咨询点,城市公园,名人故居,民间文化博物馆,酒店、旅馆,风味餐馆、特色小吃,旅游景点,旅游节庆活动或航海纪念日,文化遗迹、特色建筑,旅游纪念品店,民间工艺品,花店、便利店,酒吧、咖啡馆,特色旅游休闲街;地方风情街,影剧院;娱乐中心;等等。

在以上三大功能分区中,主体功能区域是邮轮母港运营的核心功能部分,附属功能区域附属于邮轮运营的需要,外围功能区域是邮轮码头及周边整体环境构成的重要空间。邮轮码头和周围的环境及设施一定要体现城市特色,要能给游客留下一个难忘的印象。

根据以上对空间结构布局的分析,围绕邮轮靠泊的码头/泊位,邮轮母港发展的配套体系从功能角度体现为主体、附属、外围三大功能分区,相应的配套设施共有七类。三大功能分区及其相应的七类配套设施共同构成邮轮母港发展的配套体系,见表4-4。

表4-4 邮轮港口功能分区和配套体系

功能分区	配套设施
主体功能分区	办公设施
	旅客服务设施
	邮轮营运服务设施
附属功能分区	交通服务设施
	大型公共活动设施
外围功能分区	商务商业服务设施
	旅游活动设施

二、邮轮母港的规划设计

(一)邮轮母港规划设计的主要趋势和特点

1. 灵活性

灵活性主要体现在码头的尺度、水深和结构以及上下船设施应满足多种不同尺度邮轮停靠的需要。另外码头后方航站楼、交通组织等配套设施应满足邮轮航线不同运营模式的需要。再者,航站楼内的行李处理、安全检查、进出境管理等功能区的设置可以根据具体情况进行适当调整。

2. 高效性和服务性

本着以旅客为本的服务理念,提供高效顺畅的进出境管理和行李处理等服务以及快捷、舒适的环境和服务设施。

3. 配套性

泊位与航站楼之间应设置一定宽度的码头作业区,以满足行李输送和物资补给的需要。另外应配备适宜规模的商业服务设施以及完备的对外交通运输系统。

4. 景观性

港口陆域的规划应具有优美的景观效果,保证视觉的通透性,并与港口的主体建筑融为一体,成为本地的一个标志性的区域和一个重要的旅游节点。

5. 互动性

在邮轮港与周边港区和城市的关系上,可以考虑兼有一部分港区和城市功能或者以周边港区和城市作为依托。

(二)邮轮母港码头规划设计的基本要求

1. 泊位数量

泊位数量需考虑邮轮航线、航班密度、船型规模以及港口的发展规划等多种因素,依据现行行业标准来确定相关设计泊位长度和水深尺度,以满足邮轮安全靠泊需求。根据行业惯例和船型趋势,每个泊位推荐长度为320米、最佳长度为400米、泊位推荐水深为10~13米。

2. 码头前方作业地带

码头前方作业地带的陆域布置应充分考虑便于游客上下船、办票、通关和集散等需求,合理规划布局,保障相关作业的高效开展。邮轮码头前方作业地带的宽度应不小于10米,以确保顺畅的行李运送和物资补给操作。

3. 登船桥数量

设置游客上下船的登船桥和专用通道,为满足未来到达邮轮大型化的趋势和多种不同船型停靠的要求,建议每个泊位登船桥数量按3个预留。登船桥的设计需符合《JTS 170—2015 邮轮码头设计规范》中关于登船桥选型、接船范围、接船口功能、通行净空等相关规定。

4. 航站楼

航站楼主要分为行李处理区、安全检查区、进出境及检疫区、旅客等候区和商业配套区。功能区的设置应坚持以旅客为本的服务理念,并具有一定的灵活性。此外,航站楼除了要满足基本功能需要外,还应具有一定的景观功能。各功能区的面积可参考表4-5。

第四章　邮轮港口布局和规划

表 4-5　航站楼各功能区面积分配表

(单位：平方米)

主体功能区		配套服务区	
安检区面积	3000	商业＋补给	10 000
旅客排队及等候区面积	4000		
行李处理区面积	8000		
进出境及检疫区面积	4000		
总面积	19 000	总面积	10 000

5. 能源供给、维修、保养设施

邮轮母港可依托周边港区供油及修造船设施。同时应顺应绿色趋势，推进岸电设施建设，匹配邮轮受电需求；规划 LNG 加注设施时需遵循国家相关标准（GB/T 44412—2024），保障安全作业。日常维修则可在邮轮上自行解决，大型维修和保养依托周边港区。

6. 物资补给

邮轮码头应预留一部分仓储区域，用于存放部分或者全部邮轮补给所需的物资，如食品、蔬菜、饮水等，仓储区域的规模与到港旅客的人数、邮轮停靠的频率和能否以城市为依托有关，设计时需根据不同港口的具体情况详细论证。

7. 停车位

停车场是重要的环节，邮轮母港在规划建造的时候尤其要注重在码头周边预留足够的停车位和立体停车场，能够同时容纳大量的车辆集散游客。

8. 住宿

邮轮乘客的住宿可以依托港口周边的酒店及度假村，也可以在港口内独立设置住宿设施。

 **知识拓展**

四大邮轮码头的概况介绍

1. 香港启德机场邮轮码头（见表 4-6）

表 4-6　香港启德机场邮轮码头概况

类别	具体说明
规划定位	提供高质量服务、配备技术领先设施的世界级邮轮码头
占地面积	76 000 平方米
服务对象	邮轮旅客、非邮轮旅客和本地居民

续表

类别	具体说明	
泊位	个数	2
	长度/米	800
码头前沿作业区	宽/米	30
设计船型	总吨位	220 000
	总长/米	360
	吃水/米	10
	旅客数	5400
航站楼	安检区面积/平方米	2800
	旅客排队及等候区面积/平方米	3600
	行李处理区面积/平方米	7900
	进出境及安检区面积/平方米	6000
	非商业区总面积/平方米	20 300
	商业区总面积/平方米	50 000
	总面积/平方米	70 300

2. 洛杉矶世界邮轮中心（见表4-7）

表4-7 洛杉矶世界邮轮中心概况

类别	具体说明	
定位	美国西部最大的邮轮中心，通往洛杉矶和南加州的门户	
规模	年预计接待旅客数量约120万人，停靠邮轮265艘次	
占地面积	72 000平方米	
服务对象	邮轮旅客	
泊位	个数	3
	长度/米	869
	水深/米	10.7
码头前沿作业区	宽/米	11
航站楼	个数	2
	旅客区面积/平方米	3600
	行李处理区面积/平方米	8640
	总面积/平方米	12 240
停车位	2560个	
周边服务设施	依托洛杉矶港内设施进行船舶维修	

第四章 邮轮港口布局和规划

3. 巴塞罗那 D 号邮轮码头

巴塞罗那港共有 7 个专用游船泊位,分别由 3 家不同的公司经营,其中 D 号邮轮码头由 Costa Crociere 公司经营,于 2007 年投入使用,距离市区 2.5 千米(见表 4-8)。

表 4-8 巴塞罗那 D 号邮轮码头介绍

类别		具体说明
规模		年预计接待旅客数量约 40 万人,停靠邮轮 170 艘次
占地面积		58 000 平方米
服务对象		邮轮旅客
泊位	个数	1
	长度/米	580
	水深/米	可以满足吃水 12 米邮轮停靠
码头前沿	宽/米	22
航站楼	个数	1
	层数	2
	总面积/平方米	10 000
周边服务设施		邮轮可在巴塞罗那港船厂修理

4. 温哥华 Canada Place 邮轮码头

温哥华港是阿拉斯加邮轮航线的母港,其邮轮码头分为 2 个区域:一部分在 Canada Place,另一部分在 Ballantyne。Canada Place 位于温哥华市中心,靠近商业区,周边区域主要标志性建筑物有五星级酒店和会展中心(见表 4-9)。

表 4-9 温哥华 Canada Place 邮轮码头概况

类别		具体说明
规模		年全港预计接待游客量约 85 万人,停靠邮轮 250 艘次,运营时间为每年 5—9 月
泊位	个数	3
	长度/米	1109
	水深/米	12
码头前沿作业区	面积/平方米	9500
航站楼	个数	1
	行李处理区面积/平方米	6000
周边服务设施		温哥华港可提供邮轮的修理和配件供应以及加油等服务

第四节 世界级的邮轮母港

世界级的邮轮母港主要分布在北美、欧洲和东南亚地区,其中以美国佛罗里达州和地中海区域最为集中。近年来,亚太地区邮轮市场增长明显,尤其是中国邮轮港口建设发展较快。这一趋势对于世界邮轮港口的布局有所影响。

一、北美邮轮母港:纽约、西雅图、迈阿密、旧金山、波士顿、温哥华

(一)美国纽约(New York)

纽约邮轮母港有2个码头,曼哈顿(Manhattan)邮轮码头和布鲁克林(Brooklyn)邮轮码头。其中,曼哈顿港有88号、90号、92号三个邮轮泊位,布鲁克林港Red Hook的12号码头为邮轮泊位。曼哈顿是全美第三大最繁忙的邮轮大港,服务于嘉年华邮轮、挪威邮轮、公主邮轮以及荷美邮轮等9家世界著名的邮轮公司,2004年纽约市投入2亿美元进行改造,增加了可调节的过道、裙楼以及隔离区域等一系列高效率的现代化设施。按照总体规划,到2035年纽约邮轮母港将有6个泊位一起投入使用。

纽约邮轮母港位于纽约市中心,周围聚集了哈得孙滨江公园、中央公园、南街海港博物馆、剧院、购物中心、餐馆以及夜生活场所等众多旅游吸引物。其中,曼哈顿邮轮码头处于曼哈顿西47、53街区,码头附近有方便的旅游设施和信息服务中心;布鲁克林邮轮码头交通便利、接待设施齐全,从码头附近的滨水公园开始,就是纽约港湾和自由女神像等旅游景点,背后有两条繁华的旅游街,是方便游客购物、休闲和品尝美食的理想去处。

(二)美国西雅图(Seattle)

美国西雅图邮轮母港有66号和30号两座邮轮码头。

66号邮轮码头长487.68米,拥有两层空间面积共6317.4平方米,1700个停车位,与市中心有便捷的公交、出租和快速巴士交通系统接驳,是挪威邮轮公司、精英邮轮公司的母港。该码头附近有大型滨水广场、商业中心和各式风味餐馆、酒店、公园以及海洋博物馆、水族馆、艺术宫和运动休闲设施等。

30号邮轮码头长609.6米,2个泊位可同时靠泊2艘大型邮轮,占地面积40亩,车位700个,是荷美邮轮、公主邮轮和皇家加勒比邮轮的母港。该码头周边交通非常便利,市商业零售中心和文化历史广场就在附近步行几分钟的范围内。

西雅图邮轮母港附近有各式快餐店、咖啡馆、酒吧、西雅图航海俱乐部、加油码头、免费停车场、二手游艇交易中心、游艇配件商店、游艇修理服务终端、银行、邮局、杂货店、海鲜餐馆、海产品店、工艺品店、美容店以及烟草商店等各式商业、旅游和休闲娱乐设施,完备齐全。

第四章 邮轮港口布局和规划

（三）美国迈阿密（Miami）

美国的著名港口城市迈阿密享有"世界邮轮之都"的美名，见图4-2。该市自20世纪90年代起，开始与邮轮公司合作建设新码头，设施配置十分贴近邮轮人流与物流的个性化需求。2000年，迈阿密从邮轮本身及游客的各项消费上，获得了高达80亿美元的经济收益，同时创造了34.5万人的就业机会；2001年，迈阿密邮轮码头运送邮轮乘客340万人次，邮轮经济收益为98亿美元，与邮轮相关就业岗位占全市就业的1/9。

迈阿密港共拥有12个超级邮轮码头，3000米以上岸线，泊位水深达12米，可同时停泊20艘邮轮。世界三大邮轮公司均在迈阿密设立了总部，因此该市拥有全世界最大的全年航行邮轮船队。该市邮轮码头离机场仅15分钟的车程，离市中心大型购物、宾馆、餐饮区也仅几分钟车程；毗邻美国南部的诸多旅游区，紧靠加勒比海、墨西哥湾风景区；因长期接纳国际邮轮，进关边检程序便捷。

图4-2 迈阿密（Miami）邮轮码头

（四）美国旧金山（San Francisco）

旧金山位于美国加利福尼亚州西海岸圣弗朗西斯科半岛，旧称"圣弗朗西斯科""三藩市"。处于太平洋与圣弗朗西斯科湾之间的半岛北端，由西班牙人建于1776年，1821年归属墨西哥，1848年纳入美国版图。19世纪中叶，它在采金热中迅速发展，华侨称其为"金山"，澳大利亚的墨尔本其后也发现大金矿，称之为"金山"。后为区别于澳大利亚的墨尔本，改称"旧金山"。旧金山是重要海军基地和著名贸易港，是通往太平洋区域和远东的门户，也是美国西部最大的金融中心。旧金山最有名的风景是缆车、金门大桥、海湾大桥、泛美金字塔和唐人街。旧金山面积121.73平方千米，三面环水，环境优美，属于亚热带地中海气候，气候冬暖夏凉，阳光充足，被誉为"最受美国人欢迎的城市"。

旧金山渔人码头已经成为旧金山的一大知名旅游景点，既有美景，也有美食，更有丰富多彩的艺术表演，是一个享受美好生活的好去处，吸引着来自世界各地游客的光顾。

旧金山渔人码头包括从旧金山北部水域哥拉德利广场（Ghirardelli Square）到35号码头一带，当中最为著名的则为39号码头。码头附近有很多广场，成了滑板爱好者的天堂，许多购物中心和饭店均坐落在渔人码头地区，而当地不少饭店都有提供各式各样的海鲜，包括邓杰内斯蟹和蛤肉汤。渔人码头一带的景点包括旧金山海洋国家历史公园、哥拉德利广场和机械博物馆。

（五）美国波士顿（Boston）

波士顿是美国马萨诸塞州的首府和最大城市，也是新英格兰地区的最大城市。该市位于美国东北部大西洋沿岸，创建于1630年，是美国最古老、最有文化价值的城市之一。波士顿是美国独立战争一些重要事件的发生地，曾经是一个重要的航运港口和制造业中心。今天，该市是高等教育和医疗保健的中心，它的经济基础是科研、金融与技术——特别是生物工程，并被认为是一个全球性城市或称世界性城市。

波士顿位于查尔斯与米斯蒂克两河河口，东濒马萨诸塞湾，是马萨诸塞州首府。城市经济以金融业、保险业、商业为主，电子、造船、制鞋、纺织服装等工业为辅，发展很快。波士顿是美国东北部的港口城市，东岸大港中距欧洲最近。这里有158个深水码头，远洋巨轮可自由出入，还是美国主要渔港之一。位于波士顿西部的剑桥大学城有世界著名的高等学府——哈佛大学和麻省理工学院等。波士顿被形容为美洲的雅典，被认为是美国独立的发源地。

（六）加拿大温哥华（Vancouver）

温哥华港一直是前往阿拉斯加享受邮轮之旅的最佳邮轮母港，距离温哥华国际机场仅有30分钟车程。温哥华邮轮母港有Canada Place和Ballantyne两个邮轮码头，其中，Canada Place邮轮码头就位于温哥华市中心，购物中心、餐馆、旅游景点和斯坦利公园就在码头附近，有506米、329米和274米长的3个泊位；位于市区东面的Ballantyne邮轮码头，离Canada Place码头也很近。温哥华港作为全世界一流的邮轮母港，拥有安全和现代化的服务环境与设施，每年可接待300艘次的邮轮和100万旅客。温哥华邮轮母港附近的配套商贸设施十分齐全，有加拿大西部最大的展览中心、太平洋豪华度假酒店、世贸中心商务大厦、IMAX影剧院和大型室内停车场等。

二、欧洲邮轮母港：阿姆斯特丹、巴塞罗那、伦敦、哥本哈根

（一）荷兰阿姆斯特丹（Amsterdam）

荷兰阿姆斯特丹母港的主体是一座名为阿姆斯特丹旅客站台（Passenger Terminal Amsterdam，PTA）、波浪形透明而又时尚的建筑，具有浓厚的海洋气息，建筑可容纳大约3000名游客。邮轮码头水深10米，长600米，装备有2个计算机操纵的舷梯过道桥连接邮轮。该母港为邮轮及邮轮乘客提供十分齐全的服务设施，主要包括咖啡馆、等候大厅、花店、公用电话、外汇兑换点、旅游信息点、商用停车场、艺术画廊、免费网吧、礼宾接待处、免费城市地图、儿童室、阅读室、出租等候处以及封闭式的室内大型广场。

码头的交通设施条件也很理想，码头配备有旅游巴士停车场和550个车位的地下公

共停车场,火车站离 PTA 只有 500 米路程、25/26 号有轨电车站就位于码头的对面。PTA 附近有齐全的配套设施,码头其中一侧有一座著名的音乐剧院,另一侧有商务大厦、餐馆和办公楼。附近还有艺术中心、电信公司和居住区、会展场馆等。因此,阿姆斯特丹邮轮母港本身是一个充满生机活力的文化与商业活动中心。

（二）西班牙巴塞罗那（Barcelona）

欧洲发展邮轮经济也有很长的历史,其中一个典型的代表就是西班牙的巴塞罗那。该市为地中海的主要邮轮母港,设有 6 个客运码头,同时可供 9 艘邮轮停泊。在码头的最尖端处有一座十分醒目的白色船形建筑,它就是由巴黎卢浮宫前玻璃金字塔的设计者、著名美籍华裔设计师贝聿铭设计的巴塞罗那世界贸易中心,见图 4-3。近两年来,这里已经成为在巴塞罗那当地举行国际商务活动的基地和各大国际贸易公司的办公汇聚地。

图 4-3 巴塞罗那（Barcelona）邮轮码头

码头聚集了港区最吸引游客和当地人的三大建筑：集商业、娱乐、餐饮于一身的 Maremagrl Lim 大楼、IMAX 电影馆（采用 Imax、Omnimax 和三维制式放映全景电影、立体电影）和欧洲最大的水族馆 L Aquarium。在码头上还有皇家海上俱乐部和航海俱乐部,可以看到上百艘游艇停泊在港中的壮观景象。

由于该地可通达地中海诸国,附近的旅游资源十分丰富,其宾馆、餐饮、交通便利程度在地中海各城市中均领先,故其客源常年不衰,国际旅客消费如邮轮业成为其主要的财源。

（三）英国伦敦（London）

伦敦港是英国最大的海港。伦敦始建于公元前 43 年,历史上就是一个海运昌盛的地方,19 世纪以来成为世界上重要的国际贸易、金融中心。1909 年,英国伦敦市的一些私营码头和公司联合成立了伦敦港务局,统一管理泰晤士河和航道。伦敦是全国经济中心,伦敦港是"伯明翰—巴黎—鲁尔工业区"这一经济发达地带中最大的港口。

伦敦不仅是英国的首都、第一大城及第一大港，也是欧洲最大的都会区之一兼传统意义上四大世界级城市之一，与美国纽约、法国巴黎和日本东京齐肩。从1801年到20世纪初，作为英国的首都，伦敦因其在政治、经济、人文文化、科技发明等领域上的卓越成就，而成为全世界最大的都市。伦敦是一个非常多元化的大都市，其居民来自世界各地，具有多元的种族、宗教和文化；城市中使用的语言超过300种。同时，伦敦还是世界闻名的旅游胜地，拥有数量众多的名胜景点与博物馆等。

（四）丹麦哥本哈根（Copenhagen）

哥本哈根是丹麦首都、最大城市及最大港口，是丹麦政治、经济、文化中心。坐落于丹麦西兰岛东部，与瑞典的马尔默隔厄勒海峡相望。哥本哈根是座集古典与现代于一体的城市，充满活力、激情与艺术气息。安徒生在哥本哈根度过了他的大半生，他的众多著作都是在这里创作的。哥本哈根集聚着充满童话气质的古堡与皇宫、乡村与庄园。城市充满浓郁的艺术气息，有阿肯艺术中心、路易斯安那博物馆、国家博物馆等众多艺术博物馆。

哥本哈根—马尔默港是欧洲北部地区最大的邮轮码头，能同时停靠14艘邮轮。在夏季短短几个月里要接待约350艘邮轮、80万游客和20万船员，高峰主要集中在周末，游客则主要来自德国、美国、加拿大、英国、意大利等国。据统计，邮轮业务给哥本哈根每年带来的收益高达8亿克朗。由于临时停靠和作为母港停靠给港口带来的收益相差3倍，各港口竞相争夺邮轮以本港作为母港，竞争异常激烈。让哥本哈根—马尔默港感到自豪的是，每年接待邮轮中，有47%的邮轮将该港作为母港停靠。这也进一步巩固了其作为欧洲北部最大邮轮码头的地位，并多次被世界旅游大奖评选为"欧洲最佳邮轮码头"。

三、亚洲邮轮母港：新加坡、中国香港、马来西亚、吉隆坡、中国上海

（一）新加坡（Singapore）

亚洲的邮轮业起步较晚，落后于北美与欧洲近30年，但是发展势头良好。"花园国家"新加坡，于1991年年底耗费5000万元新币兴建的新加坡邮轮中心（Singapore Cruise Centre，SCC）位于圣淘沙岛对岸，每年有约600万人次使用这个设备齐全的邮轮中心，通达亚洲各地。新加坡1994年开始着力发展邮轮业，1998年又由政府投资2300万新币重建了码头。每年有一千多艘国际邮轮到访新加坡码头，使其被世界邮轮组织誉为"全球最有效率的邮轮码头经营者"。

新加坡国际邮轮中心有2个邮轮泊位，长度分别为310米和270米，水深12米，是丽星邮轮、皇家加勒比邮轮以及P&O邮轮的母港。新加坡国际邮轮中心交通便利，有密集的公交线路以及地铁通往码头，交通设施也十分齐全。

新加坡国际邮轮中心采取了趋于人性化的服务革新举措，形成系列精细服务，如面向邮轮乘客的航空式服务管理模式、手提行李传送带、豪华轿车接送服务、食物领取处、行李快递业务、码头与邮轮之间的连接桥、残疾人服务设施以及邮轮与陆岸间的电话服务系统等。国际邮轮中心的配套服务设施项目也体现了国际化和现代化水准，相继建设

新加坡游客服务中心、位于到达厅外邮轮广场的贵宾接待站,并设有各类餐饮、娱乐与休闲设施。

(二)中国香港(Hong Kong)

中国香港的卓越地理位置使其成为邮轮横渡太平洋旅程的必经之地,加上所拥有的优越基础设施、旅游资源及旅游设施,香港定位于发展成为"中国及远东地区的邮轮中心"。受惠于邮轮业的蓬勃发展,许多国际邮轮营运商均视香港为亚太行程的必经之地。位于维多利亚湾侧的海运大厦,邮轮泊位长达380米,可同时停泊两艘大型邮轮或四艘小型邮轮。新的启德邮轮码头第一个泊位在2013年启用后,能同时容纳两艘排水量达22万吨的超级邮轮,也可以停泊世界上最大型的邮轮。启德邮轮码头总造价达81.56亿元,邮轮码头大楼每小时可接待3000名旅客,同时设有旅游发展局的访客服务中心,大楼最前端为直升机场,可接待游客遨游维港上空。码头顶层设有全港最大空中花园——启德邮轮码头公园。公园占地23 000平方米,设施包括中央草坪、水景花园、喷泉广场,以及能够饱览香港岛及九龙半岛美景的观景平台。

(三)马来西亚吉隆坡(Kuala Lumpur)

吉隆坡是马来西亚的首都和最大城市,有"世界锡都、胶都"之美誉,不仅是马来西亚政治、经济、金融、工业、商业和文化中心,也是马来西亚交通和电信枢纽。吉隆坡1860年建城,1963年成为马来西亚联邦的首都。吉隆坡交通便利,在其南部约80千米处,有吉隆坡国际机场。拥有许多杰出的世界性大型建筑物,且有众多历史遗迹都被完好保留。

巴生港口原名"瑞天咸港",是通往马来西亚首都吉隆坡的港口,为东南亚马来西亚联邦的最大港口,1973年建为红海与马六甲海峡之间第一个集装箱货运港。巴生港位置优良,已经成为马来西亚最繁忙的港口,它也是通往马来西亚及东南亚各旅游胜地的绝佳门户。巴生港是首都吉隆坡的外港,距离市区40千米,凭借首都作为全国商业和工业中心及人口稠密的优势,巴生港对马来西亚的经济起着重要的作用。

(四)中国上海(Shanghai)

上海市主要有两个接待邮轮的码头,分别是上海港国际客运中心和上海吴淞口国际邮轮港。上海港国际客运中心位于黄浦江西岸,靠近外滩,拥有880米长的黄金沿江岸线,毗邻两条上海地铁线并与东方明珠电视塔隔江相望,主要接待7万吨级及以下的邮轮。

吴淞口国际邮轮港位于上海吴淞口长江岸线的炮台湾水域,即长江、黄浦江交汇入海的地方,也是长三角城市群的水上交通枢纽,主要接待8万吨级以上的超级巨轮。港口前沿航道水深常年保持在9~13米,距离长江主航道1~2千米,岸线长度约为4.1千米。码头一期岸线长度774米,建有2个大型邮轮泊位,2011年10月正式开港试运营。二期新建2个大型邮轮泊位。2018年7月建成后码头总长度达1600米,共可布置2个22.5万吨级和2个15万吨级总计4个大型邮轮泊位,可以实现"四船同靠"。

上海现已成为亚太地区最为繁忙的国际邮轮母港,并已超越纽约成为世界第八大邮轮母港。吴淞口国际邮轮港与北外滩国际客运中心实现功能互补、错位发展,共同形成我国规模最大、功能最全的国际邮轮母港，成为我国邮轮产业中心。

复习思考题

1. 了解各主要邮轮港口的现状，邮轮港口的规划和设计。

2. 说一说邮轮母港对旅游目的地都有哪些促进作用。

3. 查找资料，总结世界主要邮轮公司的母港都有哪些，说一说港口成为邮轮母港应具备怎样的条件。

第五章 全球邮轮航线的布局

第一节 全球邮轮航线布局特征

一、全球邮轮航线海域

邮轮航线分为地区邮轮航线和全球邮轮航线。地区邮轮航线设置主要考虑该地区社会、经济、文化、环境等因素。目前,全球邮轮航线按地区主要形成以下邮轮圈:加勒比海邮轮圈、地中海邮轮圈、北美邮轮圈、南美邮轮圈、东北亚邮轮圈、东南亚邮轮圈和中亚邮轮圈等。目前,世界各大邮轮公司经营的航线主要集中在加勒比海、地中海地区、北美阿拉斯加、欧洲波罗的海和东南亚等五大地区,其中加勒比海是世界上最大的邮轮航行区域,其次是欧洲和地中海地区,亚洲地区正在迅速崛起。

邮轮旅游产品的研发、规划与制作,首先必须考量航线沿线各景点目的地的区位性、可及性以及永续发展性等营销层面问题。其次应兼顾在上述水域中不同季节航行的适航性及安全性。简言之,当今航行于三大洋、五大洲的各式邮轮,均应属于远洋海域邮轮航线范畴。但就单一海域而言,由于北美洲尤其是美国籍邮轮旅客为最大宗,动辄高达70%以上的邮轮市场占有率,使紧邻美国的加勒比海借着地利与交通之便,加以中美洲得天独厚的亚热带岛屿风情,而获得居住于温寒带欧美地区旅客的青睐。加勒比海海域邮轮吸纳了全世界1/2的旅客并名列世界邮轮航行海域的首位,紧邻美国佛罗里达州的迈阿密港,俨然成为全世界最大的邮轮集散中心(见表5-1)。

表5-1 世界邮轮航线海域表

航行海域	主要停靠国家和地区港埠
加勒比海	东加勒比海:维尔京群岛、波多黎各、多米尼加 西加勒比海:牙买加、墨西哥、大开曼 南加勒比海:委内瑞拉、哥伦比亚、ABC群岛

续表

航行海域	主要停靠国家和地区港埠
地中海	东地中海：希腊、意大利、土耳其、埃及 西地中海：意大利、法国（蔚蓝海岸）、西班牙
阿拉斯加	加拿大（温哥华）、美国（阿拉斯加）
亚太海域	日本、韩国、新加坡、泰国、马来西亚、印度尼西亚、中国香港、中国内地、中国台湾、新西兰、澳大利亚
美东海域	美国（纽约、波士顿、迈阿密）、加拿大、百慕大
美西海域	美国（洛杉矶）、墨西哥（Acapulco）
巴拿马运河	主要用于加勒比海与阿拉斯加间季节性转换的交通
其他海域	含波罗的海、英伦群岛、黑海、南太平洋、夏威夷群岛等海域

加勒比海地区和地中海地区是全球最主要的邮轮航线海域，两大区域具体情况介绍如下。

（一）加勒比海地区（Caribbean）

加勒比海地区是世界上最受欢迎的邮轮旅游目的地，加勒比海地区清澈的海水、迷人的沙滩，吸引了无数游人。2013年集中了全球34.4%的航线，2014年由于新船的投入，这一地区的航线或占到全球邮轮航线的37.3%。到了2019年，该地区邮轮航线占全球邮轮航线的38%。舒适的邮轮成为许多游客前往该地的主要原因之一。加勒比海是世界上最大的内海之一，面积达到近2 754 000平方千米。这里气候温暖、邮轮挂靠港口令人叹为观止，有着其独特的魅力；这里有数以千计的世界著名海滩，有无数免税店；这里在清澈蔚蓝的海水中孕育着无数海洋生物。从佛罗里达南部到南美，这里拥有阳光海水冲浪，为邮轮公司提供多种邮轮航线选择（包括两晚的短途航线和从纽约出发到中美洲的长途航线）。加勒比地区通常被分为三部分，即东加勒比、西加勒比和南加勒比。典型的邮轮航程为期一周，它供游客体验不同文化、历史，以及和四五个不同港口的人群接触。每个港口都有一片新天地，游客可以领略法国、英国、荷兰和西班牙的气息，他们独特的生活习俗已经融入了当地人的生活。

（二）地中海地区（Mediterranean）

地中海地区介于亚、非、欧三大陆之间，是全球第二大邮轮目的地。地中海沿岸海岸线曲折、岛屿众多，大岛屿有马略卡岛、科西嘉岛、撒丁岛、西西里岛、克里特岛、塞浦路斯岛和罗得岛等。沿岸重要海港有直布罗陀（英）、马赛（法）、热那亚、那不勒斯（意），斯普利特、里耶卡（克罗地亚）、都拉斯（阿尔巴尼亚）、阿尔及尔（阿尔及利亚）、塞得港（埃及）等。

很多邮轮公司将欧洲作为邮轮旅游目的地，将这里列为邮轮旅游必到之地。欧洲大多数的停靠港在地中海和波罗的海，包括黑海和大西洋群岛，邮轮共到达250个港口。2019年接待邮轮游客前几位的国家分别是意大利、西班牙、希腊和法国。2019年意大利港口有将近 1078 万游客参观,由奇维塔韦基亚、那不勒斯和里窝那主导,使意大利成为欧洲最大的邮轮目的地。西班牙港口 2019 年接待了将近 1066 万游客,位列第二。希腊依旧是欧洲排名第三的最受欢迎的目的地国家,2019 年乘客接待量 555 万人。2019 年,共有 545 多万邮轮乘客到达法国港口,比 2018 年增长了 3.3%,比雷埃夫斯、圣托里尼岛、米科诺斯和奥林匹亚是主要的目的地港口。

二、全球邮轮航线布局特征

第一,全球邮轮航线集中在加勒比海、地中海及欧洲地区。

加勒比海、地中海及欧洲地区是最为重要的邮轮旅游目的地,邮轮航线密集,占全球所有邮轮目的地的 70%。加勒比地区与北美、欧洲等邮轮客源市场地缘相近,售卖最火热的 6~24 天邮轮旅游航期范围正好覆盖北美、欧洲等大型客源市场,也使得加勒比海地区的航线密度成为全球最高,2019 年邮轮公司运力的 34.4% 集中在这个区域,见图 5-1。

主要的邮轮消费区域为北美和欧洲,邮轮消费呈现出两个典型特征:丰富的旅游资源和中产阶层收入。

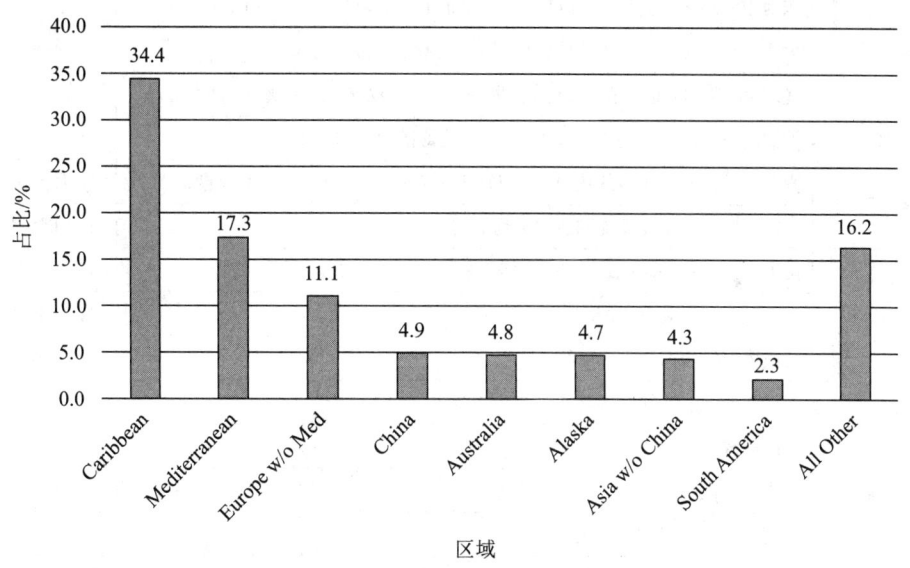

图 5-1 2019 年全球主要邮轮公司的区域运力占比

第二,全球邮轮航线季节特征明显。

邮轮公司运力部署是以市场为导向。目前,北美仍是全球最主要的邮轮消费市场,2019 年北美市场共有 7410 万床日,占全球 39%;紧随其后的是欧洲市场,共有 5420 万床日,占全球 28%;亚洲市场作为一个新兴市场,也受到各大邮轮公司关注。

在夏季,地中海、西北欧、阿拉斯加航线占全球邮轮运力的 2/3;而到了冬季,加勒比海地区航线占全球邮轮运力的 50% 以上。其主要原因就在于西北欧、阿拉斯加等地区冬季气候寒冷。而加勒比海域位于低纬度地带,具有显著的热带海洋性气候特点。加勒比海终年温差不大，海水的温度也保持在30摄氏度左右，非常适合进行潜水、游泳和海水浴，加勒比海的气候十分宜人。但是夏季赤道低气压带北移，导致加勒比海域，热带气旋活动频繁，尤其在西印度群岛一带形成丰富的雨水，9月是热带风暴、飓风最集中的时段，空气湿度可达80%以上，影响了航运安全和旅客数量。但是每年的11月到次年的5月，副热带高气压带移至加勒比海，加之大陆气团的影响，降水会相对少于雨季时节，但气候依旧十分湿润，也成为旅客们纷至沓来的旅游旺季。世界邮轮旅游主要航线见表5-2。

表5-2 世界邮轮旅游主要航线

目的地区域	邮轮航线	最佳航期
北美洲区域	阿拉斯加地区（温哥华／西雅图／斯卡圭／安克雷奇的冰川航线）	5—10月
	北美东北部地区（纽约—蒙特利尔间的北美历史航线）	4—11月
	墨西哥太平洋海岸（洛杉矶／圣地亚哥／恩瑟纳达／阿卡普尔科航线）	冬季／全年
	加勒比海地区	全年
欧洲区域	西地中海地区（巴塞罗那／罗马／佛罗伦萨／直布罗陀海峡沿途群岛）	4—10月
	东地中海地区（威尼斯／雅典／伊斯坦布尔／希腊各岛／以色列／埃及）	
	大西洋沿岸（马拉加／里斯本／波尔多／伦敦／阿弗尔）	
	爱尔兰／英国／北海地区（伦敦／阿姆斯特丹／汉堡／挪威峡湾／哥本哈根）	
	波罗的海地区（汉堡／斯德哥尔摩／圣彼得堡／波罗的海三国）	
中南美洲区域	南美太平洋地区（里约热内卢／布宜诺斯艾利斯／圣地亚哥／利马港）	10月至次年4月
	南极洲航线（邮轮所能到达的最远的航线）	12月至次年2月
太平洋区域	南太平洋热带岛屿航线（斐济／塔希提／库克群岛等南太平洋岛屿）	11月至次年4月
	新西兰、澳大利亚东海岸环线	11月至次年4月
	夏威夷航线（起止多种航线）	全年
亚洲区域	印度尼西亚、菲律宾、马来西亚岛屿航线	全年
	中国航线	4—11月
	日本、韩国航线	5—11月
	越南、泰国、新加坡航线	全年
	印度、斯里兰卡、马尔代夫航线	全年
非洲区域	北非航线（突尼斯、摩洛哥、加纳利群岛及马德拉群岛）	5—10月
	非洲西海岸航线（多种航线选择）	11月至次年3月
	非洲东海岸航线（蒙巴萨／马达斯加／塞舌尔／毛里求斯等印度洋岛）	11月至次年3月
	尼罗河航线（阿斯旺／卢克索）	全年

第三，全球邮轮航线以区域游航线为主，游程近岸化和产品主体化趋势明显。

1. 邮轮巨型化和目的地化

据海贸（Seatrade）报告，过去30年间，邮轮吨位增长10倍以上，单船客位增长近

8倍。邮轮的竞争对手不再是喷气式客机、火车等客运工具，而是陆地上的旅游目的地。尽管这些目的地是邮轮旅游不可或缺的组成部分，但是20世纪90年代以来，为了增加游客在船上停留的时间以增加邮轮的收入，邮轮航线设计中游客在岸上停留的时间日趋缩短，过夜港口的数量锐减，岸上目的地的收益也随之减少。这些都是邮轮旅游产业化发展的趋势。

2. 游程近岸化

邮轮公司为吸引游客，尝试开发短途游；中国的邮轮旅游以短途游占主流。根据世界各大邮轮公司的航线数据，区域游的航期平均为6~7天，而近岸游则平均为2~3天。根据国际邮轮协会的相关数据，在4类邮轮旅游类型中，环球游和远洋游所占比例很小，仅为1%左右；区域游所占比例最大，历年来占到60%左右；近岸游所占的比例在近年来一直呈上升趋势。

3. 邮轮产品的大众化、主题化、小众化

在差异化竞争中获得优势的主题化的邮轮产品，是当前全球邮轮公司新兴的经营模式。全球邮轮旅游市场虽然整体上是从高端向大众化的方向转变，但是这个市场不是单一的，而是分化得越来越细致。根据国际邮轮协会（CLIA）2023年的标准，全球邮轮市场按核心体验划分为五大类型：（1）奢华型（全包式高定服务，如世鹏邮轮）；（2）高端型（中型船深度文化游，如冠达邮轮）；（3）当代型（巨型船家庭娱乐，如皇家加勒比游轮）；（4）探险型（小型科考船极地探索，如庞洛邮轮）；（5）河轮型（内陆文化沉浸，如维京河轮）。同时，有35%新造船跨界融合多类功能，如娱乐与探险结合，这反映出市场体验的细分化趋势。邮轮产品的相似性促使各邮轮船队为邮轮产品打造风格迥异的主题来赋予产品独特性。迪士尼公司以其特有的童话风格吸引了大量有小孩子的家庭游客。而其他的邮轮也推出诸如修学航游、运动主题游等，增加产品的内涵和丰富度。邮轮旅游除了大众化的发展趋势外，一些针对非主流游客群体的特殊市场也蓬勃发展，如针对高端小众市场的豪华游船（Yachts）和小型内河探险邮轮等。全球邮轮航线结构见表5-3。

表5-3 全球邮轮航线结构

邮轮航线类型	平均航期/天	航线占比/%
环球游	100	1
远洋游	60	
区域游	6~24	≥90
近岸游	3~6	

4. 邮轮航域的全球化扩张

邮轮旅游产业化的进程开始于大西洋的越洋邮轮，加勒比海地区拥有的优越地理位置和温暖的气候条件使得邮轮旅游首先在这里发展起来。随后，邮轮旅游的航区扩展到欧洲和阿拉斯加等地。自 20 世纪 90 年代以来，马来西亚丽星邮轮的成立与发展使得亚洲地区也纳入世界邮轮版图。总体来看，邮轮航域有全球化的扩张态势。

第二节　邮轮航线和目的地的设置因素

一、邮轮航线设置主要因素

（一）邮轮目的地的季节性

邮轮旅游的目的地即为邮轮在航行途中经访问港所到达的目的地城市。从旅游发展的基本要素来看，邮轮目的地的旅游必然有着季节性的局限性。例如阿拉斯加的邮轮旅游一般都是在夏季进行，冬天的时候海上结冰，邮轮无法进入该区域；还有北美东海岸由纽约出发，北上加拿大航线主要是观看漂亮的枫叶，而枫叶最美的季节只在 9—10 月；另外，许多喜欢鲜花的朋友会在每年的 4—5 月去荷兰看郁金香花展。所以，对于邮轮来说，目的地的旅游季节性特点是需要重点考虑的，同时在直航或顺路挂靠一些港口之间进行权衡也是邮轮合理运营减少成本的重要途径。邮轮公司在设计航线时必须有效结合目的地的季节旅游特色和游客的喜好。

（二）邮轮航行速度和燃油消耗因素

根据相关研究，邮轮的最佳运营为昼泊夜航，即白天停靠在港口以便游客能够很好地到达岸上观光，晚上开船是为了在游客疲惫睡觉的时候赶赴下一个目的地，让游客能够有效利用时间。通常邮轮都是下午 6 点左右开航，上午 8 点左右到港，夜航时间是 14 小时，所以目的地的设置就需要邮轮公司根据"时间—速度—距离"公式来确定，以符合昼泊夜航原则。

（三）港口及其他运营费用和成本

航线设置时为了保障邮轮公司的利润最大化，应当尽可能地降低港口及其他运营费用和成本，例如港口的物流补给成本，港务费用，安控风险，外交风险，等等。

（四）乘客反馈及满意度调查

邮轮公司每年会对游客进行相应的满意度调查以发现自身存在的问题。通过相应的乘客反馈，邮轮公司能够知道游客真正需要什么，从而能够有效结合客源地游客特点进行航线的开辟。例如 COSTA 邮轮通过调查发现中国游客喜欢低价邮轮产品，便将大西洋号和维多利亚号两艘性价比高的邮轮派往中国；皇家加勒比通过调查后发现中国游客在海外购物的比例很大，于是在开辟每一个航线的时候尽可能增加目的地的购物时间和地点。

（五）船上管理人员评论及报告

邮轮公司中与游客直接接触的还是邮轮上的工作人员，所以船上管理人员的评论及报告极其重要，他们每天与游客打交道的过程中必然有自己的感知和经验，这些都是重要的知识资产。

（六）预订模式以及利用历史航季经验

预订模式是邮轮公司避免风险的有效途径。游客通过邮轮公司的相关网站或代理进行预订，能够使邮轮公司提前了解游客的需求，适时地调整航线，有效地避免重大亏损。利用历史航季经验就是通过相关大数据和管理人员的报告进行分析和预测，判断某航线的设置合理性。这两者都是有利公司规避风险合理布置航线的重要途径。

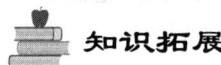 **知识拓展**

何谓公海游？

"公海游"是邮轮公司经营无目的地航线，即"公海游"。作为邮轮航线的一种，公海游是较为特殊的一种产品。

公海游邮轮航线：母港（如上海）——公海——母港（如上海）

公海游航线特征：

（1）公海游航线一般为2天1晚或3天2晚，不挂靠任何港口。

（2）拓展母港邮轮产品丰富性。

（3）弥补带薪假期难以落实又想要体验邮轮生活游客的内心缺憾。

对游客来说，没有目的地的公海邮轮旅游线路与常规的邮轮旅游的区别体现在：常规的邮轮线路旅游主要为线路及目的地旅游观光，除了邮轮住宿、娱乐，还提供目的地登岸旅游观光等。"公海游"则更看重邮轮休闲，主要将邮轮作为一个景点或娱乐场所，享受邮轮上的一切休闲、娱乐设施，不设目的地登陆。有时候两者吸引的人群不一样。

资料来源：南都网／数字报，http://paper.oeeee.com/nis/201412/10/304007.html。

二、邮轮访问港／目的地设置的因素

邮轮公司在选择旅游目的地的时候会从国际国内环境、宏观微观的形势、成本收益各个角度权衡考量，主要考虑因素在以下几方面。

（一）目的地收益潜力

收益潜力是指旅游目的地的岸上风景能够给邮轮公司带来的直接或间接效益。直接效益就是指邮轮公司承包岸上风光的相关项目出售给邮轮游客的直接收入大小，一般该收入与目的地的景点知名度成正比。间接收入是指目的地旅游的特色风光知名度给邮轮公司带来的潜在游客，能够增加邮轮公司的船上收入。例如，皇家加勒比在东南亚的邮轮运营路线中将泰国纳入其中，并将"人妖"文化加以包装宣传，吸引了大批的国际游客。

（二）市场吸引力和接近客源地

市场吸引力是指一个邮轮市场所具有的活力和潜力。活力是指该市场目前的客流量大小；潜力是指未来的发展空间。对于邮轮公司来说，市场活力与潜力都是需要考虑的因素，缺一不可。邮轮公司的主要收入来源还是游客，所以接近客源地是保障收益的必要条件。北美邮轮市场之所以能够占全球一半的份额，在于有北美这个世界强大经济体作为后盾。近年来，北美邮轮旅游市场的地位开始有所下降，一方面是由于该地区发展的空间有限，另一方面是由于亚洲、欧洲等地区对邮轮旅游的热情不断高涨。所以邮轮公司在逐步扩大对亚洲、欧洲地区航线的开辟和新船的投放。接近具有吸引力的目的地是保障客源的前提条件。一个有客源市场的邮轮航线，若是没有有吸引力的目的地，游客的数量就无法保障。例如埃及虽然与欧洲相隔一个地中海，接近客源地，但是由于中东局势的不明朗，埃及作为目的地的吸引力就极大地减弱了。

（三）拥有丰富的游客活动和项目

邮轮目的地丰富的游客活动是吸引客源的重要条件，目的地丰富的岸上活动能让游客有更多的选择，而不是单一的观光体验。现在很多邮轮公司都极力与岸上景点合作以开辟更多的市场。皇家加勒比游轮每年都会有相应的航次与奥兰多的迪士尼乐园合作，丽晶七海邮轮也有相应的黑海（全球最好鱼子酱产地）鱼子酱体验产品。

（四）气候宜人

旅游的最大目的在于休闲放松，所以良好的气候条件是吸引游客前往的重要因素。我们可以发现全球几大核心邮轮市场，如加勒比海和地中海均是天然的度假胜地，蓝天碧海是游客度假的最佳选择。

（五）运营安全

大部分游客选择邮轮旅游是为了放松，所以邮轮公司必须能够保障游客的人身财产不受侵害。在一些政权不稳，以及恐怖主义与海盗盛行的区域，不可控因素太多，游客安全不能保障，所以邮轮公司是不敢贸然开辟航线的。

（六）物流可实现（空运能力及船供等）

邮轮是一个大型的"海上移动酒店"，游客的日常消费几乎全在船上进行，每天都有大量的物品消耗，所以选择目的地的时候必须要保证有能力进行生活物品和船舶油料的补给及船舶维修。所以物流是实现邮轮公司选择目的地的考虑因素。

（七）成本因素

邮轮公司目的地运营成本涉及港口费用、佣金、经济发展状况、燃料价格、外交关系等。对这些因素邮轮公司必须事先做好调查和研究，权衡利益成本后再决定目的地选择的可行性。

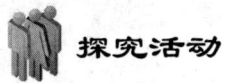 **探究活动**

中国大陆母港的邮轮航线

1. 日韩航线

中国大陆母港始发的日韩航线最多，航线时间为4天3晚至7天6晚或更长，一般挂靠两港，而7天6晚的航线则会选择挂靠三港。航线目的地主要为韩国的仁川、济州和日本九州的福冈、长崎、鹿儿岛、宫崎等。

2. 东南亚航线

中国香港母港始发的航线基本以6天5晚为主，航线目的地一般为越南的芽庄、下龙湾、顺化和菲律宾的马尼拉、苏比克湾（吕宋岛）。

3. 中国台湾航线

由于中国台湾航线属于内地航线，因此台湾航线需要通过交通运输部特批并采取包船的方式运营。上海出发的台湾航线目的地基本包括台湾的台中、基隆、花莲。一般航线时间为5天4晚至7天6晚不等。

4. 其他航线

2017年凯撒旅游与MSC地中海邮轮共同打造内地首条"环中国海"航线，由地中海"抒情号"围绕"天津—釜山—长崎—舟山—香港—厦门—那霸—济州—天津—釜山—下关—舟山—那霸—香港—厦门—鹿儿岛—天津"进行循环航线。2018年皇家加勒比游轮宣布调整2019年航线，新增了俄罗斯符拉迪沃斯托克、菲律宾伊洛格斯、日本北海道函馆和日本新潟4个新目的地，并推出了11条前往日本和菲律宾热带及亚热带目的地的暖冬航线，以及12条4晚的周末航线，以分别满足游客冬季避寒出行及年轻群体周末出行的需求。

复习思考题

1. 了解全球邮轮航线的分布及特征，航线和目的地设置的因素；分析全球航线的未来发展趋势。

2. 查找资料收集以我国港口为母港或停靠港的航线信息，了解中国海域邮轮航线的发展情况以及中国本土邮轮航线的开发情况。

3. 简要说说地中海地区和加勒比海地区受欢迎的原因，说一说怎样将我国打造成为受欢迎的邮轮旅游目的地。

第六章 世界邮轮建造业地理格局

第一节 世界邮轮建造业发展概况

国际豪华邮轮市场具有明显的周期性，与世界经济走势高度相关。在行情较好的年份，豪华邮轮订单量在15艘以上，较差时在5艘以内，一般年份在10艘左右。20世纪90年代末，随着世界经济的逐渐好转，国际豪华邮轮市场明显回暖。其中，在1998年和1999年，全球豪华邮轮订单量分别达到了21艘、总吨位为144万吨，22艘、总吨位为147万吨。然而，在2001年"9·11恐怖袭击"发生后，世界经济疲软，全球豪华邮轮市场也未能幸免，订单量急剧下跌，其中2001年和2003年均仅有4艘。之后，随着世界经济逐渐复苏，豪华邮轮市场开始回暖，订单量连续多年稳定在10艘以上。2008年国际金融危机爆发后，船舶市场再度陷入低迷，豪华邮轮的订单量也明显下降，其中在2009年仅有1艘成交。2010年以来，随着世界经济再次回暖，国际船舶市场触底反弹，豪华邮轮的订单量有所回升。图6-1显示了1990—2027年全球交付使用的邮轮数量变化趋势。

从订单情况看，豪华邮轮大型化趋势十分明显。2019年新成交的豪华邮轮平均载客量为3388客位/艘，较2018年的3114客位/艘明显增加，更远高于20世纪末750客位/艘的水平。同时，随着邮轮朝巨型化和豪华化方向发展，豪华邮轮的价格也持续上升。以近十年完工的豪华邮轮为例，2004年年初投入营运的15万吨"玛丽女王2号"建造价格为7.8亿美元，2010年10月完工的22.5万吨"海洋魅力号"的造价更是高达15亿美元。以每客位平均造价计算，2012年成交的豪华邮轮平均每客位造价为23.4万美元，2014年则上升至26万美元，涨幅为11%。

第一是邮轮体积和吨位的大型化。其主要的推动力有两个：首先是邮轮游客的快速增长，自20世纪80年代以来，邮轮游客每年的涨幅在8%左右。其次是邮轮行业的寡头垄断化加剧了行业竞争，这种竞争体现在邮轮设计和制造上促使邮轮越造越大。邮轮的大型化演变见表6-1。

第六章 世界邮轮建造业地理格局

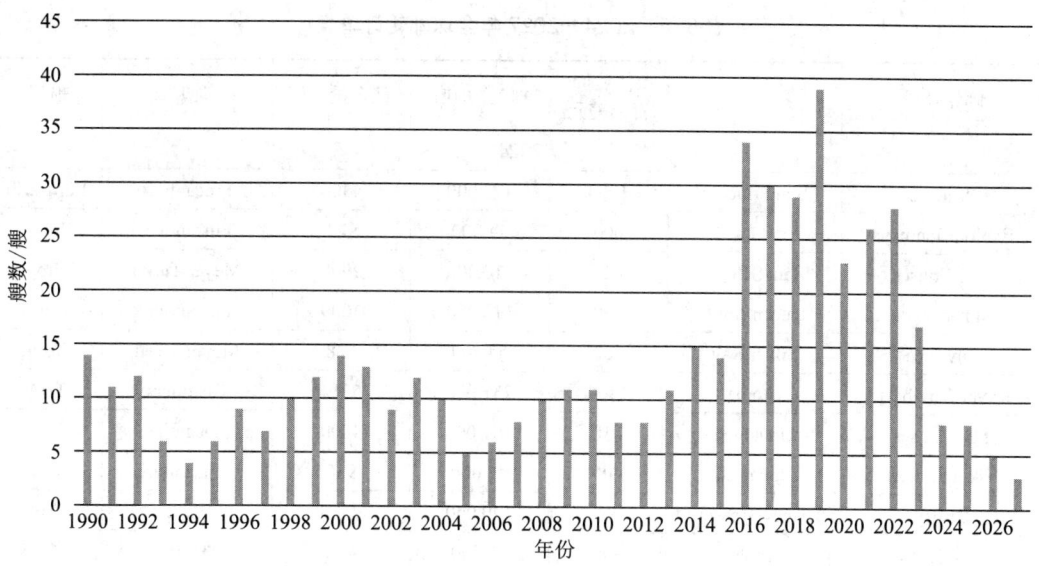

图 6-1　1990—2027 年全球交付使用的邮轮数量变化趋势
资料来源：Bermello Ajamil and Partners，Inc.& 美国—邮轮产业新闻。

表 6-1　邮轮的大型化演变

时间	长度/英尺	吃水/英尺	乘客容量/人
1960	508	36	500
1970	705	32	650
1980	803	29.50	1500
1990	902	26.25	2600
1997	965	26.25	3000
2000	1000	29.50	3000
2006	100	29.5	4000
2009 至今	1100~1400	32~36	5000+

注：1 英尺 =0.305 米。

第二是邮轮上设施的档次升级，活动日益增多，邮轮呈现目的地化发展的趋势。随着邮轮大型化的发展进程，船上的空间日益增加，设施也随之不断完善。从 20 世纪二三十年代的甲板运动器材、户外泳池等到七八十年代的剧院、购物中心，而到现在的高尔夫球场、攀岩设施等，邮轮不再仅仅是运输的工具，而渐渐成为一个浮动的"旅游目的地"。2024—2027 年全球邮轮订单见表 6-2。

表6-2 2024—2027年全球邮轮订单表

邮轮公司	邮轮	预估造价/百万美元	吨位/吨	载客量/人	船厂	航区
2024						
Princess	Sun Princess	1000	175 000	4300	Fincantieri	Eur/Carib
Explora Journeys	Explora Ⅱ	600	64 000	922	Fincantieri	World
TUI Cruises	Mein Schiff 7	625	110 000	2900	Meyer Turku	Europe
Cunard Line	Queen Anne	600	113 000	3000	Fincantieri	World
Silversea	Silver Ray	600	54 700	728	Meyer Werft	World
Royal Caribbean	Utopia	1300	231 000	5714	Chantiers	TBA
TUI Cruises	Unnamed	850	161 000	4000	Fincantieri	TBA
Viking Ocean	Unnamed	400	47 000	930	Fincantieri	World
Disney	Disney Treasure	900	140 000	2500	Meyer	TBA
Ritz-Carlton	Ilma	350	37 000	456	Chantiers	World
2025						
Mystic/Atlas	World Seeker	120	10 000	200	West Sea	World
MSC Cruises	World America	1200	205 700	5400	Chantiers	Carib
Princess	Unnamed	1000	175 000	4300	Fincantieri	TBA
Royal Caribbean	Unnamed	1100	250 800	5610	Meyer Turku	TBA
SunStone[3]	Unnamed	65	8000	186	CMIH	World
Four Seasons	Unnamed	425	20 000	180	Fincantieri	World
MSC Cruises	Unnamed	1200	205 700	5400	Chantiers	TBA
Norwegian	Unnamed	1000	154 000	3550	Fincantieri	TBA
Viking Ocean	Unnamed	400	47 000	930	Fincantieri	World
Oceania	Allura	660	67 000	1200	Fincantieri	TBA
Disney	Unnamed	900	140 000	2500	Meyer	TBA
NYK	Unnamed	650	51 950	744	Meyer	Asia
Ocean Residences	Njord	650	84 800	600	Meyer	World
Celebrity	Unnamed	1000	140 600	3260	Chantiers	TBA
Ritz-Carlton	Luminara	350	37 000	456	Chantiers	World
Storylines	Narrative	650	62 000	1094	Brodosplit	World
Northern Xplorer	Unnamed	200	20 000	220	West Sea	World
Adora	Unnamed	750	135 000	5000	CSSC	China
Disney	Unnamed	1800	208 000	6000	MV Werften	Asia
2026						
Royal Caribbean	Unnamed	1100	250 800	5610	Meyer Turku	TBA
Orient Express	Unnamed	300	30 000	108	Chantiers	TBA

续表

邮轮公司	邮轮	预估造价/百万美元	吨位/吨	载客量/人	船厂	航区
Explora Journeys	Explora Ⅲ	600	64 000	922	Fincantieri	World
TUI Cruises	Unnamed	850	161 000	4000	Fincantieri	TBA
Mystic/Atlas	World Adventurer	120	10 000	200	West Sea	World
Viking Ocean	Unnamed	400	47 000	930	Fincantieri	World
Norwegian	Unnamed	1000	154 000	3550	Fincantieri	TBA
Project Sama	Unnamed	400	2300	100	T. Mariotti	TBA
Four Seasons	Unnamed	425	20 000	180	Fincantieri	World
2027						
Explora Journeys	Explora Ⅳ	600	64 000	922	Fincantieri	World
Viking Ocean	Unnamed	400	47 000	930	Fincantieri	World
Orient Express	Unnamed	300	30 000	108	Chantiers	TBA
Norwegian	Unnamed	1300	169 000	3650	Fincantieri	TBA
Mystic/Atlas	World Discoverer	120	10 000	200	West Sea	World
MSC Cruises	Unnamed	1200	205 700	5400	Chantiers	TBA
Explora Journeys	Explora Ⅴ	600	70 000	922	Fincantieri	World

 探究活动

邮轮大型化的特点和趋势

20世纪70年代以来，邮轮的单体规模日趋大型化。以皇家加勒比为例，邮轮单体规模发展趋势如图6-2所示，并且这一大型化趋势还在继续。

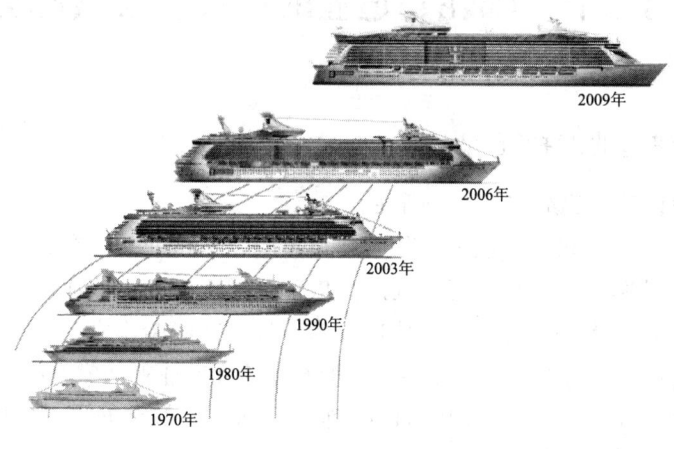

图6-2 皇家加勒比不同年代的大型邮轮

皇家加勒比旗下25万吨全新邮轮"海洋标志号"（Icon of the Seas）正式交付，作为该品牌的第27艘邮轮，加入皇家加勒比全球船队。"海洋标志号"在邮轮吨位上创新高，打破了其姐妹船"绿洲系列"的世界最大邮轮的纪录，首次在邮轮上集合了"海滩休闲""度假村""主题公园"这三大家庭度假元素，并开设了"勇者之境""云海之境""奇趣之境""苍穹之境""天际之境""皇家大道""中央公园""皇家府邸"8大主题世界。

2024年1月，"海洋标志号"将从世界邮轮之都迈阿密开启首航，全年运营前往东加勒比和西加勒比的7晚航线。每条航线都将带领宾客前往皇家加勒比位于巴哈马的私属岛屿目的地"可可岛完美假日"，此外还将到访墨西哥科苏梅尔、圣马丁菲利普斯堡、洪都拉斯罗坦等加勒比目的地。

活动任务： 查找皇家加勒比国际游轮公司现有船队中邮轮的船型资料，整理出各艘邮轮的建造年份、排水量、长度、宽度、高度、吃水深度、载客量（床位数），并进行比较。

从市场需求来看，豪华邮轮订单的增量主要取决于国际海上游客数量的增幅。近年来，受邮轮乘客数量超预期增长、细分市场开发力度加大、邮轮市场投资者显著增多、老旧邮轮运力更新等因素共同推动，国际邮轮建造订单数量有所增加。2015—2023年，每年都有超过5艘邮轮成交。截至2023年5月，全球邮轮在建和手持订单数量共67艘，共计56.8万总吨，总造价约440亿美元，世界主要邮轮船厂在2023年前的船位已全部售罄，手持订单最晚交船期已排到2028年。邮轮建造订单来源集中在欧美四大邮轮集团。皇家加勒比、MSC地中海、诺唯真和嘉年华有36艘大型邮轮建造订单需求，平均吨位都超过了10万吨，建造总床位达到116 069个标准床位，全球占比超过了86%。

第二节 邮轮建造业的特征和发展趋势

一、邮轮建造业的特征

第一，邮轮设计和建造技术的垄断性。

豪华邮轮是一种高附加值船型，其设计和建造技术目前掌握在极少数几家欧洲大船厂手中，如芬兰的图尔库船厂、意大利的芬坎蒂尼、法国的大西洋船厂和德国的迈尔船厂。这些船厂具备强大的设计能力与建造技术，且生产经验丰富，历史悠久。目前全球四大邮轮制造公司包括芬兰的阿克尔集团（拥有马萨和芬亚德两家船厂）、意大利的芬坎蒂尼集团、法国的大西洋船厂和德国的迈尔船厂（现芬兰与大西洋船厂均被韩国STX收购）。全球80%以上的豪华邮轮均由这四家船厂建造。

第二，邮轮建造过程的模块化和分段化。

随着邮轮从最开始的运送邮件功能转变为供游客休闲游玩场所,邮轮的设计、结构、功能等都发生了很大变化,造船模式也随之发生了很大的变化。几十年前,邮轮建造的所有工程项目都由船厂负责,包括设计、建造、安装等。如今,邮轮建造实行模块化建造,将邮轮建造各功能模块分包给不同的分包商、供应商。船厂基本上只需要建造好船体,其他的每个功能模块都由分包商完成。例如邮轮上的厨房,由专业制造、安装厨房设备的公司完成;邮轮上的整体船室由专业制造整体船室的公司完成。

邮轮通常分段制造,各分段可能在不同的地方建造好,再运输到船厂并吊装到指定位置。每个分段里面都预先安装好了相应的设备、电线、管路,还有其他组件。这样会节省大量的建造时间,也会相应节省大量的成本。这种建造技术首先被法国的大西洋船厂应用于建造"Cunard's Queen Mary 2 ship"邮轮(建造时间 2002—2004 年)。

第三,邮轮设计是一个复杂的系统工程。

现代邮轮越来越豪华,所能提供的功能越来越多,建造工程也越来越复杂,邮轮上配套的公共服务设施和娱乐设施也更加完善和五花八门,船上配有购物商场、高尔夫球场、图书馆、教堂、歌剧院、夜总会、咖啡厅、各色酒吧、自助餐厅、美容院、露天游泳池、儿童游乐场等场所,应有尽有。如"海洋绿洲"号邮轮上分成 7 个主题区域:"百达汇"欢乐城、中央公园、游泳池和运动区、皇家大道、娱乐世界和青少年活动区、海上水疗和健身中心。"海洋绿洲"号拥有海上旋转木马、海上圆形剧院、高空滑绳、海上移动酒吧,等等。

邮轮的总体布置设计是一项非常复杂的系统工程,需要统筹设计和细致协调,一般由几家设计公司分工合作完成。以"Norman Leader"号为例,其总布置由 STMarine 船厂和 Foreship 公司共同设计完成,参与协作的还有瑞典、英国、挪威和芬兰的几家邮轮工程咨询公司。将邮轮上的各个区域加以划分,并由不同的公司分包。各个专业分包公司按照其专业领域签订分包合同进行设计,互相配合,合作完成设计。

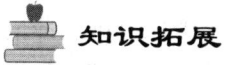 **知识拓展**

现代邮轮建造——功夫在船厂外

自邮轮告别"交通型"转入"旅游休闲型"以来,造船模式也随之发生了很大的变化。几十年前,船厂负责邮轮建造的所有工程项目,包括设计、建造、装潢等。如今,邮轮建造正在转向把内装设计、舱室模块制造、装饰装修等分解到不同企业的新兴模式。也就是说,船厂基本上是"造壳",船厂只是提供一个空间,提供生产的基本条件如水、电、气等,让众多专业公司分工负责,合同协调,共同完成这项系统工程。

随着时代的发展,现代邮轮豪华程度越来越高,功能越来越多,工程越来越复杂,公共服务设施和娱乐设施日趋完备和丰富多彩,船上歌剧院、夜总会、自助餐厅、咖啡厅、各色酒吧、美容院、露天游泳池、儿童游乐场、购物中心、图书馆、教堂、高尔夫球场等,应有尽有。如"Voyager of the Seas"号拥有 1350 个座位的 La Scala 剧院,跨越 5 层甲板，完全按意大利米兰著名的同名剧院风格建造。这与常规船型完全不同，每一样功能，都涉及不同专业领域，很多功能都超出了船舶专业本身，都是一项系统工程。

拿邮轮的总布置设计来说，它就是一项非常复杂的系统工程，需要精心筹划设计和细致协调，一般光靠一家设计公司很难统揽全包。以"Voyager of the Seas"号为例，其总布置由 Masa 船厂集团和 RCCL 公司共同完成，参与协作的还有瑞典、英国、挪威和美国的十几家专业咨询公司。研制过程中提出了众多研究课题，各专业公司按其擅长的领域选择课题，签订工作合同，彼此通力合作，齐头并进，才能保证整个研制过程顺利进行。

邮轮建造工程纷繁复杂，对船厂管理是一大挑战，主要体现在三个方面：一是船舶整体和局部设计工作量大，由许多家公司共同承担，对不同公司间设计风格和特点的协调管理十分复杂；二是对大量外包任务的协调管理，比如整体部件外包、生产质量和交货时间的控制；三是对船上大量具体建造和装修工作的管理，比如在船上开展的装修、各整体部件的安装等。

显然，现代邮轮由"交通型"转向"旅游休闲型"以后，就变成了"海上移动的度假村"，是旅游者的最终目的地，而不是单纯的交通工具了。也就是说，现代邮轮的功能已发生了根本的变化，其难点并不在船舶建造本身，功夫在"船厂外"。船厂建造的不是"船"，而是"文化"。

资料来源：http://www.cacs.gov.cn/news/newshow.aspx articleId = 92832（中国船检）。

第四，邮轮建造的周期较长，建造程序复杂。

通常建造一艘豪华邮轮需要 2~3 年，而且设计往往在邮轮开始建造前一年就已经开始了。船体的设计及制造由船厂负责，而内部装修及其他一些特殊特性建造则由专业设计公司设计。邮轮的设计使用最新的创意、科技、物料以保证新造的船与旧有的船拉开差距，往往配置一些特殊的设备。如皇家加勒比游轮上配置有攀岩墙、滑冰设施、冲浪池，给乘客带来非凡的享受。而且很多邮轮都配置有大型游泳池、赌场、图书馆、免税店、超大容量的餐馆、电影院、迪斯科、儿童区域、大量的酒吧和休闲区。大型豪华邮轮上有很多层甲板和房间。如皇家加勒比的"海洋绿洲号"有 16 层甲板，2706 间房间，可载 5400 名乘客和 2165 名船员。

邮轮的建造程序包括大量的研究和测试，邮轮设计公司为了达到海洋及船舶工业的技术要求而进行分析和提出解决方案，递交详细的设计图纸及船上附属设备的设计和生产图纸给船厂。邮轮设计公司也会使用最新的计算机辅助工程技术提供分析、模拟、诊断、制造、维修和其他数据服务。邮轮舱室生产者有能力设计和生产各种不同型号的整体舱室给不同大小、不同豪华程度的邮轮。

第五，邮轮建造的成本高昂。

建造一艘中型邮轮的平均成本大约需要 4.5 亿美元，而超大型豪华邮轮则需要 8 亿美元。这个建造价格使得当前很多邮轮公司只保有现有的邮轮而很少建造新船。甚至全球最大的邮轮公司嘉年华也暂时搁置建造新船的计划。而皇家加勒比是继续建造新邮轮的公司之一。部分邮轮造价情况见表6-3。

表6-3 部分邮轮造价情况

邮轮名称	建造时间/年	耗资/亿美元	吨位/万吨
玛丽女王2号	2004	8.0	15.14
海洋自由号	2006	7.9	15.80
海洋解放号	2007	10.0	16.0
海洋绿洲号	2009	14.0	22.50
海洋魅力号	2010	12.0	22.50
伊丽莎白女王号	2011	6.0	9.20
盛世公主号	2016	7.6	13.30
喜悦号	2017	9.2	16.70
海洋交响号	2018	13.0	22.80
海洋标志号	2023	13+	25.0

二、世界邮轮建造业的发展趋势

第一，集中程度更高，竞争力更强。

国外邮轮制造企业经过一系列的兼并收购之后，船厂的规模变得越来越大，集中程度越来越高，竞争能力越来越强。目前全球最大的邮轮制造公司由原来的4家变成了3家，德国的迈尔船厂、意大利的芬坎蒂尼、STX欧洲，变成了三足鼎立的局面。其他还有一些中小规模的邮轮制造企业，但其所占市场份额很小。

第二，新技术的应用和新设备的更新，使得生产效率更高。

随着软件技术及工程技术的发展，国外邮轮制造企业也在不断地投资购入新的设备，使用新的技术及计算机辅助制造软件、新的项目管理技术，从而大大提高了生产效率。生产效率的提高，这些邮轮制造企业出现产能提高雇员人数却减少的现象。如"Costa Luminosa"号的柴电动力和推进系统采用4台12缸V型发动机和2台8缸直列式M43C型发动机，共可产生64 000kW动力，即当保持514r/m最大可持续转速时，每缸的输出功率为1000kW。每台柴油机与一台ABB交流发电机相连，4台较大的发电机每台可输出16 600kVA，2台较小的发电机共可输出11 100kVA。同时采用2台由循环换流器调节的方位Azipod装置，每台的最大功率为17 600kW。据悉，芬坎蒂尼建造的"Eurodam"号豪华邮轮也采用相同的发动机和推进配置，该船已于2008年在荷美邮轮旗下开始运营。

发动机采用卡特彼勒 MaK 公司的弹性凸轮轴技术（FCT），确保在所有载荷下均不会产生看得见的烟尘，符合未来更严格的 IMO 针对 NOx 排放制定的限制要求，以及当地的排放控制，如阿拉斯加海船可视排放标准。

第三，邮轮建造对低碳环保要求明显。

欧洲邮轮制造公司也在积极采用新的技术以减少对环境的污染，如在 STX 芬兰建造的"Mein Schiff 3"邮轮将首次使用废气清洁系统。在 STX 芬兰建造的"Viking Grace"首次使用液化天然气作为燃料驱动发动机，该技术能达到对海洋的零排放。如所有歌诗达旗下邮轮均拥有 RINA "Green Star" 船级符号，其所有可能对海水和空气造成影响的船上系统均满足最高等级的环保标准。公司曾获得"2009 年 ABB 能效奖"，其获奖成果体现在"歌诗达·炫目"号上，即在船舶运营各个方面运用环保技术，如空调、通风、照明、动力管理和行程安排等，以确保节能减排。另外，歌诗达公司获得节能奖项很大程度上是由于该公司在旗下的邮轮上安装反用换流器。一台反用换流器可在不同频率驱动时提供可控电能，且反用换流器能够使机舱风扇和送风机等设备的操作性能最优化，从而节约能源和减排。目前歌诗达旗下的邮轮大部分已经或计划安装反用换流器。同时"歌诗达·炫目"号是意大利首艘、世界上首批采用"cold ironing"技术的豪华邮轮，当靠港时与岸上电网相连，无须使用柴油发电机，ABB 主配电盘提供了码头供电必需的高压连接，增加了船舶在港时的环保性。

在节能方面，"Viking Grace"邮轮上使用 LED 节能灯照明、可回收能量电梯、高效率的泵及风扇。在航行时发动机产生的多余热量被热能储存罐存储，邮轮靠泊码头时这些热量用来加热空调风，因而除非极其寒冷的天气，一般不需要再消耗燃油；在夏季时，储存在罐中、温度达 −162℃ 的液化天然气，可制用低温冷却空调的风。该邮轮还使用了包括吃水差优化控制、航行优化工具、酒店能量管理等能量管理系统。而在船体设计上采用空气动力学及流体力学原理设计船体形状，最大限度地减少阻力。浴室采用节水的龙头及冲凉花洒。总之，欧洲邮轮制造公司极致利用最新的技术并追求完美。

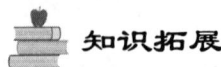
知识拓展

豪华邮轮设计的新趋势

豪华邮轮一直是造船界顶尖级的高附加值类船舶。欧洲各国专业制造商凭借对其艺术的独特理解、设计的巧妙、技术的先进以及装饰的奢华一直独占鳌头。当前，邮轮旅行正经历着深刻的变革，从曾经遥不可及的"奢侈体验"逐渐演变为一种备受追捧的"生活方式"。顶级玩家在选择邮轮时，更加关注那些难以用常规数据衡量的价值。这些隐藏在表面参数之下的隐性优势，正悄然重塑着邮轮行业的评判标准。在这个背景下，豪华邮轮的设计也迎来了前所未有的创新浪潮，众多新趋势不断涌现，为乘客带来了超乎想象的海上之旅体验。

一、动态空间设计：突破传统定式

皇家加勒比的"量子号"在甲板布局上大胆采用了流体力学动态设计理念。这种设计的精妙之处在于，它能够依据不同季节的特点，灵活调整露天泳池与观景台的位置。在炎热的夏季，将泳池调整到阳光充足且通风良好的位置，让乘客能够尽情享受清凉与阳光；而在较为凉爽的季节，则将观景台移至最佳位置，方便乘客欣赏海上美景。更为惊艳的是，"量子号"的遮阳棚角度还能根据海浪的角度进行微调。当海浪较大时，适当调整遮阳棚角度，既能为乘客遮挡阳光，又能有效抵御海风的侵袭，大大提升了乘客在户外区域的舒适度。这种"自适应空间"设计使得乘客满意度大幅提升。它打破了传统邮轮空间设计的固定模式，为乘客带来了更加贴合实际需求和季节变化的独特体验，让每一次航行都充满新鲜感。

二、隐形服务升级：定制体验入微

"幻影号"邮轮的管家服务系统无疑是行业内的卓越典范。它背后依托着强大的后台数据库，这个数据库所涵盖的信息深度和广度令人惊叹。其中包括乘客的基因检测数据，通过对这些数据的分析，邮轮能够为乘客定制精准的健康餐饮，满足不同乘客的营养需求和特殊饮食禁忌。同时，数据库还详细记录了乘客的消费习惯图谱，通过对过往消费行为的分析，能够精准预判乘客的购物需求。"幻影号"还通过智能手环实时监测乘客的情绪波动曲线。当系统检测到乘客情绪较为低落时，会及时提供贴心的服务，如送上一杯乘客喜爱的饮品，或者为乘客推荐一场轻松愉悦的演出，改善其心情。这种全方位、深层次的服务远远超越了传统的管家模式。并且，所有涉及乘客隐私的数据均采用了最先进的加密协议进行保护，确保不会被第三方系统获取和滥用，充分保障了乘客的隐私安全。

三、安全冗余强化：构筑多重防线

"极地探索者号"邮轮在安全设计方面树立了新的标杆，采用了先进的模块化安全架构。在物理层，船体采用了3层钛合金＋碳纤维复合结构，这种高强度、轻量化的材料组合赋予了船体极强的抗冲击能力，可轻松抵御高达16级的飓风。在面对极端恶劣天气时，该结构能够为乘客和船员提供坚实可靠的安全保障。智能层则配备了先进的监测系统，每15分钟就能自动生成全船压力分布热力图。通过对船体各部位压力的实时监测，能够及时发现潜在的安全隐患，进而提前采取相应的措施进行处理，确保船舶始终处于安全稳定的运行状态。应急层更是配备了可独立运作的"方舟舱"，舱内储备了具有30年保质期的食品以及齐全的医疗包。在遇到紧急情况时，"方舟舱"能够为乘客和船员提供一个安全的庇护所，保障他们在等待救援期间的基本生活及医疗需求。这种全面而细致的防护体系虽然无法简单地用表格进行量化，但已成功通过国际海事组织（IMO）A类认证，成为极地航线唯一获准运营的民用邮轮，充分彰显其在安全性方面的卓越表现。

四、环保理念深化：平衡奢华与可持续

"绿洲号"邮轮在环保设计方面堪称行业奇迹，构建了一套完整高效的生态系统。在

能源层,安装了多达 8000 个光伏板,这些光伏板能够充分利用太阳能,将其转化为电能,为邮轮提供部分电力支持。同时,配备的海水淡化系统则能够将海水转化为可饮用的淡水,满足邮轮上的日常用水需求,实现了能源和水资源的自给自足。垃圾处理方面,采用了先进的技术,将厨余垃圾进行厌氧发酵处理,转化为甲板草坪所需的肥料,实现了废弃物的资源化利用。在碳捕捉环节,烟囱安装了纳米级过滤装置,能够对排放物进行高效过滤,极大地减少了对环境的污染。更为难得的是,"绿洲号"在追求环保的道路上展现出了坚定的决心和不计成本的态度。为了保护脆弱的珊瑚礁生态系统,所有水下设施距离海岸线超过 50 海里,这一举措虽然导致运营成本大大增加,却体现了其对环境保护的高度责任感,使邮轮成为行业内环保实践的楷模。

五、科技应用拓展:打造独特体验

(一)智能导航与生态保护

许多豪华邮轮配备了先进的声呐导航系统,该系统具备强大的探测能力,能够探测到 200 公里外鲸群的活动轨迹。通过对鲸群活动的实时监测,邮轮可以自动调整航线,避免对鲸群的生存环境产生干扰,实现了航行与生态保护的和谐统一。这种智能导航系统不仅提升了航行的安全性,还体现了邮轮公司对海洋生态环境的尊重和保护意识。

(二)气味调控与情绪管理

部分高端邮轮运用了创新的气味矩阵技术,通过释放定制香氛来影响乘客的情绪。例如,在乘客感到疲惫时,释放具有舒缓放松功效的香氛缓解疲劳,放松身心;而在乘客需要活力时,释放能够提神醒脑的香氛,激发活力。这种独特的设计为乘客营造了更加舒适愉悦的氛围,目前该技术已申请了 7 项专利,充分彰显了其创新性和独特性。

(三)量子通信与隐私保障

在公海航行时,通信隐私一直是乘客关注的重点问题。一些豪华邮轮引入了量子通信舱,利用量子通信的超强加密特性,实现了绝对隐私通话。与传统卫星通信相比,量子通信的信号强度更强,比卫星信号强 3 个数量级,有效保障了乘客在公海区域的通信隐私安全,为其提供了更加安心的通信环境。

六、个性化与定制化凸显:满足多元需求

(一)模块化客舱设计

一些豪华邮轮推出了模块化客舱设计,乘客可以根据自己的喜好和需求自定义舱内布局。无论是喜欢宽敞舒适的休息空间,还是热衷于打造个性化的娱乐区域,乘客都可以通过支付设计费,实现自己独特的设计构想。这种高度个性化的设计满足了不同乘客对居住空间的多样化需求,让乘客在邮轮上也能感受到家的温馨与舒适。

(二)虚拟邮轮体验

随着科技的不断进步,虚拟邮轮体验逐渐成为现实。通过全息投影技术,乘客可以在游轮上体验到仿佛置身于"永久性太空邮轮"的奇妙感觉。在虚拟空间中,乘客可以欣赏到浩瀚宇宙的壮丽景色,感受太空旅行的独特魅力。这种创新的体验方式为乘客带来

了前所未有的新鲜感，已获得 NASA 技术授权，具有极高的科技含量和吸引力。

（三）基因邮轮服务

部分邮轮公司正在探索基因邮轮服务，根据乘客的 DNA 定制个性化的健康方案。通过对乘客基因数据的分析，为乘客提供精准的饮食建议、运动规划和健康管理方案，满足乘客在旅途中对健康需求。虽然目前该服务仍处于伦理委员会的争议之中，但它无疑代表了未来邮轮服务个性化发展的一个重要方向。

结语

豪华邮轮正以前所未有的速度发展和创新，这些新趋势不仅为乘客带来了更加丰富、独特和个性化的体验，也推动着邮轮行业向更高品质、更可持续的方向进步。在未来，随着科技的不断进步和人们对旅行体验要求的日益提高，豪华邮轮设计必将继续展现出无限的创新活力，为人们的海上之旅带来更多的惊喜与可能。

本案例内容根据以下网站资料整理：https://baijiahao.baidu.com/s?id=1833009230328646141&wfr=spider&for=pc

https://baijiahao.baidu.com/s?id=1832567927845722107&wfr=spider&for=pc

https://baijiahao.baidu.com/s?id=1832567969121016373&wfr=spider&for=pc

第三节　世界邮轮建造业的地理格局

一、邮轮建造企业的分布概况

世界豪华邮轮建造中心起初是在美国。但从 20 世纪 60 年代开始，随着美国造船业的国际竞争力逐渐下降，欧洲船企凭借在造船方面的丰富经验和精湛技艺，加上在客船建造方面的技术积累，逐渐取代美国船企，并逐渐形成了垄断地位。特别是从 20 世纪 90 年代开始，欧洲船企在豪华邮轮建造技术、工艺水平上取得了很大进步，进一步巩固了垄断地位。

欧洲豪华邮轮建造企业主要包括意大利芬坎蒂尼集团、德国迈尔船厂、法国大西洋船厂和芬兰马萨船厂等。截至目前，上述 4 家船企累计建造豪华邮轮 182 艘、总吨位为 1425.3 万吨，在全球总量中所占的比例分别为 48.3% 和 77.1%。

豪华邮轮作为一种高附加值船型，其研发和建造技术长期集中于少数几家欧洲大船厂，没有设计与建造经验的造船企业很难准确判断邮轮研发与建造的难度。作为世界邮轮建造的中心，欧洲地区凭借精湛的邮轮建造技术、大量专业技术工人以及发达的邮轮供应商市场网络，在邮轮建造（尤其是大型邮轮建造）领域占有绝对的主导地位。在市场份额，意大利芬坎蒂尼集团、法国大西洋船厂、德国迈尔集团三大造船集团占据 94%

的市场份额。中国自 2012 年开始布局邮轮建造领域，2018 年，中国船舶工业集团有限公司与美国嘉年华集团、意大利芬坎蒂尼集团共同签订了 2+4 艘大型邮轮建造合同，中国船舶工业集团旗下的上海外高桥造船厂承担国产首艘大型邮轮的研制任务，标志着中国船舶工业正式开启了大型邮轮建造新时代。

二、欧洲地区邮轮制造业

尽管从 20 世纪 70 年代末期开始，欧洲的邮轮船舶建造与远东相比开始走下坡路，但是它仍然是世界上最大的邮轮船舶建造中心。2019 年，北美与欧洲地区的邮轮总体经济贡献和直接经济贡献均为 40% 以上，但北美得益于全球最大邮轮市场而形成邮轮运营总部经济，欧洲则得益于邮轮建造与维修，欧洲市场新建邮轮及邮轮维修所占直接经济贡献的比例高达 29%，北美仅为 3.6%。

世界最著名的四家邮轮建造企业均位于欧洲，包括芬兰的阿克尔集团（拥有马萨和芬亚德两家船厂）、意大利的芬坎蒂尼集团、法国的大西洋船厂和德国的迈尔船厂（现芬兰与大西洋船厂均被韩国 STX 收购）。世界 80% 以上的豪华邮轮均由这 4 家船厂建造，给欧洲带来了丰厚的回报。以 2010 年为例，欧洲邮轮产业给欧洲整个经济带来的直接和间接收入为 352 亿欧元，其中 140 亿欧元为直接收入。

 知识拓展

世界四大邮轮建造企业

1. 德国的迈尔船厂

德国的迈尔船厂是德国最大的造船厂之一，地址在德国的帕本堡，属一个家族企业，至今已有 200 多年的历史，传承了六代。它成立于 1795 年，最开始业务是建造木船码头，约瑟夫兰伯特迈耶在 1872 年开始建造蒸汽机铁船。到 1920 年已经在帕本堡地区拥有超过 20 个船坞。在"二战"时期，船厂主要建造渔船、引水船和沿海岸线的客船。1964 年开始建造液化气船。目前它拥有约 2500 名员工和在世界上迄今为止最大的室内干船坞。第一个室内干船坞建成于 1987 年，长 370 米，宽 101.5 米，高 60 米。1990 年到 1991 年这个船坞加长 100 米。2000 年，第二个室内干船坞建成，长 504 米，宽 125 米，高 75 米。迈尔船厂因此可以一年建造 3 艘邮轮。德国的迈尔船厂是欧洲顶级邮轮制造商，已经为包括皇家加勒比、迪士尼、精致、铁行、挪威、丽星在内的众多邮轮公司建造了多艘邮轮。行业专家分析，目前迈尔船厂占据了邮轮制造市场约 45% 的份额。

2. STX 欧洲

STX 集团是韩国的大型跨国企业集团，由韩国 STX 发动机、韩国 STX 造船、STXPan Ocean、韩国 STX 重工、STX 建设等子公司组成。以造船、机械、物流、海运、能源、建设为核心领域。STX 集团从 2001 年起进入了高速发展阶段，仅花了 7 年多的时间就创造了破天荒的增长业绩，资产规模增长了 16 倍，出口规模增长了 78 倍，销售额增长了 34 倍，

被称为垂直一体化企业发展模式的成功榜样,因此得到了全球的广泛关注。STX集团旗下的STX Europe是欧洲最大的邮轮制造船厂,原名阿克尔船厂,被STX收购后改名STX欧洲,是一个大型跨国造船公司。分别在芬兰、法国、挪威、罗马尼亚、越南拥有15个船厂。STX欧洲通过不断地追求创新来获得非比寻常的邮轮建造业绩,根据其优良的邮轮建造经验为船东量身定做邮轮。高质量的制造工艺和原材料保证其邮轮制造的优良业绩和客户极高的满意度。在2009年和2010年STX芬兰船厂分别完成姐妹船"海洋魅力号"和"海洋绿洲号"的交船,这两艘邮轮成为美国皇家加勒比国际游轮公司最大的邮轮,也是目前全球最大的邮轮。由于全球经济危机对欧洲造船业的影响,2012年12月21日,意大利豪华邮轮制造公司芬坎蒂尼集团收购STX OSV公司多数股权后,成了全球五大造船企业之一,其凭借多元化、建造高附加值船的实力成为西方主要的造船企业,并具有同亚洲造船巨头竞争的能力。

3. 意大利芬坎蒂尼船厂

意大利的芬坎蒂尼船厂有200多年的建造军舰的历史,曾经建造了大量的商船和7000多艘军舰。由于不断地发展,到1984年它已经成为全球最大的多样化经营的船厂之一。目前有20家船厂,配备2个设计中心,1个船舶研究中心,另设2个生产基地提供零配件。公司发展和建造海军系统(稳定器、螺旋桨及配件、发电机等)、工业透平及提供船用和陆用的柴油机。同时也凭借其专业能力设计和建造大型豪华邮轮。从集团业务占比看,52%为邮轮,28%为渡轮等商船,19%为军舰,1%为其他生意,年产值为30亿欧元。在通过船种多样化及工作厂的全球化而提高收益性的战略下,公司于2013年收购了STX OSV(现在Vard公司)的控制股份。

4. 法国大西洋船厂

法国大西洋船厂位于法国圣纳泽尔,1955年由两家法国船厂合并成立,最开始为法国大西洋线总公司建造班轮。1961年它建造了跨大西洋的"superliner SS France"号,是当时世界上最大的客运船。在苏伊士运河封闭后,该厂开始计划建造大型油轮。1984年,该厂与阿尔斯通合并,于2003年开始建造邮轮,2003年12月14日该船厂为英国丘纳德公司建造的"玛丽女王二世"号邮轮正式交付使用,其造价达5.5亿英镑。2006年该船厂被STX收购,改名STX法国。但从2008年以后由于全球经济危机,STX法国近几年都没拿到邮轮制造订单。2013年1月5日它获得美国皇家加勒比国际游轮公司一张10亿欧元的邮轮制造合同,该船与"海洋绿洲号"及"海洋魅力号"是姐妹船。

意大利、德国、法国是世界邮轮建造的主要生产国,邮轮维修保养因需要靠近各邮轮区域的运营中心而呈现分散布局规律。如前所述,欧洲在邮轮建造技术和产业环境方面遥遥领先,欧洲船厂几乎垄断了目前全球的邮轮新造订单,这正是欧洲邮轮经济整体贡献高于美国的原因所在。邮轮设计与建造一般可以分解为关键技术研发、船舶设计、建造工艺、船舶装备以及维护修理共五大环节。源源不断的邮轮订单占据了欧洲邮轮经济发展的巨大市场份额。根据CLIA EU发布的欧洲邮轮经济影响年度报告可以发现,欧洲邮轮经济收入有 30%~35% 源于邮轮修造业务带来的贡献。

邮轮建造业主要包含设计、建造、材料、维修四大环节。据研究表明，世界船舶建造功能先后经历用船舶来获取原材料、船舶作为制造品和船舶提供运送服务三个阶段，如今已发展到先进的船舶成为体验提供者的阶段，这一阶段对船舶设计技术和建造材料的要求相当高。而在维修领域，由于欧美国家劳动力成本高，已经不具备同亚洲中、日、韩等国家竞争的能力。

三、亚洲地区邮轮制造业

亚洲方面，日本和韩国一直试图挑战欧洲在豪华邮轮建造方面的霸主地位。早已领衔传统标准型船舶制造的亚洲各大船厂正在积极涉入豪华邮轮这一高附加值船舶领域。日本船企在 20 世纪 90 年代初曾进入邮轮建造市场。1990 年，日本三菱重工承接了日本邮船公司的 2 艘豪华邮轮订单，但由于建造经验不足，其中一艘损失惨重，另一艘也不得不转到芬兰马萨船厂建造。2011 年，意大利歌诗达邮轮公司向三菱重工订造了 2 艘 12.45 万吨、3300 客位豪华邮轮。在该项目实施阶段，设计工作进展缓慢，最终造成建造施工延期，不仅增加了设计成本，也给配套设备的采购和施工进度造成了负面影响。日本的三菱重工 2012 年年底前已获得 2 艘 1 万吨级以上的邮轮建造订单。2013 年，三菱重工因邮轮业务亏损 5.85 亿美元。韩国的 STX 通过收购芬兰阿克尔船厂及法国的大西洋船厂来获得制造豪华邮轮的能力。2009 年末，三星重工宣布其计划成为韩国第一个开始制造邮轮的公司，但由于种种因素，目前，日本和韩国未能独立建造豪华邮轮。

全球邮轮旅游乘客人数的快速增加必将提高对邮轮制造的需求，中国的造船企业在总体经济大环境逐渐向好的情况下，必将越来越多地参与邮轮制造的国际市场竞争，获取邮轮的订单，实现造船业从低端产业向高端产业的转化。世界造船业目前正经历着欧洲—日本—韩国—中国的转移，欧洲造船业的市场份额由以前的 50% 以上，下降到不到 5%，如今仅邮轮制造业还有竞争力。日本造船业占全球的份额由以前的 48%，下降到现在的 20%。韩国造船业已到最高峰，约占全球市场份额的 36%，2007 年中国造船业约占全球份额的 33%。目前中、日、韩为主体的亚洲地区约占全球份额的 82%。

随着我国邮轮港口邮轮靠泊艘次的增多，邮轮的维修和保养工作势必需求大增，无疑将为我国邮轮维修和保养行业带来大量业务。目前航行在亚洲区域的邮轮维修业务大多在新加坡进行，伴随着我国邮轮母港建设的推进，配套的船厂建设也需及时介入。中国船舶工业集团与美国嘉年华集团在 2014 年 10 月 15 日第九届中国邮轮产业发展大会上签署了谅解备忘录，中船集团与芬坎蒂尼公司组建合作公司，在中国开发邮轮的建造能力。芬坎蒂尼公司提供专业的服务和配套设备，支持中船集团的船厂建造邮轮。2016 年中船、中投与嘉年华邮轮集团签署开发中国本土豪华邮轮品牌的协议。2017 年 3 月 31 日，中国旅游集团公司和中国船舶工业集团公司在北京签署全面战略合作协议，正式启动了国产中小型邮轮项目合作。2017 年 4 月 27 日，招商局工业集团有限公司与探险邮轮船东——美国 SunStone Ships 公司签订了 4+6 艘极地探险邮轮建造合同。2018 年 3 月 16 日，招商局工业建造的中国首艘极地探险邮轮割板开工。2017年11月9日，招商局工业和太湖国际邮轮有限公司签订了2+2艘豪华邮轮合作框架协议。2018年9月27日，交通运输部等10部委正式发布《关于促进我国邮轮经济发展的若干意见》，提出加快推进我国邮轮建造及配套装备产业发展的战略部署。2019年，中国首艘国产大型邮轮在外高桥造船正式开建，经历三年的攻坚克难，中国首艘国产大型邮轮"爱达·魔都号"于2023年11月4日正式命名交付，并在2024年1月1日从上海吴淞口国际邮轮港启航。我国目前在全球邮轮设计、建造及维修领域仍处于摸索前进阶段。根据目前我国造船业在商船领域中具备的技术、人才、创新能力和重点开发的船型等综合情况来看，邮轮的设计和制造在未来将成为一些造船企业突破的重点。

探究活动

国产首艘大型邮轮"爱达·魔都号"（见图6-3）

大型邮轮被称为工业领域的集大成者，是高度系统化、集成化的巨系统工程，是现代工业与文化艺术的浓缩体现，是国家制造业、科技水平综合实力的集中体现。

2018年11月6日，在首届中国国际进口博览会上，13.55万总吨Vista级大型邮轮合作设计建造合同正式签订，项目正式启动。作为中国船舶工业集团有限公司推动科技创新、转型升级、高质量发展的一号工程，为全面推进大型邮轮工程项目，中国船舶集团成立邮轮产业发展领导小组，搭建邮轮产业平台，并且与合作方分别组建专业的邮轮管理和设计公司。按照国家重大科技专项的管理模式，加强集团内外单位的协作，强化国际交流，构建可持续发展的本土邮轮生态体系。

国产首艘大型邮轮总吨位13.55万吨，长323.6米，宽37.2米，设计吃水8.26米，最大高度72.2米。全船搭载107个系统、5.5万个设备，包含2500万个零部件，完工敷设4750公里电缆、365公里管系、120公里风管。船上有客房2125间，可容纳乘客5246人，分布于高达16层、面积4万平方米的生活娱乐公共区域，被誉为"海上现代化城市"。

图6-3 "爱达·魔都号"邮轮

外高桥造船采用引进、消化、吸收、再创新的模式，联动和管理361家一级供应商、1105家二级配套企业，汇集全球30多个国家超过5000名的工程技术人员紧密协作，相继突破重量重心、安全返港、动力系统、综合电网、舱室环境、振动噪声等贯穿邮轮全生命周期的一系列关键核心技术，形成了大型邮轮设计建造和复杂巨系统工程管理能力，持续构建邮轮业的中国标准体系。

"爱达·魔都号""身系"飞天飘带，在设计上由外至内融合东西方美学、融汇传统与现代灵感，诠释邮轮之都"摩登"的时尚潮流，展现经典文化"魔力"的创新魅力，带来东西方文旅要素"魔幻"的跨界融合。邮轮室内设计见图6-4。国产首艘大型邮轮"爱达·魔都号"于2024年元旦正式投入运营，将为我国构建高质量、高水平的本土邮轮产业生态带来关键驱动，为我国船舶工业与全球合作进一步创造发展机遇。

图6-4 "爱达·魔都号"邮轮的船上空间和设施

资料来源：中国国际邮轮网俱乐部，https://mp.weixin.qq.com/s/qOeIvq-z9LXv3OWM7g5EfQ。

活动任务：查找资料，了解邮轮建造的主要流程和供应链体系。

复习思考题

1. 理解和认识世界邮轮修造业布局的特点、格局成因及未来趋势。
2. 请查阅资料,分析我国邮轮建造业发展的优势和机遇,以及面临的主要问题。

第七章 全球内河游轮的发展

第一节 内河游轮概述

一、内河游轮的内涵

"游船""游轮"和"邮轮"三个概念相似却内涵迥异。随水域旅游业的实践发展和深入研究，三者在产品及市场等方面的特征和差异越来越明显，各自的内涵渐渐在旅游业形成了共识。

（一）游船

游船多指在与城市相连的河网、湖泊等水域上，用于较小的地理空间范围内、一日或半日游等短时游览活动的客船，其体量通常较小，一般不为游客提供旅宿服务。如在杭州西湖、天津海河、黄浦江、广州珠江的游览船舶，有的提供餐饮服务，如"水上的茶馆"或"水上餐厅"。

（二）游轮或内河游轮

游轮多指在内河、江、湖航行，具有24小时以上营运的能力、能为旅游者提供食宿和娱乐服务的客船。通常内河游轮体量较游船更大，餐饮、住宿、游乐设施更加完善且丰富，能在内河流域、近海等较大水域为游客提供过夜游憩服务。游轮多开展中高端的、"船上—岸上"互动较强的休闲游，如在长江三峡的游轮，有的被称为"水上主题酒店"。

（三）邮轮

邮轮是具有定线、定期航行的，并具备生活、娱乐、购物等设施，以供游客休闲度假为主要功能的海上船舶。邮轮主要为游客提供中高端公海、大洋休闲游，以远洋和公海的度假为核心，由住宿、餐饮、游乐设施构成的海上旅游综合体，甚至可以支撑起"邮轮就是目的地"的认识，被誉为"海上度假村"。

二、内河游轮的起源

(一)国外内河游轮的起源

内河游轮旅游的发展,无不与各大著名河流上人类聚居的城镇发展息息相关。众多河流都因其所在流域的文化发展中发挥重要作用,被誉为文明的摇篮或母亲河。内河游轮旅游也因探寻历史古迹、文明起源而生,并成为高品位的现代旅行方式。

世界范围内,内河游轮的发展大致与沿河城市的人类社会进程直接相关,可划分为:工业时代之前,工业时代,后工业时代及当代等。工业时代之前,河流决定了城市存赋的基础。如塞纳河是巴黎的"母亲河",2000多年前的古代巴黎是塞纳河中西岱岛上的一个小渔村,公元前1世纪,罗马人在此定居并逐渐将其发展成城市,公元3世纪、4世纪命名为"巴黎",从6世纪起,巴黎开始成为法国的王都,11世纪至12世纪的巴黎就沿着塞纳河发展起来,从此历代国王大兴土木,相继建成教堂、博物馆、桥梁等各种建筑,不断向外扩张,成就了今天的巴黎,也为塞纳河的内河旅游奠定了旅游资源基础(舒肖明,2008)。

19世纪工业革命后,欧洲人率先造出安全舒适的大船,以内燃机动力替代传统的风帆,提升了内河上通行的安全性和可靠性。乘坐河轮,一边喝香槟一边在甲板上沐浴阳光,欣赏沿岸的风景,成为欧洲高品位的旅游度假方式,在欧洲王公贵族间引领了新风尚,甚至成为贵族身份的象征。法国塞纳河、英国泰晤士河,经过德国、奥地利和匈牙利的多瑙河,流经瑞士、德国和荷兰的莱茵河等人文历史赋存厚重、自然资源风光又十分怡人的河流,以及荷兰阿姆斯特丹、鹿特丹等水系丰富的城市,在欧洲造船技术进入工业时代后,迎来了内河游轮的春天。欧洲成为目前世界上内河游轮最密集的区域,引领着内河游轮发展的趋势。

(二)中国内河游轮的起源

自中国古代,帝王巡游便十分青睐河道路线。黄帝、大禹、秦始皇、汉武帝巡游,无不涉水域风光。隋炀帝三下江都,所乘龙舟有上下四层,文武官员五品以上给楼船,九品以上给黄篾,舳舻相接,二百余里;两岸御道,禁军护航,纤夫拉船,官吏跪迎,百姓供食,人马逶迤,好不壮观。其具有典型的内河游轮的特征。明武宗巡幸涿州、扬州、南京、镇江等水系丰富之地,途中"渔于清江浦""渔于积水池"体现出古时帝王巡游,在内河游览中的游乐内容已丰富多彩。

康熙、乾隆都曾六下江南,出发路线主要为水上路线,经沿大运河,由济南入扬州、苏州、驻杭州、渡钱塘江、登会稽山、祭大禹陵;而后由陆路北上经南京回京。此后,包括北京、济南、泰安、曲阜、扬州、苏州、杭州、南京等山水名胜在内的沿京杭大运河一线,真正成了一条黄金旅游通道。

帝王巡游,所为安境靖边、扬威显盛、观风问俗,也兼顾了游山玩水;带动了官绅、士子及百姓活跃的宦游、商贸、宗教、使节、游侠等旅游活动。帝王们巡游对水路的青睐,也为所巡游河流等水域遗存了大量珍贵的建筑、书法等历史留存,留下了脍炙人口的帝王故事；特别是大运河一线，成为旅游观光线路中最富吸引力的一条通道，苏杭也由此成为游人向往的天堂（李世龙，2001）。龙船、楼船也好，画舫、舳舻、轻舟也罢，帝王巡游的内河选择，从旅行目的地、旅行日程、旅行线路及消费等角度看，具有一定的内河游轮意义，可以认为是中国内河游轮的起源。

三、内河游轮体验的特点

人类旅游的欲求遵循由陆地，向海洋，再向太空的渐进次序。陆地河流等水系丰富，连接多样的自然、人文旅游资源，使内河旅游成为人类旅游欲求从陆地向水域迈进的最初延伸。内河游轮船体尺寸受河道限制，游乐设施相较邮轮较少。但是其优势在于：作为一种能与岸上旅游资源更深度、有机结合的旅游方式，内河游轮旅游往往更加轻松和丰富。因此其在欧洲风靡已久，亦在国内渐受青睐。

结合欧洲等内河游轮发达地区的概况，总结内河游轮的突出特点有以下几方面。

（一）与内陆旅游目的地深度融合，旅游活动更加深入

人类栖息地本来就多依偎在内河岸畔，不但生存环境宜人，而且自然景色旖旎，加上浓厚的历史沉淀，内河两岸旅游目的地多风景秀丽，且人文鼎盛。例如经典的多瑙河7晚内河游线路，串联了布达佩斯、维也纳、斯特拉斯堡、布拉迪斯拉发、梅尔克等众多旅游目的地；如果航期达到两周，便可深度游览阿姆斯特丹、布达佩斯、科隆、纽伦堡、维也纳，甚至可以航行到黑海，沿岸丰富的旅游资源，使游客感受无比深切。

（二）服务供应体系完善，游客预算简单

内河游轮客位少，邮轮公司运营精细程度可以更高，服务供应体系更加完善。邮轮公司可以将住宿、餐饮（一般含酒）、小吃、游览地讲解、短途游览、轻娱乐等旅游产品的服务费纳入船票，通过给游客提供简单的船票选择，提供给游客的不一样旅游感受。将游客原本要开展的复杂的旅游预算，转化为邮轮公司服务供应系统内复杂的效益分配流，让游客出游更加省时省心。

（三）船上设施条件品质高，游客更加舒适便捷

受内河河道航行条件的限制，内河游轮体量通常较小（100~200客位），船体建造及升级更加容易，也更便于塑造内河游轮的环境主题和风格，能与时俱进地补充现代科技设施条件。内河游轮上几乎所有的房间都有观光的窗户，新建造的内河游轮甚至设有阳台，便于游客欣赏沿岸风景。内河游轮动力系统多样，能较快应用低噪声、低震动的动力系统，很多现代河轮已采用电力替代了燃油动力，加上内河航行不像海上航行受到风浪气候影响，静谧舒适的航行能给游客更加惬意的感受。很多欧洲内河游轮保持着古朴典雅的装修的同时，还提供 Wi-Fi、无线导览器材，便于游客与外界通信，能便捷地享受邮轮公司提供的经典讲解，也大大增加了游览品质。

（四）旅游行程安排省心，游客可更安心享受旅行乐趣

除前述游客的旅行行程省心以外，内河游轮也能够给游客带来省心的行程安排。如果说大型海上邮轮是漂浮的度假村，内河游轮则可以比作小型主题酒店。游客登船安排

好舱房后，可以无须每天为沉重的行李、烦琐的旅途手续等事情操心，只需简单的登船、下船以及观光，享受旅途整个过程。

（五）旅行氛围轻松优雅，游客体验更为丰富

内河游轮上，传统的"食、住、行、游、购、娱"要素都因"河轮"而独具特色。"食"方面，邮轮公司可选择顶级的厨师，为游客烹饪新鲜的食材；"住"和"行"方面，河轮具有突出品质和便利优势；深度的岸上游览安排，可以充分地满足游客"购"的品类需求和行李安放的便利需求。因而，在整个内河游中，邮轮公司和游客可以共同围绕提升"游""娱"体验而努力，更专注地设计能让游客放下手机，并充分地刺激游客多种感官、取悦游客精神追求的产品。而这一方面，内河游轮具有独特的优势；安全舒适的河轮上，吃好船上、岸上的美食，在热情的侍者引导下享受游船的乐趣，与同行友好的乘客探讨投机的话题、融入变换的自然人文时空，这样的旅程往往最能为游客留下一段美好记忆。

第二节　全球内河游轮的运营公司和品牌

内河游轮的发展，受到河流地理、气候条件及河流的航运价值的限制。欧洲受平原地形影响，河网稠密，水流平缓；而且受海陆轮廓影响，欧洲的河流多为短小的外流河；受海洋气候的影响，河流水量丰富，径流量季节变化性小，结冰期影响弱，利用内河轮等各种航运开展。因此，欧洲成了众多内河游轮公司的业务主阵地，许多河轮公司都会部署一定的运力进入欧洲内河游轮市场。

全球各大洲河流特征各异，如亚洲的特点是中间高周边低，地域辽阔，距离海洋远，落差大，降水少，河流量小，蒸发量大，很少有河流平缓的长途入海，很多河流是内流河，常常受到结冰期影响，所以河轮旅游的发展也往往受到限制。

河流既是自然生态的基础，又是人文的发祥源头，一旦人类航行能力达到，这些内河无疑会变成游人向往之地，产生巨大的市场需求，催生众多内河游轮公司。这里就当前全球较为知名的河轮公司概况做些介绍。

一、总部设在欧洲的河轮公司

欧洲受自然地理条件和技术经济的支撑，成为内河游轮运营公司的摇篮。21世纪以来，欧洲河轮公司运力增长迅速，如果说从2005年的2.2万客位，到2010年达到2.8万客位，增速尚平稳，那么到2017年达到5.1万客位，增速明显加大，且2019年欧洲内河游轮的游客量达到了179万人次，表现出较良好的发展态势。

（一）A-ROSA

A-ROSA游轮公司总部位于德国罗斯托克，成立于2000年，是P&O公主邮轮的子

公司，主要服务于德国市场。其船队在莱茵河、摩泽尔河、美因河、多瑙河、罗讷河、索恩河和塞纳河等地区运营。

A-ROSA 游轮公司运营始于三艘船——Blu、Bella 和 Donna。在 2013 年 P&O 与嘉年华公司合并后，A-ROSA 被出售给私人公司 A-ROSA Flussschif（由创建 A-ROSA 品牌的 Lars Clasen 经营）。作为河流游轮品牌，A-ROSA 目前由英国 Duke Street Capital 所有。该公司还专注于海事方面的服务，如测量、风险咨询、平均调整、理赔管理和货物回收，A-ROSA 船队见表 7-1。

表 7-1 A-ROSA 的船队

船舶名称	载客量/人	建造时间/年	巡航区域
A-ROSA DONNA	206	2002	多瑙河
A-ROSA BELLA	242	2002	多瑙河
A-ROSA MIA	242	2002	多瑙河
A-ROSA RIVA	242	2004	多瑙河
A-ROSA FLORA	183	2014	莱茵河、摩泽尔河和美因河
A-ROSA SILVA	186	2012	多瑙河、莱茵河、摩泽尔河和美因河
A-ROSA AQUA	202	2009	莱茵河、多瑙河和罗讷河
A-ROSA BRAVA	202	2011	莱茵河、摩泽尔河和美因河
A-ROSA STELLA	174	2005	罗讷河、索恩河
A-ROSA LUNA	174	2005	罗讷河、索恩河
A-ROSA VIVA	202	2010	塞纳河
A-ROSA ALEA	138	2009	莱茵河、美因河、摩泽尔河
A-ROSA CLEA	140	2009	莱茵河、美因河、摩泽尔河
A-ROSA SENA	280	2022	莱茵河
A-ROSA ALVA	126	2018	杜罗河

（二）Croisi Europe

Gerard Schmitter 先生于 1976 年创立了 Croisi Europe 品牌，是一家由家族经营的法国游船公司，总部位于斯特拉斯堡。该公司运营河轮以及地中海沿岸航行，是欧洲内河游轮市场的领导者。Croisi Europe 是在欧洲河轮公司中拥有的船只最多的公司，拥有 50 艘船只，其中有 5 艘包租船，航线覆盖欧洲大部分的内河和运河。

Croisi Europe 公司在亚洲的越南和柬埔寨地区，俄罗斯的伏尔加河，缅甸的伊洛瓦底江以及南非的乔贝河和赞比西河上也有运营船只，Croisi Europe 船队见表 7-2。

表 7-2　Croisi Europe 的船队

运营区域	船舶名称	载客量/人	建造时间/年	巡航区域
欧洲	MS Seine Princess	138	2002	塞纳河
	MS Botticelli	151	2004	塞纳河
	MS Renoir	158	1999	塞纳河
	MS Cyrano de Bergerac	174	2013	罗讷河
	MS Camargue	104	1995	罗讷河和索恩河
	MS Van Gogh	146	1999	罗讷河和索恩河
	MS Mistral	158	1999	罗讷河和索恩河
	MS Rhône Princess	138	2001	罗讷河和索恩河
	MS Loire Princess	96	2014	卢瓦尔河
	MS Belle de Cadix	176	2005	卢瓦尔河
	MS Michelangelo	158	2000	意大利河流
	MS Amalia Rodrigues	132	2019	杜罗河
	MS Miguel Torga	132	2016	杜罗河
	MS Gil Eanes	132	2015	杜罗河
	MS Infante D. Henrique	142	2003	杜罗河
	MS Fernao Magalhahes	142	2003	杜罗河
	MS Vasco de Gama	142	2002	莱茵河和多瑙河
	MS Douce France	116	1997	莱茵河和多瑙河
	MS Lafa yette	82	2014	莱茵河和多瑙河
	MS Gérard Schmitter	176	2012	莱茵河和多瑙河
	MS Vivaldi	176	2009	莱茵河和多瑙河
	MS Symphonie	162	1997	莱茵河和多瑙河
	MS L'Europe	180	2006	莱茵河和多瑙河
	MS Beethoven	180	2004	莱茵河和多瑙河
	MS France	159	2001	莱茵河和多瑙河
	MS Leonardo da Vinci	144	2013	莱茵河和多瑙河
	MS Modigliani	160	2001	莱茵河和多瑙河
	MS Victor Hugo	100	2000	莱茵河和多瑙河
	MS Monalisa	100	2000	莱茵河和多瑙河
	MS Monet	154	1999	莱茵河和多瑙河
	MS La Bohème	162	1995	莱茵河和多瑙河
	MS Elbe Princess	80	2016	易北河
	MS Elbe Princess Ⅱ	90	2018	易北河

续表

运营区域	船舶名称	载客量/人	建造时间/年	巡航区域
非洲	MS Zimbabwean Dream	16	2020	卡里巴湖
	MS African Dream	18	2017	卡里巴湖
亚洲	RV Da Vinci	108	1995	尼罗河
	RV Indochine 2	60	2017	湄公河
	RV LanDiep	22	2007	湄公河
	RV Toum Tiou Ⅰ	20	—	湄公河
	RV Toum Tiou Ⅱ	28	2008	湄公河
	RV Indochine	48	2008	湄公河

（三）European Waterways

European Waterways 公司成立于 1977 年，由 Derek Banks 成立，是一家位于英国伯克郡的国际酒店驳船游轮公司，它在欧洲的运河和河流上运营着一队豪华游轮（见表 7-3）。

最初，公司游轮专注于尼韦奈运河（Canal du Nivernais）、卢瓦尔河、塞纳河、约讷河范围。随着公司的发展，航线范围扩大至整个欧洲。通过收购 Scottish Highlander、Panache、L'Art de Vivre、European Waterways 等公司扩展到法国、意大利、比利时、荷兰、德国、卢森堡、英国、爱尔兰和苏格兰。

表 7-3 European Waterways 公司的船队

船舶名称	载客量/人	建造时间/年	巡航区域
L'Impressionniste	12	1960	勃艮第运河
L'Art de Vivre	8	1917	勃艮第运河
La Belle Epoque	12	1930	勃艮第运河
Finesse	8	—	勃艮第运河
Nymphea	6	—	勃艮第运河、卢瓦尔河
Renaissance	8	1960	勃艮第运河、卢瓦尔河
La Nouvelle Etoile	8	1964	卢瓦尔河、马恩河、北运河、塞纳河、摩泽尔河、荷兰—比利时河流、马恩河—莱茵河运河
Anjodi	8	1929	米迪运河
Enchanté	8	1958	米迪运河
Athos	10	1964	奥克西塔尼大区
Panache	12	1959	马恩河—莱茵河运河、马恩河
Rosa	8	1907	加龙河、加龙运河
Clair de Lune barge	6	1997	米迪运河
Kir Royale	8	2017	马恩河

续表

船舶名称	载客量/人	建造时间/年	巡航区域
La Bella Vita	20	1960	波河
Magna Carta	8	1936	泰晤士河
Scottish Highlander	8	1931	喀里多尼亚运河
Shannon Princess	10	2003	香农河
Spirit of Scotland	12	2001	喀里多尼亚运河

(四) Amadeus by Luftner

Amadeus River Cruises 是欧洲水道最著名的游船组织者之一，总部位于奥地利，主要服务欧洲乘客。近年来，一直致力于以低价进军美国市场。到 2016 年底，该公司将在法国、德国、匈牙利、奥地利、荷兰、斯洛伐克和比利时，以及缅甸、柬埔寨和越南运营十几艘航行于河流的船舶。在比利时、荷兰的水道上，沿着莱茵河—美因运河，畅游罗讷河（Rhône）、索恩河（Saône）和塞纳河（Seine）上的法国 Savoir-Vivre，或者通过毗邻多瑙河（Danube），一直到黑海，Amadeus 船队见表 7-4。

表 7-4 Amadeus 游轮公司的船队

船舶名称	载客量/人	建造时间/年	巡航区域
Amadeus Nova	158	2024	莱茵河、多瑙河
Amadeus Riva	158	2023	莱茵河、美因河、摩泽尔河、多瑙河
Amadeus Cara	162	2022	莱茵河、美因河、摩泽尔河、多瑙河
Amadeus Imperial	168	2020	—
Amadeus Star	164	2019	莱茵河、美因河、多瑙河、荷兰和比利时河流
Amadeus Queen	162	2018	莱茵河、美因河、多瑙河、荷兰和比利时河流
Amadeus Provence	140	2017	罗讷河和索恩河
Amadeus Silver Ⅲ	168	2016	莱茵河、美因河、摩泽尔河
Amadeus Silver Ⅱ	168	2015	莱茵河、美因河、多瑙河
Amadeus Silver	180	2013	—
Amadeus Brilliant	150	2011	多瑙河
AmadeusElegant	150	2010	多瑙河
AmadeusDiamond	146	2009	罗讷河和索恩河
Amadeus Royal	142	2005	
AmadeusSymphony	144	2003	
AmadeusClassic	144	2001	多瑙河

(五) Shearings Holiday

Shearings Holidays 是专门为 55 岁以上的人提供假期服务旅游的运营商，船队信息见表 7-5。该公司提供英国及欧洲其他地区的游轮。该公司的总部位于英国 Wigan，其酒店部门位于 Torquay。Shearings 公司还拥有以下品牌：Shearings Holidays，Bay Hotels，Coast & Country Hotels，Grand tourer。

表 7-5 Shearings Holiday 公司的船队

船舶名称	载客量 / 人	建造时间 / 年	巡航区域
A-ROSA Donna	242	2002	多瑙河
A-ROSA Aqua	202	2009	荷兰和比利时的河流以及莱茵河和摩泽尔河
A-ROSA Viva	202	2010	塞纳河
A-ROSA Flora	183	2014	莱茵河和摩泽尔河
A-ROSA Stella	174	2005	在罗讷河和卡马格河
A-ROSA SILVA	186	2012	莱茵河、荷兰和比利时水道
MS Van Gogh	146	1999	罗讷河和索恩河
Ms Johann Strauss	144	2006	莱茵河、美因河、多瑙河
Ms Serenade Ⅰ	136	2005	莱茵河、多瑙河
Ms Serenade Ⅱ	137	2007	多瑙河
MV Virginia	107	1965	荷兰水道，摩泽尔河和莱茵河
MV Esmeralda	126	1979	多瑙河、美因河、莱茵河和摩泽尔河

（六）Scenic Luxury Cruises & Tours

Scenic Luxury Cruises & Tours 于 1986 年由格伦·莫罗尼在英国纽卡斯尔创立。早期长途旅行遍布在澳大利亚，在 20 世纪 90 年代早期，运营范围扩大到新西兰，1997 年在澳大利亚诺福克岛、1998 年在南部非洲运营。到 20 世纪末，Scenic 开始运营到加拿大和阿拉斯加开展旅游活动，成为该航线的主要旅游公司。

自 2008 年，Scenic 开始拓展船队规模，到 2016 年，共有 20 艘船横渡欧洲河流，包括美因河、莱茵河和多瑙河以及俄罗斯的伏尔加河，法国塞纳河、波尔多河、索恩河和罗讷河，葡萄牙杜罗河；Scenic Spirit 驶入东南亚湄公河，Scenic Aura 驶入缅甸的伊洛瓦底江，实现了全球布局（见表 7-6）。

表 7-6 Scenic Luxury Cruises & Tours 的船队

运营区域	船舶名称	载客量 / 人	建造时间 / 年	巡航区域
欧洲	Scenic Jasper，Opal and Amber	169	2015—2016	欧洲的河流，如莱茵河，摩泽尔河和多瑙河
	Scenic Gem	128	2014	塞纳河
	Scenic Crystal，Jewel and Jade	169	2012	欧洲的河流，如莱茵河，摩泽尔河和多瑙河

续表

运营区域	船舶名称	载客量/人	建造时间/年	巡航区域
欧洲	Scenic Tsar	112	2013	俄罗斯的河流
	Scenic Ruby	167	2009	欧洲的河流，如莱茵河、摩泽尔河和多瑙河
	Scenic Pearl	167	2011	欧洲的河流，如莱茵河、摩泽尔河和多瑙河
	Scenic Diamond and Sapphire	—	—	法国的河流
亚洲	Scenic Aura	44	2016	伊洛瓦底河
	Scenic Azure	96	2016	杜罗河
	Scenic Spirit	68	2016	湄公河

（七）Avalon Waterways

Avalon Waterways 是瑞士 Globus 品牌家族拥有的河上游轮公司，在欧洲、中国、东南亚、美国、南美和加拉帕戈斯群岛提供游轮。该公司于 2009 年 8 月成为国际游轮线路协会（CLIA）的成员。

Avalon Waterways 在 2004 年首次亮相其第一艘船——Avalon Artistry。第二年，船队新增一艘船舶——Avalon Poetry。它们是第一艘在欧洲河上巡航的船。在此期间，Avalon Waterways 也因提供欧洲河流上最大的客舱而闻名，Avalon Waterways 船队信息见表 7-7。

表 7-7 Avalon Waterways 的船队

运营区域	船舶名称	载客量/人	建造时间/年	巡航区域
欧洲	Avalon Envision[SM]	84~166	2018	多瑙河
	Avalon Imagery II[®]	128	2016	多瑙河、美因河和莱茵河
	Avalon Passion[®]	166	2016	多瑙河、美因河、莱茵河和黑海
	Avalon Tranquility II[®]	128	2015	—
	Avalon Tapestry II[®]	166	2015	塞纳河
	Avalon Poetry II[®]	166	2014	多瑙河、美因河和莱茵河
	Avalon Illumination[®]	128	2014	多瑙河、美因河和莱茵河
	Avalon Impression[SM]	166	2014	多瑙河
	Avalon Expression[®]	166	2013	多瑙河
	Avalon Artistry II[®]	128	2013	莱茵河
	Avalon Visionary[®]	128	2012	多瑙河和莱茵河
	Avalon Vista[SM]	166	2012	多瑙河、美因河和莱茵河
	Avalon Panorama[SM]	166	2011	多瑙河、美因河和莱茵河

续表

运营区域	船舶名称	载客量/人	建造时间/年	巡航区域
欧洲	Avalon Felicity®	138	2010	莱茵河
	Avalon Luminary®	138	2010	摩泽尔河、多瑙河、美因河和莱茵河
	Avalon Affinity®	138	2009	摩泽尔河、莱茵河和多瑙河
	Avalon Alegria^{SM}	102	2024	杜罗河
	Avalon View®	83~166	2021	—
亚洲	Avalon Saigon^{SM}	36	2018	湄公河
	AvalonSiemReap^{SM}	36	2015	湄公河
	Avalon Myanmar^{SM}	36	2015	伊洛瓦底江
	Ganges Voyager	56	2015	恒河
南美洲	Treasure of Galápagos	16	2009	加拉帕戈斯群岛海域
	Delfin Ⅲ	44	—	亚马孙河
非洲	MS Farah	124	2011	尼罗河
	Sonesta St George	114	2006	尼罗河

(八)Viking Legend

20世纪90年代中期，毕业于挪威科技学院和哈佛商学院的托尔斯泰·哈根（Torstein Hagen）乘坐游船穿过了俄罗斯，这次经历促使他于1997年创立内河游轮公司，为其他人提供可体验类似经历的服务。他先后任皇家维京线首席执行官，同时还担任荷美邮轮和克洛斯游轮有限公司的董事，维京游轮创始人兼董事长。哈根先生创立的内河游轮公司董事会包括具有巡航和航运全权证书的知名投资者和金融领导人，由挪威本地人哈根董事长领导。

近年来，欧洲内河邮轮产品在国内营销较为知名的当数维京游轮，维京公司拥有55艘内河游轮，约190客位/艘，占有欧洲内河游轮市场的24%。

维京河轮于2000年将其业务扩大至美国市场，美国总部位于美国加利福尼亚州洛杉矶。随着时间的推移，维京游轮收购和翻新大量的船舶，同时也建造新船舶。2015年，维京河轮已经发展为拥有一支由64艘船舶组成的船队。维京游轮在全球拥有4000多名员工，主要向北美、英国和澳大利亚以英语为母语的客户开展游轮业务销售。

二、总部设在美国的河轮公司

(一)Ama Waterways

Ama Waterways由克里斯汀·卡斯特、吉米·墨菲和鲁迪·施莱纳（Rudi Schreiner）等前河轮公司高管于2002年创建，总部设在查茨沃斯（美国加利福尼亚州），是CLIA（国际邮轮协会）成员，在欧洲、亚洲、非洲经营内河航行。Ama Waterways大多数船只在西欧的莱茵河、美因河、莫塞尔河、多瑙河和罗讷河上巡航（见表7-8）。

Ama waterways 与 APT（澳大利亚太平洋旅游）独家合作，通过 APT-Ama Waterways Gmbh 运营英国和澳大利亚河轮市场。Ama Waterways 邮轮提供 9~27 天的 30 多个独特的路线，航线覆盖荷兰、比利时、奥地利、德国、法国、西班牙、瑞士、卢森堡、匈牙利、捷克共和国、塞尔维亚、克罗地亚、罗马尼亚、保加利亚、俄罗斯、中国、越南和柬埔寨等热门旅游目的地和港口城镇。欧洲巡游线路设有以葡萄酒为主题的活动，如：莱茵河（鲁德斯海姆的伯格·罗特兰酒厂）、多瑙河（克里姆斯的路易斯安酿酒厂）和莫塞尔（河伯克斯特尔的伯格威勒酒厂）特色尤为突出。

表 7-8 Ama Waterways 的船队

运营区域	船舶名称	载客量/人	建造时间/年	巡航区域
欧洲	Ama Douro	102	2019	杜罗河
	Ama Magna	196	2019	多瑙河
	Ama Mora	156	2019	莱茵河
	Ama Lea	158	2018	多瑙河、荷兰和比利时水道
	Ama Kristina	156	2017	莱茵河
	Ama Viola	156	2016	莱茵河、多瑙河
	Ama Stella	161	2016	莱茵河、多瑙河
	Ama Serena	162	2015	多瑙河、莱茵河
	Ama Venita	162	2015	莱茵河、美因河、多瑙河
	Ama Reina	162	2014	莱茵河
	Ama Sonata	162	2014	多瑙河、比利时和荷兰水道、莱茵河
	Ama Prima	162	2013	多瑙河、莱茵河、美因河
	Ama Vida	106	2013	杜罗河
	Ama Certo	161	2012	多瑙河、莱茵河、黑海
	Ama Verde	161	2011	多瑙河
	Ama Bella	161	2010	多瑙河
	Ama Dolce	148	2009	多尔多涅河、加龙河
	Ama Lyra	148	2009	摩泽尔河、莱茵河、多瑙河
	Ama Cello	144	2008	莱茵河
	Ama Dante	148	2008	多瑙河、荷兰河
	Ama Lucia	156	2021	莱茵河
	Ama Siena	156	2020	莱茵河
	Ama Sintra	102	2025	杜罗河

续表

运营区域	船舶名称	载客量/人	建造时间/年	巡航区域
亚洲	Ama Dara	124	2015	湄公河
非洲	Zambezi Queen	28	2009	乔贝河（Chobe River）
埃及	Ama Dahlia	72	2021	尼罗河
	Ama Lilia	82	2024	尼罗河
拉丁美洲	Ama Magdalena	60	2024	玛格达莱纳河
	Ama Melodia	64	2024	玛格达莱纳河

（二）Tauck World Discovery

Tauck World Discovery 创始于 1925 年，总部位于美国威尔顿，作为一个享有较高的声誉陆地旅游运营商，被 *Travel + Leisure* 杂志评为"世界上最佳旅游运营商和野生动物园服务商""世界上最佳河流游轮"和"世界上最适合家庭的游轮"的公司。Tauck 在非洲、南极洲、亚洲、澳大利亚和新西兰、加拿大、古巴、欧洲、拉丁美洲和美国有超过 100 个的陆地旅行和小型游轮行程。在英国、澳大利亚、新西兰、中国香港、南非等地均有业务中心，见表 7-9。

表 7-9 Tauck 的游轮船队

运营区域	船舶名称	载客量/人	建造时间/年	巡航区域
欧洲	Douro Riverboat	84	—	杜罗河
	ms Emerald	98	2017	罗讷河和索恩河
	ms Esprit	98	2010	莱茵河和多瑙河
	ms Grace	130	2016	莱茵河
	ms Inspire	130	2013	莱茵河和摩泽尔河
	ms Joy	130	2016	多瑙河
	ms Sapphire	98	2008	塞纳河
	ms Savor	130	2014	多瑙河
	ms Treasures	98	2011	莱茵河和多瑙河
	ms Andorinha	84	2021	杜罗河

（三）Uniworld Boutique River Cruise Collection

Uniworld Boutique River Cruise Collection 成立于 1976 年，是一家位于美国加利福尼亚州洛杉矶的豪华游轮公司。Uniworld 目前每年在超过 20 个国家/地区运营 500 多条河流游轮航线。它的航行时长从一周到一个月不等。除了在西欧和中欧的主要业务外，该公司还与葡萄牙、俄罗斯、埃及和中国的附属集团合作。该公司是 The Travel Corporation

集团的一部分，该集团还包括 Trafalgar Tours 和 Contiki Tours 等企业，见表 7-10。

表 7-10 Uniworld Boutique 游轮公司的游轮船队

运营区域	船舶名称	载客量/人	建造时间/年	巡航区域
欧洲	Queen Isabel	118	2013	杜罗河
	River Ambassador	118	1993	莱茵河和多瑙河
	River Baroness	120	1994	塞纳河
	SS Beatrice	152	2009	多瑙河
	River Countess	132	2003	意大利波河
	River Duchess	132	2003	莱茵河和多瑙河
	River Empress	132	2001	莱茵河和多瑙河
	River Princess	128	2001	莱茵河、多瑙河、美因河
	River Queen	128	1999	莱茵河、美因河、摩泽尔河
	SS Bon Voyage	124	2006	多尔多涅河和加龙河
	SS Antoinette	154	2011	莱茵河
	SS Catherine	159	2014	索恩河和罗讷河
	SS Joie de Vivre	128	2017	塞纳河
	SS Maria Theresa	150	2015	莱茵河和多瑙河
	SS La Venezia	126	2021	威尼斯潟湖
	SS São Gabriel	100	2021	杜罗河
	SS Elesabeth	110	2017	莱茵河
	SS Victoria	110	2017	莱茵河、摩泽尔河
亚洲	Ganges Voyager Ⅱ	56	2014	恒河
	River Orchid	58	2013	湄公河
	RV Mekong Navigator	68	2014	湄公河
	Mekong Jewel	68	2020	湄公河
埃及	River Tosca	82	2009	尼罗河
	SS Sphinx	84	2021	尼罗河
南美洲	Aqua Nera	40	2021	乌卡亚利河、马拉尼翁河
	Aria Amazon	32	2011	乌卡亚利河、马拉尼翁河

（四）American Cruise Lines

American Cruise Lines 是一家小型邮轮公司，总部位于美国康涅狄格州吉尔福德。American Cruise Lines 成立于 1991 年。提供了探索美国悠久历史的水运文化的众多航线。在现代化的河船和桨轮船队中舒适地巡航。该邮轮线路主要沿东海岸和西海岸（包括阿拉斯加）以及美国的密西西比—俄亥俄和哥伦比亚—斯内克河系统运营，见表 7-11。

表 7-11 美国游轮公司的游轮船队

运营区域	船舶名称	载客量/人	建造时间/年	巡航区域
美国	American Star	100	2007	美国东海岸
	American Spirit	102	2004	阿拉斯加湾
	American Glory	54	2002	美国东海岸
	Queen of the West	33	1995	哥伦比亚河和斯内克河
	MS Independence	30	2010	哈得孙河
	Queen of the Mississippi	150	2015	密西西比河
	American Song	195	2018	密西西比河
	American Pride	—	2012	哥伦比亚河
	America	185	2016	密西西比河
	American Constellation	175	2017	马萨诸塞湾
	American Constitution	175	2018	马萨诸塞湾
	American Serenade	180	2023	密西西比河
	American Symphony	180	2022	密西西比河
	American Melody	180	2021	密西西比河
	American Jazz	180	2020	哥伦比亚河和斯内克河
	American Harmony	180	2019	哥伦比亚河和斯内克河

（五）Alexander + Roberts

亚历山大·哈里斯（Alexander Harris）于 1947 年在美国创立 General Tours，该公司是美国旅游运营商协会（U.S. tour Operators Association）的创始成员之一，之后更名为 Alexander + Roberts，这个名字的灵感来自其先驱创始人和现任总裁的名字。公司总部设在美国新罕布什尔州基恩，在圣彼得堡、莫斯科、布拉格、布达佩斯、纽约和芝加哥设有办事处。

该公司作为美国旅游运营商协会的创始成员，以满足客户个性化需求，创新性提供高档旅程服务为目标，以小团、小船和私人旅行项目引领潮流，是第一家将团体限制在 16 人以下，并扩大其全球目的地私人旅行选择的公司。其旅行社的业务范围远远超在东欧和俄罗斯的根基，扩展到全球各地。公司的邮轮航线遍布非洲、亚洲、欧洲、南美洲、北美洲、中东、古巴、太平洋等地。

（六）Gate 1 Travel

Gate 1 Travel 成立于 1981 年，总部位于美国东部宾夕法尼亚州华盛顿堡（费城郊区）。与众多的河轮公司一样，Gate 1 Travel 的母体也是一家旅游运营商，主要在以色列、埃及、约旦、希腊和土耳其提供伴游服务。目前其业务范围已遍布在全球七大洲提供数百个产品。公司全球有 400 多名员工通过其国际办事处网络负责为阿根廷、澳大利亚、中国、哥斯达黎加、捷克共和国、厄瓜多尔、埃及、英国、希腊、匈牙利、印度、爱尔兰、以色列、意大利、摩洛哥、秘鲁、西班牙和泰国等地旅客提供服务。

Gate 1 Travel 的河轮航线主要有多瑙河、莱茵河、荷兰及比利时河流、俄罗斯河流、埃及尼罗河、中国长江、缅甸伊洛瓦底江等。

（七）TAUCK RIVER BOATS

TAUCK 旅行社是一家位于美国康涅狄格州的家族企业，陆上旅行社业务自 1925 年开始，在 2006 年推出第一艘游轮后，进入内河邮轮行业。虽然收费较竞争对手高，但提供了欧洲目前较高水平的整体内河船体验。TAUCK 的河船项目前期成本更高，但公司没有任何"附加项目"隐性收费。船票包含所有的岸上旅行，提供无限量葡萄酒和啤酒与餐饮，免费机场接送服务。

目前公司运营 ms Savor（Danube River）、ms Emerald（Rhône & Saône Rivers，France）、ms Sapphire（River Seine，France）三艘河轮。宝石级内河船上的客容量不超过 118 人，更大的灵感级内河船上（2014 年首次亮相）的客人最多不超过 130 人，人均船上空间最多可达 28 平方米，是较紧凑河轮人均空间的 7 倍多。

三、其他地区的河轮公司

（一）Emerald Waterways

Emerald Waterways 是澳大利亚旅游服务公司 Scenic Tours 于 2013 年创立。Scenic Tours 始建于 1986 年，到 20 世纪 90 年代初，已成为一家全球性的旅游公司。Emerald Waterways 河轮提供的一日游或短途旅行专注于目的地历史、文化、传统和自然的体验，专业的旅行计划人员也可精心为游客提供制订的 EmeraldPLUS 体验计划。

Emerald Waterways 游轮等级位于三星和四星线之间，较 Avalon Waterways 和 Viking Cruises 等知名品牌，拥有更便宜的票价和创新的设计风格，Emerald Waterways 船队信息见表 7-12。

表 7-12 Emerald Waterways 的船队

运营区域	船舶名称	载客量/人	建造时间/年	巡航区域
欧洲	Emerald Destiny	182	2017	莱茵河、美因河、多瑙河和摩泽尔河
	Emerald Liberte	138	2017	罗讷河和索恩河
	Emerald Radiance	112	2017	杜罗河
	Emerald Sun	182	2015	莱茵河、美因河、多瑙河和摩泽尔河
	Emerald Dawn	182	2015	莱茵河、美因河、多瑙河和摩泽尔河
	Emerald Star	182	2014	莱茵河、美因河、多瑙河和摩泽尔河
	Emerald Sky	182	2014	莱茵河、美因河、多瑙河和摩泽尔河
	Emerald Luna	180	2021	莱茵河、美因河、多瑙河和摩泽尔河
亚洲	Emerald Harmony	84	2018	湄公河
	Mekong Navigator	68	2014	湄公河

(二) APT Group

APT 是一家 20 世纪 20 年代创建的家族企业。当电车罢工影响到墨尔本市时，创始人比尔在托盘车上建造了一辆公共汽车车身。比尔的儿子杰夫推动 APT 开创澳大利亚充满活力的旅游业，这种创新旅游服务理念至今在 APT 集团内继续蓬勃发展。2005 年，杰夫看到了新的旅行方式的前景，推出了 APT 创新的欧洲河游船业务。此后，APT 继续委托建造新船，并提供新目的地，如缅甸、湄公河以及美国和南美洲。

2014 年，Geoff McGeary 凭借为澳大利亚旅游业提供的服务获得了澳大利亚勋章奖。2016 年，公司于 2015 年澳洲航空、澳大利亚旅游评奖中荣获澳大利亚旅游传奇奖。

(三) Heritage Cruise Line

Heritage Line 总部设在越南胡志明市。船只的设计是模仿他们航行地区的逝去的时代辉煌而进行主题营造的。每间客房均拥有独特的装饰和布局，每一个细节都经过精心制作，以重现历史风貌。真实性、传统、艺术和探索是业务的核心理念。

Jayavarman 被认为是湄公河上的船队之父，其灵感来自法国殖民地邮轮。它以其巧妙的氛围、柔和的彩色小木屋和古朴的木制酒吧为客人增添魅力。它有复杂而精致的木雕和越南漆画等，像浮动的艺术画廊。Anawrahta 航行在缅甸的艾亚瓦底河和金温河，建造类似于英国殖民地的明轮船。Jahan 是 Heritage Line 采用英国、印度华丽元素建造的船只，内部和外部装饰不遗余力，展示了越南和柬埔寨当地木工、织工和艺术家的才华。

在下龙湾，Heritage Line 经营着 3 艘传统的高端精品帆船，统称为"姐妹船"，以原产于下龙湾的鲜花命名（紫罗兰、茉莉和姜）。最新的 Violet 只有 6 间套房，以其明艳的魅力而闻名。其次是拥有 23 间房的 Jasmine，提供慵懒的舒适感；最老的 Ginger 有 10 间房，结合了经典的美丽和永恒的优雅服务。

(四) Travelmarvel

Travelmarvel 始于 20 世纪 80 年代，位于澳大利亚维多利亚州墨尔本市卡尔顿拉特唐街。1996 年，Travelmarvel 成为 APT 旅游集团的一部分。APT 旅游集团是澳大利亚乃至全球受赞誉的旅游公司之一。Travelmarvel 的创始人是 Clyde Harding。Travelmarvel 在澳大利亚、新西兰、加拿大、越南和柬埔寨、俄罗斯、印度以及阿拉斯加、欧洲和南美洲为游客提供高级服务体验。

 知识拓展

欧洲的内河邮轮

欧洲内河邮轮有着悠久的传统和历史，很多欧洲经典的旅游城市都有河流经过，还在古代从事河运贸易，比如维也纳、巴黎和布达佩斯等。内河邮轮这种旅游度假方式在欧洲越来越受到游客的欢迎，特别是其既能享受优雅舒适的旅游体验，又能参观各个欧洲中心城市和小城镇。欧洲是世界上最好的内河邮轮旅游目的地。比如经典的线路可以选择莱茵河邮轮，穿越荷兰、德国、法国、瑞士以及其他国家，还可以选择穿越德国的

多瑙河。实际上，在20世纪90年代欧洲内河邮轮出现了爆发式增长，这得益于将多瑙河和莱茵河二者连通，使得邮轮可以自由穿行于欧洲的这两大主要河流。目前，在欧洲地区的多瑙河、莱茵河、塞纳河、第聂伯河、杜罗河、易北河、摩泽尔河等均有内河邮轮在运营。

1. 运力部署

世界上主要的内河邮轮公司在欧洲几乎都有部署运力，主要情况见表7-13。

表7-13 欧洲主要内河邮轮公司情况

邮轮公司	船队规模/艘	主要特点
Ama Waterways	29	在内河流域有特殊导航系统 在欧洲、非洲、越南、柬埔寨和缅甸都有船 在北美地区航行多年 票价内包含带葡萄酒的晚餐、自行车和岸上观光
Avalon Waterways	26	套房里提供从地板到天花板的可伸缩式窗户 票价里包含岸上观光和当地生产的葡萄酒 航行于欧洲和亚洲的主要河流 新加入的乘客都能得到更好的服务
Tauck River Cruising	10	票价包含所有的岸上观光、酒水 提供欧洲各河流的航程 三个邮轮导游确保提供更加优质的服务 所有餐厅都是开放式座位，增加感情交流
Uniworld Boutique River Cruise Collection	26	隶属于世邦邮轮公司 邮轮航线分布于埃及、越南、柬埔寨、俄罗斯和中国 旅游选择面广 一直推出创新型的邮轮
Viking Cruise	91 （含9艘海洋邮轮，2艘探险游轮）	作为内河邮轮公司建造海洋邮轮 2014年新的线路中包括了法国的波尔多和缅甸 世界上最大的内河邮轮公司 票价包含每个岸上观光的导游费用

运营欧洲内河邮轮的有几家人气较高的邮轮公司，它们各有特色。每年获奖无数的维京河轮（Viking River Cruises）可谓全球河轮第一品牌，在欧洲主要运营多瑙河和莱茵河航段，航期最多，档次选择也比较丰富。Ama Waterways河轮是目前欧洲顶级且最新的河轮船队，河轮上89%以上的套房都拥有同类河轮中少见的私人阳台，但是价格会比普通河轮贵30%~50%。如果是一大家子或是朋友一起上邮轮，可以关注一下Belmond河轮，其特色是为大家庭提供类似于别墅式的套房，每个套房最少可容纳4人，最多可住12人。若是讲究吃，可以关注一下Uniworld豪华邮轮，其主要在多瑙河、莱茵河上运行，其最大特色是邀请了米其林大厨烹饪船上的美食，尤其是在法国段的航线，会选用波尔多的葡萄酒佐餐，可谓是星级的舌尖享受。

欧洲内河邮轮一般从4月开始运行，到11月结束，夏天是旺季。此外，还有圣诞节的特定行程，主题是穿越欧洲多个圣诞市集，可感受新年气氛，不过船期也就一两趟，非常抢手，必须提前预订。

2. 欧洲内河邮轮的优点

优点一：风浪小，不晕船

在欧洲，内河邮轮多航行在多瑙河、莱茵河等河流上。和海上邮轮不同，由于内河河道水位、宽度和停泊码头等设施的限制，内河邮轮的体积相对较小，排水量在2吨以内的比较常见，但是由于内河的风浪小，乘客的搭乘体验也比较舒适平稳，所以不用担心晕船。

优点二：可快速造访城镇中心

和海上邮轮可能一整天都航行在大海上不同，内河邮轮的停靠站更多，一天有可能会造访1~2个城市或是小镇。据了解，这是因为欧洲内河中的城市和小镇相对密集，而且邮轮小，可以很方便地灵活靠岸，通常来说，一上岸就靠近城市或小镇的中心，可以很方便地前往中心景点。

优点三：观景台视野一流

欧洲内河邮轮的最大亮点是其观景平台，一般是设置于邮轮的顶部，呈现的往往是平台式的设计。由于内河邮轮的体积不大，一般也就三五层那么高，因此登上内河邮轮的顶部平台，视野基本上能够平视河道两边的风景。因此从内河邮轮顶部的平台上，可以360度无遮挡地欣赏到沿途美丽的景致。

优点四：一日五餐吃到饱

内河邮轮体积不大，但该有的基本设施和服务一样都不少。内河邮轮上的餐饮也是十分丰富的，按照邮轮的国际惯例，船上的餐饮一般是包含在套票中的，如果你不另点酒水或者在餐厅内另点特别的菜式，一天内可品尝到五顿餐食，包括自助早餐、午餐、下午茶、晚宴还有夜宵。最特别的是，每到一个地方，船上的餐饮还会加入当地的特色美食。

优点五：平摊下来价格更实惠

价格方面，相比起岸上酒店加车的游玩方式，除了奢华型的内河邮轮要花大价钱才能体验外，其他平摊下来每日的花费会比常规岸上游览的花费还便宜。比如一款8日的多瑙河邮轮产品，最低1000欧元起就可体验，平摊下来每天100多欧元，而一般从中国出发的欧洲河轮旅行团产品价格也仅在2万元左右，比自由行更便宜。

3. 三大最热门河轮航线

欧洲内河众多，不过河轮集中运营的却只有三大航线，包括最著名的多瑙河、莱茵河和卢瓦尔河。这三条航线各有特色，游客可以根据自己想要去的目的地来进行选择。

（1）多瑙河是欧洲第二长河，这条河轮航线会经过德国、奥地利和匈牙利，一般从纽伦堡上船，航程中会包括从梅尔克到克雷姆斯之间的这段最美的多瑙河段，这里有素来以历史古迹闻名的瓦豪河谷，两岸布满葡萄园、城堡和修道院，是行程中的亮点。有意思的是在维也纳地区，河轮上会举办音乐餐会，紧扣多瑙河这条音乐之河的主题。

（2）莱茵河发源地于瑞士境内的阿尔卑斯山北麓，依次流经瑞士、德国和荷兰，最后注入海洋。莱茵河内河邮轮一般从阿姆斯特丹上船,沿途经过科隆、海德堡、德国黑森林——阿尔萨斯酒乡,最终到达巴塞尔。

(3)卢瓦尔河河轮则是深游法国的不错选择,卢瓦尔河是法国第一大河,也是最美丽的一条河,尤其是中游河谷一带,河流两岸的丘陵植被茂盛,散落着许多中世纪城堡,尤其值得一提的是卢瓦尔河谷的夏日风景很美,是法式乡村的最佳写照。

资料来源:http://news.ifeng.com/a/20150512/43736721_0.shtml。

第三节　世界内河游轮旅游的主要区域和航线

一、欧洲内河游轮航线

(一)欧洲河流特征

欧洲地理条件赋予了大陆许多知名的河流,而且这些河流往往孕育了许多灿烂的人类文明,为欧洲河轮的发展提供了得天独厚的条件。

欧洲河流以东北—西南向的总分水岭(北乌瓦累丘陵、瓦尔代高地、喀尔巴阡山脉、阿尔卑斯山脉、安达卢西亚山脉)为界,该线西北属北冰洋和大西洋流域,东南则属里海和黑海、地中海流域。

欧洲河流大部分属外流区,但欧洲第一大河伏尔加河为内流河。欧洲平原广阔,气候湿润,大多数河流水量丰富,水流平缓,通航里程长;冰期对通航影响较小。

按照水文差异,欧洲河流可分为:

(1)东欧俄罗斯型:主要流经平原地区,流速缓慢,以雪水补给为主,如第聂伯河、顿河等。

(2)西欧大西洋型:以雨水补给为主,全年水量相对均衡。

(3)北欧型:河湖不分,以雪水和雨水补给为主。

(4)南欧或地中海型:因阿尔卑斯山逼近海域,河流短小,以雨水补给为主。

(5)混合型:因补给地区不同和流经气候带多,上下游水文特征不同,如多瑙河和莱茵河等。

(6)山地型:高山河流以冰川融水补给,中等山脉河流以雪水和雨水补给。

资料来源:http://amuseum.cdstm.cn/AMuseum/shuiziyuan/water/02/w02_b04.html。

(二)经典的河轮航线

1. 莱茵河(Rhine River Cruises)

莱茵河航线是欧洲最受欢迎的航线之一,既可在莱茵河航行,还可与德国、奥地利、匈牙利或荷兰的其他水道相结合。航行行程时间从3天到36天不等。

许多航行以阿姆斯特丹河的北端为起始或终点。以狭窄的山墙住宅和蜿蜒的运河之城为起点拉开序幕，那里您可以参观安妮·弗兰克之家或在国家博物馆和凡·高博物馆欣赏鲁本斯、伦勃朗和凡·高的作品。惊叹于世界上最古老的海港之一安特卫普时尚的建筑，或漫步在鹅卵石街道和欧洲保存最完好的中世纪城市之———布鲁日的美丽运河。瑞士巴塞尔通常是莱茵河航行的南端，拥有华丽的市政厅和一些非常精美的艺术博物馆。

莱茵河的中游河段常被认为是最美丽的部分。在科隆，可以看到哥特式大教堂高耸的双尖塔，在吕德斯海姆沿着行人专用的Drosselgasse步行，途经众多餐馆、商店和葡萄酒花园。还可以前往欧洲不多的保存完好的中世纪城市——海德堡，领略哥特式城堡和数百年历史的大学魅力。11月末和12月的航行，被称为圣诞市场游轮，非常受欢迎。

2. 多瑙河（Danube River Cruises）

在多瑙河畔可以充分领略欧洲的艺术、诗歌和音乐，是世界上最浪漫的水道之一。行程途经德国和奥地利，并经常到斯洛伐克和匈牙利，甚至一路前往河流尽头黑海。航线上，可以欣赏纽伦堡的半木结构房屋和维也纳的巴洛克式建筑。参观梅尔克修道院及图书馆，并在帕绍的教堂欣赏音乐会。从渔人堡（Fisherman's Bastion）欣赏布达佩斯一览无余的美景，探索保存完好的旧城区和18世纪的布拉迪斯拉发广场旁的大主教宫殿。

从11月下旬到12月，多瑙河假日期间的游轮很受欢迎。在旅行中，可以参观在德国和奥地利的城镇广场和大教堂广场上设置的节日户外圣诞市场。

3. 波尔多河（Bordeaux River Cruises）

阿基坦波尔多地区是著名的内河游轮港口，也是一个位于法国西南部的古公国的一部分。在这里，加龙河和多尔多涅河交汇，形成波尔多市南部的吉伦特河口。几个世纪以来这里一直盛产著名的葡萄酒。在法国波尔多葡萄酒产区的内河游轮上享受丰富的历史和烹饪传统，在温和的大西洋微风中，欣赏葱郁连绵的丘陵和青翠的葡萄园，探访宏伟的欧洲古建筑，寻觅一流的博物馆和咖啡馆，是众多游人所求。

加龙河沿岸的停靠点通常包括凯迪拉克古老的海港和16世纪的城堡，以及附近的索特内斯葡萄园，在那里可以品尝甜酒并了解它们的制作过程。多尔多涅（Dordogne）的亮点包括波尔多地区最古老的葡萄酒酿造区圣埃米利永（Saint-Emilion）和布莱耶（Blaye）城堡。

4. 第聂伯河（Dnieper River Cruises）

在第聂伯河游船上，游人可沉浸在乌克兰迷人的历史和文化中。大多数行程在首都基辅和黑海的大型海港敖德萨之间往返。

基辅的著名景点包括洞穴修道院、大教堂和11世纪僧侣建造的钟楼，以及圆顶的圣索菲亚大教堂。优雅的敖德萨的亮点，有意大利巴洛克歌剧院，普里莫斯基大道的宽阔长廊和波特金阶梯。俄罗斯黑海舰队位于塞瓦斯托波尔，在那里可以参观圣弗拉基米尔大教堂和纳希莫夫海军上将广场。雅尔塔是俄罗斯沙皇夏季度假胜地和1945年罗斯福、丘吉尔和斯大林出席的雅尔塔会议的地点。

5. 杜罗河（Douro River Cruises）

杜罗河游轮经过葡萄牙美丽的葡萄酒产区。行程通常始于里斯本，可以参观世界文化遗产庄严的哲罗姆派修道院和华丽的海滨贝伦塔等地标。然后，前往大西洋河口的波尔图，穿越该国北部，经过葡萄园、古老的农舍和起伏的地形。

游客还可以在被联合国教科文组织列为世界遗产的波尔图历史中心停留。在葡萄酒生产中心或葡萄酒学院品尝甜葡萄酒，了解它的制作方法。还可跨越西班牙边境，到达文艺复兴城市萨拉曼卡，探访那些世界上最古老的大学。

6. 荷兰和比利时（Dutch & Belgian Cruises）

沿着荷兰和比利时的水道领略历史的魅力、品尝现代美食。每年春天，这些水道都花团锦簇，游船如织。瓦尔河、莱茵河等岸畔的景点，激发了游人追溯荷兰大师赛的艺术家，可参观 Kinderdijk 异想天开的风车，了解该地区 Enkhuizen 和 Hoorn 令人印象深刻的海上历史。所有游轮的亮点都是参观著名的库肯霍夫花园（Keukenhof Gardens），那里有五颜六色的鲜花。路上，可以享用荷兰奶酪或比利时华夫饼和巧克力等当地美食。这些运河和支流的游轮也可以选择在阿姆斯特丹国际大都会中启程或结束。

7. 易北河（Elbe River Cruises）

易北河游船穿越德国和捷克共和国，沿途风景如画，悬崖陡峭，有故事书般的城堡和中世纪城镇。沿途可了解维滕贝格神学家马丁·路德的生活，探访讲道的教堂和钉着他著名的"95条论纲"的大门。在迈森（Meissen），参观自18世纪初以来制作著名精美瓷器的工厂。

在波茨坦，可步行穿过洛可可无忧宫（Sanssouci Palace）或巴洛克式新宫（New Palace）的大厅。了解托尔高拥有的可爱的文艺复兴时期的房屋和德绍拥有的英国风格的沃尔利茨园林之国。

8. 美因河（Main River Cruises）

莱茵河支流——美因河宁静而蜿蜒地穿过德国的中心地带，途经森林和葡萄园以及国际大都市和中世纪城镇。美因河也可与多瑙河相连。许多主要行程也在莱茵河和多瑙河上航行，有些从北海一直到黑海。

游客可参观"浪漫之路的珍珠"，一座完美无瑕的巴洛克式宫殿——维尔茨堡及其住宅，或享用当地的法兰克葡萄酒。然后，在14世纪和15世纪的米尔滕贝格半木结构房屋中漫步，或在阿沙芬堡的地中海花园中放松身心，参观班贝格的渔村。

9. 摩泽尔河（Mosel River Cruises）

摩泽尔河穿过德国、卢森堡和法国宁静的乡村。摩泽尔的帆船，在法国众所周知，通常与莱茵河（Rhine River）的游轮相结合。这条路线遍布欧洲一些最迷人的城市，以及宏伟的城堡、郁郁葱葱的葡萄园和完美的中世纪村庄。

在这些旅行中，可以参观坐落在陡峭山坡上的赖克斯堡城堡，欣赏科赫姆的壮丽景色；前往 Zell 了解那里生产的著名的雷司令葡萄酒。特里尔是德国最古老的城市，建于公元前16世纪，拥有丰富的罗马历史。游客可以看到尼加拉港，这是从原始的罗马定居点中幸存下来的防御大门。这里也有许多哥特式和文艺复兴时期的古迹。

10. 宝河（Po River Cruises）

宝河游船穿越意大利北部肥沃的波河谷，这里有意大利近 1/3 的人口。这条古老的河流，罗马人称之为 Padus，蜿蜒穿过迷人的城镇和令人叹为观止的美景。

这条河向东流动，并流入威尼斯附近的亚得里亚海，威尼斯是世界上最浪漫的城市之一。在这里，您可以探索圣马可广场及其著名的大教堂，或乘坐缆车穿越城市的运河。在附近的帕多瓦参观伽利略曾授课的大学。在维罗纳驶入塞拉瓦莱（Serravalle），在附近的拉文纳（Ravenna）享受拜占庭马赛克的徒步之旅，或者在意大利北部的博洛尼亚（Bologna）的波莱塞拉下船品尝意大利面。

11. 罗讷河（Rhone River Cruises）

罗讷河游轮探索法国南部美丽的普罗旺斯地区。通常，罗讷河的航行与穿过勃艮第地区的索恩河的航行配对。在沿途的图诺和圣母殿游客可以品尝著名的罗讷河谷红葡萄酒。参观14世纪罗马教皇的所在地，被称为"教皇之城"的阿维尼翁教皇的巨大哥特式宫殿。

行程经过罗讷河和索恩河的交汇处，可到访有2000年历史且被称为法国美食中心的里昂。这里有大量联合国教科文组织世界遗产，游客可以从富维耶山顶一览此城，探索古罗马遗址。在阿尔勒，更多的罗马宝藏在等待着游客，这里散发着艺术家凡·高的艺术气息，他于1888年抵达并在任职期间制作了300多件作品。

12. 索恩河（Saone River Cruises）

索恩河游轮驻足法国勃艮第地区，常与罗讷河的游轮结合，探访法国普罗旺斯南部。在马孔港口，6世纪的老圣文森特大教堂是这座城市经久不衰的象征。

比恩是勃艮第的葡萄酒之都，客人经常会有机会参加品酒会，并参观15世纪前的拥有色彩缤纷的琉璃瓦屋顶的慈善医院伯恩慈济院。里昂位于索恩河与罗讷河的交汇处，在这里，您可以看到罗马废墟和文艺复兴时期的建筑，并品尝里昂这座法国领先的美食之都的美味。

13. 塞纳河（Seine River Cruises）

塞纳河游轮联结着法国西北部的历史和浪漫。巴黎和诺曼底海岸串联了标志性景点"光之城"、埃菲尔铁塔、巴黎圣母院和闪闪发光的香榭丽舍大街。停靠法国首都期间，游人有充足时间购物或探索其迷人的公园和独特的社区。

在吉维尼（Giverny）停留，客人可以在克劳德·莫奈（Claude Monet）的家中游览，看看他的大部分艺术作品中描绘的日本桥、睡莲和紫藤。在鲁昂（Rouen），游客可以欣赏到宏伟的大教堂，中世纪区以及圣女贞德（Joan of Arc）殉难的集市广场。Les Andelys 是 Richard Lionheart 于1196年建造的雄伟城堡遗址的所在地。

在诺曼底，乘客可以在登陆地参观美国公墓，这里是埋葬第二次世界大战中被杀害的美国士兵的地点。一些行程还会带客人观看著名的黑斯廷斯战役的11世纪挂毯，同时品尝诺曼底特色菜和苹果白兰地。

第七章 全球内河游轮的发展

14. 伏尔加河（Volga River Cruises）

伏尔加河游轮可带游人去往圣彼得堡和莫斯科，还可驶入莫斯科运河、涅瓦河和斯维尔河。圣彼得堡是俄罗斯的文化之都，在此可参观冬宫博物馆、彼得保罗要塞等。莫斯科主要景点有莫斯科红色广场、圣瓦西里大教堂及其糖果色洋葱圆顶，以及克里姆林宫军械博物馆等。

许多游轮都会游览基济岛（Kizhi Island），这里以其独特的木结构收藏而闻名，其中包括一座有22个穹顶的大教堂。乌格利奇是俄罗斯最古老的城镇之一，在这里你会看到建在伊凡雷帝的儿子被杀地点的圣德米特里皇子浴血教堂。在雅罗斯拉夫尔下船，购买手工纪念品，观看先知圣伊利亚教堂的壁画和图标。

 **知识拓展**

欧洲主要的内河航线

- 7天的航线

阿姆斯特丹—美因茨（莱茵河、摩泽尔河）

阿姆斯特丹—阿姆斯特丹（易北河）

沙隆—阿尔勒（罗恩河、沙隆河）

法兰克福—法兰克福（奥得河）

巴黎—翁弗勒尔（塞纳河）

汉堡—德累斯顿（易北河）

波茨坦—波茨坦（易北河）

汉诺威—波茨坦（易北河）

柏林—布拉格（易北河）

- 10天的航线

阿姆斯特丹—巴塞尔（莱茵河、摩泽尔河）

法兰克福—美因茨（莱茵河、美因河、内卡河）

法兰克福—布拉格（易北河、奥得河）

法兰克福—法兰克福（摩泽尔河、美因河、莱茵河、萨尔河）

- 14天的航线

阿姆斯特丹—维也纳（莱茵河、多瑙河最经典）

阿姆斯特丹—布拉格（莱茵河、易北河）

阿姆斯特丹—黑海（莱茵河、多瑙河）

资料来源：Berlitz，欧洲内河游轮旅游 2016—2017，P.49。

二、美洲内河游轮航线

（一）北美河流特征

北美洲平均年径流总量约 8200 立方千米，仅次于亚洲和南美洲，居全球第三位。在流域性质上，外流区具有绝对优势，占全洲总面积的 88%；内流区主要局限于西部山区和墨西哥高原北部，占全洲面积的 12%。

外流区大河中，除圣劳伦斯河外，育空河、马更些河、哥伦比亚河、密西西比河、科罗拉多河、格兰德河都发源于大陆主要分水岭落基山脉，分别注入墨西哥湾、太平洋和北冰洋。发源于阿巴拉契亚高地的河流，分别向东注入大西洋或西经俄亥俄河—密西西比河注入墨西哥湾。源出劳伦琴低高原的河流，分别北流注入哈得孙湾、东南汇入五大湖—圣劳伦斯河或经密西西比河注入墨西哥湾。

在水系发育的规模和程度方面，地域差异也十分明显。阿巴拉契亚高地以东，降水丰富，河网稠密，水量充沛，但由于山地逼近东岸，空间面积局限，所以河流比较短促，大多单流入海。大陆西岸也因山脉紧逼，河流短小。西部也有较大的水系，如育空河、哥伦比亚河、科罗拉多河等，但大部分流经干旱和半干旱地区，属"过境河"。中部地区北有马更些河，南部有密西西比水系，河网密度较高。

（二）经典的河轮航线

1. 密西西比河（Mississippi River Cruises）

密西西比河 3734 千米的水道流经 10 个州，从明尼苏达州北部到墨西哥湾。密西西比河引领探险者抵达新土地，它成为人们与货物运输的重要通道，更是支撑城镇发展的重要生命线。催生了沿岸及其支流圣路易斯、孟菲斯、维克斯堡和新奥尔良等城市商业和文化中心的诞生。

沿密西西比河参观美国内战战场、种植园、起伏的农田和风景如画的河滨小镇，欣赏充满了维多利亚时代风格的建筑，探访布鲁斯、爵士乐和乡村音乐的发源地，以及探访著名文学家马克·吐温长大的密苏里州汉尼拔的港口城镇。

2. 哥伦比亚河（Columbia River Cruises）

哥伦比亚河游轮专注于太平洋西北地区独特的自然美景、历史、文化和野生动物。途经华盛顿/俄勒冈州向北转向也可以驶过蛇河的一部分。哥伦比亚河峡谷通过长达 129 千米、高达 12 192 米的喀斯喀特山脉，从 20 世纪 30 年代开始供应水力发电的邦纳维尔大坝船闸，瀑布密集，游人可近距离观察俄勒冈一侧最著名的 189 米高的摩特诺玛瀑布。还可以体验喷射快艇，穿越地狱峡谷，寻找麋鹿、大角羊、山羊足迹，以及古老的岩画。在俄勒冈州的彭德尔顿，游人可以参观 1870—1930 年挖掘的地下隧道。

3. 伊利运河（Erie Canal Cruises）

伊利运河蜿蜒横跨纽约州 584 千米，连接伊利湖和哈得孙河，是美国工程最重要的成就之一。该运河于 1825 年通行，在其鼎盛时期使纽约成为美国最繁忙的港口，刺激了运河沿岸城市的商业和贸易。游轮可提供音乐表演，在锡拉丘兹的伊利运河博物馆停留，或品尝葡萄酒和在海滨社区购物，感受现代运河带来的独特体验。运河沿途 35 个锁定升降装置，让游客在停船期间，爬上甲板，欣赏碧波水景，穿过湖泊或低矮的桥梁，观看海岸和天空点缀的天鹅和大蓝鹭。

4. 哈得孙河（Hudson River Cruises）

哈得孙河从风景秀丽的阿迪朗达克山脉流淌而来，流经纽约市中心向上延伸，在 19 世纪初期，这条 507 千米长的河流是通过纽约州东部旅行和运输货物的主要航道。而今，该航道从艺术史到流行文化，无所不包。沿着这条历史水道，在著名城市景点间滑行。该地区郁郁葱葱的河岸和林地是哈得孙河学校的家园和灵感，哈得孙河学校与 19 世纪浪漫风景画家托马斯科尔和弗雷德里克·埃德温教堂等艺术颇有联结。

游人所经港口站点包括传奇的 Sleepy Hollow 或 Franklin D. Roosevelt 的 Springwood 庄园，因富裕的纽约商人在 19 世纪购买房产而得名的金斯敦的"百万富翁街"，还可参观西点军校。

5. 俄亥俄河（Ohio River Cruises）

法国人将这条 1579 千米长的美丽河流称为俄亥俄河。托马斯·杰斐逊称其为"地球上最美丽的河流"。俄亥俄河流经连接着六个州，一路进入伊利诺伊州海拔最低的开罗，在那里它与强大的密西西比河相连。

在 18 世纪后期，向西流动的水道成为开拓者和定居者从宾夕法尼亚州向西行进的主要道路，辛辛那提和匹兹堡等众多城市沿河岸出现。通常，游轮在密西西比河和田纳西游船经过圣路易斯著名的大拱门。游客可参观历史悠久的路易斯维尔，河流最宽最深，沿着平静的水面漂浮，经过农田、海滨公园、铁路轨道和悬崖，前往俄亥俄州朴次茅斯的防洪墙壁画或历史悠久的曾经是法国贸易站的开普吉拉多。

6. 田纳西河（Tennessee River Cruises）

田纳西河以 U 形形状流经亚拉巴马州、田纳西州、肯塔基州和密西西比州全长 1426 千米，自然美景丰富，就像它的姐妹河——流经俄亥俄州的密西西比河一样，也拥有丰富多彩的历史。田纳西州最初仅可通行平底船。在南北战争期间美国人充分利用了这条河浅滩上部充满短急流的特点，留下了许多战争故事，也留下了内战遗迹。

如今，这条河的灌溉和水电系统成为沿河景观。一系列重要的船闸、水坝和水库还可将游客带向小而平静的湖泊。沿途有许多引人注目的桥梁，如田纳西州查塔努加明亮的蓝色约翰罗斯桥，或美国亚拉巴马州迪凯特的"Steamboat Bill"。游人还可以游览位于查塔努加（Chattanooga）下游 43 千米长的河流峡谷——田纳西河峡谷（Tennessee River Gorge），峡谷两侧是色彩斑斓的树林，栖息着鹮和秃鹰。

7. 亚马孙河（Amazon River Cruises）

亚马孙河是世界上流量最大的河，穿过密集且生物多样的热带雨林。可以在巴西和秘鲁的游船上探索神秘的亚马孙水域。金刚鹦鹉、松鼠猴、树懒、美洲虎、食人鱼、蟒蛇、电鳗、粉红海豚等野生动物令人充满好奇。可通过小船或当地独木舟探访丛林中的土著部落。

从马瑙斯流入大西洋的河流宽阔而深，足以容纳更大的海洋划线员，一些传统船只可以将该部分作为加勒比海、中美洲和南美洲甚至南极洲的较长行程的一部分巡航。

三、其他经典的河轮航线

1. 乔贝河（Chobe River Cruises）

迷人的乔贝河有着错综复杂的河网，流经非洲中南部。从库安都河开始，沿着博茨瓦纳的北部边界延伸到林雅提沼泽，然后转移到林雅提河，再向东与赞比西河交汇成为乔贝河。这种互锁的水道网络有时甚至会反向流动。

乔贝国家公园是非洲最大规模的野生动物种群所在地之一，通常是陆地行程的一部分，整个大陆上其大象数量最多，有450多种鸟类，还有壮观的维多利亚瀑布。在乔贝国家公园停留之前，可以穿过宽阔扭曲的水域，体验一些私人船只或开放式观光车活动，但需留意自然栖息地中的鳄鱼和河马。

2. 恒河游船（Ganges River Cruises）

恒河是体验印度丰富多彩的文化和异国情调的绝佳航线。神圣的恒河被印度教徒视为女神，从喜马拉雅山流入孟加拉湾，成为数百万印度人生活的生命线。

恒河上的游轮旅行通常是较长行程的一部分，包括观光游览印度金三角，探索繁华的德里、阿格拉、壮丽的泰姬陵，沿途拉贾斯坦邦的首府斋浦尔粉红之城有热闹的集市，堡垒和宫殿。

在英国殖民的加尔各答，参观特蕾莎修女的家和坟墓，或者玛雅普尔的哈雷·克里希纳斯建造的巨大的吠陀寺庙。卡尔纳有100多座庙宇供奉印度教湿婆神，而哈扎尔杜瓦里宫以其1000扇门和精美的古董收藏而闻名。当沿着恒河航行时，可能会遇到淡水海豚、鹦鹉等野生动物。

3. 伊洛瓦底江（Irrawaddy River Cruises）

伊洛瓦底江通过缅甸从北向南流动2092千米，被称为"通往曼德勒之路"的著名吉卜林诗歌。沿途可看到几个世纪以来沿着河岸发展的乡村，色彩缤纷的市场，优雅的修道院和多样化的城市。这些游轮通常是较长的陆地行程的一部分，融合了缅甸和泰国的标志性观光城市。

曼德勒被认为是缅甸文化和佛教学习的中心，也是该国最后的皇家首都。在这里可以看到Shwenandaw修道院，马哈莫尼塔和241米高的山峰——曼德勒山，点缀着宝塔和宗教图像，成为令人难忘的城市和河流全景。

11世纪的缅甸首都蒲甘已经繁盛，有2000多座寺庙、佛塔、修道院和佛塔（佛教纪念碑）覆盖其平原。在仰光，可以在斯特兰德的殖民地时代建筑中漫步，探索历史悠久的佛教寺庙，如九龙塔与苏尔塔，每座寺庙都有超过2500年的历史。

4. 湄公河（Mekong River Cruises）

湄公河游轮可体验东南亚迷人的文化。船只驶过柬埔寨和越南，途经繁华的城市、乡村、水上市场和寺庙，一些陆上行程可以到访老挝和泰国。湄公河游轮还可以观赏柬埔寨首都金边的法国殖民时期的建筑，参观皇宫、银塔和国家博物馆。柬埔寨的另一个亮点是一座建于 12 世纪初的华丽石结构和蜂窝塔的广阔建筑群——丛林笼罩的吴哥窟。

行至越南，游客可以游览多彩的胡志明市、参观越南战争遗迹博物馆和被越共视为藏身之地古芝隧道。如果选择在曼谷度过行程，你可能会看到著名的玉佛寺和卧佛寺。老挝则有联合国教科文组织世界遗产琅勃拉邦的古城（LuangPrabang），可参观 1904 年的王宫博物馆，参加丝绸编织和造纸示范等。

5. 尼罗河（Nile River Cruises）

尼罗河是世界上最长的河流，穿越非洲东北部全长超过 6437 千米，最终在埃及海岸流到地中海。尼罗河上的游轮经常被纳入较长的陆地旅行中，通常以开罗为起点。沿途可以看到该国最珍贵的古董。例如，建于大约 3000 年前的卢克索神庙（Luxor Temple）。瞻仰拉美西斯二世的四座巨型石像及阿布辛贝神庙。途经埃及法老的最后安息之地——国王谷，包括年轻的国王图坦卡蒙，观赏在开罗埃及博物馆的图坦卡蒙墓中挖掘出来的珍宝。其他短途旅行包括参观吉萨金字塔和狮身人面像，以及在传统的木质帆船（称为 felucca）进行日落巡游。

6. 圣劳伦斯河（St. Lawrence Cruises）

1535 年由法国探险家雅克·卡蒂埃发现圣劳伦斯河北美水道，游轮通常是较长行程的一部分，从五大湖流经大西洋，经过风景如画的村庄、国际大都市和迷人的自然风光。圣劳伦斯河游船经常在充满活力的蒙特利尔开始或结束，蒙特利尔老城、巴黎圣母院、奥林匹克公园、皇家山公园和圣约瑟夫大教堂都是亮点。

圣劳伦斯河河轮旅程中，游轮驶过拥有 1800 多个岛屿的千岛群岛，游客可以欣赏茂密森林覆盖的海岸线、标志性的灯塔和宁静的海湾。

第四节　中国内河游轮旅游的发展

中国长江、黄河、珠江、闽江、松花江等几大河流中，仅有长江运营了真正意义上的游轮，因此，下文谈及的河轮均指长江游轮。

长江是中国第一大河流，作为亚洲内河的黄金水道、重要的水陆交通枢纽，流域覆盖人口超过 4 亿，沿线旅游资源丰富，自然人文景观较多，汇聚了中国最古老的遗迹，也聚集着国内最为发达的区域。长江河轮旅游市场依托长江经济带涉及的上海、江苏、浙江、安徽、江西、湖北、湖南、重庆、四川、云南、贵州 9 省 2 市，发挥资源优势，通过不断建造新船、提升服务，吸引众多国内外游客，在国际市场具有一定的占有率。

一、长江河轮旅游发展历程

（一）长江河轮产业兴起（20世纪70年代）

改革开放后，欧美客人开始进入中国大陆旅游，喜好游轮旅游的美国客人率先提出了在长江上乘坐豪华游轮游览长江三峡的要求。在此背景下，长航集团在长江尚无旅游船的情况下改造曾经接待过毛泽东主席的昆仑号客轮以供外宾使用，成为长江上第一艘理论意义上的旅游船。

（二）第一代长江游轮建成（20世纪80年代至90年代初）

神女、三峡、长城、峨眉、巴山、白帝、西陵、隆中、扬子江等第一代长江游轮建成，这一代游轮船型相对较小，船长一般控制在80米以内，载客量100~150人，无整体卫浴和外阳台。

（三）第二代长江游轮建成（20世纪90年代至21世纪初）

1992年至2009年，蓝鲸、总统一号、世纪天子、凯蒂等20多艘第二代游轮建成。这一代游轮船型在第一代基础上进行了升级，船长一般控制在120米以内，载客量200~300人，安装了整体卫浴并设置了外阳台。

（四）第三代长江游轮建成（2009年至今）

三峡库区175米的蓄水成功，使重庆至宜昌的航道得到了前所未有的改善，为长江游轮的大型化、高端化提供了必要条件。2009年至今，凯珍、黄金系列、长江2号、总统6号、总统7号、总统8号、世纪神话、世纪天子等15艘第三代游轮建成，其中重庆市东江实业有限公司建造的凯珍轮正式下水开启了长江万吨游轮运营的新篇章。这一代游轮呈现大型化、海轮化趋势，船长一般在130米至极限尺度150米，载客量300~600人，船上设备先进、现代化，服务更为人性化。

长江游轮旅游市场现有运力全年可接待游客120余万，其中豪华游轮游客实际接待量64万，全年销售收入约10亿元；大众游轮实际接待量25万，全年销售收入约2亿元。随着长江经济带综合立体交通走廊的不断完善，为长江水上旅游消费提供新的增长空间。实现了客源增长、旅游品质提升和船票价格稳升的良性增长态势。据长江航运发展研究中心预测，2025年、2035年长江水上旅游客运量将分别达到1100万人次、1500万人次。

二、长江河轮旅游客源分析

长江河轮旅游以豪华游轮（涉外游轮）旅游、大众游轮（内地游轮）旅游、两坝一峡游三类为主，其中大众游轮（内地游轮）旅游、两坝一峡游客源均接待境内游客，长江豪华游轮接待境内游客和境外游客，其客源市场包括欧美市场、东南亚市场，还有中国香港市场、中国内地市场等，具体市场情况如表7-14所示。

表 7-14　长江河轮旅游客源市场状况

客源市场	发展现状
欧美市场	欧美市场是长江豪华游轮旅游最受欢迎的主力客源市场,也是长江涉外豪华游轮高端休闲旅游客源的主力军;入境游旺季时期,欧美市场客源能占据半壁江山
东南亚市场	东南亚市场在长江豪华游轮旅游中所占市场份额不高,但其市场客源基数大,开发潜力巨大,是长江河轮发展国际旅游不可或缺的市场
日本市场	受多种因素影响,其市场仍在恢复中
中国香港市场	香港市场客流量高于东南亚和东北亚市场,香港游客的消费能力不亚于欧美游客,是除欧美游客以外最受长江河轮市场欢迎的游客
中国台湾市场	出入境旅游受地缘政治影响较大,台湾市场受限于政治因素近年来逐步萎缩,已经成为长江上低迷的市场客源
中国内地市场	中国内地市场是长江游轮旅游的主流市场,其中境内游客在长江河轮市场份额所占比例将超过 70%,具有成团快、流量大、价格低、消费水平低等特点

三、长江河轮旅游季节性特征

长江豪华游轮市场的旅游淡旺季与我国旅游的淡旺季分界相似,即:
- 每年 4—10 月为旅游旺季。
- 11 月至次年 3 月为旅游淡季。
- 其中 4—5 月为境外游客旅游高峰期。
- 6—8 月为境内游客旅游高峰期。

境外游客旅游淡季,形成入境旅游和国内旅游互补的平衡状态;每年"五一"和"国庆"期间是境内外游客旅游高峰期,形成境内外游客旺季叠加局面。

四、长江河轮航线和旅游资源

（一）长江游轮航线

长江河轮旅游 90% 的市场集中在"重庆—宜昌"/"宜昌—重庆"航线,其中冠达世纪天子号游轮于 2018 年 4 月首创中国内河江南游轮旅游常态航线先河,开通了"南京—上海"/"上海—南京"航线。

主流航线：

重庆—宜昌：下水,4 天 3 晚；宜昌—重庆：上水,5 天 4 晚

南京—上海：下水,4 天 3 晚；上海—南京：上水,4 天 3 晚

其他航线：

万州—宜昌、奉节—宜昌、重庆—上海、上海—南京、南京—上海、重庆—宜昌—重庆等,见图 7-1。

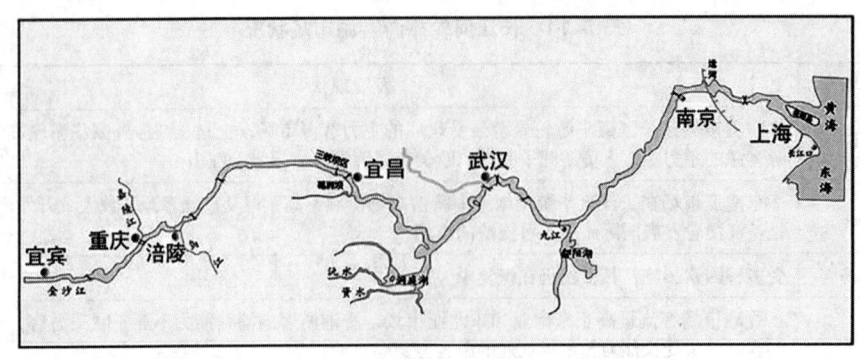

图 7-1 长江航线示意图

（二）长江游轮旅游资源

长江河轮旅游依托的长江国际黄金旅游带是《国务院关于印发"十三五"旅游业发展规划的通知》（国发〔2016〕70号）重点打造的十条国家精品旅游带之一，是高品位的人类自然与文化遗产主要集中分布地，沿线聚集了西湖、黄山、庐山、张家界、武陵源、峨眉山等一大批世界自然文化遗产，分布着青藏、云贵、巴蜀、荆湘、赣皖、吴越及沪上文化等特色地域文化区；长江国际黄金旅游带涵盖多元的历史文化和民族习俗，是中华传统文化成片区保存最集中的区域，包括巴蜀、滇、黔、湖湘、荆楚、赣、吴越、江淮 8 种地域文化类型。

经过多年的建设和发展，长江国际黄金旅游以 5A 级景区、世界遗产为代表的一批传统著名景区，逐渐发展为旅游产品和市场较为成熟的旅游目的地，成为长江国际黄金旅游带核心的旅游载体，是长江河轮旅游很有竞争力的旅游资源。

长江干线旅游客运码头建设步伐不断加快。2017 年，长江干线约有 42 座旅游客运码头，主要集中在中上游地区。随着水上旅游线路向下游延伸，如重庆至泰州、上海—张家港—泰州—南京等线路相继开通。同时，一批新的游轮码头已经规划并启动建设，安徽池州游轮码头已经建设完毕并投入运营，江苏张家港、扬州等港口正在进行选址；另外，江西九江等一些老旧旅游码头也进行了升级改造，泰州港则在国际集装箱码头设立了游轮停靠点。

五、长江河轮旅游市场发展趋势

（一）全球河轮市场增长迅猛，长江河轮备受关注

近年来，国际河轮市场增长迅猛，国际河轮公司在欧美市场不断增加运力投放的同时，密切关注中国长江河轮市场的发展动向，顶级河轮公司阿玛河轮十分关注长江河轮市场，维京河轮已经进军长江河轮市场，未来长江河轮将可能成为国内邮轮旅游下一个热点。

（二）三峡游轮旅游优势明显，休闲化为河轮旅游发展趋势

长江中上游河轮旅游市场主打"三峡游"，打造特色名片，近年发展态势渐好，逐步

由大众型市场向中高端的休闲旅游市场转型。长江河轮市场游轮的舒适化、休闲化、娱乐化趋势明显，并不断淘汰老旧船舶，更换新的、舒适、豪华游轮。以豪华游轮（涉外游轮）为代表，游轮服务、餐饮、岸上旅游产品更优质。

（三）长江河轮市场重心下移，长三角地区潜力初现

长江河轮的中上游市场逐步转型，结合长三角的消费旅游趋势特点，未来的长江河轮将着眼于经济发达的长江下游，从长三角地区寻求突破。

随着国际邮轮的发展日益成熟，市场开发力度不断增强，长江河轮逐步发展成为国内邮轮旅游市场的新亮点，以世纪游轮联手携程旅游在2018年共同拓展长江中下游市场、开辟"南京—武汉"新航线为代表。2017年12月，武汉旅游发展投资集团和招商局中国长江航运集团共同签署了长江河轮母港及长江主轴港航旅游项目，致力于将武汉打造成为长江中游城市群游轮旅游集散中心，届时，武汉将成为承上接下的中转点，对长江中下游市场的发展起到良好的承接和推动作用。

（四）后疫情时代的长江河轮市场的转型和升级

新冠疫情后长江内河游轮市场快速复苏。2023年，重庆和湖北两地12家游轮企业的46艘游轮在市场运营。数据显示，2023年上半年，长江游轮共计发船2260艘次，为2019年同期的89.72%，共计完成客运量59.76万人次，为2019年同期的122.56%。

新冠疫情后长江内河游轮市场也呈现出新气象和新动态。高消费群体转向长江游轮旅游市场，推动着游轮配套服务提档升级，长江内河游轮旅游正向游轮服务人性化、游轮技术创新化、游轮产品主题化、游轮营销多元化等趋势演变。

同时，世纪荣耀、世纪凯歌、长江叁号等7艘新一代豪华游轮下水首航，总客位数达到4540个。高技术标准和高服务水平的新一代豪华游轮推动了长江内河游轮市场的品质化升级。以万州、奉节为始发港、吨位更大、设施更齐、品质更高的豪华型游轮将全面提升长江内河游轮旅游的整体水平。2019—2023年，长江中下游航线产品不断延伸开拓，"江山如此多娇·山河颂""江山如此多娇·江海赋"等航线产品延伸至武汉、上海等地，长江中下游航线将成为长江游轮高品质增长的支撑点和新的空间拓展。

复习思考题

1. 请思考内河游轮为何兴盛于欧洲？
2. 了解世界内河游轮航线的自然和人文地理特征。
3. 请思考中国内河游轮发展的有利条件？

第八章 北美洲地区

第一节 区域地理特征

北美是全球邮轮旅游发展繁盛的发源地,作为世界上最大的邮轮市场,北美游客数量常年占世界份额的80%以上。全球邮轮母港大都分布在美国,少数分布在加拿大、欧洲部分国家及东南亚等地区。美国邮轮母港数量最多,佛罗里达是美国的邮轮中心,美国最大的三个邮轮母港迈阿密(Miami)、卡纳维拉尔港(Port Canaveral)、埃弗格雷斯港(Port Everglades)都在佛罗里达州。全球最大的两个邮轮公司嘉年华和皇家加勒比均位于北美。

一、地理概况

北美洲(北亚美利加洲)是世界第三大洲,位于西半球北部。东濒大西洋,西临太平洋,北邻北冰洋,南以巴拿马运河为界,同南美洲分隔。大陆东至圣查尔斯角,南至马里亚托角,西至威尔士王子角,北至穆奇森角。全洲面积为2422.8万平方千米,约占世界陆地总面积的16.2%。北美岛屿总面积约400万平方千米,是岛屿面积最大的洲,岛屿多分布在北部和东部。主要国家是美国和加拿大,全洲人口分布很不平衡,绝大部分人口分布在东南部地区,见图8-1。

北美洲分为东部地区、中部地区、西部地区、阿拉斯加、加拿大北极群岛、格陵兰岛、墨西哥、中美洲和西印度群岛九区。

东部地区:东濒大西洋,海岸曲折,多港湾,北美洲大部分港口集中在这一地区。

中部地区:位于拉布拉多高原—阿巴拉契亚山脉与落基山脉之间,北起丘吉尔河上游,南达墨西哥湾。

西部地区:由高大的山脉和高原组成,落基山脉是本区地形的骨架。多火山、温泉,地震频繁。

阿拉斯加:位于北美洲西北部。大陆部分,山脉分列南北,中部为育空高原,太平洋沿岸地区多火山和地震。

第八章 北美洲地区

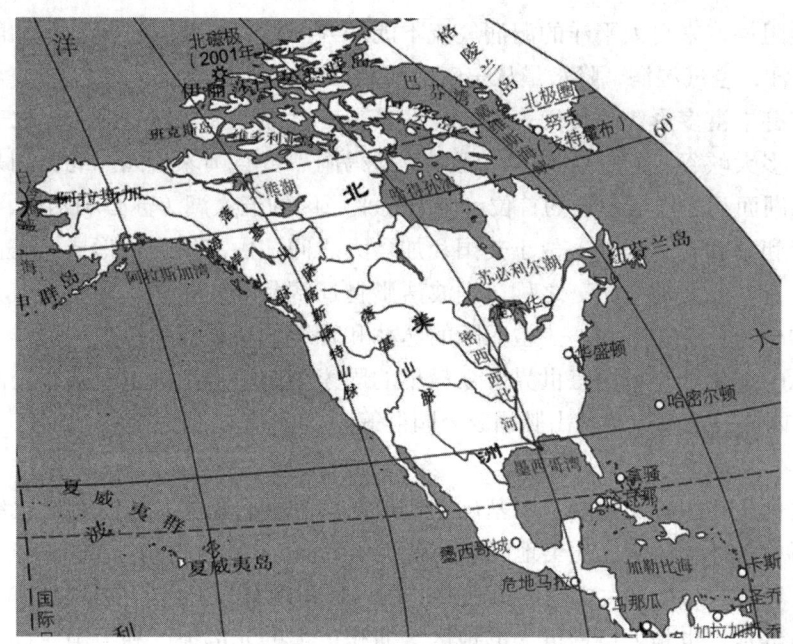

图 8-1 北美洲区域图

地图来源：国家测绘地理信息局网站。审图号：GS（2008）1428 号。

加拿大北极群岛：是北美大陆以北，格陵兰岛以西众多岛屿的总称。各岛之间有许多海峡，其中巴芬岛与拉布拉多半岛之间的哈得孙海峡，是哈得孙湾通往大西洋的海上交通要道。其沿海平原狭窄，海岸曲折多峡湾。

墨西哥：位于北美洲的南部，是剑麻、银胶菊等栽培植物的原产地。

中美洲：指墨西哥以南、哥伦比亚以北的美洲大陆中部地区。东临加勒比海，西濒太平洋，是连接南、北美洲的桥梁。

西印度群岛：位于大西洋及其属海加勒比海、墨西哥湾之间。15世纪末，哥伦布到此，误认为这里是印度附近的岛屿，因该群岛位于西半球，便称为西印度群岛，沿用至今。

格陵兰岛：位于北美洲东北，介于北冰洋与大西洋之间。面积约217.56万平方千米，是世界第一大岛。全岛约4/5的地区处于北极圈内，84%为冰雪所覆盖。

二、自然、人文和经济特征

（一）自然特征

北美洲大陆北宽南窄，略呈倒置梯形。西部的北段和北部、东部海岸比较曲折，多岛屿和海湾。北美洲大陆部分地形可分为三个明显不同的南北纵列带：东部山地和高原、中部平原、西部山地和高原。

北美洲地跨热带、温带、寒带，气候复杂多样，北部在北极圈内，为冰雪世界。南部加勒比海受赤道暖流之益，但易遭热带飓风侵袭。大陆中部广大地区位于北温带，由于西部山地阻挡，来自太平洋的湿润气流不能深入内地，所以大部分地区的降水来自东南方的大西洋，空气湿润，降水量从东南向西北逐渐减少。

北美拥有丰富多彩、颇具代表性的自然景观，世界七大自然奇观中，北美地区有四个：科罗拉多大峡谷、阿拉斯加的冰河湾、猛犸洞、黄石国家公园。北美洲是多湖泊的大陆，淡水湖面积之广居各洲的首位，中部高平原区的五大湖（苏必利尔湖、密歇根湖、休伦湖、伊利湖和安大略湖）位于美国和加拿大之间，由冰川作用形成，是世界最大的淡水湖群，有"北美地中海"之称，烟波浩渺且辽阔壮观，特别是夏秋季节，红色的枫叶与翠绿的松、杉交相辉映，一望无际的丛林和青绿的草地犹如绿色的海洋。北美是自然保护理念的诞生地，境内有世界建立最早的国家公园——美国黄石国家公园和世界最大的国家公园——加拿大落基山脉国家公园群等。

（二）人文特征

北美文化是在多种文化融合的基础上形成的多元混合型文化，这种文化结构的形成同当时的历史条件相适应。北美地区居住着美国约4/5、加拿大约2/3的人口，其中以美国纽约附近和美国与加拿大之间的伊利湖周围人口密度最大。西印度群岛中的波多黎各、马提尼克岛等地，也是人口密度大的地区。面积广大的北部地区和美国西部内陆地区人口稀少，有的地方甚至无人居住。居民主要为英、法等欧洲国家移民的后裔，其次是黑人、印第安人、因纽特人，还有少数的格陵兰人、波多黎各人、犹太人、日本人和华侨。主要信仰基督教和天主教，通用语为英语和西班牙语。

美洲的原始居民经考证是从亚洲移居过来的，其中大部分是西伯利亚人，具有很浓的亚洲文化底蕴，后被称为印第安人，与因纽特人一样，遵循多部落群居生活方式。在美洲文化形成的过程中，欧洲文化始终起着主导作用，欧洲文化模式是美洲多元混合型文化结构的主体框架，但绝不是欧洲文化的翻版。这种文化是以欧洲文化为主体，以印第安文化和非洲黑人文化为次要成分的混合文化结构。因此，这既不同于母体的欧洲文化，又不同于土著文化，而是一种崭新的、具有民族特色的文化，它表现了开放性、多元性、丰富性和兼收并蓄、多姿多彩的文化特色。北美人文景观中，独领风骚的是大型高科技游乐场、主题公园；宏大的博物馆、展览馆；现代化城市带和建筑群等。

（三）经济特征

北美洲自然资源丰富，环境类型多种多样，为其经济多样化发展奠定了基础，早期西欧国家的殖民统治及人口的大量移入对该洲的早期开发和发展起了促进作用。美国和加拿大是当代发达的资本主义国家，拥有雄厚的物质技术基础，形成了复杂的工农业生产体系。北美洲是世界工业发达的地区之一，工业基础雄厚，科学技术先进。美国的电子、宇航、电力、化学、机械制造等工业居世界领先地位，轻工、石油、煤炭、钢铁、汽车等部门也很发达。加拿大是世界最大的矿产品出口国之一，制造业发展水平也相当高，是加拿大最大的工业部门。墨西哥的石油和采矿业（矿种含银、镉、萤石等），特立尼达和多巴哥的石油、天然气和沥青开采，牙买加的铝土开采、古巴的制糖和采矿等也很著名。北美洲农业生产专门化、商品化和机械化程度都很高，中部平原是世界著名的农业区之一，农作物以玉米、小麦、水稻、棉花、大豆、烟草为主，其中大豆、玉米、小麦产量在世界农业中占重要地位。中美和西印度群岛诸国主要产甘蔗、香蕉、咖啡、可可等热带作物。北美的贸易也十分活跃，美国和加拿大两国的进出口贸易对世界许多国家经济都有着广泛、深刻的影响，且美、加两国自身也是全球最大的贸易伙伴。

三、旅游业概况

北美洲旅游业比较发达，美国、加拿大各大城市集中了众多的名胜古迹、现代建筑群和各种现代化的文化、娱乐设施。西部山区多国家公园，沿海多海滨游览胜地。最著名的旅游城市有迈阿密、华盛顿、西雅图、洛杉矶、渥太华、温哥华以及西印度群岛的哈瓦那等。

北美洲南北地区经济的差异，且南北气候的明显差别，这使得美国和加拿大成为北美洲重要的客源国，而墨西哥及其以南加勒比海地区各国多成为旅游者接待国，形成自北向南的旅游客流，特别是从北部偏东地区沿着大陆东侧向亚热带和热带的佛罗里达、墨西哥和加勒比海地区流动。墨西哥湾周围地区，特别是佛罗里达，是全年性的旅游目的地。

北美洲的历史文化旅游资源相对较少，城市旅游资源主要是城市本身、现代文化和人工娱乐设施，而不是城市历史、建筑物和文化遗迹。然而，正是由于北美洲历史文化资源较少，又与欧洲有密切的历史文化联系，因而形成了从北美洲越过大西洋至欧洲的较强大旅游客流。北美洲大多数的旅游活动表现为国内旅游，而不是国际旅游。

第二节　邮轮港口和旅游目的地

北美地区是目前世界上邮轮港口最为集中的区域之一，按照地理区域可分为阿拉斯加地区、美东地区和美西地区。此区的邮轮目的地国主要包括美国和加拿大，其概况如下：

（1）美国

美利坚合众国（The United States of America），简称美国（U.S.A），是由华盛顿哥伦比亚特区、50个州、波多黎各自由邦和关岛等众多海外领土组成的联邦共和立宪制国家。其主体部分位于北美洲中部，领土还包括北美洲西北部的阿拉斯加和太平洋中的夏威夷群岛。面积为937.26万平方千米，人口3亿多，通用英语，是一个移民国家。

（2）加拿大

加拿大（Canada），为北美洲最北的国家，西抵太平洋，东迄大西洋，北至北冰洋，东部和法属圣皮埃尔及密克隆群岛相望，东北部和丹麦领地格陵兰岛相望，南方与美国本土接壤，西北方与美国阿拉斯加州为邻，是典型的英法双语国家。加拿大是世界上海岸线最长的国家，海岸线长24万多千米，国境边界长达8892千米，为全世界最长不设防疆界线。加拿大国土面积约998.47平方千米（居世界第2位），是一个地广人稀的国家。

一、阿拉斯加地区邮轮港口和旅游目的地

阿拉斯加州（Alaska）位于北美大陆西北端太平洋沿岸，是美国面积最大的州，也是世界最大的飞地地区。东与加拿大接壤，另三面环北冰洋、白令海和北太平洋。该州拥有全美20座最高山脉中的17座，6194米的麦金利峰是北美最高峰。世界上大多数活动冰川在阿州境内，其中最大的马拉斯皮纳冰川流域面积为5703平方千米。

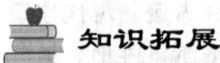
知识拓展

最赚的买卖：美国买下阿拉斯加

1867年美国国务卿西华德以720万美元从沙皇手里买下了阿拉斯加，这一事件被称为史上最赚的买卖，当时在美国国会遭到了强烈的反对。许多议员认为内战刚结束，百废待兴，财政极其困难，不应花钱买一块荒凉的土地。舆论界也认为，购买这块冰天雪地的土地是无比愚蠢的事。经过激烈争论，参议院以微弱多数赞成票批准。然而当初沙皇当"便宜货"抛售的阿拉斯加，在其转让不久，就成为美国的一块宝地。从1897年开始，阿拉斯加开始逐渐发现金矿，随后又发现了丰富的石油。进入人类发展腾飞的20世纪，阿拉斯加又成为太平洋间航空线路的中转站，为无数飞机节省了不可计数的燃料。"二战"后，阿拉斯加又成了美国的战略武器部署地，而阿拉斯加的山姆大叔用导弹直接面向的，就是这片土地曾经的主人——苏联。

阿拉斯加有160万平方千米的辽阔土地，相当于我国新疆的面积，和3个法国、7个英国一样大。阿拉斯加还以其优越的自然条件，成为北美野生动物的天堂，并以其优美的自然景色，成为世界的旅游胜地。

1. 斯卡圭（Skagway）

斯卡圭是北美最北端的深水港，终年不冻。全年是阿拉斯加育空地区、西北地区、亚洲和欧洲之间的交通枢纽。港口航运和公路运输是最经济高效的南北运输方式，可以在一两天内通过航运将育空地区丰富的资源运送到环太平洋地区和南亚市场。

● 坐火车游览育空——斯卡圭最大的特色莫过于乘坐火车一路向东，去育空看原始茂密的森林和野生动植物了。育空是加拿大三个地区之一，位于加拿大的西北方，并且是以流经该地区的育空河来命名的。火车站就在下船的地方，在邮轮上预订好火车观光项目的客人一下船便能上车，方便且性价比极高。

2. 朱诺（Juneau）

朱诺是一个仙境般的地方，1880年因发现金矿兴建，1906年起为州首府，是一个优良的不冻港。鱼类加工、采矿、林业等较兴盛，附近罗伯茨山曾是著名的金矿区。朱诺是美国各首府里唯一一个没有道路与美国其他部分的土地相连的，欲到达朱诺非得靠海空运输。

● 门登霍尔冰川——蓝色冰盖，长19千米，宽2.4千米，最厚处逾30米。发源于阿拉斯加东南的邦德里山脉起始的巨大朱诺冰原的南半部。这是一直延续到18世纪中期的小冰期遗迹，为典型的后退冰川，每年后退约27米。这里可以看到处于自然状态的冰碛层，夹杂着长期埋没的森林残迹。因毗连通加斯国家森林（Tongass National Forest），它是该地区唯一全年通汽车的冰川。

3. 凯奇坎（Ketchikan）

凯奇坎是阿拉斯加的第一座城市，也是阿拉斯加第三大港都，以鲑鱼之城而闻名。当地公园是世界最大图腾雕集中地，拥有丰富的印第安族历史遗迹，1898—1901年凯奇坎陆续发现丰富的金、银、铜矿，奠定了其经济发展基础，推动了城市规模形成。

● 图腾国家公园——设立在宁静的森林内，整个公园有14个图腾柱，每个柱子承载着一个不同背景的故事，以及印第安人的文化，是当地一个不可或缺的著名景点。

● 小溪街（见图8-2）——入口处有一块上面刻着"CREEK STREET"的木刻牌楼，是重要的路标。小溪街是由许多圆木捆绑搭建，圆木竖于河道的一条木造街，现有20多家木造建筑沿凯契根河而建。由于横跨凯契根河，也可称是一座桥。8月末的凯契根河清澈见底，可见鲑鱼溯溪洄游，溪旁有一处用金属铸造的鲑鱼像及纪念碑，上面陈述着对鲑鱼的赞美之词。

图8-2 小溪街

4. 安克雷奇（Anchorage）

位于基奈（Kenai）半岛复活（Resurrection）海峡的安克雷奇港，每年有至少90艘次的邮轮停靠。安克雷奇港是阿拉斯加最著名的邮轮港口之一，苏厄德半岛距其200千米，是风景如画的旅游胜地，被称作"基奈海峡国家公园的大门"。

● 麦金利峰——安克雷奇最有特色的游览项目就是乘火车到丹奈利国家公园，去那里看北美洲最高峰麦金利峰。麦金利峰位于美国阿拉斯加州南部，海拔6194米。由于山体靠近北极圈，因而周围景象酷似北极，层层冰盖掩住山体，无数冰河纵横其中。

● 历史艺术博物馆——安克雷奇历史艺术博物馆以公私合伙方式创立，成立目的是庆祝购买阿拉斯加一百周年。1968年对外开放，展出了60幅阿拉斯加画，以及从民间借展的2500件历史文物。现在，博物馆的官方名称为"Rasmuson中心的安克雷奇博物馆"。该博物馆在2010年5月完成了1亿美元的扩建及完善项目。

二、美东海域邮轮港口和旅游目的地

1. 巴尔的摩（Baltimore）

美国东海岸最繁忙的港口之一。巴尔的摩邮轮码头距市中心仅4千米，位于高速公路I-95右边180米处。巴尔的摩是美国大西洋沿岸重要的海港城市，它位于切萨皮克湾顶端的西侧，离美国首都华盛顿仅有60多千米，港区就在帕塔帕斯科河的出海口附近。从这里经过海湾出海到辽阔的大西洋还有250千米的航程，但由于港口附近自然条件优越，切萨皮克湾又宽广，航道很深，万吨级远洋轮可直接驶入巴尔的摩港区。在独立战争期间，英国军队威胁费城时，巴尔的摩曾一度是美国战时首都，有着丰富的历史遗迹，因此有"不朽城"之称。巴尔的摩最吸引游人的还是内港游览区，它本是以前的码头，经过修整翻新，改造为观光娱乐和购物区，成为老市区复兴的一个典范。

● 国家水族馆——国家水族馆建于1981年，共5层，设有多个巨大的水池水柜，展出了5000多种水生生物。馆内采用先进技术，能使观众在参观时有一种在海底漫游、与鱼虾共舞的感觉，分为儿童海湾、开阔海洋、珊瑚世界、热带雨林和海豚馆等展区。水族馆对面停泊的一艘三桅战舰"星座号"，是美国立国之初的战舰之一，1961年被列为国家文物。

● 火车头历史博物馆——坐落在市区西南面的火车头历史博物馆，是美国唯一保存着各种火车头的地方，在这个仅1200平方米的古色古香的博物馆中陈列品布局集中紧凑。展馆大厅里，井井有条地摆放着各式各样的火车头，从世界上出现的第一个火车头到现今世界上常用的各种火车头。

2. 波士顿（Boston）

波士顿邮轮码头建于波士顿南部滨水地区，为北美地区最受欢迎的码头之一，在国际上排名第十一。码头有通往各大邮轮目的地的航线，且被多数邮轮评为航线上最值得停靠的邮轮码头。波士顿位于查尔斯河与米斯蒂克河两河河口，东濒马萨诸塞湾，是马萨诸塞州首府。波士顿是美国东北部最大港市。这里港湾优良，主航道水深12米，有158个深水码头，远洋巨轮可自由出入，还是美国主要渔港之一。波士顿位于美国东北部大西洋沿岸，创建于1630年，是美国最古老、最有文化价值的城市之一。位于波士顿西部的剑桥大学城有世界著名的高等学府——哈佛大学和麻省理工学院等。波士顿被形容为美洲的雅典，被认为是美国独立的发源地。

● 邦克山——位于美国马萨诸塞州波士顿港北方的小山。美国独立战争时期的古战场。当时有1600名义勇军同占据优势的英国正规军激战，英军死伤达千人，大大鼓舞了义勇军的士气。山顶建有66米高的邦克山战迹纪念塔。

- 自由之路——自由之路是波士顿最著名的一条观光步道，位于波士顿的市中心。是一条由红砖铺成的道路，起始于美国最古老的波士顿公园，全长 4023 米，将波士顿 16 处历史文化遗迹像珍珠项链般串联起来。漫步于"自由之路"，将会看到金顶的马萨诸塞议会大厦，古旧的国王礼拜堂和以美食闻名的昆西市场等著名景点。
- 老北教堂——波士顿最古老的教堂，建于 1723 年。1775 年 4 月，英军计划袭击位于波士顿郊外康可特的弹药库，但事先为鲍尔·利维拉所悉，他在该教堂尖塔上悬挂出两盏石油灯示警，自己连夜策马前往康可特和雷克辛顿方面报信。雷克辛顿方面民兵（独立军前身）得以从容迎击翌晨出现的英军。这一仗揭开了美国独立战争的序幕。教堂前的骑马铜像雕刻，展现的就是建有殊功的鲍尔·利维拉的形象。
- 法尼尔厅——由彼得·法尼尔兴建，原作为市场之用，但在独立战争爆发前，波士顿市民即利用这一建筑物经常集会，讨论独立与自由等大问题。因而获得"自由的摇篮"的别称。2012 年，市民们仍习惯性利用二楼大厅举行各类集会。一楼为市场，三楼则是波士顿炮兵团本部所属的博物馆。

3. **曼哈顿（Manhattan）**

20 世纪 30 年代起就作为客运码头，曼哈顿邮轮码头是欧洲跨大西洋旅行的主要邮轮母港，嘉年华邮轮、挪威邮轮、公主邮轮等著名邮轮公司均在此设立母港。邮轮码头分别设在 88 号、90 号、92 号泊位。因毗邻曼哈顿中心街区，港口周围酒店、餐馆、娱乐设施、购物场所众多。

曼哈顿是一个狭长的小岛，从北而南分为上城（Uptown）、中城（Midtown）及下城（Downtown），岛内摩天大楼林立，有许多著名建筑，例如帝国大厦、克莱斯勒大厦、洛克菲勒中心、麦迪逊广场花园、花园中心、大都会人寿保险大厦、林肯演艺中心、联合国大厦等。曼哈顿是世界上最大的摩天大楼集中区。

著名的观光景点包括上城的中央公园、上城东区、大都会博物馆、古根汉博物馆、麦迪逊大道、上城西区、林肯中心、美国自然历史博物馆、哈林区以及 77 街以北的博物馆大道（Museum Miles）。中城区除了拥有与天争高的摩天大楼如帝国大厦、克莱斯勒大楼、洛克菲勒中心，还邻近商业中心时报广场、百老汇剧院区、名牌货物集散地的第五大道、中央车站。下城区则以金融为中心，著名景点包括苏活区、纽约证券交易所、世界金融中心、南街海港、格林威治村（Greenwich Village）、炮台公园（Battery Park）。在下城区还有一处位于自由岛上的自由女神像。

曼哈顿某些区域为特定民族所聚集，如中国城（China Town）、小意大利区、哈林区（西班牙裔人聚集区）。纽约中央公园位于曼哈顿岛的中央地带，横跨 59 街至 110 街，为 19 世纪 Mr. Frederick Law Olmsted 与 Mr. Calvert Vaux 所设计。以曼哈顿为总部的传播媒体包括：全美三大电视网（ABC、CBS、NBC）、《纽约时报》、《华尔街日报》、《纽约每日新闻》、《纽约邮报》。

4. **蒙特利尔（Montreal）**

蒙特利尔坐落于加拿大渥太华河和圣劳伦斯河交汇处，是加拿大第二大城市、魁北克省最大城市。全市的哥特式教堂林立，法语居民占多数，体现出独特的法国文化底蕴，被认为是北美的"浪漫之都"。蒙特利尔是一个繁荣的国际大都市，其独特的文化个性、优美的城市风光、闲适的生活情调，多次被评为全球最适宜人类居住的城市之一，同时也是加拿大历史最悠久的城市，具有浓郁的拉丁气息。

● 旧城区——旧城区是蒙城旅游的主要景点，东西以贝里街和麦吉尔街为界，南北以圣劳伦斯河与圣杰克街为界，位于圣劳伦斯河畔，很多著名景区汇聚于此，300年前这里曾是繁忙的港口，如今以旅游业为主。游走在旧城区，会看到装扮华丽、披着鲜花的观光马车，不时驶过精妙绝伦的法国景观和古老城堡间。

● 圣母大教堂——蒙特利尔圣母大教堂是北美最大的教堂，建成于1829年，位于蒙特利尔市旧城区中心地带，在达尔姆广场对面。据说圣母大教堂是参照法国巴黎圣母院的样式建造的，所以人们亲切地称呼它为"小巴黎圣母院"，同时它也被称作北美最大的教堂。

● 栖息地67号——蒙特利尔市举办了1967年世博会，由于住宅是此届世博会的主题之一，因此建筑师Moshe Safdie接受委托建造一座大规模的住宅综合楼，首先是供来访的政要使用，其次是供蒙特利尔市的居民居住。栖息地67号既提供了可相互交流的公寓社区，又保证租户的私密性与独立性。这作为世博会亮点的城中城已成为蒙特利尔市最抢眼的地标之一。

5. 魁北克（Quebec）

位于圣劳伦斯河旁的魁北克港，有两个专用邮轮泊位，长度共为530米。游客乘邮轮沿着美丽的河流可领略冰河峡湾的壮丽风景，每年5月初到11月中旬，是当地观赏鲸鱼的最佳时机。魁北克港是加拿大东部重要港口，位于该国东部圣劳伦斯河下游左岸，与圣查尔斯河交汇处。港外，西南距蒙特利尔港139海里，东北距卡提尔港272海里，至贝尔岛海峡699海里，至卡博特海峡551海里，经向风海峡至巴拿马运河北口克里斯托巴尔港3148海里，有横越北美大陆的铁路连接西海岸不冻良港温哥华，东连新斯科舍半岛不冻良港哈利法克斯，西南有公路、铁路经三河城达蒙特利尔市，公路东北达铁矿石输出港卡堤尔港和七岛港（塞堤尔）。港区分布在圣查尔斯河过河大桥以外的河口两岸和圣劳伦斯河左岸。游览魁北克，几乎等同于开启法国之旅，当地的建筑、氛围和多数市民讲法语的习惯都是北美一些地区受法国影响久远而根深蒂固的证明。

全城分新区和老区两部分。新市区高楼林立，商业繁荣，一派现代化城市风貌。旧市区仍保有18世纪时法国城市的风貌。魁北克城名胜古迹甚多，是北美洲一座历史名城。在这里，河面收缩到不足1000米宽，形势险要。魁北克城犹如一头雄狮，镇守着这条水路的咽喉要道，因此，它素有"北美直布罗陀"之称。

● 国家战争公园（Parcdes Champsde Bataille）——在17—18世纪的英法战争中，魁北克市几度成为英方争夺的目标。1759年的一次战役中，城市终于落入英方手中，战争公园便是为纪念此战役而建的。

● 星型城堡（Citadelle）——是魁北克皇家22团的驻地，为北美最大的军用城堡。

- 古堡大酒店（Chateau Frontenac）——建于 1893 年，外表形似童话城堡。
- 蒙特默伦西瀑布（Chute-Montmorency）——每逢冬季，瀑布水流冻结，自下而上垒起白皑皑的冰山，成为一大奇特景观。
- 奥尔良岛（Orleans Island）——这里是魁北克市民的菜篮子，居民保持着传统的生活方式，并有许多特色建筑，其中包括全省 7 座最古老的教堂建筑中的 3 个。

6. 劳德代尔堡（Fort Lauderdale）

该码头的地理位置条件良好，距市中心和机场仅十几分钟车程，为世界上第二大繁忙的邮轮港口。430 多千米的海岸线，共有 12 个邮轮泊位为各大邮轮服务，每年接待 300 万邮轮游客。如 1 号泊位，码头面积达 434 平方米，主要为 New Sea Escape 邮轮使用。

劳德代尔堡是一座充满阳光和娱乐的城市，有着"美国威尼斯"的美誉。劳德代尔堡的大沼泽邮轮码头可以停靠各种大型邮轮。凡是旅游线路上讲的"迈阿密登船"其实都是在劳德代尔堡上船。迈阿密到劳德代尔堡有一个小时的车程。劳德代尔堡早在几十年前就为年轻人所熟知，如今它还是当年那个集日光浴、水上运动、夜生活和其他娱乐活动于一体的喧嚣都市，不过现今它还拥有了科学博物馆、购物中心、精美的饭店和海边欢庆，吸引着举家出游的人们。

- 蓝波海滩——被世人所公认的如此美丽清洁的蓝波海滩，已经完善了各种各样的配套设施，高档的酒店、丰富的活动、完美的景观应有尽有。休闲天堂已经打造成熟，大劳德代尔堡塑造了南佛罗里达的复兴传奇。
- 拉斯韦加斯大道——拉斯韦加斯大道两旁遍布时尚的精品店和高档的零售店，可谓是劳德代尔堡名副其实的"主街"，豪华的广场购物中心更是最近斥资 1 亿美元重新装潢后的杰作。

7. 迈阿密（Miami）

享有"世界邮轮之都"美称的迈阿密拥有 12 个邮轮码头，泊位岸线长达 2 千米，有近 20 艘邮轮以其作为母港，港口的邮轮年靠泊周转量位居世界第一，拥有完备的码头配套设施，邮轮码头离机场仅 15 分钟车程，附近有大型购物中心、宾馆、餐饮区，进关边检程序便捷。20 世纪 90 年代起，迈阿密便与邮轮公司合作开始建设新码头，如今邮轮码头众多且符合人流、物流个性化的需求。迈阿密港也是重要观光胜地，每年有近四百万人在迈阿密港搭乘邮轮前往加勒比海、中南美洲等地旅游。迈阿密港同周围林立的高楼大厦组成了一派亚热带风情，登上观光邮轮可以尽情游览港口附近景致。它是往返拉丁美洲、南欧及西非的航空交通中心。

- 迈阿密南海滩——是全美国著名的旅游景点，也是被一些旅游杂志排入世界前十的海滩。在这里白天可以享受迈阿密的蓝天碧海和明媚阳光，拜访海洋大道上著名意大利时装设计师范思哲的传奇故居卡萨凯瑟瑞纳；晚上可以到海洋大道上感受拉丁风情夜的璀璨斑斓生活。
- 大沼泽地国家公园——大沼泽地国家公园建于 1974 年，如今占地面积达 5666 平方千米。它位于佛罗里达州南部尖角位置，淡水河缓缓流过广袤的平原，因而造就了这种独特的大沼泽地环境。辽阔的沼泽地、壮观的松树林和星罗棋布的红树林为无数野生动物提供了安居之地。这里是美国本土上最大的亚热带野生动物保护地。

● 迈阿密城市购物中心——到迈阿密最大的 Dophin Mall 购物，或前往迈阿密市中心的绿洲——珊瑚阁市，它由迈阿密早期开发商乔治·梅里克 1920 年精心规划设计，号称"万国住宅建筑博物馆"，郁郁葱葱的林荫道两旁尽是异国情调的豪华宅邸。

● 小哈瓦那——在迈阿密市中心有一个充满着南美风情的古巴人聚居地——小哈瓦那，在那里你可以品尝地道的古巴浓缩咖啡，参观古巴雪茄手工作坊，选购纯正的古巴雪茄。

8. 新奥尔良（New Orleans）

以新奥尔良港（见图 8-3）为挂靠港的邮轮航线，可以使不同的游览风情融合于一体。新奥尔良码头周边的景点丰富，如密西西比河、法国风情地、世界一流餐馆。新奥尔良港共有 2 个邮轮码头，3 个邮轮泊位，其计划再建设一个新的邮轮码头。新奥尔良是美国路易斯安那州南部港口城市，也是美国仅次于纽约的第二大港城，濒临墨西哥湾，是路易斯安那州一个重要的港口城市，以爵士乐和法国殖民地文化闻名。整个城市低于海平面 3 米左右，北面是庞恰特雷恩湖，南面密西西比河横穿过市，城中运河渠道众多，地形就如同一只碗，四围以高高的河堤保护起来。

图 8-3 新奥尔良港

● 密西西比河——密西西比河全长 6000 千米，长度仅次于非洲的尼罗河、南美洲亚马孙河和中国长江，是北美大陆的第一长河，是世界第四长河，也是北美洲流程最长、流域面积最广、水量最大的河流，注入墨西哥湾。

● 杰克逊广场——作为法语区心脏的杰克逊广场，面积虽并不大，但它是半个世纪以来街头艺术家们集聚的地方。广场以后来成为美国第七任总统的安德鲁·杰克逊将军的名字命名，他的塑像一直屹立在广场的中央。

● 圣路易斯大教堂——是一座西班牙风格的大教堂，1794 年重建，是美国现存最古老的大教堂之一。大教堂内部的壁画及彩绘的玻璃十分优美,圣路易斯大教堂的两侧是长老馆和祭祀馆。

● 美国水族馆——是美国五大水族馆之一。该水族馆内展示了南北美(包括加勒比海、亚马孙雨林、密西西比河以及墨西哥湾)的主要水生生物,其中动物方面包括有数千种的鱼类、爬行类,以及多种濒临绝种的动物,总数超过 15 000 只。

9. 卡纳维拉尔(Canaveral)

卡纳维拉尔邮轮码头是热带地区的门户,亦是到访奥兰多旅游风景区的必经之地。码头交通位置便利,无论是距离奥兰多国际机场还是距离主题公园、地区酒店都在 50 分钟车程范围内。此外,港口的引航条件也是世界一流的。

在风情万种的佛罗里达州,有一座狭长的岛屿伸入大西洋,它就是闻名遐迩的卡纳维拉尔角。由于肯尼迪航天中心坐落在这里,航天飞机发射使这里成为媒体关注的焦点。卡纳维拉尔角所在地是众人皆知的航空海岸,附近有肯尼迪航天中心和卡纳维拉尔空军基地,美国的航天飞机都是从这两个地方发射升空的,所以卡纳维拉尔角成了航天领域的代名词。卡纳维拉尔角东部靠近梅里特岛(Merritt Island),之间被巴纳纳河分开。

这里还有一座灯塔和卡纳维拉尔港,城区在卡纳维拉尔角南面几千米远的地方。此外本地还有印第安河、梅里特岛、国家野生动物保护区和卡纳维拉尔国家海岸等。

10. 坦帕(Tampa)

坦帕是美国佛罗里达半岛西岸海港城市,地处希尔斯伯勒河口,濒临坦帕湾,外连墨西哥湾。坦帕是美国重要的旅游城市之一,有先进的国际机场,坦帕市区以西 40 千米左右即是名扬全美的清水海滩,每年吸引着众多度假的游客。在市区中,有迪士尼式的游乐场布斯克花园,是游览者梦寐以求的游玩场所。坦帕湾是佛罗里达州最大海湾,它将坦帕与圣彼得斯堡分隔开来,同时也赋予了坦帕悠久的运输历史。坦帕城里有许多古老的和新建景点。坦帕有 3 个紧紧相连的邮轮泊位,码头附近酒店、餐馆等设施齐全,并且码头与周边风景区相距甚近,如佛罗里达水族馆即设在坦帕邮轮码头 2 号与 3 号泊位之间,另外附近还有 Busch 公园、艺术博物馆、IMAX 剧院等娱乐公共设施。

● 坦帕艺术博物馆——坦帕艺术博物馆是一个漂浮在玻璃底座上的电子珠宝盒,酷似一个未来感十足的广告牌,也是一个容纳杰作的地方。这些杰作都是视觉灵感的产物,它们同时也为我们指出了另一种看世界的方式。

● 冒险岛主题公园——冒险岛主题公园坐落于坦帕港市,毗邻布什花园主题公园。在一个舒适的基维斯特气氛中,拥有 4047 平方米的水上乐园和其他景点。热带性的气候令人惬意舒心,有 18 个老少皆宜的水上游玩项目,包括滑行类项目、瀑布波浪池、沙滩排球和一个儿童游乐场。冒险岛还有野餐和日光浴专区,以及户外咖啡馆、小吃店和礼品店等。

● 坦帕布希公园——布希公园位于美国佛罗里达州坦帕湾园区。这个以非洲为主题的公园饲养了 2700 多头动物,园内野性十足,让人仿佛置身非洲大陆。园区内分为不同的主题区,游客们不仅可以和野生动物亲密接触,而且还能欣赏到非洲传统的民族风情。

11. 新泽西自由岬港(Cape Liberty)

新泽西自由岬港邮轮码头位于新泽西的Bayonne(巴约讷)14号码头,距曼哈顿11千米,曾经以军事码头而著称,如今它是皇家加勒比游轮公司、Aamara邮轮公司、精英邮轮公司的专属邮轮码头。平均每天有5~6艘邮轮靠泊。

12. 诺福克(Norfolk)

诺福克邮轮港位于重建的市中心的半月邮轮中心,是皇家加勒比游轮、嘉年华邮轮和荷美邮轮公司的母港,离诺福克国际机场仅有20分钟车程。近些年该港已经成为前往百慕大、巴哈马和加勒比地区的门户,是发展最为迅速的美国邮轮港之一。从邮轮港出发只要步行就可以去码头附近的商业购物中心、餐馆以及艺术品商店。

● 弗吉尼亚海滩——弗吉尼亚海滩是一个以海滩和旅馆闻名的度假城市,并拥有众多的沿海餐厅。每年举办的东海岸冲浪锦标赛以及北美的沙滩足球锦标赛,都在弗吉尼亚海滩举行。该市被评选为世界上最长最快乐的海滩!

13. 查尔斯顿(Charleston)

查尔斯顿邮轮码头依托于以商业著称且美国历史上有名的查尔斯顿市,而今又因邮轮业而繁荣起来。步行即可到达市内各著名景区,查尔斯顿邮轮旅游地理位置优越。

14. 杰克逊维尔(Jacksonville)

位于佛罗里达州的杰克逊维尔邮轮码头依托于风景秀丽的杰克逊维尔,邮轮码头设施齐全,美丽的沙滩、秀丽的自然风光、世界级的高尔夫球场、顶级的台球设施为其增添色彩,另外还定期举办节事庆典。杰克逊维尔邮轮泊位长390米,水深11.6米,其后配置了一个近6000平方米的现代客运中心。

15. 莫比尔(Mobile)

美国新兴的邮轮母港莫比尔码头地处市区,拥有一个两层6100平方米的客运中心及完善的旅客设施。码头处于交通节点,具有良好的通达性。周边配套设施亦较完善,有大量的旅馆、餐馆及景点。嘉年华邮轮的一条全年性航线即是以此为始发母港。

16. 圣胡安(San Juan)

圣胡安(西班牙语:San Juan)位于加勒比海大安的列斯群岛东部,是美国自治领地波多黎各的首府和最大城市,是美国管辖的第42大城市。该港是加勒比海地区最繁忙的邮轮码头之一,也是西半球第二大邮轮码头,如今每年16家公司的700多艘次邮轮到港,年邮轮乘客接待达140万人次。

三、美西海域邮轮港口和旅游目的地

1. 火奴鲁鲁(Honolulu)

火奴鲁鲁是美国夏威夷州首府和港口城市,华人称之为檀香山。位于北太平洋夏威夷群岛中瓦胡岛的东南角,延伸于滨河平原上。市区面积217平方千米,都市区包括瓦胡岛各县,面积1544平方千米。气候温和,年平均气温24℃,年降水量600多毫米。早期为波利尼西亚人小村，19世纪初因檀香木贸易和作为捕鲸基地而兴起。1850年为夏威夷王国首府，1898年夏威夷归属美国，1909年设市，1959年成为州首府。

● 太平洋国家公墓——太平洋国家公墓位于檀香山市区的死火山口"大酒钵"（Punchbowl）内，是专为军人修建的，每年有上百万人来此参观吊唁。墓地庄严安宁，修剪整齐的草坪上，为每位阵亡的军人嵌立一块墓碑，上面记载姓名、职务和生卒年月，碑下安葬骨灰。这里总共安葬了21 000多名在第一次世界大战和第二次世界大战、太平洋战争、朝鲜战争、越南战争中阵亡的官兵。

● 火奴鲁鲁艺术学院——火奴鲁鲁艺术学院位于下城商业区附近是夏威夷最主要的视觉艺术活动场地。火奴鲁鲁艺术学院拥有全夏威夷数量最多的西方与亚洲的艺术收藏品，学院内的多丽丝公爵剧院（Doris Duke Theatre）整年都有关于艺术及世界电影的影片放映。而马奇奇高地上的现代美术馆（The Contemporary Museum）则是夏威夷州主要的现代艺术展览馆。

● 夏威夷海上中心——位于檀香山港，内部有海洋博物馆，馆内除夏威夷的捕鲸历史、海运史、航海文化等展示主题之外，还有一艘有四根桅杆的大型帆船，是仿造古时卡拉卡瓦国王的船屋建造的。

● 怀基基滩——位于夏威夷群岛中的瓦胡岛檀香山市，一面临海，另一面被坷拉威河与市区其他地方隔开。海滩区东起钻石山下的卡皮欧尼拉公园，西至阿拉威游艇码头，长达一英里（1英里＝1.61千米），每日到这里的游客多达25 000人。怀基基滩的精华部分是从丽晶酒店到亚斯顿怀基基海滨酒店之间的一段，这里有细致洁白的沙滩、摇曳多姿的椰子树以及林立的高楼大厦，总长度约三四百米。这一段海水宁静开阔，是一家老小假日休闲的理想地点。

2. 旧金山（San Francisco）

旧金山，又译"圣弗朗西斯科""三藩市"。旧金山是美国加利福尼亚州太平洋沿岸港口城市，是美国西部最大的金融中心和重要的高新技术研发及制造基地，19世纪中叶旧金山在淘金热中迅速发展，华侨称为"金山"，后为区别于同样采出金矿的澳大利亚墨尔本，改称"旧金山"。旧金山是美洲华人最为密集的聚居地，也是世界上著名的高新技术产业园"硅谷"的所在地，每天吸引着无数高科技人才和世界各地的游人。

● 金门大桥（见图8-4）——金门大桥是世界著名大桥之一，被誉为20世纪桥梁工程奇迹，也被认为是旧金山的象征。桥畔安放有设计者约瑟夫·施特劳斯的铜像以纪念其做出的贡献。大桥雄峙于宽1900多米的金门海峡之上，整个大桥造型宏伟壮观、朴实无华。桥身呈朱红色，横卧于碧海白浪之上，每当华灯初放，如巨龙凌空，使旧金山市的夜空景色更加壮丽。

图 8-4　金门大桥

● 渔人码头（见图 8-5）——渔人码头过去曾是意大利渔夫的停泊船只的地方，如今已是旧金山最热门的去处，终年热闹非凡。杰弗逊街和泰勒街交会处的巨蟹标记是渔人码头的象征。各国观光客来到旧金山都要来这里享用一顿新鲜美味的海产宴，品尝海鲜的最佳时节是每年 11 月到次年 6 月之间，码头附近还有海洋公园博物馆等。

图 8-5　渔人码头

● 九曲花街——斜街是旧金山的一大特色。从浪巴街到利文街这一段是一个大下坡，市政当局为了防止交通事故，特意修筑花坛，车行至此，只能盘旋而下，时速不得超过 5 英里（8.05 千米），这段街道因此有"世界上最弯曲的街道"之称。车道两边的花坛里种满了玫瑰，街两边家家户户也都在门口养花种草，花开时节，美不胜收，"花街"的美名，由此而来。

3. 西雅图（Seattle）

西雅图港位于美国西北部华盛顿州西部沿海皮吉特湾的东岸，濒临胡安德富卡海峡，是美国距离远东最近的港口。西雅图已经超过了洛杉矶、长滩、旧金山、圣地亚哥等港口成为美国西海岸邮轮首府，各大邮轮公司正试图将前往墨西哥邮轮所损失的利益从开发新的航线中得到补偿，例如沿加州海岸线新航线和南加州到夏威夷航线等。西雅图的官方别名为"翡翠之城"，其他别名还有"雨城""常绿之城""阿拉斯加门户""女王之城"和"喷气机之城"。

- 太空针塔——太空针塔是美国西北太平洋地区的一座主要地标，位于西雅图市的市中心，在新年时举行烟花会演。它是为了1962年的世界博览会而设计的，在离地159米高的瞭望台和旋转餐厅里可以360°观看西雅图的全景，还包括雷尼尔山、奥林匹克国家公园及普吉湾等。

- 太平洋科学中心——是多拱门的哥特式建筑，设有优美的喷水池，内有雷射戏院、电影院、天文馆、儿童剧场，也展示电影《侏罗纪公园》里七只恐龙模型等在内的各类展品。此中心的主要目的是希望能够教导孩子们学习科学知识，并且逐步引导他们对于科学的兴趣。在研习区，孩子们可体验虚拟现实足球，向机器人挑战tic-tac-toe（一字棋）等有趣的展览。

- 史密斯塔——史密斯塔1914年由Gaggin & Gaggin建筑公司设计建造。这种新古典主义的建筑风格很快风靡西雅图，成为这座城市里普及最广的建筑样式。自建成后，史密斯塔连续多年荣膺密西西比河以西范围内最高的建筑。史密斯塔的三楼有中国的末代封建王朝——清朝，赠予史密斯塔的所有者史密斯先生的礼物——中国之屋。

4. 温哥华（Vancouver）

温哥华紧邻美国，是横贯加拿大东西全境的大铁路终点，是北美洲太平洋东岸重要港口，也是加拿大最大的港口城市。由于受太平洋季风和赤道暖流的影响，这里四季不冻，航运繁忙。自从1887年横贯加拿大东西的大陆桥（西起温哥华，东岸桥头堡为圣约翰港）建成后开始发展起来，温哥华港现已成为加拿大西部的工商业、交通、科技和文化的中心。取道温哥华港是亚洲到北美各航线中最短的航线。温哥华给人印象最深的是覆盖冰雪的冰川及其脚下是众多岛屿点缀的海湾，风景如画，堪称世界著名的旅游城市。

- 斯坦利公园——这是一个位于茂密的热带雨林中的城市心脏，这个6070亩的公园，拥有多种野生动物和自然风光，其中包括著名的温哥华水族馆和雄伟的图腾柱公园。

- 温哥华观景台——乘坐玻璃电梯到达空中131米的高度，是温哥华著名的瞭望台，拥有惊人的360°城市全景视角，可以看到整座城市、山峰和乘坐的邮轮。

- 唐人街——是北美地区的第二大唐人街，这里有充满活力的亚洲气氛。正宗的建筑、充满异国情调的美食、丰富多彩的特色商店、独特狭窄的小巷，是让人探索和发现的好去处。

- 格兰维尔岛——从南边由堤道连接到城市，它是被命名为"世界七大奇景之一"的公共空间项目。格兰维尔岛是一个集家庭、演艺、餐饮于一体的特色公共市场，提供了多种新鲜食品和手工制作的工艺品等。

● 格劳斯山——从多姿多彩的户外娱乐活动到未受污染的大自然环境，格劳斯山是温哥华最受欢迎的旅游目的地，集多功能休闲生活于一体。在位于1128米高的乐园中，游客可以选择并找到适合自己的活动。

● 温哥华水族馆——这里有超过70 000只迷人海洋生物，包括巨大的白鲸、太平洋双面白海豚、好奇的海獭、海豹和虎头海狮等，水族馆为游客提供了一个与海洋动物面对面获得了解的难忘经历。

5. 洛杉矶（Los Angeles）

洛杉矶港位于美国西南部加利福尼亚州西南沿海圣佩德罗湾的顶端，是美国第一大集装箱港。全港在内外港沿岸分布有各种泊位约180个，其中营运泊位140个，远洋深水泊位120多个。洛杉矶又名天使之城。一望无垠的沙滩和明媚的阳光、闻名遐迩的"电影王国"好莱坞、引人入胜的迪士尼乐园、峰秀地灵的贝弗利山庄使洛杉矶成为一座举世闻名的"电影城"和"旅游城"。洛杉矶道路面积占全市面积30%左右，是美国高速公路最发达的城市，也是全美拥有汽车最多的一个城市。

● 好莱坞——好莱坞是全球最著名的影视娱乐基地和旅游热门地点（见图8-6），位于美国加利福尼亚州洛杉矶市市区西北郊。这里依山傍水，景色宜人。大约在20世纪初，这里最先是由摄影师寻找外景地时发现的，进而便吸引了许多拍摄者，而后一些是为了逃脱专利公司控制的小公司和独立制片商纷纷涌来，逐渐形成了一个电影中心。

图8-6　洛杉矶好莱坞环球影城

● 环球影城——环球影城是以电影式主题乐园闻名的洛杉矶地标。为了扩大片厂的需要，影界巨擘Carl Laemmle于1915年，将他的影厂从好莱坞迁至占地更大的现址，并设计了环球影城之旅，25年来带领许多游客参观拍片过程，直到1964年才改用目前园中使用的电车（Backlot Tram Tour），继续带各国参观者前往各知名场景。

● 圣莫尼卡——圣莫尼卡是洛杉矶最有名的海滩之一，这里有一座突堤码头，建于

1908 年。在突堤码头上有一个游乐场和一些餐厅，还有供骑行脚踏车的小径，在海滩上可以打排球、滑直排轮鞋，爬上山坡后还有一片草地。值得一提的是距离海滩不远处有一个适合逛街的行人徒步区——三街。

● 洛杉矶迪士尼乐园（见图 8-7）——位于洛杉矶市区东南，是世界上最大的综合游乐场。1955 年，美国动画片大师沃尔特·迪士尼在洛杉矶附近创办了第一座迪士尼游乐园。内设主街、冒险乐园、新奥尔良广场、动物王国、拓荒者之地、米奇卡通城、梦幻乐园、未来王国八个主题公园。游客来此还可以到附近的海滩游泳、滑水、驾帆船，到深海捕鱼，乘气球升空，或是参观附近的名胜古迹。

● 盖蒂中心——盖蒂中心位于圣莫尼卡山脚。鸟瞰洛杉矶全景的盖蒂中心是由世界一流建筑师理查德·迈耶设计的。简洁的线条，明快的色调，自然的采光，室内天井与室外花园浑然一体，开放的空间极具细腻与粗糙的和谐美感。由于新博物馆规模巨大，迈耶有心借着串联不同时代的展览室之际，让参观者不时地接触自然，展现基地本身的特色。

图 8-7　洛杉矶迪士尼乐园

6. 圣地亚哥（San Diego）

圣地亚哥位于加州西南角，邻近墨西哥边境，有一种独特的跨文化的感觉，这里有阳光充沛的地中海氛围，夹杂着南部边界的热情，还有一些典型的加州海滩小镇。圣地亚哥港是个军港，具有历史和老城风貌，圣地亚哥的邮轮码头还为游客提供了专门的邮轮航线，展示了美国海军的强大实力和海上风光。这里被称为一个美丽无限的地方，深情的当地人和无尽的阳光，使圣地亚哥成为美国最受欢迎的城市之一。世界著名景点如圣地亚哥动物园、索尔克研究所的海洋世界、拉霍亚和科罗纳多跨海大桥撑起了一个强大的地区旅游业，吸引了来自世界各地的游客。

● 巴波亚公园——美国最大的城市文化公园。这个占地 1200 英亩的公园包含 15 个主要博物馆，多座著名表演艺术场馆，美丽的花园和世界著名的圣地亚哥动物园。

● 拉荷亚——海滩海岸线曲折优美，是圣地亚哥海滩中的一颗明珠。这里是优质住宅区，分布着艺廊、精品店、露天咖啡馆，还有古老的教堂、当代的艺术馆和临海酒店。这里的海水清澈，是潜水爱好者的乐园，也可观赏到野生海豹。

● 圣母山——圣·克里斯托瓦尔山（圣母山）是圣地亚哥市制高点，位于城市东北部，为安第斯山脉一个细小分支的终点。圣·克里斯托瓦尔山占地 712 公顷，海拔 880

米,山中有多处景点,如圣母像、动物园、游泳池、餐厅、文化之家等。1908年在山顶竖立了圣母像。圣母像铸于法国,高14米,重36吨,是圣地亚哥的主要标志。

● 海洋世界——这个巨大的冒险海洋公园提供特写镜头的拍摄。游客可以观看企鹅、海豚、鲨鱼、海狮、虎鲸的表演,参与游乐项目并有机会体验饲养海洋哺乳动物。

7. 长滩（Long Beach）

长滩港是全美第二繁忙港口,曾经是美国太平洋舰队的母港,而今是嘉年华邮轮公司的邮轮母港,其中一些邮轮在此抵离,其余邮轮则停靠在世界邮轮中心洛杉矶的圣佩德罗湾。

8. 加尔维斯顿（Galveston）

加尔维斯顿港位于得克萨斯州加尔维斯顿海峡的峡口处,距离海洋30分钟船程。加尔维斯顿邮轮码头为嘉年华邮轮Ecstasy号和Conquest号的常年性母港。此外,其他邮轮公司也有航线中途挂靠此港。

第三节　区域主要邮轮航线

一、运营的邮轮公司及其邮轮部署

【地中海邮轮】神曲号

【歌诗达邮轮】炫目号

【公主邮轮】帝王公主号、加勒比公主号、海岛公主号、海洋公主号、红宝石公主号、皇冠公主号、珊瑚公主号、太平洋公主号、太阳公主号、星辰公主号、至尊公主号、黄金公主号

【荷美邮轮】阿姆斯特丹号、奥斯特丹号、华伦丹号、马士丹号、诺丹号、尚丹号、史特丹号、威士特丹号、新阿姆斯特丹号、鹿特丹号、欧罗丹号、如德丹号、维丹号

【皇家加勒比游轮】海洋灿烂号、海洋探险者号、海洋珠宝号、海洋富丽号、海洋光辉号、海洋圣歌号、海洋旋律号、海洋自主号、海洋标志号

【嘉年华邮轮】嘉年华奇迹号、嘉年华启示号、嘉年华想象号、嘉年华辉煌号、嘉年华阳光号、嘉年华传奇号

【精致邮轮】极致号、千禧号、无极号、尖峰号

【水晶邮轮】和韵号、尚宁号

【挪威邮轮】挪威宝石号、挪威明珠号、挪威太阳号、挪威之晨号、挪威珠宝号

【银海邮轮】银海发现号、银影号、银啸号、银神号

【世邦邮轮】旅行者号、探索号、奥德赛号

【迪士尼邮轮】梦想号、奇观号

【精钻邮轮】精钻旅程号、精钻探索号

二、主要邮轮航线

1. 阿拉斯加地区主要邮轮航线

● 温哥华（Vancouver）—凯奇坎（Ketchikan）—朱诺（Juneau）—斯卡圭（Skagway）—冰川湾（Glacier Bay）—苏厄德/迪纳利（Seward/Dinali）—安克雷奇（Anchorage）（起点港非终点港）

● 温哥华（Vancouver）—内湾巡航—朱诺（Juneau）—斯卡圭（Skagway）—冰川湾巡航（Glacier Bay）—凯奇坎（Ketchikan）—维多利亚（Victoria）—西雅图（Seattle）（起点港非终点港）

● 温哥华（Vancouver）—冰河湾（Glacier Bay）—哈伯冰河（Hubbard Glacier）—朱诺（Juneau）—凯奇坎（Ketchikan）—温哥华（Vancouver）

● 安克雷奇（Anchorage）—哈伯冰河（Hubbard Glacier）巡游—冰河湾国家公园和保护区（Glacier Bay National Park and Preserve）—斯卡圭（Skagway）—朱诺（Juneau）—凯奇坎（Ketchikan）—内湾巡航—温哥华（Vancouver）（起点港非终点港）

● 西雅图（Seattle）—凯奇坎（Ketchikan）—哈伯冰河（Hubbard Glacier）巡游—朱诺（Juneau）—维多利亚（Victoria）—西雅图（Seattle）

● 西雅图（Seattle）—温哥华（Vancouver）—艾西海峡（Icy Strait）—哈伯冰川公园（Hubbard Glacier Park）—朱诺（Juneau）—凯奇坎（Ketchikan）—温哥华（Vancouver）—西雅图（Seattle）

● 西雅图（Seattle）—内湾巡航—朱诺（Juneau）—斯卡圭（Skagway）—冰川湾巡航（Glacier Bay）—凯奇坎（Ketchikan）—维多利亚（Victoria）—温哥华（Vancouver）（起点港非终点港）

● 温哥华（Vancouver）—凯奇坎（Ketchikan）—特雷西峡湾（Tracy Arm）—朱诺（Juneau）—斯卡圭（Skagway）—锡特卡（Sitka）—哈伯德冰川（Hubbard Glacier）—苏厄德（Seward）（起点港非终点港）

2. 美东海域主要邮轮航线

● 迈阿密/劳德代尔堡（Miami/Fort Lauderdale）—基韦斯特（Key West）—科苏梅尔（Cozumel）—罗阿坦岛（Roatan）—蒙特哥贝（Montego Bay）—迈阿密/劳德代尔堡（Miami/Fort Lauderdale）

● 迈阿密/劳德代尔堡（Miami/Fort Lauderdale）—圣约翰（St. John）—圣胡安（San Juan）—拿骚（Nassau）—迈阿密/劳德代尔堡（Miami/Fort Lauderdale）

● 迈阿密（Miami）—圣托马斯（St. Thomas）—罗索（Rosso）—布里奇顿（Bridgetown）—卡斯特里（Castries）—菲利普斯堡（Philipsburg）—迈阿密（Miami）

● 迈阿密（Miami）—大巴哈马岛（Grand Bahama Island）—拿骚（Nassau）—大斯特拉普岛（Great Stirrup Cay）—迈阿密（Miami）

- 迈阿密（Miami）—大斯特拉普岛（Great Stirrup Cay）—海上巡航—奥乔里奥斯（Ocho Rios）—乔治敦（Georgetown）—科苏梅尔（Cozumel）—迈阿密（Miami）
- 迈阿密（Miami）—海上巡游—科苏梅尔（Cozumel）—海上航行—乔治敦（Georgetown）—奥乔里奥斯（Ocho Rios）—海上巡游—迈阿密（Miami）
- 劳德代尔堡（Fort Lauderdale）—拿骚（Nassau）—圣托马斯（St. Thomas）—菲利普斯堡（Philipsburg）—劳德代尔堡（Fort Lauderdale）
- 劳德代尔堡（Fort Lauderdale）—大特克群岛（Grand Turk Islands）—古斯塔维亚（Gustavia）—圣约翰斯（St. John's）—巴斯特尔（Basseterre）—维尔京群岛（Virgin Islands）（英属群岛）—劳德代尔堡（Fort Lauderdale）
- 奥兰多（Orlando）—劳德代尔堡（Fort Lauderdale）—公主岛（Princess Island）—海上巡游—圣马丁岛（Saint Martin）—圣托马斯（St. Thomas）—大特克岛（Grand Turk Island）—海上巡航—劳德代尔堡（Fort Lauderdale）—迈阿密（Miami）（起点港非终点港）
- 奥兰多（Orlando）—拿骚（Nassau）—迪士尼漂流岛（Disney Rafting Island）—奥兰多（Orlando）
- 加尔维斯顿（Galveston）—大开曼（Grand Cayman）—罗阿坦岛（Roatan）—科苏梅尔（Cozumel）—公主岛（Princess Island）—加尔维斯顿（Galveston）
- 波士顿（Boston）—波特兰（Portland）—巴港（Bar Harbor）—圣约翰（St. John）—哈利法克斯（Halifax）—波士顿（Boston）
- 卡纳维拉尔（Canaveral）—可可湾（Coco Bay）—海上巡航—圣托马斯（St. Thomas）—菲利普斯堡（Philipsburg）—卡纳维拉尔（Canaveral）
- 卡纳维拉尔（Canaveral）—拉巴地（Labadee）—法尔茅斯（Falmouth）—乔治敦（Georgetown）—科苏梅尔（Cozumel）—卡纳维拉尔（Canaveral）
- 卡纳维拉尔（Canaveral）—基韦斯特（Key West）—海上巡游—大开曼岛（Grand Cayman Island）—科苏梅尔（Cozumel）—海上巡游—卡斯达韦岩礁（Kasdavi Cay）—卡纳维拉尔（Canaveral）
- 自由岬（Cape Liberty）—波特兰（Portland）—巴港（Bar Harbor）—哈利法克斯（Halifax）—夏洛特敦（Charlottetown）—魁北克城（Quebec City）—加斯佩（Gaspe）—自由岬（Cape Liberty）
- 纽约（New York）—海上巡航—奥兰多（Orlando）—大斯特拉普岛（Great Stirrup Cay）—拿骚（Nassau）—海上巡航—纽约（New York）
- 纽约（New York）—大西洋—哈利法克斯（Halifax）—圣约翰（St. John）—波特兰（Portland）—波士顿（Boston）—罗得岛（Rhode Island）—纽约（New York）

3. 美西海域主要邮轮航线

- 西雅图（Seattle）—海上巡游—朱诺（Ketchikan）—斯卡圭（Ketchikan）—冰河湾国家公园巡航—凯奇坎（Ketchikan）—维多利亚（Victoria）—西雅图（Seattle）
- 旧金山（San Francisco）—海上巡航—卡波圣卢卡斯（Cabo San Lucas）—海上巡

航—阿卡普尔科（Acapulco）—海上巡航—圣胡安（San Juan）—蓬彭塔雷纳斯（Punta Tarenas）—海上巡航—基多（Quito）—海上巡航—利马（Lima）—海上巡航—拉塞雷纳（La Serena）—圣地亚哥（Santiago）（起点港非终点港）

● 旧金山（San Francisco）—海上巡航—凯奇坎（Ketchikan）—朱诺（Ketchikan）—斯卡圭（Ketchikan）—特雷西湾（Tracy Bay）—海上巡航—维多利亚（Victoria）—旧金山（San Francisc）

● 旧金山（San Francisco）—海上巡航—夏威夷（Hawaii）—夏威夷檀香山（Honolulu）—夏威夷考爱岛（Kauai）—夏威夷毛伊岛（Maui）—海上巡航—恩塞纳达（Ensenada）—旧金山（San Francisco）

● 洛杉矶（Los Angeles）—海上巡游—国际日期变更线—关岛（Guam）—海上巡游—基隆/台北（Keelung）—冲绳（Okinawa）—上海（Shanghai）—鹿儿岛（Kagoshima）—海上巡游—京都/大阪（Kyoto/Osaka）（起点港非终点港）

● 洛杉矶（Los Angeles）—恩塞达那（Ensenada）—海上巡游—洛杉矶（Los Angeles）—圣卡塔利娜岛（Santa Lina Island）—恩塞达那（Ensenada）（起点港非终点港）

● 圣地亚哥（San Diego）—海上巡游—圣塔利娜岛（Santa Lina Island）—恩塞纳达（Ensenada）—圣地亚哥（San Diego）

● 劳德代尔堡（Fort Lauderdale）—乔治敦（Georgetown）—科苏梅尔（Cozumel）—科斯塔玛雅（Costa Maya）—罗阿坦（Roatan）—劳德代尔堡（Fort Lauderdale）

复习思考题

1. 熟悉北美地区主要港口和航线概况。
2. 了解北美地区一些国家和城市的主要旅游景区或景点。

第九章 加勒比海地区

第一节 区域地理特征

加勒比海是大西洋经巴拿马运河通往太平洋航线的必经之地,是南美洲和北美洲之间许多航线的中心,因此在航运和政治、经济、文化、旅游等多种层面的战略地位上都具有重要意义。加勒比海地区是世界著名邮轮旅游目的地,目前加勒比海地区已经打造出东加勒比海(从圣托马斯到安提瓜)、西加勒比海(从墨西哥到危地马拉)、南加勒比海(从多米尼加到哥斯达黎加)等邮轮旅游线路。该地区旅游发端于19世纪晚期,20世纪六七十年代有所发展,20世纪80年代以后,邮轮旅游得到快速兴起。

一、地理概况

加勒比海是世界著名的海区,大西洋的一部分。加勒比地区地处低纬度,在两列岛弧、南美大陆与中美地峡之间,是南美大陆、美洲与太平洋地区海上联系的必由之路,因当地原住民为加勒比印第安人而得名。东西最长约2800千米,南北最宽约1400千米,面积275万平方千米,平均深度2491米,是世界深度最大的陆间海之一。

对于加勒比地区所指的地理范围理解不同,说法不一。广义地说,加勒比地区包括加勒比海中的全部岛屿及沿岸的所有国家和地区,或者说,包括全部中美洲和南美洲北部沿岸国家和地区。狭义的加勒比地区,只包括加勒比海中诸岛、伯利兹和南美洲东北部的圭亚那、苏里南、法属圭亚那。加勒比国家联盟成立于1994年7月24日,成员国共37个,包括加勒比地区所有国家和未独立的岛屿,总面积达500多万平方千米,见图9-1。

根据地理位置将加勒比海地区分为三个区:

东加勒比海——圣托马斯,圣马丁,海地,波多黎各,开曼群岛,维尔京群岛,大特克斯群岛,巴哈马,安的列斯群岛,安提瓜等;

西加勒比海——墨西哥,洪都拉斯,伯利兹,牙买加,哥伦比亚,危地马拉等;

南加勒比海——多米尼加,格林纳达,圣托马斯,安的列斯,巴巴多斯,哥斯达黎加等。

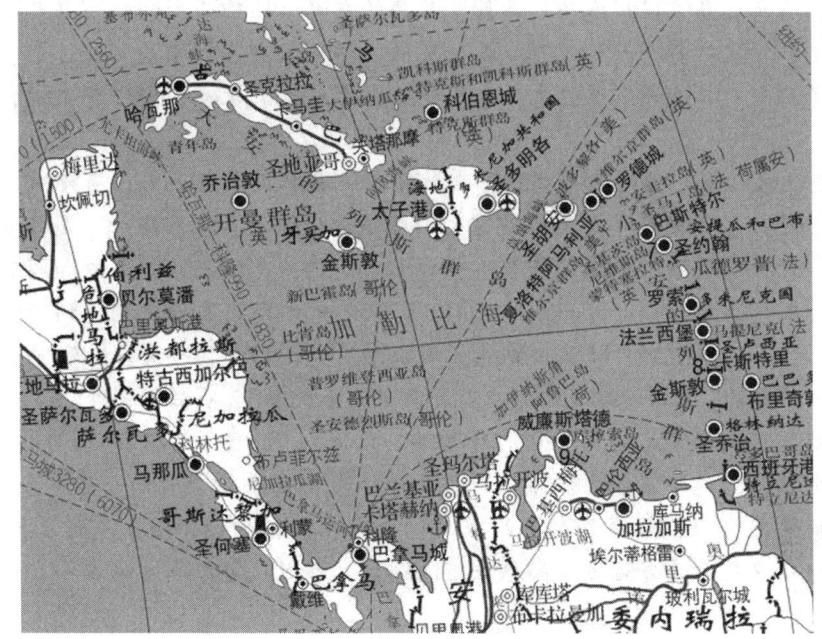

图9-1 加勒比海区域

地图来源：国家测绘地理信息局网站。审图号：GS（2008）1424号。

二、自然、人文和经济特征

（一）自然特征

在加勒比海内有大安的列斯群岛、小安的列斯群岛和巴哈马群岛三个群岛，分布着1000多个岛屿及无数环礁和暗礁。

1. 大安的列斯群岛。位于加勒比海北侧，主要包括古巴岛、海地岛、牙买加岛、波多黎各岛，是加勒比海岛屿的重要组成部分。

2. 小安的列斯群岛。位于加勒比海东面，自北向南呈弧形排列，包括维尔京群岛、背风群岛和向风群岛，这些岛屿面积相对较小。

3. 巴哈马群岛。位于大安的列斯群岛北面，主要由14个较大岛屿和众多珊瑚岛、珊瑚礁组成。

 知识拓展

加勒比海群岛的三个类型

加勒比海的岛屿众多，是世界上群岛分布密集的地区之一，这些群岛主要有三类：

第一类是石灰岩岛屿。这类岛屿地势低平，由珊瑚岩质碎屑和石灰岩沙构成。它们

主要分布在加勒比海东南部、北部和东侧，包括巴哈马群岛的特克斯和凯科斯两群岛、安圭拉岛、巴布达岛、安提瓜岛、瓜德罗普岛的东部、巴巴多斯岛、阿鲁巴岛、库拉索岛和博奈尔岛。这些岛屿一般都有极其优良的沙滩，只有库拉索岛例外，不过这里至少已经建成了两个人工海滩。这些岛屿在气候上也有明显的优点，即很少下雨，冬天晴朗干燥。

第二类是火山岛。这些岛屿多山，自然景观十分壮丽。这些火山有死火山和休眠火山两类。1902年，马提尼克岛上的培雷火山爆发，摧毁了圣彼利城，但是许多火山，如多米尼加、蒙特塞拉特、瓜德罗普等岛上的火山，仍然有温泉、火山口和间歇泉。在背风群岛和向风群岛的西侧，有一系列火山岛，从北部的萨巴岛一直延伸到南部的格林纳达岛。萨巴岛有许多壁立的陡崖，自然景观雄伟。在尼维斯、圣文森特和蒙特塞拉特三岛上，有一些由黑色火山沙组成的海滩。圣马丁岛至少有32处白色沙滩。

第三类是断块非火山群岛。它们位于加勒比海内侧，包括古巴岛南部、牙买加岛、伊斯帕尼奥拉岛、波多黎各岛和维尔京群岛等。这些岛屿由上升的平坦断层岩块形成。在地形上，主要由海拔较高的高原组成，但也有东西延伸的山脉。有的山峰海拔高达3000米。这些岛屿的许多地方，高原被河流深切，形成气势雄浑的峡谷和有巨大吸引力的景观。

大安的列斯群岛、小安的列斯群岛和巴哈马群岛地处北纬10°~27°，属于热带海洋气候，年平均气温在25~26℃，气温日较差和年较差都不大。空气湿度通常在70%以上，但是有比较稳定的信风和海陆风，因而使人感到不过于闷热。一年中各月都有降雨，但是冬天一般比较干燥，有的群岛冬季干燥而晴朗，对开展旅游比较有利。在夏末，该地区可能常常受到飓风的袭击。由于冬季比较干燥，因而冬季是加勒比海的旅游旺季。

加勒比海是世界上最大的内海之一，位于大西洋西部边缘，是沿岸国最多的大海。热浪高温有利于浅滩和火山岛基座上繁殖珊瑚虫，海区分布着众多的珊瑚礁和珊瑚岛；加勒比海盛产金枪鱼、海龟、沙丁鱼、龙虾等，在这里可以吃到最新鲜的海鲜；加勒比地区植被一般为热带植物，环绕潟湖和海湾有浓密的红树林，沿海地带有椰树林，各岛普遍生长仙人掌、分布有雨林。明媚的阳光和风姿迥异的海岛，已使该地区成为世界主要的冬季度假胜地。

（二）人文特征

加勒比海地区原来居住着印第安人，在欧洲殖民者入侵以前约有100万人，分属于阿拉瓦克、西博尼和加勒比三大部族。公元1492年，哥伦布首航到达这里，误以为是印度附近的岛屿，后人将这些岛屿称为西印度群岛。15世纪末到16世纪中叶，岛屿成为西班牙的殖民地，此后，又先后受到英国、荷兰、法国、丹麦和美国的入侵和殖民统治。18世纪末以后，众多岛山与所在国家或地区不断在政治上获得独立。各个岛屿的语言文化、建筑风格等都在不同程度上反映了其作为殖民地和其他政治历史发展的背景。在文化层面上原住民的当地语言与宗教，西班牙、葡萄牙移民的语言和天主教，英国、荷兰移民的语言和基督教新教,以及非洲文化在这里融合。英语、法语、西班牙语和荷兰语成为不同国家的官方语言。

(三)经济特征

加勒比地区热带多雨的自然条件及肥沃土壤,使得甘蔗、咖啡、可可等经济作物种植业发达;部分岛屿及大陆上的有色金属和油气资源,让铝土、油气开采业发达;热带岛国自然风光,促进了旅游业的发达。该地区岛国除了特立尼达和多巴哥外,大多数在经济上高度依赖旅游业。这些国家的政府一般都非常重视和希望在旅游业上有较快的发展。许多岛屿的货币与美元有密切关系,但海地和多米尼加等国例外。这两个国家经济不发达,但正是由于这一点使它们成为价格最便宜的加勒比海旅游目的地,因此对美国市场有很强的吸引力。

三、旅游业概况

加勒比海地区的旅游资源以气候和海岸资源相结合为特点,最有吸引力的是海滨胜地。这些胜地为旅游者提供了广泛的与海水有关的活动,如垂钓、潜水、航船和乘船巡游等。该地区旅游的另一个明显特点是,对北美旅游市场有严重的依赖,每年大约有60%的游客来自美国。

加勒比海地区旅游的空间格局与交通状况有着密切的关系。交通状况导致了旅游活动集中分布在加勒比海北半部。北半部的岛屿在地理上较接近于美国市场,而且除了古巴以外,与其他因素结合来看,也是最有吸引力和交通最便捷的地方。航空线路反映岛屿政治联系,也是将旅游者带到这个地区来的关键因素之一。

加勒比海地区搭乘游船的旅游活动也比较发达。加勒比海地区主要的巡航旅游中心是迈阿密和波多黎各,它们都位于该地区的北部。而加勒比海南部与主要巡游活动中心相距甚远,因而这种活动开展甚少。巡航旅游有三条路线,一是从美国的迈阿密到巴哈马的1~4天的短期巡航旅游,以及从波多黎各到维尔京群岛的巡游。二是从迈阿密到南加勒比海和尤卡坦半岛,以及从波多黎各的圣胡安到南部的一个星期的巡游。三是从佛罗里达到整个加勒比海的两个星期的巡游。人们对这种长时间的巡游兴趣正在降低,因而到最南部岛屿的巡游旅游者大量减少。

游记分享

加勒比海——盗不走的美景

加勒比海是世界上最大的内海,位于北美洲东南部,那里碧海蓝天,阳光明媚,海面水晶般清澈。畅游加勒比海域,除了欣赏海上风光,最重要的就是到达几个最美的岛屿。

沿岸1:海地的美丽岛屿拉巴地

拉巴地是一个纯净、无污染的海岛,在这里你可以浮潜或游泳,或者静静地晒太阳。

拉巴地的海岸线很奇特，一边是天然的深水港——22万吨的海上巨无霸停靠得四平八稳，而离码头约100米的地方却是一个沙细水蓝的游泳沙滩，让人不禁深深感慨上帝造物的用心和伟大。

沿岸2：牙买加第二大城欧裘里欧斯

五百年以前，哥伦布第一次发现牙买加，描述这岛"清澈明丽，看之不倦"。在欧裘里欧斯岛可以自费参观一座建于18世纪为了防御海盗侵袭而建造的碉堡，还可以观赏著名的唐氏瀑布，它是一个183米高的瀑布，被称为"加勒比海的尼加拉"，终点是流向加勒比海。最有趣的是，其中布满许多岩石，可由下攀爬而上。

沿岸3：墨西哥的科苏梅尔

墨西哥的科苏梅尔是加勒比海域一处典型的度假胜地，阳光满溢的象牙色沙滩上有着摇曳生姿的棕榈树及珊瑚礁。可以在岛上买到很多充满异域风情的首饰和手工艺品。玛雅文化是世界最重要的古文化之一，科苏梅尔是古代玛雅人的圣地，至今仍完整地保存着玛雅文化遗迹。

沿岸4：古巴南面的大凯门岛

在古巴南面，介于牙买加和墨西哥之间，有一个美丽的岛屿叫"大凯门岛"。这里的沙滩品质一流，非常适合懒洋洋地躺上大半天。躺累了，再套上面具去附近的珊瑚礁石浮潜一会儿。在大凯门岛，和黄貂鱼一起游泳很有趣。据说过去渔民们在打到鱼之后会把小鱼放掉，久而久之那里聚集了无数与人们非常友好的黄貂鱼，和黄貂鱼一起游泳也成了当地最有意思的旅游项目之一。

《加勒比海盗4》中的绝美景致来自几片风格迥异的海岛：夏威夷的考艾岛、瓦胡岛，加勒比海的波多黎各和帕罗迷尼托无人岛。它们美得让人惊叹，就像传说中的天堂。

资料来源：http：//www.microfotos.com/?p = home_imgv2&picid = 807018。

第二节　邮轮港口和旅游目的地

加勒比海地区是世界上最受欢迎的邮轮旅游目的地，该地区清澈的海水、迷人的沙滩，吸引了无数游人。乘坐舒适的邮轮成为许多游客前往该地旅游的主要方式之一。这里温暖的气候、令人叹为观止的邮轮挂靠港口，有着其独特的魅力；这里有数以千计的世界著名海滩，有无数免税店；海水里孕育着无数海洋生物。从佛罗里达南部到南美，这里不仅拥有阳光海水冲浪，还为邮轮公司提供多种邮轮航线选择（包括两晚的短途航线，和从纽约出发到中美洲的长途航线）。

加勒比地区的自然地理优势突出，属于热带海洋气候，年均气温在25~26℃，气温日较差和年较差都不大，温和宜人，风景美丽，全年适宜开展邮轮旅游，使加勒比地区全年旅游旺季长达7个月。加勒比游轮经济区航行季节见表9-1。

第九章 加勒比海地区

表 9-1 加勒比游轮经济区航行季节

月份	1	2	3	4	5	6	7	8	9	10	11	12
加勒比海域航行热度	★	★	★	★	☆	☆	☆	☆	☆	★	★	★

注：★ 代表航行旺季，☆ 代表航行平季。

一、东加勒比海

印第安人的勇敢者海域——加勒比海，可以说是美国的后花园，因为加勒比海岛屿众多，邮轮成为当之无愧的最佳交通工具。东加勒比海航线是游客们最常选择的一条航线，也是整个加勒比海邮轮航线中相对较经典的一条。一般航线会从美国佛罗里达州的劳德代尔堡起航，经过巴哈马群岛、圣马丁、圣托马斯等几个大的岛屿目的地。这些岛上的风光以巴哈马殖民地风貌为主，中世纪时期这里曾经海盗横行，因此留下了许多传奇故事和历史遗迹。而在如今的和平岁月里，岛屿的碧海蓝天和洁白沙滩，成了潜水爱好者的天堂。

1. 半月湾（Half Moon Bay）

半月湾是巴哈马群岛最重要的鸟类保护区，因为它的形状极似加勒比海上镶嵌着的一弯半月，故取名为半月湾；这里也是荷美邮轮公司专属的休闲岛屿，荷美航运公司斥资购置半月湾，因为不忍破坏浑然天成的完美景致，因此只进行 10% 的有限开发。

2. 圣马丁（Saint martin）

圣马丁（见图 9-2）是西印度群岛的一个小岛屿，有意思的是，圣马丁同时被两个国家所拥有。南半部属于荷兰，而北半部则属于法国领地。邮轮的码头建于岛南边的菲利普斯堡，因此南半部的旅游热度要明显高于北部。邮轮靠岸后，就会看到，在"大海湾"和"大盐塘"之间，菲利普斯堡占据了一块狭长的土地，其两条主干道弗伦特街和贝克街穿越整座城市。

图 9-2 圣马丁

3. 拿骚（Nassau）

拿骚是巴哈马首都，距美国的迈阿密城只有290千米，是一个古文明的神奇与新世纪的梦幻相交汇的地方。拿骚市中心有一条最富历史感的街道——港湾街。离拿骚城仅一箭之遥的即是有名的天堂岛。天堂岛有两座桥与拿骚相连。一直绵延到北部海岸的沙滩有着令人心旷神怡的景致，这里还设有高尔夫锦标赛球场。岛上最具人气的地方是占地14英亩的"亚特兰特水景"，它是全世界最大的室外水族馆，这片水域里遨游着一百多种鱼类。拿骚和天堂岛这一对姊妹岛屿将国际大都会的魅力和热带旖旎风光完美地融合为一体，令人流连忘返。

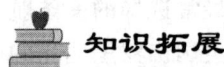

知识拓展

岛国巴哈马

巴哈马位于美洲西印度群岛北部，古巴和海地的北面，与美国佛罗里达隔海相望。这是一个由700多个岛屿和2400个岩礁及珊瑚礁组成的岛国。该国气候宜人，岛屿上有大片沙滩和海滨浴场，海水清澈，海洋风光绮丽，很适于旅游。旅游业是该国重要的产业部门，它的发展始于20世纪50年代，其基础是当时该国航空事业的迅速发展。

● 大巴哈马岛

大巴哈马岛位于巴哈马群岛最北端，与美国佛罗里达隔海相望，岛上风光秀丽，气候宜人。岛西部的自由港位于全球最主要的邮轮及货轮航道上，是客运邮轮最佳的靠泊地。自由港的集装箱码头、客运邮轮码头、大型船舶维修设施、自由贸易区及其工业园和大型旅游设施使大巴哈马岛成为全国最重要的港口、工业中心和旅游中心。岛上有较发达的公路交通，与首都及其他主要成员岛以及美国佛罗里达有较为方便的海上和空中交通运输。大巴哈马岛上最吸引人之处，是岛上的"火湖"。

● 安德罗斯岛

安德罗斯岛是巴哈马群岛中最大的岛屿，位于大西洋上、距首都拿骚岛西32千米，由许多小岛组成，其南北长167千米，东西宽64千米，岛上居民约8000人。岛上自然资源较为丰富，其土地、淡水、森林占有量为巴哈马第一，岛上有许多湿地，有较大规模的果树种植园以及中小规模的蔬菜农场，也是大西洋海底实验及评价中心所在地。

● 伊柳塞拉岛

伊柳塞拉岛（也称自由岛）是最早有居民的岛屿之一，位于大西洋上。总面积约518平方千米，是巴哈马群岛中最狭长的岛，长177千米，大多数地方宽仅约1.6千米。该岛是皇家成员时常光顾的旅游胜地之一，岛上有华丽的粉白色沙滩、幽静的海湾、险峻的峭壁和秀丽的港口等景观。

● 圣萨尔瓦多岛

圣萨尔瓦多岛又称"华特林岛"，是巴哈马的小岛，在西印度群岛中巴哈马群岛东部大西洋边缘上。面积155平方千米，为哥伦布1492年10月12日登上美洲的第一块陆地。

经济以游览业为主，港湾优良。考克伯恩镇上有一座"新世界"博物馆，介绍美洲自哥伦布发现以来的巨大变迁。岛上居民还备有18世纪式样的马车供游客环岛游览。

4. 拉巴地（Laba）

拉巴地是一个位于海地共和国北部海岸的港口。目前租给美国皇家加勒比做私人度假胜地。自1986年以来，皇家加勒比的游客成了当地最大的旅游收入来源，皇家加勒比雇佣300名当地人，另外允许200名当地人出售他们的商品，每位游客登岛要支付6美元给海地政府。这个半岛南北都有优美的海滩，是个风景如画的地方。拉巴地在2009年底完成了摩尔士敦邮轮码头扩建工程，皇家加勒比最大的22万吨位的邮轮也可以停靠。

5. 特克斯群岛（Turks）

特克斯群岛是西印度群岛中的英属岛群。位于巴哈马群岛东南端，东部濒临大西洋，西部同古巴隔水相望。由特克斯群岛和凯科斯群岛的30多个小岛组成，其中8个岛常年有居民。各岛由石灰岩组成，最高不超过25米，沿海多珊瑚礁。植物类型多样，干燥地带分布着灌木丛、稀树草原和沼泽，红树林、仙人掌和加勒比松随处可见。蝴蝶、蜥蜴和红鹳较多，此群岛位于候鸟栖息的路线上。

6. 圣约翰（St. John）

圣约翰是安提瓜和巴布达的首都港口，位于安提瓜岛西北海岸，濒临大西洋。其为深水港，渔业基地，旅游业十分发达，城东北10千米有国际机场。圣约翰是安提瓜岛上最大的天然良港，海港入口处的水深达50米，宽阔而平静的水域为邮轮的停泊提供了便利条件。早在18世纪，圣约翰就是英国海军舰队在西印度群岛基地中最重要的补给站。圣约翰是一座景色优美的海滨城镇，由于长期受殖民统治影响，城市带有明显的欧洲建筑与文化色彩。

7. 夏洛特·阿马利亚（Charlotte Amalie）

夏洛特·阿马利亚是美属维尔京群岛的首府和最大的城市，位于圣托马斯岛南岸。始建于1672年，城市得名于丹麦皇后黑森—卡塞尔的夏洛特·阿马利亚。夏洛特·阿马利亚拥有深水良港，18世纪曾为西半球最大的奴隶贩运港之一，现为著名的邮轮停靠港。市区内有多处古老建筑，是气候温暖的旅游胜地。夏洛特·阿马利亚在18世纪是一个繁忙的海盗文化中心，如今这里被称为拥有田园诗般的风光度假胜地。它以美丽迷人的沙滩和晶莹剔透的海水而闻名于世，这个加勒比岛国的迷人之处不仅在于它的风景和海水，吸引世界各地游客的更主要原因是它是优惠便利程度令人难以置信的"零关税自由世界的购物天堂"。

二、西加勒比海

与东加勒比海和南加勒比海风景优美的岛屿、海滩景色相比，西加勒比海展现给人们更多的是文化层面的东西，航线一般会经过美国、墨西哥、海地、大开曼、牙买加等地。除了包含加勒比海海岛、沙滩美景之外，还有大开曼群岛的南美原始人文风情和墨西哥著名的玛雅文明遗址，等等。

1. 科苏梅尔（Cozumel）

科苏梅尔是墨西哥加勒比地区最大的岛屿。约2000年前，科苏梅尔居住着玛雅印第安人。岛中部为丘陵地带，四周为优美的沙滩，遍布玛雅遗迹，游人既可尽情享受加勒比海的阳光与沙滩，又可领略古老的玛雅文化。世界最古老的文明之一玛雅文化的遗迹完整地保存在科苏梅尔岛。岛上唯一有人居住的地方是圣米格尔德科苏梅尔镇，这里有令人放松的加勒比情调，还有墨西哥最大的国际远洋轮码头。科苏梅尔是水肺潜水的天堂，明净的宝蓝水域，能见度深达60多米，该岛终年平均温度约24℃，岛上文明没有受到太大的破坏，在30多个深度从1.5~27.4米不等的岛礁中，常会发现稀有的海底植物和动物。

2. 科斯塔玛雅（Costa Maya）

科斯塔玛雅位于墨西哥的尤卡坦半岛坎昆的中部，曾是古玛雅帝国最大最繁华的城市，也是玛雅帝国的政治和经济中心。始建于公元514年，亦曾是古玛雅帝国的贸易港，地处墨西哥加勒比海地区，凭借雨林、沙滩、礁湖、玛雅遗迹而著称，是西加勒比海地区一处迷人的度假胜地，邻近伯利兹边境。科斯塔玛雅的邮轮码头最近才运作，游客可以把离开邮轮的时间用来享受各式水上运动，也可去寻找一些世上鲜为人知的玛雅遗址。科斯塔玛雅是许多玛雅考古遗址的所在地，包括处于茂密丛林中的Kohunlich废墟，该处有多个令人惊艳的寺庙和雕刻精致而神秘的"金字塔面具"。这里的新发展，意味着科斯塔玛雅专为迎接邮轮乘客而设。

 **知识拓展**

鲜为人知的坎昆

坎昆（Cancun）是墨西哥著名国际旅游城市，位于尤卡坦半岛东北角，加勒比海畔，是一座长21千米、宽仅400米的美丽岛屿。整个岛呈蛇形，地处热带，全年平均气温为27.5℃。著名的玛雅遗址坐落于此。玛雅语中，"坎昆"意为"挂在彩虹一端的瓦罐"，被认为是欢乐和幸福的象征，坎昆市也因此而得名。

坎昆的人口只有十几万人，因为旅游业的发达，治安非常好。这里常年阳光明媚。20世纪80年代建成的"坎昆会议中心"可以说是坎昆现代化的标志。以会议中心为基础发展起来的度假酒店区（Hotel Zone）遍布在一个人工岛上，从地图上看像极了美国的迈阿密海滩市。美国那些耳熟能详、家喻户晓的知名大酒店一个接一个地矗立在海边，每个酒店都有自己的海滨浴场甚至高尔夫球场。市内的旅馆建筑风格多种多样，色彩各异。其中谢拉顿旅馆是一座6层楼的金字塔形建筑，因举行南北会议而闻名于世。海边有一片20千米长的白色沙滩，铺满了由珊瑚风化而成的细沙，柔如毯、白如玉，被分别命名为"白沙滩""珍珠滩""海龟滩"和"龙虾滩"。在海滩上还建有以棕榈叶为顶、石为柱的玛雅式凉亭和小屋。岛上还有玛雅文化的圣米盖里托古迹废墟等遗迹。此外，在距坎昆 130 千米处还有图伦遗址。据说，这是迄今墨西哥保存最好的一座玛雅和托尔特克人的古城。

3. 蒙特哥贝湾（Montego Bay）

蒙特哥贝湾是牙买加西北部美丽海滩的门户，是牙买加第二大城市。1494 年哥伦布曾在此登陆，到访当地的阿拉瓦印第安部落。欧美观光客常来此度假，享受水上运动及高尔夫球，成为世界知名的加勒比海休闲度假胜地。市区沿海滨延伸 32 千米，是重要的商业中心和港口，输出糖、咖啡和热带水果。沿海白色沙滩设有海滨浴场，岸上多豪华旅馆、别墅，有"水下珊瑚公园"，游客可乘底部为玻璃的游艇观赏。有教堂、城市大厦、城堡等古老建筑。

4. 奥乔里奥斯（Ocho Rios）

奥乔里奥斯是牙买加北部港口，是一个迷人的港口城市，位于深谷所包围的绿色山丘，环绕着和龟背湾泳滩和其他一些漂亮的海滩，因而奥乔里奥斯是牙买加及加勒比海地区著名的游览胜地。奥乔里奥斯港湾为椰子林、甘蔗林和水果种植园所环绕，热带风光美丽，海水温和，海滨浴场全年可开放。奥乔里奥斯城西的唐恩河瀑布，落差 180 米，直泻入海，蔚为壮观，瀑布下面的海滨浴场，全年开放。

5. 法尔茅斯（Falmouth）

法尔茅斯是牙买加的北岸港口，也是世界第三大自然深水港，法尔茅斯的河口和沿海富产大鳕白鱼和鲑等。它是世界上最著名的帆船停泊港之一。此外，法尔茅斯湾的海水清澈，小溪静僻，气候温和，法尔茅斯小镇的购物街濒水而立，由开放的小街连接，游客可以在欣赏美丽的海景之外享受购物的乐趣。有着清澈水域、柔软沙滩，以及隐蔽的小湾的法尔茅斯，也是家庭海水浴和水上运动的乐园。

● 金斯敦——牙买加首都金斯敦是著名的疗养胜地。该市位于东南岸海湾内，三面由丘陵和山峰围绕，一面是大海，景色迷人，故有"加勒比海皇后"之美誉。城市空气清新，道路整洁，路旁栽着成行的棕榈树和开着鲜花的马合树。市中心有广场、议会大厦、圣托马斯教堂、博物馆等。北郊有国家体育场，经常在这里举行赛马。兰山脚下 8 千米处有一大植物园，热带果树品种齐全。

● 安东尼奥港——安东尼奥港是牙买加东北岸城市，是牙买加历史最悠久的旅游地之一。位于金斯敦东北约 40 千米，城市所处海湾，海滨优美，附近的布卢霍莱潟湖是良好的水上活动场所。

● 蒙特哥贝——蒙特哥贝是牙买加圣詹姆斯教区的首府和全国第二大城市，是牙买加著名的现代旅游胜地。蒙特哥贝附近的尼格瑞尔海滩，有着 27358 米长的迷人白海滩，被称作是世界上最美丽的海滩之一。蒙特哥贝有繁华的商场、餐馆、高尔夫俱乐部、高尔夫锦标赛球场，以及著名的殖民地建筑遗产。美丽的自然景观和繁华城区使之成为最受欧美游客欢迎的旅游目的地之一。

6. 罗阿坦岛（Roatan）

罗阿坦岛位于洪都拉斯北岸近海的洪都拉斯湾南岸，是洪都拉斯的海湾群岛的主岛，这里有全世界第二大珊瑚礁群，规模仅次于澳大利亚大堡礁，还有很多的海底悬崖；加尔文裂隙将一大片平坦的礁石劈出一条窄缝，并一直蜿蜒向远处的崖壁。巴巴雷塔崖壁所在岛的四周是白色的沙滩，洞穴里有诸多未被发现的礁石布满着珊瑚，而崖壁不可思议地一直延伸到几千米之外。在西面有一片令人惊叹的蓝色深渊，崖壁上的花瓶海绵是天青色的，而潜水者往深处下潜后会发现自己被远洋生物和鳐鱼们包围着。

7. 伯利兹（Belize）

伯利兹市是中美洲国家伯利兹的最大城市，也是该国的原首都。伯利兹市拥有茂密雨林和星罗棋布的玛雅遗址，森林中的热带野生动物种类繁多，从美洲虎到金刚鹦鹉、吼猴等，不一而足。伯利兹市在海上拥有世界第二大堡礁，是世界上最好的潜水胜地之一。伯利兹市作为伯利兹东部城市，历史最为悠久，那里街市热闹、人群熙熙攘攘，物价比其他城市都要便宜些。著名景点有文化之家、百年教堂、伯利兹博物馆（以玛雅文物为特色）、伯利兹表演中心，观光村内有免税区。伯利兹市兼具海港城市风光。

8. 大开曼岛（Grand Cayman）

乔治城是英属大开曼岛的首都。乔治城是一座拥有浓郁欧洲风格的城市，保留了不少十八九世纪的建筑物。当年哥伦布发现此珊瑚群岛时，遂将其命名为大开曼岛。此岛周围海水如镜，这里是盛产加勒比海海龟的地方，又名"海龟岛"。中世纪海盗王曾将这个海岛作为海盗的总指挥部。此地的岛屿是由珊瑚白沙所形成，气候宜人，景色秀丽，是加勒比海著名的海滨度假胜地。乔治城内海水浅，大型邮轮不能靠岸，只能靠摆渡将游客送上岸。街上到处有喷泉和雕塑，河边还铺有木板路。

三、南加勒比海

西加勒比海是欧美邮轮客最常去的目的地，商业气氛相比东加勒比海和南加勒比海来说要浓厚很多。南加勒比海上的一些岛屿几乎没有什么人为的修饰成分，而是更多保留了其原始的风貌。从地貌上来看，西加勒比海的地势相比南加勒比海来说要平坦许多，而南加勒比海的地势却是复杂多样，因此造就了一些可以浮潜的绝美海滩，地势险峻的火山与瀑布，让前往的游客能领略到另一种加勒比海的风情。

1. 萨马纳（Samana）

即圣巴巴拉德萨马纳，多米尼加共和国东北部城市，萨马纳省首府。萨马纳是一个美丽的加勒比海城市，早就因令人惊艳的珊瑚和诱人的温泉为人们所熟知；位于萨马纳市附近的科斯松海滩是多米尼加最美的地方之一。这里沙滩细腻而洁白，犹如一张柔软的大床，一直延伸到大海深处；清澈的海水拥有多层次的湛蓝，色彩从近处的浅蓝变为蔚蓝，在天际处又变为深蓝，层次渐变而分明，令人惊叹。

- 圣多明各——多米尼加首都、全国最大深水良港，也是北半球最古老的城市之一，位于南部奥萨马河流入加勒比海的入海口。圣多明各每年接待来自世界各国的旅游者60

多万人次，旅游收入数亿美元，成为这一仅有700多万人口的国家的重要经济来源。圣多明各的自然风光十分秀美，最著名的为"三眼潭"，即由地下火山岩洞穴构成的三个水潭，潭水晶莹清澈，阳光透过潭壁熔岩缝隙，光怪陆离的景象分外迷人。特别是第一潭，水清岸平，景色秀丽，是旅游者游泳和跳水的理想场所。而卡博·奇卡海滩浴场，洁白的沙滩、葱翠的棕榈，呈现出一幅美丽的热带海滨景色，游人络绎不绝。

● 银港——银港因哥伦布在港口看到海水反射日光呈现一片银色而命名，截至2014年为多国北部第一大商港。银港在20世纪90年代曾是多国主要的海边五星级度假胜地，但由于2014年海湾污染严重，主要观光旅馆已移至东边的Playa Dorado和Cabarate。

● 罗马纳——罗马纳位于圣多明各东边131千米处，为由首都前往可可海岸度假胜地的必经之处。罗马纳郊外为多国的主要甘蔗产地，附近的甘蔗收割后经由小火车运往罗马纳的蔗糖工厂加工后，再运往圣彼得的港口。罗马纳附近的莎翁纳岛和Casa de Campo石头艺术村度假中心为主要观光地点。

● 山美纳——山美纳位于多国东北角山美纳湾的渔村小镇，20世纪80年代发现此地为北大西洋座头鲸洄游地区，让山美纳逐渐发展成为赏鲸观光区。每年1—3月中约有三千头座头鲸从北大西洋迁移至此，让世界各地三万名旅客得以到此赏鲸，一饱眼福。山美纳湾亦为古代西班牙商船沉船之地，许多国外打捞业者和研究人员在此地寻找沉船宝藏。

● 普拉塔港——普拉塔港，全称"圣菲利普德普拉塔港"，位于多米尼加国北部伊莎贝拉山麓，由哥伦布于1503年建造，是全国第二大港。北临大西洋，为一新月形港湾，海轮停泊港内可避热带风暴。其东部的长滩是著名的海滨旅游地，有常年开放的海水浴场。圣莫利普古堡附近有洛马梅斯和艾维奥隆两瀑布及科贝洞窟。步行一千米，可到达伊莎贝拉山巅的山顶公园，北眺大西洋海岸，风光无限。此外，哥伦布在美洲建立的第一座城市伊莎贝拉的废墟，也值得一游。

2. 布里奇敦（Bridgetown）

地处巴巴多斯卡里斯尔湾畔的巴巴多斯首都布里奇敦，是该国重要的旅游目的地。因为英国人在这里发现有一座印第安人建造的木桥，所以将这个地方命名为布里奇敦（英文为Bridgetown，即桥镇）。布里奇敦古老的建筑和现代化楼房风格各异，又浑然一体，使市容颇具风采，吸引了大批游客。当地气候宜人，海滨景色极为美丽，海滩上有成片的棕榈林，海滨有海底公园，人们将这里称为"海上疗养院"和"旅游者天堂"。市郊还有热带植物园、巴巴多斯博物馆和历史悠久的科德林顿学院。

 **知识拓展**

岛国巴巴多斯

巴巴多斯位于小安的列斯群岛最东部，面积431平方千米，是世界上人口密度最大的国家之一。在巴巴多斯乘潜艇游览海底世界是每位到访游客向往的游览项目之一。巴巴多斯可供旅游的海滩很多，多数位于岛的西海岸和西南海岸，面向加勒比海，基本较为风平浪静。而地处东海岸的巴希巴由于面向大西洋而风高浪急，海浪冲刷的岩石千姿百态，吸引了大量游客。这里也是当地居民的度假胜地，同时国际冲浪比赛也常在这里举行。沿岸树木常年被强风吹袭形成向一个方向侧伏的奇特景色。又因此地风景酷似苏格兰的部分地区，故也被称为巴巴多斯的"苏格兰"。

● 斯佩茨敦

位于岛西北部圣彼特区，是巴巴多斯第二大城市，以悠久的历史而闻名。在斯佩茨敦，殖民时代的老宅与现代的建筑比邻而居，十分富有特色。作为巴巴多斯曾经最繁忙的港口之一，斯佩茨敦现已因年久失修而破败，但它保存完好的殖民地风情仍然吸引了众多游客前来观光。

● 霍尔敦

位于岛西中部的圣詹姆斯区，是英国殖民者第一个登陆点，城中建有纪念1625年英国人首次登陆巴巴多斯的霍尔敦纪念碑。霍尔敦最初以英国国王詹姆斯一世的名字命名为詹姆斯顿，后来由于许多船只在紧邻镇子的狭窄通道内进行卸货和清洁而改名为霍尔敦。霍尔敦的第一街和第二街遍布着各种各样的餐厅，其中包括多个著名的海滨餐厅，在周五和周六晚上会格外热闹。该市还是一年一度的霍尔敦节的举办地，这一节日是为了纪念1627年英国首次建立殖民地而设，一般从每年2月中旬开始，持续一周，其间会对当地的艺术、工艺品、文化和历史进行展示。

3. 阿鲁巴（Aruba）

阿鲁巴是加勒比海地区南部小安的列斯群岛最西端的岛屿，地处南美洲国家委内瑞拉北方的委内瑞拉湾外海，仅距离帕拉瓜纳半岛约25千米。阿鲁巴目前是荷兰王国的一个自治国，由于气候干燥，常见热带植物数量不多，岛上的景象与一般人对加勒比海所抱持的既有印象大异其趣。这个地形平坦、完全没有河流的石灰岩岛屿，以其四周环绕的白色沙滩著名。阿鲁巴岛西岸的棕榈滩是岛上主要的观光客集中地，以绵延10千米的白色沙滩与海边的度假屋著名，又有"蓝绿色海岸"的美名。

4. 博奈尔岛（Bonaire）

加勒比海沿岸最南端，委内瑞拉海岸附近，有一处特殊的"ABC岛"——阿鲁巴、博内尔和库拉索岛，博奈尔岛便是其中之一。博奈尔岛，是一个充满奇迹的地方，它位于加勒比地区荷属安的列斯群岛中。博奈尔岛是一个形状酷似手枪的小岛，过去40年，这个小岛在保护珊瑚礁方面显示出令人惊讶的成效。这里的每一只海绵、鲨鱼或是海马都得到了彻底的保护。这个岛屿也因此而赢得了世界各地自然资源保护主义者的高度评价。博奈尔岛是一个以潜水而闻名的旅游胜地，人们普遍认为这里是加勒比海区域最好的潜水和浮潜的目的地，大约有60个潜水场所，是一个学习潜水的绝佳地点。

5. 圣胡安（San juan）

圣胡安位于波多黎各岛东北岸，是岛上最大的港口，也是大西洋和加勒比海之间重要的海上交通枢纽。原来岛上住有印第安人，他们将这个地方称为"波里肯"。16世纪，西班牙殖民者占领该岛，将它称为"波多黎各"（西班牙语，意为"富裕之港"），而把整个波多黎各岛叫作"圣胡安岛"。后来，又将岛屿和港口互换名称。市区分为旧城和新城两个部分。旧城位于两小岛上，保留着西班牙城市风貌。城内街道狭窄，据传路面用来自西班牙的青砖铺成，古迹很多。新城位于主岛北岸，有联邦大厦、热带药物学校、圣心学院、波多黎各大学的部分学院和图书馆等。此外，该城还有孔达多和绿岛海滩及博卡德坎格雷霍斯海底公园等冬季旅游胜地。城东部的贝尔德岛机场是西印度群岛中最重要的国际机场。

第三节 地区主要邮轮航线

一、运营的邮轮公司及其邮轮部署

【地中海邮轮】管乐号、神曲号、音乐号

【水晶邮轮】合韵号、尚丹号、尚宁号

【公主邮轮】碧海公主号、帝王公主号、翡翠公主号、海岛公主号、皇家公主号、加勒比公主号、太平洋公主号、珊瑚公主号

【荷美邮轮】阿姆斯特丹号、奥斯特丹号、华伦丹号、雷丹号、马士丹号、诺丹号、欧罗丹号、普林盛丹号、如德丹号、探索号、威士特丹号、维丹号、新阿姆斯特丹号

【皇家加勒比游轮】海洋帝王号、海洋独立号、海洋富丽号、海洋幻丽号、海洋量子号、海洋领航者号、海洋绿洲号、海洋冒险者号、海洋魅丽号、海洋梦幻号、海洋神话号、海洋圣歌号、海洋旋律号、海洋珠宝号、海洋自由号、海洋自主号

【精致邮轮】季候号、嘉印号、尖峰号、无极号、新月号、星座号、印象号

【嘉年华邮轮】嘉年华辉煌号、嘉年华骄傲号、嘉年华凯旋号、嘉年华狂欢号、嘉年华乐园号、嘉年华魅力号、嘉年华梦幻号、嘉年华梦想号、嘉年华迷情号、嘉年华魔术号、嘉年华荣耀号、嘉年华胜利号、嘉年华微风号、嘉年华兴奋号、嘉年华阳光号、嘉年华勇气号、嘉年华征服号、嘉年华自由号、嘉年华自主号

【歌诗达】命运女神号、唯美号、幸运号、炫目号

【皇后邮轮】伊丽莎白皇后号、玛丽皇后2号、维多利亚皇后号

【挪威邮轮】挪威爱彼号、挪威宝石号、挪威畅意号、挪威遁逸号、挪威翡翠号、挪威明珠号、挪威太阳号、挪威天空号、挪威逍遥号、挪威之晨号、挪威之星号、挪威之勇号、挪威珠宝号

【银海邮轮】银风号、银神号、银啸号、银影号、银云号

【迪士尼邮轮】幻想号、梦想号、魔力号、奇观号

【精钻邮轮】精钻旅程号、精钻探索号

二、主要邮轮航线

1. 东加勒比海邮轮航线

- 劳德代尔堡（Fort Lauderdale）—大特克岛（Grand Turk Island）—圣胡安（San Juan）—菲利普斯堡（Philipsburg）—半月湾（Half Moon Bay）—劳德代尔堡（Fort Lauderdale）

- 劳德代尔堡（Fort Lauderdale）—半月湾（Half Moon Bay）—乔治敦（Georgetown）—科苏梅尔（Cozumel）—基韦斯特（Key West）—劳德代尔堡（Fort Lauderdale）—大特克岛（Grand Turk Island）—圣胡安（San juan）—夏洛特·阿马利亚（Charlotte Amalie）—半月湾（Half Moon Bay）—劳德代尔堡（Fort Lauderdale）

- 劳德代尔堡（Fort Lauderdale）—大特克岛（Grand Turk Island）—圣胡安（San juan）—夏洛特·阿马利亚（Charlotte Amalie）—巴哈马（Bahamas）—劳德代尔堡（Fort Lauderdale）

- 迈阿密（Miami）—拿骚（Nassau）—大斯特拉（Grand Stella）—迈阿密（Miami）

- 圣胡安（San juan）—巴巴多斯（Barbados）—圣卢西亚（Saint Lucia）—圣约翰（St. John）—菲利普斯堡（Philipsburg）—圣托马斯（St. Thomas）—圣胡安（San juan）

- 卡纳维拉尔（Canaveral）—拿骚（Nassau）—圣托马斯（St. Thomas）—菲利普斯堡（Philipsburg）—卡纳维拉尔（Canaveral）

- 巴约讷（Bayonne）—菲利普斯堡（Philipsburg）—圣托马斯（St. Thomas）—圣胡安（San juan）

- 纽约（New York）—圣胡安（San juan）—圣托马斯（St. Thomas）—菲利普斯堡（Philipsburg）—托尔托拉岛（Tortola）—纽约（New York）

- 巴尔的摩（Baltimore）—卡纳维拉尔（Canaveral）—拿骚（Nassau）—巴哈马（Bahamas）—基维斯特（Kivis）—巴尔的摩（Baltimore）

- 巴尔的摩（Baltimore）—科苏梅尔（Cozumel）—法尔茅斯（Falmouth）—拉巴地（Laba）—巴尔的摩（Baltimore）

- 巴尔的摩（Baltimor）—拉巴地（Labadee）—圣胡安（San juan）—夏洛特·阿马利亚（Charlotte Amalie）—菲利普斯堡（Philipsburg）—巴尔的摩（Baltimore）

2. 西加勒比海邮轮航线

- 迈阿密（Miami）—圣胡安（San juan）—夏洛特·阿马利亚（Charlotte Amalie）—菲利普斯堡（Philipsburg）—迈阿密（Miami）

- 迈阿密（Miami）—卡门、科苏梅尔（Carmen，Cozumel）—开曼群岛（Cayman Islands）—蒙特哥贝湾（Montego Bay）—古斯塔维亚（Gustavia）—劳德代尔堡（Fort Lauderdale）—圣基茨（St. Kitts）—圣托马斯（St. Thomas）—迈阿密（Miami）

- 劳德代尔堡（Fort Lauderdale）—半月湾（Half Moon Bay）—乔治敦（Georgetown）—科苏梅尔（Cozumel）—基韦斯特（Key West）—劳德代尔堡（Fort Lauderdale）

- 劳德代尔堡（Fort Lauderdale）—科苏梅尔（Cozumel）—乔治敦（Georgetown）—法尔茅斯（Falmouth）—拉巴地（Laba）—劳德代尔堡（Fort Lauderdale）
- 劳德代尔堡（Fort Lauderdale）—圣胡安（San juan）—巴斯特尔（Basseterre）—菲利普斯堡（Philipsburg）—劳德代尔堡（Fort Lauderdale）
- 劳德代尔堡（Fort Lauderdale）—拿骚（Nassau）—基维斯特（Kivis）—劳德代尔堡（Fort Lauderdale）
- 坦帕（Tampa）—罗阿坦岛（Roatan）—嘉实斯岛（Jiasis Island）—科斯塔玛雅（Costa Maya）—科苏梅尔（Cozumel）—坦帕（Tampa）
- 休斯敦（Houston）—科苏梅尔（Cozumel）—伯利兹城（Belize City）—罗阿坦岛（Roatan）—休斯敦（Houston）
- 加尔维斯顿（Galveston）—罗阿坦岛（Roatan）—伯利兹城（Belize City）—科苏梅尔（Cozumel）—加尔维斯顿（Galveston）
- 加尔维斯顿（Galveston）—法尔茅斯（Falmouth）—科苏梅尔（Cozumel）—加尔维斯顿（Galveston）

3. 南加勒比海邮轮航线

- 圣胡安（San juan）—托尔托拉岛（Tortola）—法兰西堡（Fort de France）—罗索（Rosso）—巴斯特尔（Basseterre）—圣托马斯（St. Thomas）—圣胡安（San juan）
- 迈阿密（Miami）—奥拉涅斯塔德（Oranjestad）—威廉斯塔德（Willemstad）—海上巡游—格林纳达（Grenada）—巴巴多斯（Barbados）—卡斯特里（Castries）—安提瓜（Antigua）—巴斯特尔（Basseterre）—菲利普斯堡（Philipsburg）—迈阿密（Miami）
- 迈阿密（Miami）—大特克岛（Grand Turk Island）—海上巡游—圣玛尔塔（Santa Marta）—卡塔赫纳（Cartagena）—科隆（Cologne）—卡尔德拉港（Port of Caldera）—南圣胡安（South San Juan）—海上巡游—瓦图斯科（Vatusco）—巴亚尔塔港（Puerto Vallarta）—洛杉矶（Los Angeles）—旧金山（San Francisco）
- 迈阿密（Miami）—巴哈马（Bahamas）—古斯塔维亚（Gustavia）—法兰西堡（Fort de France）—格林纳达（Grenada）—埃尔瓜马切（El guamache）—博奈尔岛（Bonaire）—奥拉涅斯塔德（Oranjestad）—卡塔赫纳（Cartagena）—克里斯托瓦尔（Cristobal）—巴拿马运河（Panama Canal）—曼塔（Manta）—瓜亚基尔（Guayaquil）—萨拉韦里（Saraveri）—卡亚俄（Callao）
- 迈阿密（Miami）—基韦斯特（Key West）—科斯塔玛雅（Costa Maya）—伯利兹城（Belize City）—桑托斯（Santos）—罗阿坦岛（Roatan）—科苏梅尔（Cozumel）—开曼群岛（Cayman Islands）—迈阿密（Miami）
- 迈阿密（Miami）—基韦斯特（Key West）—科苏梅尔（Cozumel）—科斯塔玛雅（Costa Maya）—圣托马斯（St. Thomas）—罗阿坦岛（Roatan）—伯利兹城（Belize City）—开曼群岛（Cayman Islands）—迈阿密（Miami）
- 纽约（New York）—圣胡安（San juan）—圣托马斯（St. Thomas）—托尔托拉岛

（Tortola）—卡斯特里（Castries）—布里奇敦（Bridgetown）—巴斯特尔（Basseterre）—纽约（New York）

● 里斯本（Lisbon）—圣克鲁斯 - 德特里内费（Santa Cruz De Tenerife）—大特克岛（特Grand Turk Island）—海上巡游—迈阿密（Miami）—大特克岛（Grand Turk Island）—威廉斯塔德（Willemstad）—海上巡游—圣玛尔塔（Santa Marta）—卡塔赫纳（Cartagena）—罗阿坦岛（Roatan）—海上巡游—科斯塔玛雅（Costa Maya）—科苏梅尔（Cozumel）—迈阿密（Miami）

● 波士顿（Boston）—圣胡安（San juan）—博奈尔岛（Bonaire）—库拉索（Curacao）—奥拉涅斯塔德（Oranjestad）—奥乔里奥斯（Ocho Rios）—乔治敦（Georgetown）—科苏梅尔（Cozumel）—新奥尔良（New orleans）

复习思考题

1. 了解加勒比海地区的自然和人文地理特征。
2. 了解加勒比海地区的主要邮轮港口、航线及旅游资源。
3. 加勒比海地区岛屿众多，拥有独特的自然风貌和历史文化特征，是世界主要的邮轮旅游目的地之一，探索并分析加勒比地区邮轮航线密集的原因有哪些。

第十章

南美洲地区

第一节 区域地理特征

在南美洲这块风光旖旎、神奇美丽的土地上，分布着恢宏的山川和茂密的热带雨林，神秘古老的印第安文明与现代文化形成鲜明的对比。

南美洲现有12个独立国家和1个地区，这些国家和地区有着共同的历史——它们都有着灿烂的印加文明，都遭受过欧洲人的入侵，都经历过民族独立运动，等等，但南美洲诸国却难得地保存着自身的特色。南美大西洋沿岸的邮轮旅游业颇受欢迎，典型的线路是从波多黎各的圣胡安或巴西的里约热内卢起航，中途停靠点包括法属圭亚那海岸外的魔鬼岛以及贝伦、累西腓和萨尔瓦多等巴西部分城市；部分线路沿亚马孙河逆流而上，一路到达玛瑙斯。

一、地理概况

南亚美利加洲，简称南美洲。位于西半球的南部，东濒大西洋，西临太平洋，北邻加勒比海，南隔德雷克海峡与南极洲相望，一般以巴拿马运河为界同北美洲相分，见图10-1。大陆东至布朗

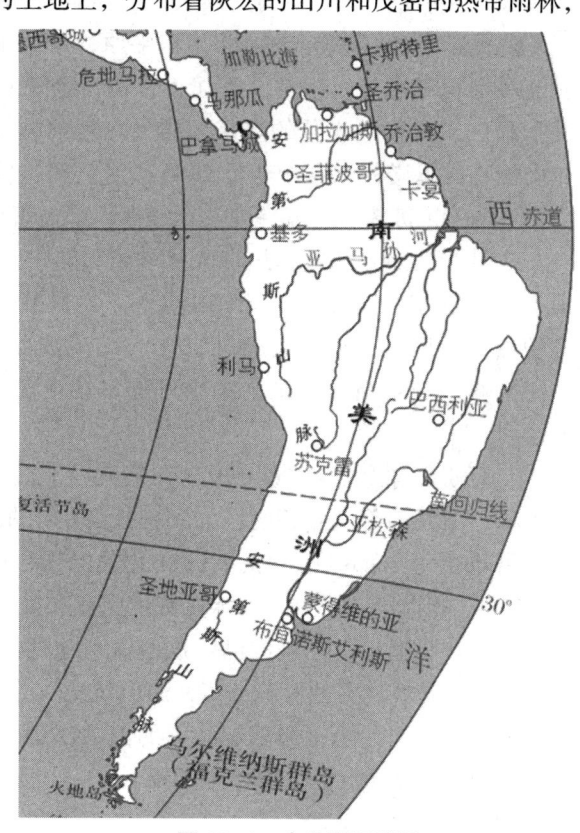

图 10-1 南美洲区域图
地图来源：国家测绘地理信息局网站。审图号：GS（2008）1428号。

库角，南至弗罗厄德角，西至帕里尼亚斯角，北至加伊纳斯角。面积约1797万平方千米（包括附近岛屿），约占世界陆地总面积的12%。从地理区域上划分为：①南美北部诸国，包括圭亚那、苏里南、委内瑞拉和哥伦比亚，一个地区为法属圭亚那。②安第斯山地中段诸国，包括厄瓜多尔、秘鲁、玻利维亚。③南美南部诸国，包括智利、阿根廷、乌拉圭、巴拉圭，一个地区为马尔维纳斯群岛。④南美东部国家巴西，面积约占大陆总面积的一半。大陆海岸线比较平直，长约28 700千米，多为与山脉走向一致的侵蚀海岸，缺少大半岛和大海湾，岛屿也不多，主要分布在大陆南部沿海地区。

二、自然、人文和经济特征

（一）自然特征

南美洲大陆大体呈尖端向南的三角形，从地形上看，由明显不同的3个部分构成。一是沿着南美西岸延伸的安第斯山脉，二是广阔的奥里诺科平原、亚马孙平原和拉普拉塔平原，三是这些平原之间的巨大高原和高地。整个南美洲的地势西高东低。由于山脉的走向通常与海岸线平行，沿海地区断层和断崖较多，岛屿、半岛和海湾比较少，因而海岸线较为平直，全洲的海岸线长约39 884千米。

亚马孙平原是世界最大的冲积平原，平原上有世界最庞大的水系——亚马孙水系，其流域面积和水量在世界上都居于首位，全长6400千米。平原上分布着世界上最连续、面积最广、发育最充分的热带雨林。热带雨林探险是南美洲最具特色的探险旅游活动。其南侧有奥里诺科水系，全长2060千米。在这些河流的上游或中游形成了若干壮观的大瀑布。如伊瓜苏瀑布和塞特凯达斯瀑布，都是著名的自然景观旅游资源和旅游点。

南美洲大部分地区属热带雨林气候和热带草原气候。气候特点是温暖湿润，以热带为主，大陆性不显著。全洲除山地外，冬季最冷月的气温均在0℃以上，占大陆主要部分的热带地区，平均气温超过20℃。南美洲西部则有呈带状分布的热带沙漠气候和地中海气候，安第斯山脉则为高山气候，在南美洲东南部则有亚热带季风和季风性湿润气候。

安第斯山脉全长约9000千米，是世界上最长的山脉。山脉有许多海拔6000米以上的山峰，山峰顶部终年积雪。如阿根廷的纳韦尔瓦皮国家公园中的卡特德拉尔山拥有天然滑雪场，每年都吸引大批欧洲和北美的滑雪爱好者到此畅玩。赤道附近的雪峰形成"赤道雪"的奇景。安第斯山脉在哥伦比亚和委内瑞拉境内与海岸相交，形成了较多的海湾，如巴拿马湾、马拉开波湾。这些海湾地处热带，美丽的海滨沙滩是重要的度假旅游资源。马拉开波湾石油资源丰富，油田风光对游人有很大的吸引力。另外，在南纬41°以南的大西洋一岸，由于第四纪冰川的侵蚀作用，形成了许多曲折的峡湾。风景如画的峡湾是智利极地旅游区的重要旅游资源。

（二）人文特征

南美洲在历史上拥有灿烂的印加文化。早在公元10世纪前后，居住在安第斯山脉中段高原的印第安人部族——印加人，就建立了以秘鲁的库斯科为中心的印加帝国。当时这里的农业相当发达,水利灌溉、建筑和手工业等方面也达到较高水平。灿烂的古代文化为开展旅游提供了大量的文物、古迹、古城遗址等独特的文化旅游资源。印加帝国的首都——秘鲁南部的历史古城库斯科,现已成为该国最重要的旅游胜地,秘鲁南部的马丘皮丘古城废墟也是游客必到之地,厄瓜多尔的基多保留着许多古代印第安人的建筑。

南美洲人口约 2.64 亿,人口密度为每平方千米 13 人,不到世界人口密度平均数的 1/2。居民种族比较复杂,他们长期相处,相互通婚,所以混血人种多。语言除了巴西通用葡萄牙语、圭亚那通用英语、苏里南通用荷兰语、法属圭亚那通用法语外,一般都通用西班牙语。在以印第安人为主的秘鲁和玻利维亚,印第安语也是官方语言。全洲居民 90% 以上信奉天主教。由于居民种族成分的复杂性和特殊性,形成了丰富多彩的多元文化和风土人情,它们也对外来旅游者产生较大的吸引力。

(三)经济特征

南美洲各国经济水平和经济实力相去甚远。巴西、阿根廷已建立了比较完备的国民经济体系,两国国内生产总值约占全洲的 2/3。委内瑞拉、哥伦比亚、智利、秘鲁经济也较发达。

采矿业是南美各国的基础部门,大部分矿产供出口。石油、锡、锑、铝土、铅、锌、银、铋、硝石、钼和铌的产量和出口量在世界占据重要地位。轻工业为南美多数国家制造业的主体,肉类加工、制糖、饮料、皮革、纺织、服装等部门较发达。

农业在南美各国经济中具有重要意义。种植业中经济作物占据绝对优势。南美洲向世界提供所需咖啡、香蕉、蔗糖的绝大部分及大量的棉花、可可、剑麻等。甘蔗、香蕉、咖啡占世界总产量的 20.5%,可可、柑橘占世界总产量的 25% 左右,其中巴西的咖啡和香蕉产量均居世界第一位、可可产量居世界第三位。

三、旅游业概况

南美大部分地区属于热带雨林和热带草原气候,这里分布着恢宏的山川和茂密的热带雨林,神秘古老的印第安文明与现代文化形成鲜明的对比。以印加文化、拉丁风情、生态环境为主要资源特色。阿根廷素有"草原之国"的美誉,境内气候温和,环境优美,是南美最大的旅游目的地国家。巴西是世界公认的"狂欢节之乡",巴西的狂欢节及黑人文化以及原始森林是巴西的主要旅游资源。这里广袤的土地、漫长的海岸线、恢宏的山川、茂密的热带雨林、神秘古老的印第安文明和现代文化,加上哥伦布登陆美洲前的文化遗迹和殖民时期的建筑物等,必将吸引更多的游客前往。

 知识拓展

南美洲世界之最

巴西高原——世界最大的高原

亚马孙平原——世界最大的冲积平原

亚马孙河——世界水量和流域面积最大、支流最多的河流
安第斯山脉——世界最长的山脉
阿空加瓜山——世界最高的死火山
尤耶亚科火山——世界最高的休眠火山
安赫尔瀑布——世界落差第一大的瀑布
秘鲁——钒的储量世界最多
智利——铜、硝石的储量世界最多
哥伦比亚——绿宝石的储量世界最多
哥伦比亚希帕基腊盐岩矿山——世界最大的盐岩矿山
厄瓜多尔比尔卡班巴村——世界第一长寿村

第二节　邮轮港口和旅游目的地

一、阿根廷（Argentina）

阿根廷位于南美洲南部，面积仅次于巴西，是拉丁美洲第二大国。地势西高东低，境内阿空加瓜山海拔6964米，是安第斯山脉最高峰，也是南美洲第一高峰。山地面积占全国面积的30%。阿根廷旅游业发达，是拉丁美洲第二大旅游目的地国家。受经济快速复苏的影响，赴阿游客大幅增加。旅游业成为阿第三大创汇产业。全国有自然保护区41个，总面积371.51万公顷。有世界自然和文化遗产9处。主要旅游点有巴里洛切风景区、伊瓜苏大瀑布、莫雷诺冰川等。

1. 布宜诺斯艾利斯（Buenos Aires）

布宜诺斯艾利斯，简称布宜诺斯，是阿根廷最大城市、首都，以及政治、经济、文化中心，素有"南美巴黎"的美誉。布宜诺斯艾利斯以其欧洲传统为傲，在这个世界性城市可以获得的乐趣之一便是极易感知其迷人之处及城市风情，从巴黎式的咖啡馆到流行的探戈俱乐部，风韵不凡。

● 科隆大剧院——著名剧院，仅次于纽约大都会歌剧院和米兰的拉·斯卡拉剧院，名列世界第三，其音响效果绝妙至极。剧院位于布宜诺斯艾利斯七月九日大道的广场上，是座典型的文艺复兴式的庞然大物。大理石铺就的走廊里有无数根圆柱宛如一尊尊雕像，装饰有耀眼的金箔。多拉多沙龙更如鹤立鸡群，满屋黄金饰镀，那一排排晶莹透亮的菱形吊灯，把屋子映照得一片辉煌。

● 莫雷诺冰川——莫雷诺冰川位于南美洲南端，南纬52°附近，在阿根廷圣克鲁斯省境内。它是地球上冰雪仍在向前推进的少数活冰川之一。1988年之前，每四年才发生一次"崩溃"现象，如今因为大气污染温度上升，每20分钟就"崩溃"一次，有人说它是

大气污染指数的警钟。

● 阿根廷国会大厦——大楼始建于1898年，1906年初步落成并启用，1946年全部竣工。占地9000平方米，穹顶高80米。由意大利和比利时人设计，具有浓厚的欧洲古典建筑风格。大厦主要大厅有蓝厅、参众两院会议厅、宴会厅、迷途厅和贵宾厅。议会广场上的群雕是法国著名雕塑家奥古斯特·罗丹（Auguste Rodin）的作品。

● 布宜诺斯艾利斯大教堂位于五月广场旁边，是布宜诺斯艾利斯最大最古老的教堂。教堂大门口有象征着阿根廷自由战争的阿根廷之火，里面埋葬着圣马丁的遗体。教堂建成于1723年，距今已有300多年的历史。

2. 马德林港（Madryn）

马德林是瓦尔德斯半岛一个重要的自然景点和海岸游客中心，城市中逐渐建立起来的商业中心线，帮助其建立了旅游城市的地位，除此之外，它的孪生小镇，让更多游客喜爱上了这个地方。马德林港口有几个非常有名的观光景点，以观赏野生动物而出名，包括达尔文美洲鸵、海狮和一些不知名的动物。瓦尔德斯半岛被联合国教科文组织列为世界文化遗产，那里海狼、海象和种类繁多的鸟类共存，也是南露脊鲸生产的地方。在马德林，鲸鱼和企鹅是绝对的明星，赏鲸季节在5—12月，企鹅则是9月至来年的3月。

3. 乌斯怀亚（火地岛）（Ushuaia）

南美小城乌斯怀亚，也称世界尽头。乌斯怀亚是个自由港，这里离南极半岛只有800千米，多数国家赴南极科学考察队的船从这里出发，以它为后方基地和通往南极考察点的中转站。它是世界最南端的城市，是一个别致、美丽的小城，依山面海而建。街边全是在童话里才会出现的、那种属于白雪公主的可爱小木屋。屋前屋后的鲜花开得正旺时，这里正是南半球生机盎然的夏天。但清冷的空气和抬眼处白雪皑皑的山峰，又让人恍然提前感受到南极的气息。

● 火地岛国家公园——该公园建立于1960年，占地面积630平方千米，是世界最南端的国家公园，也是世界最南部的一个自然保护区。公园呈现山区地形，风光景色以冰川为特色，峡谷穿插错落，形成河流或湖泊，以及从西北往东南方向延展的山群。火地岛国家公园里雪峰、湖泊、山脉、森林相互点缀和映衬，极地风光无限，景色迷人。动植物资源保存较好，有不怕人的海豹和企鹅，有优良品种的羊和众多的野兔，茂盛的山毛榉树则构成了森林的主体。公园里海滩边的礁岩岸跟小型沙滩在这里交替出现，赋予海岸鸟禽聚集出没理想的环境。火地岛国家公园特殊的地域特点、神奇的自然和人文景观，吸引了世界各地的旅游者来此观光。

二、巴西（Brazil）

巴西位于南美洲东南部。国土面积854.7万平方千米，海岸线长约7400千米。巴西国土的80%位于热带地区，最南端属亚热带气候。足球是巴西的名片，巴西曾主办2014年世界杯足球赛，2016年的里约热内卢奥运会也在此举行，这让巴西这个拉丁美洲最大的国家，在这几年成为全球瞩目的焦点。

1. 圣塔伦（Santarem）

圣塔伦是巴西北部巴拉州首府、港市，是当地著名旅游地，海拔36米，始建于1661年，1848年设市。圣塔伦位于亚马孙河支流塔帕若斯河河口右岸。亚马孙河与塔帕若斯河在圣塔伦相汇，前者河水呈乳白色，而后者河水呈深蓝色，实为一奇观，当地人称其为"水的相会"。

2. 玛瑙斯（Manaus）

玛瑙斯市为巴西亚马孙州首府，地处黑河和索里芒斯河（亚马孙河支流）交汇处。玛瑙斯被称为"亚马孙心脏""森林之城"。玛瑙斯港建在黑河畔，有一座浮动式码头，可以随着水位上升或下降。自启用后玛瑙斯港即成为巴西国内重要的观光地和货物流通站，延续至今。玛瑙斯是著名的旅游城市，主要景点有海关大楼、玛瑙斯大剧院、印第安人博物馆等。

- 玛瑙斯大剧院——一百年前，正是巴西橡胶业最发达的鼎盛时期。大剧院就是那个繁荣时代的遗留物，因此玛瑙大剧院又称百年歌剧院。玛瑙斯大剧院是仿照巴黎歌剧院于1896年修建的，耗资1000万美元，是当年把橡胶运到欧洲换回原材料修建的。现在，它仍然是一座不失金碧辉煌的歌剧院。剧场内座位只有685个，分为四层。整个观众席是圆形的，座位是木制的，空间很宽敞，靠背全用紫红色丝绒包裹，高贵典雅，座位下面竟还有放冰的地下层，有孔可透出冷气。

3. 纳塔尔（Natal）

纳塔尔是巴西东北部海港城市，北里奥格兰德州首府。处在波滕日河口，是南美大陆大西洋岸距非洲最近的港口城市。港口设施较完备，对外交通便利，为铁路公路交通枢纽。

4. 累西腓（Recife）

累西腓是巴西东北部港口城市，重要的海空军基地，巴西第四大县级市。地处南美大陆最东点布拉塔角附近，濒临大西洋的西侧，是巴西东北部的散糖出口港。市区由大陆、半岛和附近岛屿组成，水道纵横，有铁桥及石桥相连，被誉为"巴西的威尼斯"。

5. 里约热内卢（Rio de Jareiro）

里约热内卢位于巴西东南部，在1960年以前为巴西首都，东南濒临大西洋，海岸线长636千米。它是巴西第二大城市和全国最大的海港之一，世界著名天然良港。里约热内卢基督像是该市的标志，也是世界新七大奇迹之一。里约热内卢港湾口窄内宽，外有岛屿屏蔽，是世界著名的天然深水良港。码头长约6000米，是南美洲最大的船只停泊中心之一。

- 科巴卡巴纳海滩——科巴卡巴纳海滩被称为世界上最有名的海滩，海岸沿线长达4.5千米，海水蔚蓝，浪花雪白，沙滩洁净松软，加上终年气温适宜戏水，游人络绎不绝。科巴卡巴纳海滩所在的社区亦以科巴卡巴纳命名，是巴西里约热内卢的著名商业区，交通便利，大型商场和高档餐厅林立。

- 科尔科瓦多山——科尔科瓦多山（又称耶稣山）高710米，位于里约市蒂茹卡国家公园内。山顶塑有一座两臂展开、形同十字架的耶稣像，故又名耶稣山。巨大的耶稣塑像在全市的每个角落均可看到，是里约的象征之一。该塑像建于 1931 年，高 30 米（相当于 13 层楼高），重 1145 吨。

- 面包山——此山因形似法式面包而得名。位于瓜纳巴拉湾入口处，是里约的象征之一。山高 394 米，登上山顶可将里约全景尽收眼底。与面包山为邻的有两座略低的山峰——狗面山和乌尔卡山，均为 215 米高。
- 国立博物馆——位于博阿维斯塔公园里的皇宫被辟为国立博物馆，收藏品有一百多万件，其中有拉美古老民族印第安人使用的各种武器、服饰、日用器皿，还有成千上万种巴西矿石和动物标本以及各个历史时期的文献资料等。其中最名贵的是世界上最大的陨石，它重达 5360 公斤，是在东北部的巴伊亚州发现的。这里还收藏着距今已有 1 万多年的人类头骨，是美洲最古老的人类化石。
- 马尔卡纳足球场——里约是沙滩排球的"故乡"，也是"足球王国"的"首都"。世界上最大的马尔卡纳足球场就坐落在这里，每逢球赛，几十万观众排山倒海般的欢呼声响彻云霄。马拉卡纳球场，位于巴西里约热内卢州里约热内卢市，是一个多种用途的大型运动场地，可容纳 8 万名观众。运动场是为 1950 年世界杯而兴建的，并曾作为 1950 年世界杯决赛举办场地，也曾作为 2014 年世界杯比赛场馆。

6. 萨尔瓦多（Salvador）

萨尔瓦多位于巴西东北海岸，是巴西第三大城市，也是巴西最古老的城市之一。市内依然有许多殖民时期的建筑，包括巴西的第一座大教堂和最老的医学院。萨尔瓦多也以其受非洲文化的影响而著称，因此也被称为"黑罗马"。市内的食品、音乐和生动的文化生活也受非洲文化的影响。大多数萨尔瓦多人都是非洲黑人后裔，非洲元素和巴西风情的交融，也让这里成为艺术文化的中心。

7. 桑托斯（Santos）

桑托斯港口地理位置十分重要，位于巴西东南沿海的桑托斯湾内，是巴西乃至南美最大的海港，又是世界最大的咖啡输出港，还是前往玻利维亚及巴拉圭的中转港。桑托斯市是世界最大的咖啡交易地。这里旅游业发达，城区的海滩及丰富的夜生活每年吸引了大量的游客。桑托斯市还在开发生态旅游方面具有一定的潜力。

8. 贝伦（Belen）

贝伦位于巴西东北沿海帕拉河口，在马拉若湾的东南岸，濒临大西洋的西侧，是巴西北部主要河海中转港。始建于 1616 年，又名帕拉，是巴西北部最大的贸易中心和重要的文化中心。该港拥有多所大学、博物馆、植物园及古教堂等。

9. 圣保罗（Sao Paulo）

圣保罗是巴西最大的城市、最大的工业中心、世界 4 座最大的都市之一，位于国境东南部，距外港 63 千米。该城是一座气候宜人、林木苍翠、风光秀丽的城市。除了是巴西最大的经济城市，亦为南北交通重镇，道路四通八达。

- 圣保罗独立公园——公园占地面积 184 830 平方米，由主体建筑博物馆、花园和独立纪念碑三部分组成。这是巴西独立100周年即1922年落成的。纪念碑正面碑底一幅大型青铜浮雕再现了佩德罗一世宣布独立时的情形。碑顶为佩德罗一世向里约热内卢进军的形象。地下墓室安葬着1972年由葡萄牙转交巴西的佩德罗一世及其皇后的遗体。纪念碑前的圣火终年不熄,与纪念碑正面竖立的迎风飘扬的巴西国旗遥相呼应。

● 伊比拉布埃拉公园——伊比拉布埃拉公园(简称伊比公园)原是印第安人村落,后慢慢演变为公园,于1954年纪念圣保罗建市400周年时对公众开放。公园周围的主要景点包括:①开拓者纪念碑,为纪念葡萄牙殖民者从沿海向内地拓殖的历史而兴建;②"七九"纪念碑,纪念1931年7月9日在圣保罗发生的民主护宪运动;③双年展展览馆,这里每两年举办大规模的国际艺术展;④日本馆,位于公园内湖边,系日本政府为庆祝圣保罗建市400周年特地从日本运材料到巴西搭建的。

● 圣保罗主教堂——该教堂始建于1913年,直到1954年,为庆祝建市400周年才仓促完工。它的前身是殖民时代的大教堂,整个工程由建筑师马克西米利亚诺设计建造。在艺术特点上,它融合了哥特式和文艺复兴时期的风格。教堂的地下墓室安放着包括原印第安酋长在内的名人的灵柩。每扇玻璃窗上都描绘了圣经里不同的宗教主题。里面还有多达一万个声管的意大利管风琴以及包含65个小钟的大套钟。教堂前面的广场从16世纪开始,就一直是每次盛大宗教游行的出发点,正中央的"零起点"是测量圣保罗和其他城市距离的起点。

三、秘鲁(Peru)

秘鲁共和国位于南美洲西部。沿海多优良港口,海运发达,是对外贸易的主要运输方式。内陆地区尤其是亚马孙地区河流纵横,水路运输便利。秘鲁在南太平洋中部,是整个南美地区的业务节点及分销中心。

1. 卡亚俄(Callao)

卡亚俄是秘鲁第二大城市利马-卡亚俄大都市区的一部分,位于卡亚俄湾内,里马克河口南岸。外有圣洛伦索岛、长岬屏障,并有防波堤保护,为优良海港,海拔6米。1537年由西班牙人兴建,成为殖民者掠夺金银财富的起运港。秘鲁独立后直到1826年才从殖民者手中夺回。现为现代化港口和利马外港,设施优良。圣洛伦索岛为秘鲁重要海军基地。

2. 圣马丁(Saint Martin)

圣马丁是秘鲁西南部太平洋岸港口城市,位于皮斯科河口。该市建于1640年。地处全国最大的优质葡萄产区,以酿制白兰地酒著名,并有棉花和鱼类为主的加工工业。城南15千米的帕拉卡斯海湾为解放者圣马丁首次在秘鲁登陆处,附近半岛上有前印加文化古迹,沿海已辟为旅游地。

3. 萨拉韦里(Saraveri)

萨拉韦里是秘鲁西北部太平洋岸港口城市,位于特鲁希略以南14千米。港湾优良,可停靠2万吨以上海轮。是特鲁希略外港,主要输出糖和矿石,公路通至内地120千米处的基鲁维尔卡铜矿。

● 中心广场——中心广场亦称武器广场,四周有总统府、市政府和大教堂。它是秘鲁政治、生活历程中许多重要事件的见证物。16、17 世纪,广场周围有许多小商店,各种商贩云集。广场也曾被当作斗牛场和宗教裁判所执行死刑的地方。中心广场是庆祝重要节日的活动场所。1821 年,圣马丁将军在这里宣布秘鲁独立。

● 纳斯卡地画——是美国人保罗·科索科 1939 年在纳斯卡地区研究古印第安人灌溉系统时发现的,位于秘鲁首都利马南 300 多千米处。是散布在 250 平方千米干燥沙质地表上的众多深几十厘米、长几百米到几千米不等的巨大线条。以笔直的直线和箭头形为主,也有其他几何图形和动物图案,如蜂鸟、卷尾猴等。因尺寸巨大,需乘飞机在空中才能看到全貌。有关线条的制作者和制作目的有许多猜测,甚至有人认为是外星人修建的飞船着陆标志。但从公元前 3 世纪到公元 5 世纪纳斯卡文化留下的陶器上的图形看,基本上可以肯定,线条出自创造纳斯卡文化的古人之手。联合国教科文组织于 1994 年 12 月 14 日决定将这一遗迹作为人类文化遗产予以保护。

● 黄金博物馆——秘鲁黄金制品和世界兵器博物馆,简称黄金博物馆,位于利马市蒙特利科区,创建于 1966 年,是一家私人收藏博物馆。该馆展品以农艺学家、金融家、外交家米格尔·穆希卡·加略家族收集的文物为主,分两大部分。第一部分展示的是 16 世纪以来的世界各国兵器,其中包括拉美独立战争英雄使用过的佩刀,拿破仑用过的兵器,中国古代刀剑,以及各国军服、铠甲、马具等,做工精良,造型优美;第二部分收藏的是从公元前 5 世纪至公元 5 世纪期间秘鲁出土的各种金银制品、木乃伊、服饰、雕刻、陶制品,对了解秘鲁历史上著名的莫奇卡、奇穆和纳斯卡文化以及秘鲁古代土著居民的习俗、生活颇有帮助,且具有很高的艺术价值。

● 帕查卡马克遗址——遗址位于利马以南 20 余千米处的"鲁林谷地",在秘鲁古文明史上占有重要地位。帕查卡马克于公元前 200 年左右兴起,15 世纪达到鼎盛时期,1533 年被入侵的西班牙殖民者毁坏。它原为前印加时期土著人的土地神庙,后被印加王国征服,成为秘鲁中部海岸最著名的神庙,以庄严、肃穆、雄伟而著称。帕查卡马克是土坯和干打垒的泥土建筑群。其中最高大的建筑物被称为太阳宫(或太阳庙),高 6 层,背靠大海,建在山顶上。大殿背后建有观象台,观看太阳出没并据此制定农历,在太阳庙另一侧的低洼处还建有月亮宫。

● 马丘皮丘——秘鲁南部古印加帝国的古城废墟,是秘鲁最著名的游览胜地,也是联合国教科文组织批准认定的人类文化遗产。位于古印加帝国首都库斯科城西北 112 千米的高原上,四周崇山峻岭环抱。据估计建于四五百年前。西班牙人入侵美洲大陆后,古城被舍弃,由于山高路陡,丛林密盖,一直未被发现。1911 年,为美国耶鲁大学南美历史学教授海勒·宾加曼发现。古城街道狭窄,但排列整齐有序。宫殿、寺院与平台宏伟壮观,还有作坊、堡垒等,它们多用巨石砌成,大小石块对缝严密,甚至连一片刀片都插不进去。这里发掘出的日晷,显示了古印加帝国高度的文化水平。考古学家还在这里发掘出成千具印加人的残骸和头盖骨,每具男性遗骸周围呈辐射状埋葬着 10 具女性遗骸。

废墟石壁上刻有许多尚未为人知的符号和标记。

● 萨克塞瓦曼——位于武器广场北部的一座小山上,被认为是除马丘皮丘外最大最壮观的印加遗址。这个庞大的石阵俯瞰库斯科城,现在在遗址上残留下来的大石是历史学家在库斯科和周边地区见过的最大的石头,约300吨重。像其他典型的印加建筑一样,印加人没有用任何钢筋水泥,他们利用精湛的石头打磨技术将大石磨成特定的形状,然后紧紧地拼起来。萨克塞瓦曼在库斯科历史上经历了几次大的地震,但仍较好地保存了下来。

四、智利(Chile)

智利位于南美洲安第斯山脉西麓的太平洋沿岸。南北长4200多千米,东西宽仅90~400千米,是世界上领土最狭长的国家。智利全境多山,东有险峻连绵的安第斯山脉,西有较低的海岸山脉,两条山脉之间,是狭长的陷落带,为智利全国的精华所在。海岸山脉与陷落带的南段没入海中,形成许多半岛、岛屿和海湾,是南美洲海岸最曲折的一段。智利多火山、地震,是环太平洋火山地震带的一部分。智利南北气候差别很大。北部气候干旱;中部是冬雨夏干的地中海式气候,为全国工农业生产和城市集中的地区,首都圣地亚哥就在这里;南部降水很多,气温较低,有茂密的温带森林。

1. 阿里卡(Arica)

阿里卡(Arica),智利太平洋岸最北的港市,是智利与玻利维亚、秘鲁三国间商业贸易中心,又是玻利维亚进出口的最大转运港、重要渔港。城市用水经240千米的管道从安第斯山上引入。国际铁路通达玻利维亚的拉巴斯和秘鲁的塔豆纳。

2. 瓦尔帕莱索(Valparaiso)

瓦尔帕莱索是智利最重要的海港,是东西太平洋地区日渐重要的文化中心。19世纪下半叶,作为往返于大西洋和太平洋(穿越麦哲伦海峡)船只的补给港,瓦尔帕莱索的地理位置有着重要的意义,正因为如此,这一城市也吸引了大批的欧洲移民前来定居。在那个黄金年代,瓦尔帕莱索经济蓬勃发展,世界各地的水手们给城市起了诸如"小旧金山"和"太平洋珍宝"的绰号。基于城市不断地发展设计和独特的建筑风格,联合国教科文组织将瓦尔帕莱索纳入世界文化遗产范围。

3. 复活节岛(Easter Island)

复活节岛是南太平洋中的一个岛屿,当地的语言称之为拉帕努伊岛,位于智利以西外海3000千米以外。复活节岛是世界上最与世隔绝的岛屿之一,离与其最近有人定居的皮特凯恩群岛也有两千多千米距离。该岛形状呈近似三角形,由三座火山组成,与胡安·费尔南德斯群岛同为智利在南太平洋的属地。复活节岛以数百尊充满神秘色彩的巨型石像闻名于世。

4. 蒙特港(Puerto Montt)

蒙特港是智利南部湖大区的港口城市,城市面积39.58平方千米。蒙特港位于太平洋雷隆卡维湾湾顶,景色秀丽,是著名游览胜地。著名的蒙特港位于城市南部,市内有海洋大学、渔业科研所,文化娱乐设施和旅游景点很多。市内武器广场、大教堂、迭戈·里维拉艺术馆、火车站等人文景观与股格罗岛博塔尼克公园等处的自然风光交相辉映,使该市成为智利南方主要旅游城市之一。

5. 蓬塔阿雷纳斯(Punta Arenas)

蓬塔阿雷纳斯(Punta Arenas)是世界最南城市(南纬53°10′)之一,智利南极区和麦哲伦省首府,位于麦哲伦海峡西岸。始建于1843年,1868年起成为自由港。巴拿马运河修筑前,为大西洋与太平洋间往返船只的加煤站。市内多纪念碑、广场,城市的克罗地亚文化背景在南美独树一帜。水、陆交通方便,并建有国际机场,也是从南美洲出发的南极探险者们进行休整的最后一站。

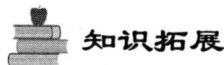知识拓展

复活节岛石像之谜

智利的复活节岛位于南太平洋水域,该岛是因1722年荷兰人登上此岛的时间恰值复活节正日而命名的,现岛上居民约2000人,都属波利尼西亚人种。复活节岛上的居民称自己居住的地方为"特比托奥特赫努阿",意思是世界的肚脐。事实上,他们的说法的确没有错,因为复活节岛位于太平洋中部,正是世界的中部——肚脐,难道岛上的居民从高空俯瞰过小岛?这是不可能的,因为他们没有飞行器。那么肯定是有人曾经从高处俯瞰过小岛,把这些告诉给居民。

一提起复活节岛,人们首先想到的是矗立在岛上的那600多尊巨人石像。石像造型之奇特,雕技之精湛,着实令人赞叹。人们不禁要问,这么多的石像是什么人雕琢的?雕琢如此众多的石像的目的是什么?是供人瞻仰观赏,还是叫人顶礼膜拜?近些年来,一些国家的历史学家、考古学家和人类学家都曾登岛考察,企图弄个水落石出,结果虽提出种种解释,但也只能算作猜测,不能令人信服。

复活节岛上的石像均由整块的暗红色火成岩雕琢而成。所有的石像都没有腿,全部是半身像,外形大同小异。石像的面部表情非常丰富,它的眼睛是专门用发亮的黑曜石或闪光的贝壳镶嵌上去的,格外传神。它们个个额头狭长,鼻梁高挺,眼窝深凹,嘴巴噘翘,大耳垂肩,胳膊贴腹。所有矗立的石像都面向大海,表情冷漠,神态威严。远远望去,就像一队准备出征的武士,蔚为壮观。面对这一尊尊构思奇巧的巨人石像,游客们自然会有一连串的疑问:石像雕于何时?如此高大的石像又是用什么办法搬到海滨的?一些尚未完工的石像,又是遇到什么问题而突然搁置?

这些巨大的石雕像大多在海边,有的竖立在草丛中,有的倒在地面上,有的竖在祭坛上。有的石雕像身上还刻着符号,有点像文身图案。除此之外,还发现了比这些巨大的石雕像还要大一倍的石雕像,但它们多是半成品。

专家登上复活节岛时,曾在石人像附近发现大量刻满奇形文字的木板。还别说,有的特别像中国象形文字。它们笔触的粗糙、深浅,似乎都包含着某种意思,而且文字整

个的书写排列方式好似密码，仿佛表现出某种波动般的节律感。

资料来源：http：//www.arting365.com/news/others/2010-12-29/1293561097d232476_4.html。

● 鸟人节——岛上最大的传统节日莫过于一年一度的"鸟人节"。"鸟人"出自岛上流传的一个神话：古时候，造物主玛科向岛上的祭司传授宗教仪式和祭神物品——海鸟蛋，并指定海上两个礁屿为取鸟蛋的地方。这样，每年八九月海鸥飞来之时，每个部落推选一名选手顺崖下海，游到2千米外的大礁石上寻找鸟蛋。第一个得到鸟蛋的选手将蛋交给自己的酋长，这个酋长便成为当年的"鸟人"。接下来一整年，他都会被岛民供奉为神明。由于游泳取蛋时常遭鲨鱼袭击，这一活动已废弃100多年了。但神圣的祭典仪式、多彩的化装表演仍然保留至今，"鸟人"仍是岛民的崇拜神。为适应旅游的需要，活动时间改在每年的2月，让更多的游客目睹这一奇异的风俗。

● 阿纳凯——复活节岛北部的阿纳凯是全岛最富魅力的景点，除一排威武的"莫埃"石像外，一片金黄色的沙滩又长又宽；岸上的棕榈树林青翠茂密。攀上全岛最高点——海拔507米的特雷瓦卡山顶，极目远眺，岛上的大小火山和四周的石像尽收眼底，浩瀚的太平洋与蓝天浑然一体，令人心旷神怡。从山上下来不远便是著名的"七尊莫埃"景点。据传，它是一位毛利巫师的七个儿子等待欧图·玛图阿王到来的地方。

● 会说话的木板——在石像附近曾经发现过刻满奇异图案的木板，人称"会说话的木板"。在探险家发现复活节岛之后，欧洲的传教士纷纷来岛上传播上帝的"旨意"。他们下令，将这些木板统统烧掉。当时只有一位当地居民奋力抢下了25块木板，将它们钉成一条渔船，逃到海上。后来这25块木板保存了下来，被世界各地的著名博物馆收藏。

● 圣地亚哥大教堂——圣地亚哥大教堂是著名的巡礼教堂，早在中世纪时就已经存在。立面以拱形开洞和装饰性独立壁柱为基本构图元素，自下而上，从舒展到紧张，逐渐达到高潮，显示了设计者高超的构图技巧。很多构图元素来自本国传统或者建筑师个人，例如该教堂正立面中央部分的纵向构图就独树一帜，属于巴洛克建筑风格中的独特流派。

● 中央邮局——始建初衷是作为圣地亚哥第一居所，即西班牙征服者佩德罗·德·瓦尔蒂维亚的私人住所。1882年被建筑师Ricardo Brown改建成新古典主义风格的大楼——中央邮局大楼的前身。1908年，为迎接智利独立百年庆典，建筑师Ramon Feherman为中央邮局大楼增加了法式新古典主义风格的第三层，并增加了一个穹顶。现该楼用作中央邮局，在邮局二层设有邮政博物馆。

● 圣地亚哥市政府——该建筑原为圣地亚哥建城期间的市政厅和监狱。18世纪下半叶改建成新古典主义风格，1891年毁于大火。1892—1895年在原址重建，自此，成为圣地亚哥市政府所在地。圣地亚哥市政府主要机构均在该大楼办公，中央大厅经常举办展览等活动，对外开放，市民可进入参观。

● 奥希金斯大街——奥希金斯大街是圣地亚哥最出名、最重要的街道。奥希金斯大街长3千米，宽100米。它如一条纽带，串联起密如蛛网的大街小巷，通往四面八方。街旁香味四溢的海鲜餐厅、五光十色的夜总会和夜店的霓虹灯，将原本宁静的街头变得活泼亮丽。大街西端有著名的解放广场,附近有宪法广场,大街东边有巴格达诺广场。

五、乌拉圭(Uruguay)

乌拉圭位于南美洲东南部,乌拉圭河与拉普拉塔河的东岸,北邻巴西,西接阿根廷,东南濒大西洋。境内地势平坦,多为丘陵和草原,平均海拔116米,农牧业发达。海岸线长660千米。乌拉圭因优美的自然风光和安定的社会环境,被誉为"南美瑞士";又因其形似宝石而又盛产紫晶石,被誉为"钻石之国"。

1. 蒙得维的亚(Montevideo)

玫瑰争妍的蒙得维的亚是乌拉圭东岸共和国首都,位于拉普拉塔河下游,濒临南大西洋,与阿根廷首都布宜诺斯艾利斯隔河相望。普拉多公园是市内最古老最著名的公园,园内植有800多种玫瑰,使这个城市有"玫瑰之城"的雅称。它是乌拉圭全国政治、经济、交通和文化中心,乌拉圭的最大海港,也是乌拉圭的海上门户。蒙得维的亚是座美丽的城市,城市分新城和旧城两部分。旧城保留着西班牙殖民统治时期的建筑风格,以宪法广场为中心,广场上有18世纪建造的天主教教堂。新城现代化的高楼大厦林立,独立广场上矗立着民族英雄阿蒂加斯将军骑马形象的青铜雕像和他的陵墓。

2. 埃斯特角城(Punta del Este)

坐落在向大西洋突出的狭长半岛上。海岸多优良沙滩,气候宜人,风景优美,为世界著名游览疗养胜地。每当夏季时节,约有70万人次国外游客(大多来自阿根廷、巴西和智利等邻近国家)到此避暑度假。有一些阿根廷企业家和商人在海边购置或自建了专供度假的私人别墅。埃斯特角城右侧2千米处是戈里蒂小岛,十七、十八世纪时曾是荷兰、法国、葡萄牙、英国和西班牙等殖民者设在拉普拉塔河入海口处的军事要塞。现岛上仍有西班牙1773年修筑的防御工事遗址和大炮等。

● 驿车纪念雕像——该组雕像位于乌拉圭最后一个驿站的遗址所在地,雕刻了乌历史上首次作为公共交通工具使用的马拉驿车的形象。雕像人物和车马的比例均与真人和实物大小相仿。雕刻了一位强悍的驭手正驾驭五匹健马奋力将驿车从泥沼中拉出,一个骑手从旁协助,一位妇女和她的孩子神情严肃地坐在车夫的位子上。该雕像是乌拉圭著名雕塑家Jose Belloni(1882—1965)的作品,落成于1952年2月22日。

● 阿蒂加斯陵墓——坐落在这里的纪念碑上面是何塞·阿蒂加斯将军骑在战马上的雕像。纪念碑位于独立广场,高17米,重30吨。雕像的基座以灰色大理石为材料,上面镶嵌的浮雕反映了东岸人民追随阿蒂加斯进行大迁徙的历史场面。该纪念碑的作者是意大利人Angel Zanelli(1879—1942),纪念碑于1923年2月28日揭幕。1977年6月19日,又在纪念碑下面建成了存放阿蒂加斯遗骸的陵墓。

六、哥伦比亚(Colombia)

哥伦比亚共和国,在南美洲西北部,西濒太平洋,北临加勒比海,东通委内瑞拉,是南美洲国家联盟成员,首都波哥大。哥伦比亚国内经济、交通、旅游业发达,为资源丰富的发展中国家。

1. 圣玛尔塔（Santa Marta）

哥伦比亚加勒比海岸港市。位于圣玛尔塔山脉西北麓圣玛尔塔湾畔。始建于1525年，为西班牙人在哥伦比亚最早建立的城市。港口水深7.5米，设有香蕉专用码头。有铁路通波哥大，有飞机场。海滩优美，热带风光，为著名的海滨游览地，有游艇专用码头和水族馆。

2. 卡塔赫纳（Cartagena）

卡塔赫纳是哥伦比亚北方重要的港口，也是闻名遐迩的游览胜地。卡塔赫纳濒临大海，漫长的海岸线、湛蓝的海水、金色的沙滩，构成了秀丽迷人的滨海风光，成为旅游、避暑胜地和会议中心。1985年8月，联合国教科文组织决定，将卡塔赫纳这座哥伦比亚北部历史名城列为"人类文化财富"。

● 波哥大——波哥大是哥伦比亚的首都，政治、经济、文化和旅游中心。位于东科迪勒拉山脉西侧苏马帕斯高原的谷地上，海拔为2640米。虽然靠近赤道，但因地势较高，气候凉爽，四季如春；此外，因地处哥伦比亚腹地，保留着丰富的历史文化遗产。城市近郊山岭环绕，林木苍翠，景色壮丽，是美洲大陆上著名的旅游胜地。由于波哥大景色秀美，名胜古迹众多，因此被誉为"南美的雅典"。

● 玻利瓦尔广场——玻利瓦尔广场是依照西班牙王室命令建造的西班牙式大广场，其中的大教堂是在原西班牙教堂的旧址上兴建的。广场中央，一座西蒙·玻利瓦尔骑着骏马的高大雕像矗立在约3米高的碑身上，雄伟庄严。广场四周耸立着形态各异的雄伟建筑。富丽堂皇的圣卡尔洛斯宫，是一座已有300多年历史的古老建筑，曾先后作为圣菲皇家图书馆和独立后的国家总统府。坐落在玻利瓦尔雕像后面的国会大厦，修建在波哥大建城时的遗址上。

● 教堂——波哥大城内古老教堂众多，有著名的圣伊格纳西奥教堂、圣弗朗西斯科教堂、圣克拉拉教堂、贝拉克鲁斯教堂等。圣伊格纳西奥教堂建于1605年，迄今保存完好，教堂内摆设在祭台上的一件件金制品，制作精美、巧夺天工，是出自古代印第安人之手的稀世珍品。圣弗朗西斯科教堂，建于1567年，是哥伦比亚最辉煌、最美丽的教堂。教堂内悬挂着哥伦比亚著名画家瓦斯克斯、菲盖罗阿和厄瓜多尔画家米盖尔·德圣地亚哥的作品。

● 黄金博物馆——波哥大市中心的圣坦德尔公园内有世界上规模最大的黄金博物馆——哥伦比亚黄金博物馆，也是国家的重要古迹之一。馆内的展品琳琅满目、富丽堂皇，都是古代印第安人的装饰品和举行各种宗教仪式用的器皿，如耳环、鼻环、项链、别针、手镯、脚镯，以及各种壶、杯、碟、碗、盘、面具、香炉等，多达2.4万件。馆内最吸引人的是"黄金大厅"，展出的是数百件稀世珍品。馆内灯火通明，播放的印第安音乐清脆悦耳，使人仿佛漫游在神话中的"黄金世界"。

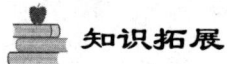知识拓展

世间最天然的镜子——乌尤尼盐湖

镜子是人们生活中常用到的物品,那你见过世界上最大的"镜子"吗?这是个神秘的地方,由于面积大,表面光滑,反射率高,这里成了世界上最大的"镜子",这就是玻利维亚的大盐湖——乌尤尼盐湖(Salar de Uyuni)。

游览玻利维亚其中一个最热门的行程就是参观平坦如镜的乌尤尼盐湖(Salar de Uyuni)和几个高原湖泊。乌尤尼盐湖(Salar de Uyuni)位于南美国家玻利维亚西南部的高原地区,是世界上最大的盐湖。其实这里原本只有采盐业,少有游客前来,但是这个盛产粉红色火烈鸟、千年仙人掌以及稀有蜂雀的独特地区,最近越来越受到冒险者与游客的追捧,或许这就是这面"大镜子"的独特魅力吧?

放眼望去,四下一片空旷,水平面与地平线连成一片,映入眼帘的只有头上的蓝色和脚下的白色,还有自己的倒影,周围万籁俱寂,静得都能听见自己的心跳声。方向已经无法辨别,你会被这种"幻觉"骗到,感觉人就像飘浮在空中一样。

这里的盐层很多地方都超过10米厚,总储量约650亿吨,够全世界人吃几千年,实在无愧于世界第一大盐湖的称号。不过这里条件相当艰苦——海拔高3700米,一万多平方千米的湖区内无人居住,里面光秃秃一片,几乎找不到辨别方向的参照物。由于湖区受磁场的影响,指南针和卫星导航系统有时也会失灵,因此要穿越盐湖除了要请当地的向导指路之外,还要选对交通工具,不然很可能在湖中迷路。

来这里也是有时间讲究的。由于玻利维亚地处南半球,全年分为旱季、雨季两个季节。每年12月至来年3月的雨季期间,乌尤尼变成一个巨大的咸水湖,只有到了4—11月的旱季期间,湖水干涸,湖面变得坚硬无比后,驾车穿越盐湖探险才成为可能。

资料来源:http://america.hqcyw.cn/news-3744.html。

第三节 区域主要邮轮航线

一、运营的邮轮公司和邮轮部署

【公主邮轮】碧海公主号、海洋公主号、星辰公主号

【皇家加勒比游轮】海洋荣光号、海洋迎风号

【地中海邮轮】华丽号、辉煌号、诗歌号、抒情号

【歌诗达邮轮】地中海号、辉宏号、太平洋号、炫目号

【精致邮轮】无极号

【银海邮轮】探索号、银神号、银啸号

【庞诺邮轮】日丽号、南冠号、星辉号

【荷美邮轮】阿姆斯特丹号、马士丹号、普林盛丹号、尚丹号

【皇后邮轮】冠达邮轮玛丽女王二世号

【挪威邮轮】挪威太阳号

【水晶邮轮】合韵号、尚宁号

二、主要邮轮航线

【公主邮轮】

● 劳德代尔堡（Fort Lauderdale）—海上巡航—圣巴泰勒米（Saint Barthelemy）—多米尼加（Dominica）—圣卢西亚（Saint Lucia）—斯卡伯勒（Scarborough）—海上巡航—魔鬼岛（Devil's Island）—海上巡航—圣塔伦（Santarem）—玛瑙斯（Manaus）

● 圣地亚哥（Santiago）—蒙特港（Puerto Montt）—海上巡航—拉塞雷纳（La Serena）—蓬塔阿雷纳斯（Punta Arenas）—乌斯怀亚（Ushuaia）—好望角（Cape of Good Hope）—福兰克群岛（Frank Islands）—海上巡航—马德林（Madeleine）—海上巡航—蒙得维的亚（Montevideo）—布宜诺斯艾利斯（Buenos Aires）

● 旧金山（San Francisco）—海上巡航—阿卡普尔科（Acapulco）—海上巡航—圣胡安（San Juan）—蓬彭塔雷纳斯（Punta Arenas）—海上巡航—基多（Quito）—海上巡航—利马（Lima）—海上巡航—拉塞雷纳（La Serena）—圣地亚哥（Santiago）

● 布宜诺斯艾利斯（Buenos Aires）—海上巡航—斯坦利港（Port Stanley）—海上巡航—南极半岛巡航—合恩角（Cape Horn）巡航—乌斯怀亚（Ushuaia）—蓬彭塔雷纳斯（Punta Arenas）—海上巡航—蒙得维的亚（Montevideo）—布宜诺斯艾利斯（Buenos Aires）

● 圣地亚哥（Santiago）—蒙特港（Puerto Montt）—达尔文湾（Darwin Bay）—蓬塔阿雷纳斯（Punta Arenas）—乌斯怀亚（Ushuaia）—合恩角（Cape Horn）巡航—马尔维纳斯群岛（Malvinas）—蒙得维的亚（Montevideo）—布宜诺斯艾利斯（Buenos Aires）—里约热内卢（Rio de Janeiro）

【皇家加勒比游轮】

● 桑托斯（Santos）—布济乌斯（Buzios）—伊利亚贝拉（Ilhabela）—桑托斯（Santos）

● 桑托斯（Santos）—埃斯特角城（Punta del Este）—布宜诺斯艾利斯（Buenos Aires）—蒙得维的亚（Montevideo）—桑托斯（Santos）

● 桑托斯（Santos）—布济乌斯（Buzios）—桑托斯（Santos）

● 桑托斯（Santos）—里约热内卢（Rio de Janeiro）—萨尔瓦多（Salvador）—特内里费岛（Tenerife）—巴塞罗那（Barcelona）

【地中海邮轮】

● 布宜诺斯艾利斯（Buenos Aires）—里约热内卢（Rio de Janeiro）—萨尔瓦多（Salvador）—累西腓（Recife）—圣克鲁斯（Santa Cruz）—德特内里费（Santa Cruz de Tenerife）—塞维利亚（Seville）—马拉加（Malaga）—帕尔马（Parma）—瓦莱塔（Valletta）—杜布罗夫尼克（Dubrovnik）—威尼斯（Venice）（华丽号）

● 里约热内卢（Rio de Janeiro）—桑托斯（Santos）—布济乌斯（Buzios）—萨尔瓦多（Salvador）—马塞约（Maceio）—福塔莱萨（Fortaleza）—圣克鲁斯-德特内里费（Santa Cruz de Tenerife）—阿雷西费（Arrecife）—马拉加（Malaga）—阿利坎特（Alicante）—热那亚（Genoa）（抒情号）

【歌诗达邮轮】

● 桑托斯（Santos）—里约热内卢（Rio de Janeiro）—萨尔瓦多（Salvador）—马塞约（Maceio）—累西腓（Recife）—圣克鲁斯-德特内里费（Santa Cruz de Tenerife）—马德拉岛（Madeira Island）—马拉加（Malaga）—马赛（Marseille）—萨沃纳（Savona）（辉宏号）

● 德里亚斯特（Driad）—斯普利特（Split）—巴厘（Bali）—奇维塔韦基亚（Civitavecchia）—萨沃纳（Savona）—巴塞罗那（Barcelona）—卡萨布兰卡（Casablanca）—圣克鲁斯-德特内里费（Santa Cruz de Tenerife）—累西腓（Recife）—马塞约（Maceio）—里约热内卢（Rio de Janeiro）（地中海号）

● 萨沃纳（Savona）—巴塞罗那（Barcelona）—马拉加（Malaga）—卡萨布兰卡（Casablanca）—马德拉岛（Madeira Island）—圣克鲁斯-德特内里费（Santa Cruz de Tenerife）—累西腓（Recife）—马塞约（Maceio）—萨尔瓦多（Salvador）—伊列乌斯（Ilheus）—里约热内卢（Rio de Janeiro）（太平洋号）

【银海邮轮】

● 乌斯怀亚（Ushuaia）—西点岛（West Point Island）—斯坦利港（Port Stanley）—南乔治亚岛（South Georgia）—南极半岛—德雷克海峡（Drake Passage）

● 乌斯怀亚（Ushuaia）—斯坦利港（Port Stanley）—桑德斯岛（Sanders Island）—西点岛（West Point Island）—南极半岛—德雷克海峡（Drake Passage）—乌斯怀亚（Ushuaia）

【庞诺邮轮】

● 乌斯怀亚（Ushuaia）—德雷克海峡—纳克港（Port of Naq）—普莱诺岛（Plano Island）—拉可罗港（Puerto Rico）—欺骗岛（Deception Island）—威德尔海—德雷克海峡（Drake Passage）—乌斯怀亚（Ushuaia）

复习思考题

1. 总结南美洲的自然地理特征和主要旅游资源。
2. 了解南美主要邮轮港口概况。
3. 分析南美洲地区邮轮旅游发展历程和前景。

第十一章

北欧波罗的海地区

第一节 区域地理特征

北欧波罗的海地区是世界重要的邮轮目的地之一，是欧洲对外贸易的主要通道。该地区由波罗的海周边的众多国家和地区组成：北欧国家（瑞典、芬兰、挪威、丹麦和冰岛）、波罗的海国家（爱沙尼亚、拉脱维亚、立陶宛）、德国北部、波兰、加里宁格勒（俄罗斯的一部分）和圣彼得堡地区（俄罗斯的一部分）。

一、地理概况

波罗的海是欧洲北部的内海、北冰洋的边缘海、大西洋的属海，是世界最大的半咸水水域。在斯堪的纳维亚半岛与欧洲大陆之间。从北纬54°起向东北展伸，到近北极圈的地方为止。长1600多千米，平均宽度190千米，面积42万平方千米。波罗的海位于北纬54°~65.5°的东北欧，呈三岔形，西与斯卡格拉克海峡、厄勒海峡、卡特加特海峡、大贝尔特海峡、小贝尔特海峡、里加海峡等海峡和北海以及大西洋相通，见图11-1。

波罗的海四面几乎均为陆地环抱，整个海面介于瑞典、俄罗斯、丹麦、德国、波兰、芬兰、爱沙尼亚、拉脱维亚、立陶宛9个国家之间。向东伸入芬兰和爱沙尼亚、俄罗斯之间的称芬兰湾，向北伸入芬兰与瑞典之间的称波的尼亚湾。

波罗的海是北欧的重要航道，也是俄罗斯与欧洲贸易的重要通道，是沿岸国家之间以及通往北海和北大西洋的重要水域。从彼得大帝时期起，波罗的海就是俄罗斯通往欧洲的重要出口。俄罗斯与伊朗、印度等国合作酝酿连接印度洋和西欧的"南北走廊"规划也是以波罗的海为北部终点。自20世纪90年代初以来，航行在波罗的海上的轮船急剧增多。近两年来，每年航行在波罗的海主航道的轮船已超过4万艘。波罗的海有轮渡连通沿岸国家的各大港口，并通过白海—波罗的海运河与白海相通，通过列宁伏尔加河—波罗的海水路与伏尔加河相连。

波罗的海的重要海港有圣彼得堡、加里宁格勒（俄罗斯）、赫尔辛基（芬兰）、斯德哥尔摩（瑞典）、哥本哈根（丹麦）、罗斯托克（德国）、格但斯克（波兰）等。

第十一章　北欧波罗的海地区

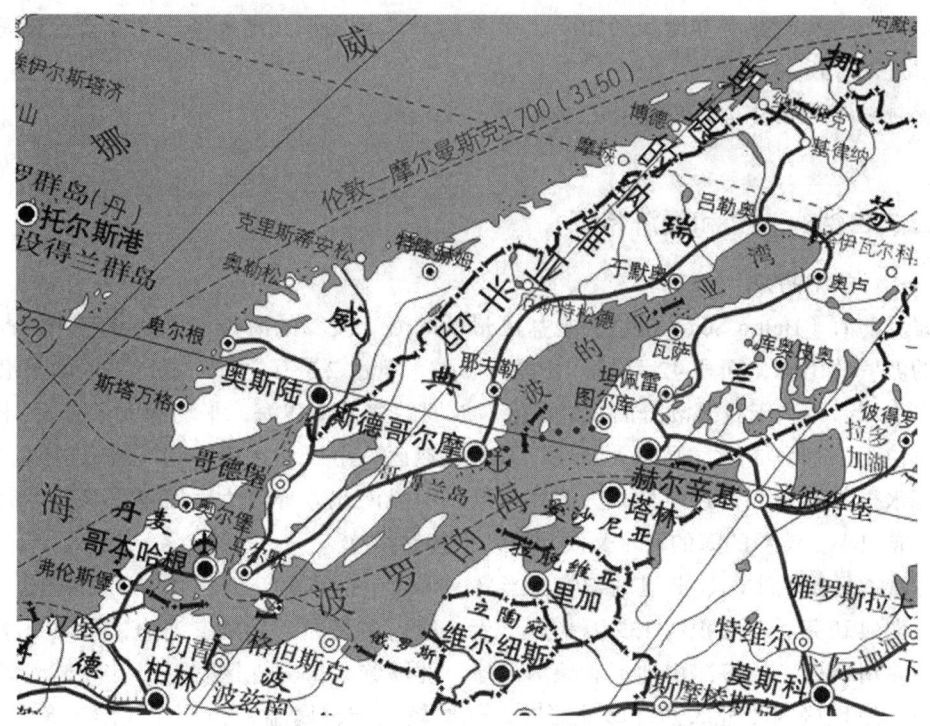

图 11-1　北欧波罗的海区域
地图来源：国家测绘地理信息局网站。审图号：GS（2008）1423 号。

 **知识拓展**

波罗的海盐度极低的奥秘

波罗的海是世界上盐度最低的海域，这是因为波罗的海形成的时间还不长。这里在冰河时期结束时还是一片被冰水淹没的汪洋，后来冰川向北退去，留下的最低洼的谷地就形成了波罗的海，水质本来就较好；其次波罗的海海区闭塞，与外海的通道又浅又窄，盐度高的海水不易进入；加之波罗的海纬度较高，气温低，蒸发微弱；这里又受西风带的影响，气候湿润，雨水较多，四周有维斯瓦河、奥得河、涅曼河、西德维纳河和涅瓦河等大小 250 条河流注入，年平均河川径流量为 437 立方千米，波罗的海的淡水集水面积约为其本身集水面积的 4 倍。因此波罗的海的海水盐分就很淡了。海水含盐度只有 0.7%~0.8%，大大低于全世界海水平均含盐度（3.5%）。

波罗的海的海水含盐度自出口处向海内逐渐减少，大贝尔特海峡和小贝尔特海峡海水含盐度 15‰，西部为 8‰~11‰，默恩岛以东降至 8‰，中部为 6‰~8‰，芬兰湾为 3‰~6‰（靠近内陆处仅为 2‰），波的尼亚湾一般为 4‰~5‰（最北部为 2‰）。深层和近底层的盐度，西部为 16‰，中部为 12‰~13‰，北部为 10‰ 左右。当流入的大西洋海水增加时，西部的盐度可增加到20‰。波罗的海深层海水盐度较高，是含盐度较高的北海海水流入所致。

资料来源：http：//baike.baidu.com。

二、自然、人文和经济特征

（一）自然特征

波罗的海（Baltic Sea）是世界上盐度最低的海。波罗的海得名于从波兰什切青到雷维尔的波罗的山脉，面积42万平方公里，总贮水量达2.3万立方千米，是地球上最大的半咸水水域，相当于我国渤海面积的5倍。波罗的海是个浅海，平均深度只有55米。波罗的海位于温带海洋性气候向大陆性气候的过渡区，由于北大西洋暖流难以进入波罗的海，海水得不到调节，致使冬季气温比较低，而且南北差异较大，而夏季气温不高，且南北差异很小。波罗的海的海水又浅又淡，很容易结冰。

北欧指日德兰半岛、斯堪的纳维亚半岛一带。包括冰岛、法罗群岛（丹麦）、丹麦、挪威、瑞典和芬兰，面积约132万平方千米。境内多高原、丘陵、湖泊，第四纪冰川期时全为冰川覆盖，故多冰川地形和峡湾海岸。北欧绝大部分地区属温带针叶林气候；仅大西洋沿岸地区因受北大西洋暖流影响，气候较温和，属温带阔叶林气候。渔产丰富，西面沿海是世界四大渔场之一，捕鱼量约占世界捕鱼总量的9%。

爱沙尼亚、拉脱维亚和立陶宛统称波罗的海三国，处于欧洲的中部，是北欧人南下的通路。三国总面积17.40万平方千米，其中立陶宛6.52万平方千米，拉脱维亚6.37万平方千米，爱沙尼亚4.51万平方千米。地处波罗的海东岸、东欧平原的西部和西北部。波罗的海有史以来曾被人们称为"琥珀海"或"琥珀之乡"。冬季温和，夏季凉爽，森林以混交林为主，沼泽地面积较大。现今，泥炭、油页岩和磷灰岩是波罗的海三国的主要矿物资源。

（二）人文特征

欧洲具有很深厚的文化底蕴。欧洲史前美术体现了欧洲旧石器时代、中石器时代和新石器时代的建筑、雕刻、绘画和工艺的成就，其中欧洲旧石器时代艺术是迄今所知人类最早的真正的艺术品。北欧各国历史背景紧密联系，社会和政治制度也相近。政治上虽然不是共同体，但都参与北欧理事会；语言上有三种语系，分别为印欧语系的斯堪的纳维亚语支、乌拉尔语系的芬兰—乌戈尔语族和萨米语，以及爱斯基摩—阿留申语系的格陵兰语。北欧，是童话世界。安徒生笔下小美人鱼所在的丹麦、北海小英雄的发源地挪威、圣诞老爷爷的故乡芬兰、拥有200多座火山的冰岛、诺贝尔的出生地瑞典，均属于北欧地区。波罗的海三国属于东欧，文化上属于东北欧，因此一般称为东北欧。在波罗的海三国中，很多人信奉天主教或路德派基督教。

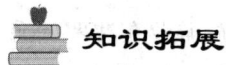 知识拓展

欧洲的由来

欧洲的全称是欧罗巴洲，英文为Europe。关于欧洲这个名称的由来，有一些传说。在希腊神话中，德墨忒尔（Demeter）是专管农事的女神，她保佑人间五谷丰登、人畜两旺。在有关这位女神的画像中，人们总是把她画成坐在公牛背上。古代，公牛是人类不可缺少的耕畜，女神既然主管农事，自然就要坐在公牛背上了。这位女神的另一个名字叫欧罗巴，人们出于对女神的敬意，就把欧罗巴称为大洲的名字。此外，还有一个广泛流传的传说："万神之王"宙斯看中了腓尼基国王的漂亮女儿欧罗巴，想娶她作为妻子，但又怕她不同意。一天，欧罗巴在一群姑娘的陪伴下在大海边游玩。宙斯见到后，连忙变成一匹雄健、温顺的公牛，来到欧罗巴面前，欧罗巴看到这匹可爱的公牛伏在自己身边，便跨上牛背。宙斯一看欧罗巴中计，马上起立前行，躲开了人群，然后腾空而起，接着又跳入海中破浪前进，带欧罗巴来到远方的一块陆地共同生活。从此，这块陆地也就以这位美丽的公主的名字命名，叫作欧罗巴洲了。

资料来源：http：//baike.baidu.com。

（三）经济特征

北欧国家的人口密度在欧洲相对较低，经济水平则最高，丹麦、瑞典等国的人均国内生产总值均居世界前列。林业、水力发电、铁矿开采、渔业、造船业和航运业，均为北欧的传统经济部门。芬兰是全球经济竞争力冠军常客，丹麦属最佳商业投资环境，挪威与冰岛夺下最幸福国家冠亚军，瑞典有最适合人居的城市。

波罗的海三国在苏联时期是经济比较发达的加盟共和国，许多社会经济发展指标居苏联15个加盟共和国之首或头几位。波罗的海三国在苏联时期的工业以机器制造业、金属加工工业、仪表业为主。独立后，除仍保留和发展电子产品和电机工业外，主要发展方向是农产品加工工业、林业和木材加工业。服务业、旅游业、过境运输、金融服务业等是目前国民经济的重头部门。

三、旅游业概况

欧洲人口密度较高，旅游资源利用率也较高，游客量一直居世界第一。欧洲大部分国家属于发达国家，经济水平、居民生活水平较高，是旅游业发达的原因之一。这也促使欧洲的自然景观、人文景观得到成熟开发和利用。

北欧以迷人的景色、浪漫的气息、闲适的生活和童话般的气质闻名于世。北欧的自然风光极为丰富，有临海雪原、湖光山色等。挪威是世界少有的经济与环境协调发展的地区之一，有着"冰雪王国"之称，拥有湖泊、海岛和森林风光，及高纬度特有的极昼、极夜、极光等奇观，是欧洲自然风光最为集中的地区之一。

东欧以城市风光和平原、湖泊类自然风光为其旅游资源特色。湖泊岛屿星罗棋布，

中世纪古城堡、国家公园、海边度假胜地都是游客不容错过的地方。旅游业在波罗的海三国的国民经济中也占有重要的位置。

欧洲是紧随北美之后的全球第二大邮轮市场。尽管金融危机对该地区的旅游市场造成了较大的冲击，欧洲仍为全球邮轮市场发展最为迅猛的地区，从市场条件看，欧洲拥有5亿人口，美国仅有3亿人口，且欧洲民众拥有更长的假期和更丰富且邻近的目的地可供选择，可以预见，欧洲市场所蕴藏的更大发展潜力无疑有待进一步激活。

第二节 邮轮港口和旅游目的地

一、北欧

1. 卑尔根（Bergen）

卑尔根建于1070年，是挪威的第二大城，也是西海岸最大最美的港都，航运和商业中心。坐落在挪威西海岸陡峭的峡湾线上，倚着港湾和七座山头，市区濒临碧湾，直通大西洋，是座风光明媚的港湾之城。拥有庞大的商船和渔船队，全国约半数鱼类及其制品经此外运，有造船、渔产加工、纺织、化学、冶金和机械等工业。铁路通首都奥斯陆，设有大学和气象、生物、渔业等研究所，有自然历史、渔业和工艺艺术博物馆，还有建于十二三世纪的玛丽亚大教堂以及王宫等古迹，旅游业发达。

● 松恩峡湾（见图11-2）——松恩峡湾全长204千米，深1300米，号称世界上最长、最深的峡湾，被称为峡湾之冠。松恩峡湾包括艾于兰峡湾和奈略峡湾支流峡湾。前者面临风景秀丽的富拉姆山谷和世界上最陡峭的高山铁路支线——富拉姆铁路，后者则具有全欧洲最狭窄水道的峡湾。

图11-2 松恩峡湾

● 旧市街——位于卑尔根的西方，这里留存着许多 19 世纪中叶的木造建筑，有宽广的大道、广场、小石径等。建筑物内部仍保留原有的风貌。

● 汉萨博物馆——位于布里根并排木屋的最前方，屋顶上插有旗帜。创建于 1702 年，是市内最老的建筑物，也是 16 世纪商人的仓库，内部的展示品饶有趣味。在现代化码头上完整保存着的一簇木屋，古色古香、样式别致，尤其令来自世界各地的游客流连忘返。

2. 奥斯陆（Oslo）

挪威首都奥斯陆，坐落在奥斯陆峡湾北端的山丘上，由于三面被群山、丛林和原野所环抱，城市濒临曲折迂回的奥斯陆湾，背倚巍峨耸立的霍尔门科伦山，苍山绿海相互辉映，使城市既有海滨都市的旖旎风光，又富于依托高山密林所赋予的雄浑气势。街道两旁的建筑大多只有六七层，带有浓厚的中世纪色彩和独具一格的北欧风光。

● 维格兰雕塑公园——又被称为福洛格纳，位于奥斯陆的西北部。公园占地近 50 公顷，并以挪威的雕塑大师古斯塔夫·维格兰的名字命名。园内有 192 座裸体雕塑，所有的雕塑中共有 650 个人物雕像，全部雕像由铜、铁或花岗岩作为材料，耗费 20 多年精心制成。

● 阿克斯胡斯城堡——"阿克斯胡斯"是奥斯陆一个邻郡的名字。但对于旅游者来说，它也是矗立在阿克海角边上一座雄伟的城堡的名字，从这座城堡几乎可以俯瞰市政厅和奥斯陆市中心的全貌。阿克斯胡斯是挪威喻康五世国王为抵御外来侵略，于 1300 年设计并建造的，是中世纪最具代表性的建筑之一，如今，城堡经常用来招待外国贵宾。

3. 奥勒松（Alesund）

奥勒松是挪威西部港市，位于斯图尔峡湾口大陆岸外的 3 个岛上，为捕鱼、鲸和海豹的基地。从北到南，无穷尽的曲折峡湾和无数的冰河遗迹构成了壮丽的挪威峡湾风光。而奥勒松，就是躺在峡湾臂弯里的一座最美丽的小城。奥勒松充满新艺术风格的特色建筑，峡湾环绕的自然景观，还有孙默勒（Sunnmre）地区绵延的群山，就是奥勒松的特色所在。为数众多的碉堡、塔楼和装饰品使这座小镇充满了童话风情。此外，在小镇中心还有两座购物中心，除了各色商铺外，还有诱人的咖啡馆和餐厅。

● 伦岛——虽然只是一座小岛，但每年有超过 50 万个鸟类家庭来此筑巢。其中已经确定的种群就有 220 多个。尽管如此，让伦岛最出名的还是这里的海鹦。

● 阿克斯拉山——1904 年奥勒松遭遇了罕见的大火，七八百间房屋被烧毁。在重建这些房屋的时候，建筑家们采用了当时流行的"新艺术派"的样式，使城市出现了全新的面貌。如果要俯瞰"新艺术派"的城市景色，可以去海拔 189 米的阿克斯拉山，这里有阿克斯拉山顶观景台。

4. 斯塔万格（Stavanger）

斯塔万格是挪威第四大城市，也是挪威西海岸重要的商港和渔港，为挪威古城之一。该市始建于 8 世纪，此后的数百年，人口总数从未超过 2000。20 世纪 70 年代以后，由于北海油田的开发，斯塔万格成为油气田设施和船只的维修及后勤保障基地。现在该市已成为挪威著名的"北海油都"。

- 花岛——伊甸园（花岛）位于斯塔万格东北10千米外的海湾中，岛上的一些地方种满了棕榈树和奇花异草，还有一片岩石地带和由园艺师开辟出来的绿洲，令人心旷神怡。
- 斯塔万格古城——这里都是保存完好的18世纪建筑，鹅卵石铺就的人行道穿过一排排漆成白色的房子，很是漂亮。
- 莱达尔——是一座某位富有船主的庄园别墅，修建于19世纪。这里是挪威王室成员访问斯塔万格下榻的地方。

5. 朗伊尔城（Longyearbyen）

朗伊尔城位于挪威属地斯瓦尔巴群岛（Svalbard）的最大岛——斯匹次卑尔根岛（Spitsbergen），是该群岛的首府。朗伊尔城居民约有1800人，当中挪威人居多，俄罗斯人次之。朗伊尔城是世界最北端的有较多人口的城市。由于其特殊的地理位置，这里以多项世界最北之最列入世界纪录，在这里每天都看得到极光。该区域位于北纬78°，是斯瓦尔巴群岛的一部分。斯瓦尔巴被发现的数百年间，各国探险家前赴后继来到这里，终于把一个无人居住的荒芜之地变成科研岛、旅游岛。走在朗伊尔街头，山坡上随处可见被废弃的木质缆车道。因为极夜的原因，每年的11月到次年的1月，整座城市都处于黑暗之中。这里的房屋都是彩色的，60%的土地是被冰川覆盖着的。

- 斯瓦尔巴博物馆——斯瓦尔巴博物馆于1979年建成，之前一直位于朗伊尔宾城最古老的区域内。2005年迁址至斯瓦尔巴科学中心，毗邻斯瓦尔巴大学中心、挪威极地研究中心和斯瓦尔巴环境信息管理处。斯瓦尔巴博物馆建造的目的是展示北极圈内自然、文化、景观、人类活动、科技和环境之间的关系，同时致力于400年来人类活动对斯瓦尔巴生活方式和标准的研究。另外一项使命是对斯瓦尔巴所有博物馆的馆藏进行分类记录，以便更方便地获取各种历史文献和记录。

6. 罗弗敦群岛（Lofoten Islands）

罗弗敦群岛被认为是挪威最美丽的地方之一，位于北极圈内，这一串陡峭的山峰群岛被一座座峡湾分开，海边点缀着一些小渔村，个个都非常美丽。在这里还能见到许多海鸟。

- 挪威渔村博物馆——博物馆里有旧渔船和船库，一家始建于1844年的面包房，欧洲最老的鳕鱼肝油厂和仓库。
- 埃格姆——埃格姆（Eggum）是欣赏午夜太阳的好地方，这里有一个小碉堡，是"二战"时德军建造的雷达站，所以这里也是罗弗敦群岛为数不多的观看历史遗迹的地方。
- 罗弗敦水族馆——这里展示了罗弗敦最为出名的物种，包括鳕鱼和海豹。

7. 赫尔辛基（Helsinki）

芬兰首都赫尔辛基是芬兰最大的港口城市，濒临波罗的海，是一座古典美与现代文明融为一体的都市，既体现出欧洲古城的浪漫情调，又充满国际化大都市的韵味。同时，它又是一座都市建筑与自然风光巧妙结合在一起的花园城。市内建筑多用浅色花岗岩建成，有"北方洁白城市"之称。

● 芬兰堡——"芬兰堡"要塞位于赫尔辛基南面的岛屿上,由6个岛屿组成。历史上是个军事要塞,内有明堡、暗堡、军营、大炮等古迹。是古老的海防要塞,扼制着从芬兰湾进入赫尔辛基的海上要道,地理位置十分重要。岛上至今保存有过去的城堡、古炮台、兵营和仓库,并有"二战"时服役的潜水艇和大炮博物馆。

● 玛丽港——奥兰岛人常以自己古老的航海传统而感到自豪,停泊在首府玛丽港西码头的四桅杆帆是奥兰岛的象征,也是奥兰岛远洋船队漂洋过海的见证,现已辟为博物馆供游人参观。奥兰岛的风光与芬兰内地截然不同,岛上众多的古迹有中世纪的城堡、教堂,还有博马松德海上要塞。岛上亦有世界最大的基督教木质教堂——建于1847年的凯里迈基教堂。

8. 斯德哥尔摩(Stockholm)

斯德哥尔摩是北欧三国中岛屿最多的城市。算上郊区的岛屿,共计24 000个,被称为"北方威尼斯"。斯德哥尔摩既有典雅优美、古香古色的风貌,又有现代化城市的繁荣。

● 瑞典皇宫(见图11-3)——瑞典皇宫是国王办公和举行庆典的地方,是斯德哥尔摩的主要旅游景点,坐落在斯德哥尔摩市中心。建于17世纪,由瑞典著名建筑学家特里亚尔担任主要设计师。皇宫华丽的大厅里,墙壁上挂着大幅的历代国王和皇后的肖像画,穹顶饰有雕刻绚丽的绘画。据说大多出自17世纪德国美术家之手。有的室内还陈设着古代的战车兵器、珠宝饰物、金银器皿,以及手持长矛、全身披挂着铜盔铁甲的中世纪骑士的实体模型。王宫卫队每天中午按古老传统举行隆重的换岗仪式,吸引大批游客。

图11-3 瑞典皇宫

● 皇后大街——皇后大街是斯德哥尔摩著名的一条商业步行街,许多大商店都聚集于此。这条大街上有很多店面,餐馆、咖啡厅、食品及服装商店都有,游客一般都会花一定时间在这里自由购物。

● 北欧博物馆——北欧博物馆位于斯德哥尔摩尤耶登区的东区。这是一座展示瑞典人生活实景的博物馆,它将自近代以来瑞典人的工作和生活情景真实地展现在人们面前。早在1872年,瑞典博物学家、露天博物馆创始人赫赛里乌斯就着手筹备建馆,直到35年后的1907年才正式建成。整个博物馆大楼共4层,一层展出瑞典农、牧、渔等方面的实物。二层展出反映各地奇风异俗的有关物品和家用家具。三层展出物品品类较杂,有乐器、木偶、玩具、上流社会人物的衣饰以及食品和饮料等,还有瑞典和挪威两国的民间工艺品。四层为家具陈列厅,展出北欧文艺复兴时期、巴洛克式、洛可可式、法国路易十六时代等各式家具,共有25个展室之多。

9. 哥德堡(Gothenburg)

哥德堡,位于卡特加特海峡,是瑞典的第二大城市,仅次于首都斯德哥尔摩。哥德堡港地处哥本哈根、奥斯陆和斯德哥尔摩三个北欧国家首都的中心,有450多条航线通往世界各地,是北欧的咽喉要道。在它的方圆300千米以内是北欧三国工业最发达的地区,是北欧的工业中心。

- 哥德堡歌剧院——哥德堡歌剧院建于1994年。整个建筑为暗红色,粗犷的外形模仿停泊在水中的海盗船。歌剧院里面有三层看台,1300多个座位,配有升降舞台等先进设备。现在这里主要用作歌剧和芭蕾舞的演出。

- 古斯塔夫阿道夫广场——哥德堡市政厅广场,也叫古斯塔夫阿道夫广场,是哥德堡的市中心广场,广场中间竖立着哥德堡城的创建者——瑞典国王古斯塔夫阿道夫二世的雕像。市政厅建于1672年,这座白色的古典建筑以前曾经是交易所,但在1844年被毁,1849年改建成现在的样子并作为举行市政会议和接待活动的场所。

10. 赫尔辛堡(Helsingborg)

赫尔辛堡1085年建成,历史悠久。城内古老的建筑很多,有石头建造的传统旧风格教堂,有12世纪的古城堡塔楼遗迹;街道类型也很多,宽道狭径,交织成网。是一处海滨风景胜地。

- 索菲罗城堡花园——坐落于赫尔辛堡市北面约10千米的一处海边山崖上,这座精巧美丽的城堡曾经是瑞典国王奥斯卡二世的夏宫。当时还是王储的他为了家人能够呼吸到更新鲜的海边空气选中了这块土地修建自己的夏日别墅。1905年,他将城堡赠送给自己的孙子古斯塔夫六世与其新婚妻子——来自英国的玛格丽特公主,从此开启了这座城堡的新篇章。那满峡谷的上万株杜鹃花每到五月便迎着海风怒放,吸引了无数游人前来观赏。在2011年,索菲罗城堡被选为"欧洲最美的花园"。

- 圣玛利亚教堂——这是赫尔辛堡最老的教堂,可以追溯至14世纪。风格为哥特式,曾是丹麦最大的城市教堂之一。繁复装饰的华丽壁龛源于15世纪,教堂法衣室里珍藏着精致的银质法器。

11. 哥本哈根(Copenhagen)

哥本哈根是北欧名城,也是世界上最漂亮的首都之一,被称为最具童话色彩的城市。城市充满浓郁的艺术气息,有阿肯艺术中心、路易斯安那博物馆、国家博物馆等众多艺术博物馆。

● 美人鱼铜像——美人鱼铜像（Little Mermaid）位于丹麦首都哥本哈根朗厄里尼港入口处的一块巨大鹅卵石上，它是丹麦雕塑家埃德华·埃里克森于1912年根据安徒生童话《海的女儿》中的女主角，用青铜雕铸的。铜像于1913年8月23日被安置在哥本哈根港，现已成为丹麦的象征。2006年3月，哥本哈根市政府决定将美人鱼雕像向深海处搬迁，原因是过多的游客对雕塑造成太多的破坏。

● 圆塔——圆塔（Round Tower）坐落在首都哥本哈根市中心附近，建于1642年克里斯钦四世统治时期。克里斯钦四世（1577—1648年）为丹麦和挪威之王，喜建建筑，屡建立城市，有"国王建筑师"之称。圆塔高36米，直径15米。它的建立与三一大教堂（基督教中指圣父、圣子、圣灵三位一体）有关。

● 蒂沃利公园——蒂沃利公园（Tivoli Gardens）位于丹麦首都哥本哈根闹市中心，占地80 937平方米，是丹麦著名的游乐园，有"童话之城"之称。每年4月22日至9月19日对外开放。公园于1843年8月15日开始接待当地居民和外来游客。最初公园只是群众集会、跳舞、看表演和听音乐的场所。后来几经改造，才逐渐形成一个老少皆宜的游乐场所。

12. 奥胡斯（Aarhus）

奥胡斯又译"奥尔胡斯"。在丹麦日德兰半岛东岸，滨奥胡斯湾。奥胡斯市是一座整洁、美丽的城市，具有典型的欧洲田园风光，楼房设计多样，形成一个个独特、新颖的建筑群。奥胡斯市的海滨是夏季的度假胜地，清凉的海风拂面吹来，令人心旷神怡。海面上白帆点点，游艇穿梭不停，吸引着世界各地的游人来此休闲。

● 安徒生博物馆——安徒生博物馆（H.C Anderssson's House）位于丹麦菲茵岛中部的奥登塞市区。1905年，为纪念丹麦伟大童话作家安徒生（1805—1875年）诞生100周年而建。博物馆是一座红瓦白墙的平房，坐落在一条鹅卵石铺就的街巷里。这里临街的一幢幢古老式样的建筑，使人感到仿佛回到了19世纪安徒生生活的年代。博物馆共有陈列室18间。

● 大贝尔特海峡大桥——大贝尔特海峡大桥（Store Baelt Bridge）建在丹麦西兰岛与菲英岛之间18千米宽的大贝尔特海峡上，该桥上的悬索桥长1624米，是世界上最长的悬索桥之一。

13. 法罗岛（Faro Island）

法罗岛是由18个岛屿组成的群岛，景致十分秀美，皑皑白雪堆积在山顶，海鸟悠闲地穿梭于海天之间，风景如画令游客如痴如醉。法罗群岛位于冰岛东南约400千米、苏格兰以北约280千米处。这里的一半人口居住在群岛中心的斯特雷伊莫伊岛和伊斯托罗伊岛上。

14. 基尔（Kiel）

基尔是德国北部的城市，位处波罗的海。该市曾是德国主要的海军基地，基地一直运转至"二战"后。基尔以帆船比赛著名。每年基尔都会主办"基尔周"，包括一系列的帆船竞赛。由于其地理位置优越，邮轮旅客可到访与基尔非常接近的多个理想度假景点。

● 基尔运河——基尔运河（德语：Kieler Kanal，英语：Kiel Canal），又称北海—波罗的海运河，1948年前被称为威廉皇帝运河。运河位于德国最北方的石勒苏益格—荷尔斯泰因州内，全长98千米。运河连接了北海和波罗的海，使得来往船只不必再绕过日德兰半岛，平均节省了460千米（合250海里）的路程。这样既节省了航行时间，又可避开有风暴危险的海域。

● 基尔大学——基尔大学（德语为Christian-Albrechts-Universität zu Kiel，英语简称Kiel University）是以其创建人克里斯蒂安·阿尔布莱希特·石勒苏益格－荷尔斯泰因－戈托尔夫公爵（Christian Albrecht of Schleswig-Holstein-Gottorf）的名字命名的。基尔大学历史悠久，创建于1665年，学科门类齐全，是德国富于传统的大学之一。一批享有声望的科学家曾在此任教，如马克斯·普朗克（Max Planck）、海因里希·鲁道夫·赫兹（Heinrich Rudolf Hertz）、于1928年在基尔制造了第一台"盖格尔计数器"的汉斯·盖格尔（Hans Geiger）以及于1950年获诺贝尔奖的化学家奥托·迪尔斯（Otto Diels），迪尔斯是在基尔任教过的六名诺贝尔奖获得者中的最后一名。第二次世界大战期间，除校属医院之外，几乎所有的大学建筑物都毁于空袭。1945年后，除校属医院还留在市中心附近的原大学旧址上，其余校舍均在基尔市西北郊一块约0.8平方千米的土地上进行了重建和扩建。

15. 汉堡（Hamburg）

汉堡是德国继柏林之后的第二大城市，是德国的新闻传媒与工业制造业的中心。它是全欧洲第二大港口，也是世界第九大港口城市。

● 少女堤——这里很久以来一直是汉堡购物和散步的场所。过去每到星期日，这里到处都是举家散步的人们。在这里可以买到各种文化商品，出售各色商品的大小商店鳞次栉比。沿着少女堤还有出售其他贵重物品的商店，如知名的阿尔斯特之家，或一些极具传统特色的商店。因为紧邻内阿尔斯特湖，这里停泊着许多游船。购物之余，还可以乘游船领略湖泊和运河风景。

● 仓库城——汉堡的仓库城仿佛是汉堡浓缩的历史，它讲述着数百年来汉堡繁荣的贸易和交通史。汉堡这座昔日汉萨同盟中的名城在1888年被铁血首相俾斯麦要求加入关税区，汉堡人有条件地同意了，这个条件就是允许汉堡建造一座用于中转货物的仓库城，以让汉堡永葆商机。这座仓库城不仅是商人们的交易之地，也是游客们了解汉堡的一处极佳场所。坚固朴素的红砖楼里藏着不少让人惊喜的博物馆，比如仓库城博物馆和海关博物馆，不过最叫人期待的则是香料博物馆。这家小巧的博物馆里展示了九百多种来自世界各地的香料实物，每种香料都可以被触摸和观察。在这里，参观者可以了解近500年来香料这种奇妙的东西是如何在世界各地的种植、加工和传播的。

16. 瓦尔讷明德（Warnemunde）

柏林的外港瓦尔讷明德是波罗的海海滨度假区，位于瓦尔诺河入海口。这里原是一座古老的渔村，离柏林仅240千米。20世纪60年代这里曾是天体主义者的乐园，如今香艳的裸体场面已不复存在，但依然是度假消遣的好地方。港口距罗斯托克（Rostock）大约15千米，是罗斯托克（Rostock）在波罗的海上的防御大门。

17. 罗斯托克（Rostock）

罗斯托克市位于波罗的海沿岸，是梅克伦堡—前波莫瑞州文化和经济方面最重要的城市,主要经济部门包括造船业、海运业、旅游业和服务业。海滨、港口、汉萨城市的历史、砖石哥特建筑,以及建于1419年的古老的罗斯托克大学勾勒出这座城市的特色。可供观赏的旅游点包括:巴洛克式市政厅、圣玛利教堂、鹅卵石高普拉纳大街和大学广场。

18. 米尔福德港(Milford Haven)

米尔福德港目前是英国第四大港。米尔福德港也是彭布罗克郡的第二大城市。米尔福德峡湾是新西兰峡湾国家公园最大也是最著名的峡湾,河流向内陆延伸22千米,峡湾水面与山崖垂直相交,冰川被切割成V字形断面。峡谷下沉后就形成了现在的景观。米尔福德峡湾内群山合围,峭壁万仞,飞瀑流泉,冰川滢滢,给人以无限美感。米尔福德峡湾国家公园也是规模最大且保存最完美自然景观的峡湾。

19. 南安普敦(Southampton)

南安普敦以港口贸易和轮船制造而闻名。南安普敦自中世纪时期已是英国城市之一,13世纪造船业在南安普敦已有出现。虽然时至今日英国制造业日渐式微,南安普敦依然是英国主要港口,有多条豪华邮轮航线,并拥有多个货柜码头。南安普敦市既有着丰富的历史文化遗产,又是高度现代化的城市。

20. 多佛尔(Dover)

多佛尔港位于英国东南沿海多佛尔海峡西侧,与法国的加来港隔峡相对,两地距离34千米,是世界上最繁忙的配备滚装设施的港口。始建于1606年,由皇家租船公司创办,原仅为一客运港。在夏季,往来的渡船、气垫船、双体船、水翼船、游艇等每天超过800艘次,往返于比利时的泽布吕赫、奥斯坦德,法国的敦刻尔克、加来、布洛涅等港之间。因此成为英国最繁忙的一个海港,每年旅客多达1800万人次。英法间的海峡也因此得名多佛尔海峡。

二、东欧

1. 圣彼得堡(St. Petersburg)

圣彼得堡是俄罗斯第二大城市,它坐落在波罗的海芬兰湾东岸、涅瓦河口,由涅瓦河三角洲上的近百个岛屿及河漫滩组成。这座城市当时是作为首都而兴建的。圣彼得堡还有另外一个名字——"北方的威尼斯",因城市中拥有大量的水道、河流和桥梁而得名。

● 彼得夏宫——夏宫位于圣彼得堡西南约30千米处,它面向芬兰湾,由美丽的喷泉、公园、宫殿组成,是很著名的圣彼得堡旅游景点。大北方战争的取胜,使彼得大帝的野心得到极大满足,为了彰显俄罗斯作为名副其实的"大国"的地位,需要建造一座与之相适应的宫殿——这就是夏宫,后经历代沙皇的进一步雕琢、润饰,它更加美丽、迷人。第二次世界大战中,它遭到德国军队的破坏,后经修复,被联合国教科文组织列入《世界遗产名录》。

● 冬宫博物馆——冬宫(见图11-4)是俄国历代沙皇的皇宫,由著名的建筑师拉斯特雷利设计,是俄国巴洛克式建筑的杰出典范,以美轮美奂的建筑装潢和丰富的藏品著称。冬宫博物馆也称国立艾尔米塔什博物馆,与巴黎卢浮宫、伦敦大英博物馆、纽约大都会博物馆并称世界四大博物馆。博物馆包括艾尔米塔什、剧院和冬宫三部分，是拥有世界上最美丽的艺术藏品的博物馆之一，包括史前文化、古埃及艺术收藏品以及大量欧洲油画和雕刻装饰艺术品，达 270 余万件。其中的绘画作品闻名于世，包括从 14 世纪到 20 世纪跨度在 700 年的从拜占庭最古老的宗教画，到西欧各时期著名画派的经典之作，以及现代马蒂斯、毕加索的绘画作品和其他印象派画作，应有尽有，包括达·芬奇、莫奈、伦布兰特和雷诺阿的画作，被称为世界最长艺术画廊，俄罗斯最耀眼的明珠。

图 11-4　俄罗斯冬宫

● 圣伊萨大教堂——圣伊萨大教堂建于 1818—1858 年，历时 40 年，动用了超过 40 万人力。高 101.5 米，是世界第三高圆拱形建筑物，也是世界第四大教堂，仅次于梵蒂冈的圣彼得大教堂、伦敦的圣保罗大教堂和佛罗伦萨的花之圣母大教堂。教堂可容纳一万四千人，整个教堂装饰用黄金达 410 公斤，教堂的中心金顶是世界上最大的穹顶之一，穹顶外部的镀金就用了 100 公斤黄金，自 1858 年建成后，一百多年来没有重新镀金，但依然光彩夺目，特别是在晴天，几乎全城都看得到它熠熠生辉。

2. 里加（Riga）

里加是拉脱维亚首都，经济、文化中心，波罗的海里加湾的大海港、渔港。里加古城建于公元 1201 年，至今已有九百余年历史，里加历史中心被联合国教科文组织列为世界遗产。当地多 13 至 19 世纪的古迹，海滨为有名的疗养地。里加充满了神话色彩，被誉为欧洲"北方的巴黎"。迷人的里加令人陶醉，极具动感的酒吧和音乐厅与高高的尖塔和塔楼形成了鲜明的对照。

● 拉脱维亚国家歌剧院——是拉脱维亚最著名的文化中心，是拉脱维亚建筑史和文化史上最了不起的成就之一。建成于 1918 年，为古典音乐带来了新鲜血液。歌剧院精巧的设计，古朴典雅，尤其是创新的舞台设置，为里加带来世界级的指挥家、歌唱家等远道而来的贵宾。现如今，在每年 12 月至次年 6 月的演出季，歌剧院平均演出 200 场歌剧和芭蕾舞，常年吸引着大批音乐爱好者以及游客。

● 里加广播电视塔——高达368.5米,为本国最高建筑,全欧洲第三高建筑及电视塔。该塔建在一个称为卡乌萨拉的岛屿中,而塔基座高于平均海平面7米以上。里加电视塔有高度为97米的瞭望平台,天气好时从这里可以看到里加湾,以及里加等许多城市。

3. 塔林历史中心(Tallin)

塔林是拥有800多年历史的历史古城,也是欧洲面积最小的首都之一。1997年塔林历史中心被列入联合国世界遗产名录。塔林老城分为上城和下城,三面环水,是东北欧唯一一座保持着中世纪风貌的古城。上城是全城中心部分,有图姆皮亚城堡,城堡上有高达50米的皮克·赫尔曼塔巍峨耸立。下城有拉科雅广场。老托马斯守护神的雕像威武地屹立在广场上八面棱体的塔楼——市政大楼顶端,它是城市的象征。

● 塔林圣尼古拉斯教堂——圣尼古拉斯教堂位于拉科雅广场西南,现在经常用于举办音乐会,同时也是重要的宗教艺术博物馆。

● 胖玛格丽特堡垒——胖玛格丽特堡垒是中世纪时塔林通往港口的出口,著名的大海岸门(Great Coast Gate)从旁边穿过,道路两旁有许多15世纪商人和贵族的房子,附近还有一些古老的行会和博物馆。

第三节 区域主要邮轮航线

欧洲久经海洋文明的浸染,造船技术和经营管理技术优良。挪威、芬兰、意大利、德国等造船技术世界领先,为邮轮旅游发展奠定了坚实的基础。希腊诸岛、地中海沿岸、大西洋岛屿以及北欧等以其独特的风光,成为世界邮轮旅游的主要目的地。欧洲邮轮航线主要分为两条:波罗的海和北欧航线(以北欧四国首都为主要目的地环波罗的海航线)、地中海航线(分长线和短线两种)。

一、运营的邮轮公司和邮轮部署

【地中海邮轮】管乐号、辉煌号、序曲号

【嘉年华公主邮轮】碧海公主号、帝王公主号、海洋公主号、皇家公主号、加勒比公主号

【荷美邮轮】科林斯丹号、雷丹号、鹿特丹号、欧罗丹号、普林盛丹号、如德丹号、维丹号

【精致邮轮】嘉印号、新月号

【皇家加勒比游轮】海洋光辉号、海洋探险者号、海洋旋律号

【冠达邮轮】伊丽莎白女王号、玛丽女王二世号、维多利亚女王号

【歌诗达邮轮】太平洋号、辉宏号、新浪漫号、幸运号、炫目号

【海达路德邮轮】哈德罗国王号、极光号、前进号、山妖峡湾号、午夜阳光号

【迪士尼邮轮】魔力号

【银海邮轮】探索号、银风号、银啸号、银云号

【水晶邮轮】合韵号、尚宁号

【挪威邮轮】挪威遁逸号、挪威之星号

【精钻游轮】精钻旅程号、精钻探索号

二、主要邮轮航线

【地中海邮轮】

● 基尔（Kiel）—哥本哈根（Copenhagen）—斯德哥尔摩（Stockholm）—塔林（Tallinn）—圣彼得堡（St. Petersburg）—基尔（Kiel）

● 热那亚（Genoa）—奇维塔韦基亚（Civitavecchia）—亚历山大港（Alexandria）—塞浦路斯（Cyprus）—海法（Haifa）—卡塔科隆/奥林匹亚（Kata Cologne / Olympia）—热那亚（Genoa）

● 哥本哈根（Copenhagen）—基尔（Kiel）—海尔希特/盖朗厄尔峡湾（Helcht/Gelanger Fjord）—费洛姆（Felom）—卑尔根（Bergen）—奥斯陆（Oslo）—哥本哈根（Copenhagen）

● 哥本哈根（Copenhagen）—基尔（Kiel）—盖朗厄尔峡湾（Geirangerfjord）—松恩峡湾（Sognefjord）—卑尔根（Bergen）—奥斯陆（Oslo）—哥本哈根（Copenhagen）

● 瓦尔讷明德（Warnemunde）—斯德哥尔摩（Stockholm）—塔林（Tallinn）—圣彼得堡（St. Petersburg）—哥本哈根（Copenhagen）—瓦尔讷明德（Warnemunde）

【嘉年华公主邮轮】

● 哥本哈根（Copenhagen）—奥斯陆（Oslo）—奥胡斯（Aarhus）—瓦尔讷明德（Warnemunde）—内湾巡游—塔林（Tallinn）—圣彼得堡（St. Petersburg）—赫尔辛基（Helsinki）—斯德哥尔摩（Stockholm）—哥本哈根（Copenhagen）

● 哥本哈根（Copenhagen）—斯德哥尔摩（Stockholm）—赫尔辛基（Helsinki）—圣彼得堡（St. Petersburg）—塔林（Tallinn）—格但斯克（Gdansk）—海上巡航—奥胡斯（Aarhus）—奥斯陆（Oslo）—哥本哈根（Copenhagen）

● 南安普敦（Southampton）—圣彼得堡（St. Petersburg）—科克（Cork）—都柏林（Dublin）—贝尔法斯特（Belfast）—格拉斯哥（Glasgow）—奥克尼群岛（Orkney Islands）—茵佛尼斯（Inverness）/尼斯湖（Loch Ness）—爱丁堡（Edinburgh）—巴黎（Paris）—南安普敦（Southampton）

● 伦敦（London）—海峡群岛（Channel Islands）—科克（Cork）—都柏林（Dublin）—利物浦（Liverpool）—贝尔法斯特（Belfast）—格拉斯哥（Glasgow）—因弗内斯/尼斯湖（Inverness / Loch Ness）—爱丁堡（Edinburgh）—巴黎（Paris）—伦敦（London）

【荷美邮轮】

● 鹿特丹（Rotterdam）—南安普敦（Southampton）—里斯本（Lisbon）

第十一章 北欧波罗的海地区

【皇家加勒比游轮】
- 南安普敦（Southampton）—马拉加（Malaga）—戛纳，蒙地卡罗（Cannes，Monte Carlo）—巴塞罗那（Barcelona）—帕尔马（Parma）—巴伦西亚（Valencia）—卡塔赫纳（Cartagena）—里斯本（Lisbon）—维哥（Vigo）—南安普敦（Southampton）
- 南安普敦（Southampton）—希洪（Gijon）—维哥（Vigo）—沙尔内卡（Sarnecka）—特内里费岛，加那利群岛（Tenerife，Canary Islands）—拉斯帕尔马斯（Las Palmas）—加那利群岛（Canary Islands）—里斯本（Lisbon）—南安普敦（Southampton）
- 南安普敦（Southampton）—奥斯陆（Oslo）—哥本哈根（Copenhagen）—塔林（Tallinn）—圣彼得堡（St. Petersburg）—赫尔辛基（Helsinki）—泽布吕赫，布鲁塞尔（Zeebrugge，Brussels）—南安普敦（Southampton）
- 哈里奇（Haric）—哥本哈根（Copenhagen）—斯德哥尔摩（Stockholm）—赫尔辛基（Helsinki）—圣彼得堡（St. Petersburg）—塔林（Tallinn）—维斯比（Visby）—哈里奇（Haric）
- 哈里奇（Haric）—卑尔根（Bergen）—奥勒松（Alesund）—盖郎厄尔（Geiranger）—法罗群岛（Faroe Islands）—雷克雅未克（Reykjavik）—哈里奇（Haric）
- 哈里奇（Haric）—勒阿弗尔，巴黎（Le Havre,Paris）—波特兰，多赛特（Portland,Dorset）—科克（Cork）—法罗群岛（Faroe Islands）—雷克雅未克（Reykjavik）—波士顿，马萨诸塞州（Boston,Massachusetts）
- 斯德哥尔摩（Stockholm）—赫尔辛基（Helsinki）—圣彼得堡（St. Petersburg）—里加（Riga）—格但斯克（Gdansk）—维斯比（Visby）—斯德哥尔摩（Stockholm）
- 南安普敦（Southampton）—加的斯（Cadiz）—巴塞罗那（Barcelona）—自由城，尼斯（Liberty City，Nice）—里窝那，佛罗伦萨（Livorno，Florence）—奇维塔韦基亚，罗马（Civitavecchia，Rome）—撒丁岛，卡利亚里（Sardinia，Cagliari）—直布罗陀（Gibraltar）—里斯本（Lisbon）—南安普敦（Southampton）

【精致邮轮】
- 阿姆斯特丹（Amsterdam）—北极圈（Arctic Circle）—罗弗敦群岛（Lofoten Islands）—北极圈（Arctic Circle）—朗伊尔城（Longyearbyen）—北极圈（Arctic Circle）—洪宁斯沃格（Honningsvag）—北极圈（Arctic Circle）—莫尔德（Molde）—卑尔根（Bergen）—阿姆斯特丹（Amsterdam）

复习思考题

1. 了解欧洲邮轮旅游发展的总体状况。
2. 熟悉波罗的海周边著名邮轮港口及热门景点。
3. 熟悉北欧著名邮轮旅游目的地的旅游业发展概况。

第十二章

南欧和地中海地区

第一节 区域地理特征

一、南欧地区

（一）地理概况

南欧是欧洲南部的简称，范围包括伊比利亚半岛、亚平宁半岛及巴尔干半岛南部，共17个国家，也称为地中海欧洲，因为大多数南欧国家靠近地中海。其地理位置优越，东濒黑海，南临地中海，西临大西洋，见图12-1。东西长超过3300千米，南北宽1300千米，面积达166平方千米。总人口约1.8亿，平均密度为150人/千米，人口密度较高，但是分布不均。

（二）自然特征

地形：南欧三大半岛的构造和地形比较复杂，山地高原占优势，平原面积狭小。巴尔干半岛上有迪纳拉山脉和品都斯山脉，直逼地中海岸，岩溶地形发育，半岛中部有喀尔巴阡山系，横贯罗马尼亚、保加利亚，北部为多瑙河中下游平原。亚平宁半岛主轴为亚平宁山脉，多火山地震，半岛北部为波河平原，意大利北部交界有阿尔卑斯山脉，伊比利亚半岛中部为梅塞塔高原，北部有坎塔布连山脉、比利牛斯山脉等。

气候：南欧大部分地区气候属于典型的地中海气候，冬季温和多雨，夏季炎热干燥。南部半岛和岛屿地区更为典型，大西洋气团占优势，夏季为热带气团，冬季为温带气团。南部1月平均气温为2℃~10℃，7月为23℃~26℃。在伊比利亚半岛和巴尔干半岛北部一些地区为亚热带和温带之间的过渡性气候，具有大陆性气候的特点，气压较低，气候潮湿，西班牙北部和西北部沿海属海洋性温带气候。阿尔卑斯山脉地区是全区气温最低的地区，冬季下雪较多月份平均气温为-12℃~1℃，7月为4℃~20℃。阿尔卑斯山区的气候有明显垂直分布的特点，随着地势的增高，气温逐渐下降。

第十二章 南欧和地中海地区

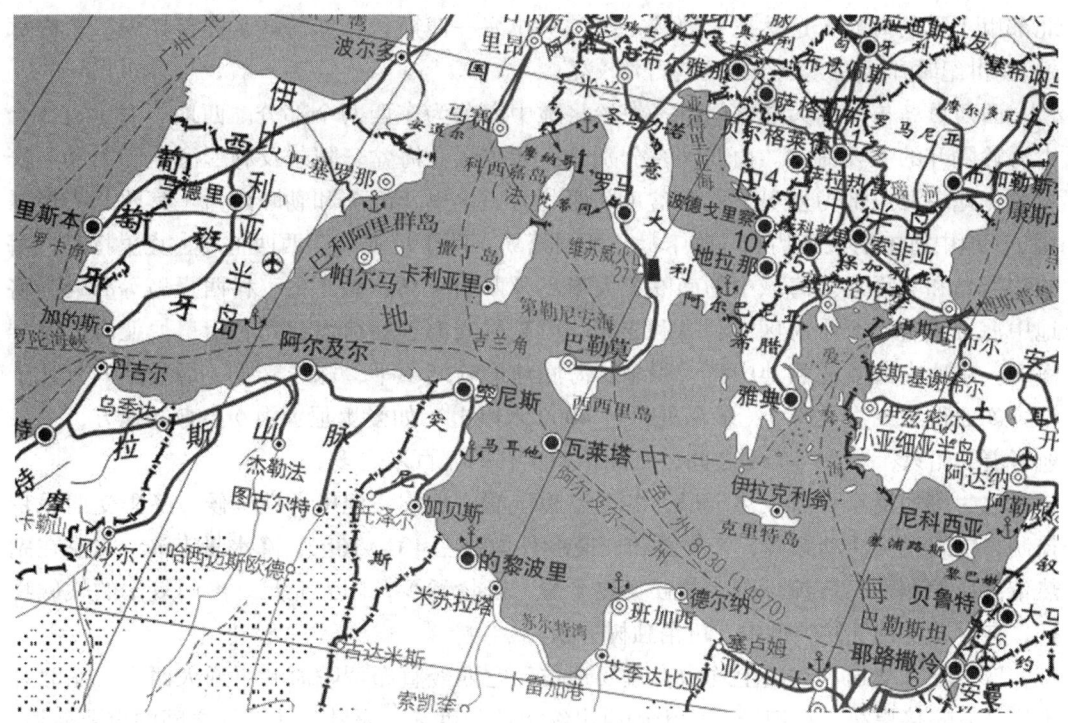

图 12-1 南欧地区区域
地图来源：国家测绘地理信息局网站。审图号：GS（2008）1424 号。

水文：南欧最重要的河流是多瑙河，这条欧洲第一大外流河，流经南欧的克罗地亚、塞尔维亚、罗马尼亚、保加利亚，并在罗马尼亚和乌克兰交界处汇入黑海，沿岸是南欧农业发展较好的地区，三角洲地区为南欧最大的湿地，其支流亦对南欧各国有影响，如普鲁特河、锡雷特河、萨瓦河等。伊比利亚半岛上主要有西班牙的瓜达尔基维尔河、埃布罗河和葡萄牙的杜罗河、特茹河、瓜迪亚纳河等。波河是意大利第一大河，它注入威尼斯湾，此外意大利还有阿迪杰河、台伯河。巴尔干半岛上主要河流是梅里奇河、瓦尔达尔河等。

（三）旅游业概况

旅游业是南欧多国的经济支柱，所占收入比重大。一些国家完全或基本依赖于旅游业，如梵蒂冈、马耳他、摩纳哥等，而意大利、西班牙和希腊均是世界五大旅游国之一。南欧的旅游项目以人文为主，古迹遍布，拥有超过 120 项世界遗产，这是南欧"揽客"的重要条件。有著名的旅游城市罗马、那不勒斯、威尼斯、佛罗伦萨、雅典、巴塞罗那和马德里等。著名景点有意大利的古罗马竞技场、比萨斜塔、庞贝古城、维苏威火山等，希腊的雅典卫城、克里特岛、奥林匹亚等，西班牙的圣家族大教堂、塞维利亚大教堂、巴利阿里群岛、阿尔卡拉门等，以及斯洛文尼亚、波斯尼亚和黑塞哥维那的溶洞景观。

二、地中海地区

地中海西端通过直布罗陀海峡与大西洋交汇，最窄处仅 13 千米，航道相对较浅。东北部以土耳其海峡（达达尼尔海峡—马尔马拉海—博斯普鲁斯海峡）连接黑海。东南部经19世纪时开通的苏伊士运河与红海交汇。

西西里岛与非洲大陆之间有一海岭将地中海分为东西两个部分。西地中海中有3个由海岭隔开的主要海盆。由西向东分别为：阿尔沃兰海盆、阿尔及利亚海盆和第勒尼安海盆。地中海东部为爱奥尼亚海盆（其西北为亚得里亚海）和勒旺海盆（其西北为爱琴海）。地中海中的大岛屿有马略卡岛、科西嘉岛、萨丁尼亚岛、西西里岛、克里特岛、塞浦路斯岛和罗得岛。海域中的南欧三大半岛及西西里岛、撒丁岛、科西嘉岛等岛屿，将地中海分成若干个小海区：利古利亚海、第勒尼安海、亚得里亚海、伊奥尼亚海、爱琴海等。东地中海要比西地中海大得多，海底地形崎岖不平，深浅悬殊，最浅处只有几十米（如亚得里亚海北部），最深处可达4000米以上（如爱奥尼亚海）。有的地方，一条航行着的船只，船头与船尾之间，水深相差竟有四五百米之多。

地中海的沿岸夏季炎热干燥，冬季温暖湿润，被称作地中海性气候。冬季受西风带控制，锋面气旋活动频繁，气候温和，最冷月均温在4℃~10℃，降水量丰沛。夏季在副热带高压控制下，气流下沉，气候炎热干燥，云量稀少，阳光充足。冬雨夏干的气候特征，在世界各种气候类型中，可谓独树一帜。

地中海在交通和战略上均占有重要地位。它西经直布罗陀海峡可通大西洋，东北经土耳其海峡接黑海，东南经苏伊士运河出红海达印度洋，是欧亚非三洲之间的重要航道，也是沟通大西洋、印度洋间的重要通道。沿岸重要海港有直布罗陀（英）、马赛（法）、热那亚、那不勒斯（意）、斯普利特、里耶卡（克罗地亚）、都拉斯（阿尔巴尼亚）、阿尔及尔（阿尔及利亚）、塞得港（埃及）等。

第二节 邮轮港口和旅游目的地

一、西地中海地区

1. 马拉加（Malaga）

马拉加位于西班牙南部海岸，是西班牙第二大地中海港口，年平均气温23℃，气候宜人。马拉加被群山和两条注入地中海的河流所环抱，其主要收入来源于农业和旅游观光业。腓尼基人发现了这片海岸绵延的天堂并建立了马拉加（Malaga），首先在马拉加定居下来。现在这座城市已成了前往格拉纳达和著名的爱尔罕布拉宫的绝佳港口。

● 大教堂——始建于16世纪，是在原有的清真寺基础上改建的，长达两个多世纪的改建使教堂融合了多种建筑风格。北门是哥特式风格，拥有40米高穹顶的内部建筑则兼有哥特式和文艺复兴风格，正立面是18世纪的巴洛克风格。这座大教堂又被称作独臂大教堂，因为它只有一座北面的塔楼，南侧的塔楼一直没有建成。

● 毕加索博物馆——博物馆坐落在一座 16 世纪的布埃纳维斯塔侯爵宫（Palacio de Buenavista）遗址之上，这是一座典型的文艺复兴时期的居家建筑。博物馆收藏了 204 件毕加索的作品，包括油画、素描、雕塑、陶器和版画，涵盖了"蓝调时期"、立体派和超现实主义等多种风格，其中有些作品从未公开展出过，在这里能够全面了解毕加索的艺术生命，也能够感受到毕加索对故乡的深厚眷恋。

● 阿尔卡萨瓦堡垒——马拉加的穆斯林统治者修建的宫殿式的堡垒。建于 1057 年，鹅卵石斜坡、水路、地中海灌木、防御性宝塔交错排列，地势很高，也是马拉加现存最完整的阿拉伯建筑。碉堡里还有一个考古博物馆，展示了马拉加地区的主要考古发现。

2. 阿雅克肖（Ajaccio）

阿雅克肖（Ajaccio）是一座法国城市。位于法国地中海岛屿科西嘉岛西海岸的阿雅克肖湾内。它是一个古老的渔港，是科西嘉岛的活动中心，南科西嘉省的省会，也是拿破仑·波拿巴的故乡。生机盎然的阿雅克肖（Ajaccio）由古代罗马人所建，他们将这个海湾命名为"Adjaccium"，意为休憩之所。

3. 巴塞罗那（Barcelona）

巴塞罗那是西班牙第二大城市。巴塞罗那港是地中海沿岸最大的港口和最大的集装箱集散码头，也是西班牙最大的综合性港口。巴塞罗那气候宜人、风光旖旎、古迹遍布，素有"伊比利亚半岛的明珠"之称，是西班牙最著名的旅游胜地。

● 巴特罗之家——巴特罗之家本身就是一个故事。一位美丽的公主被龙困在城堡里，加泰罗尼亚的英雄圣·乔治为了救出公主与龙展开了搏斗，并用剑杀死了龙。龙的血变成了一朵鲜红的玫瑰花，圣·乔治把它献给了公主。建筑师高迪的灵感即来源于此，所以这座房子的每一个设计都有着特殊的含义。

● 古埃尔公园——古埃尔公园是一个开放式的空间，不管是石阶、石柱还是弯曲的石椅上都充满了各式的马赛克，全由瓷砖拼贴而成，色彩灿烂，让人身处梦境之感。最精华区为主要入口处的石阶，石阶上有一著名的马赛克蜥蜴。

● 皇家船坞——中世纪建造用于航海贸易的巨大船舶的地方，曾经是当时强大的中世纪舰队的发射台。古老宏伟的船厂再现了哥特式民用建筑的风貌。内设的航海博物馆 Museu Maritim 很值得一看，最大的亮点是 16 世纪的远洋轮船（奥地利的唐·胡安在勒班陀战役中使用过的皇家远洋轮船的原件大小的复制品）。

● 奥尔塔迷宫公园——位于巴塞罗那北郊的山麓，在 19 世纪 70 年代向公众开放之前一直是一处私家园林。花园中间有一个精心裁剪的树丛迷宫，走在里面很容易一时迷失方向。园中还有一个怡人的人造湖、一个新古典主义的亭子和一片别出心裁的假墓地。

4. 卡萨布兰卡（Casablanca）

卡萨布兰卡又名达尔贝达，是摩洛哥的最大港口。始建于 1770 年，19 世纪末发展为海上贸易中心。卡萨布兰卡是"大清真寺"所在地，也是位于麦加之后、第二重要的伊斯兰教朝圣地。

● 哈桑二世大清真寺由法国著名建筑设计师米歇尔·潘索设计，1993 年 8 月 30 日竣工并对外开放,总投资达 5.4 亿美元。哈桑二世大清真寺通体采用白色大理石砌成,绿色的琉璃瓦和形状各异的铜饰品镶嵌其中,给庄重的清真寺平添了几分生机。寺内则是另一番景象:五颜六色的大理石和马赛克,在四面墙壁上镶出阿拉伯人喜爱的几何图形。大厅内铺着红地毯,拐角处巧妙地摆放着一些精品饰物,在高达 20 米的巨型水晶吊灯的照耀下,整个寺院更显得富丽堂皇。

5. 奇维塔韦基亚(Civitavecchia)

奇维塔韦基亚,意大利中部城镇,首都罗马的主要港口。它地处意大利半岛沿海的中部,为其提供了理想的地理位置及优良的海洋气候条件。在客运方面,它是意大利第二大、欧洲第三大客运港。

6. 卡普里岛(Capri)

卡普里岛是那不勒斯海湾的一颗明珠。卡普里岛与索伦多半岛隔海相望,岛上景色宛如人间仙境。海岸线崎岖的悬崖峭壁上点缀着无数个天然岩洞,很多岩洞只能通过海路探访。卡普里岛的标志无疑是法拉里奥尼岩石(Faraglioni),这些壮观的岩石矗立在岛对面的海水中。

- 蓝洞——卡普里岛最著名的景点,位于岛的西北角,被誉为世界七大奇景之一。蓝洞的洞口在悬崖下的海面上,洞口很小,宽度只有 2 米,海面以上的高度仅 85 厘米,但洞里很宽敞。阳光从洞口进入洞内,又从洞内水底反射上来,因此一池海水一片晶蓝,连洞内四壁也一片蔚蓝,故称"蓝洞"。游览蓝洞,要选择天气晴朗、风平浪静的日子。

- 朱庇特别墅(Villa Jovis)——也被称为 Palazzo di Tiberio,海拔 354 米,是卡普里岛上 12 栋罗马别墅中最大而且最奢侈的一栋,曾是罗马皇帝提比略(Tiberio)在卡普里岛的主要居住地,他的私人房间位于建筑物的北面和东面,可以观赏到 Punta Campanella 的壮丽景观。

- 索拉罗峰(Monte Solaro)——索拉罗峰海拔 589 米,是卡普里岛最高点,晴天时在峰顶可以看到那不勒斯湾、伊斯基亚岛和普罗奇达岛全景,能够享受 360° 全景环绕的视觉盛宴。

7. 丰沙尔(Funchal)

丰沙尔位于马德拉群岛的马德拉岛南部沿海,该岛地处大西洋东侧的洋面上,是马德拉群岛的最大海港。该岛屿四季如春,温和的气候令农民可以四处种植花卉并开办葡萄园,即使是在悬崖边上也不受影响。丰沙尔是马德拉岛的首府,是适合游览的美丽地方,步行更佳。

8. 热那亚(Genoa)

热那亚是意大利利古里亚大区首府,是意大利最大的港口,也是地中海沿岸仅次于马赛的第二大港。热那亚历史悠久,曾是海洋霸主热那亚共和国的首都,2004 年热那亚被选为当年的"欧洲文化首都"。还是著名航海家克里斯托弗·哥伦布和小提琴大师尼科罗·帕格尼尼的家乡。热那亚及其所在的利古里亚海岸沿岸为著名旅游胜地。

9. 伊维萨岛（Ibiza）

加泰罗尼亚语将这里称为 Eivissa，此处不仅是地中海的派对之都，还是拥有丰富历史和艺术资源的岛屿。伊维萨岛（Ibiza）的城墙独特，可以追溯至 16 世纪。

10. 里斯本（Lisbon）

里斯本是葡萄牙共和国的首都。里斯本西部大西洋沿岸拥有美丽的海滨浴场，亦是欧洲著名的旅游城市，每年接待游客超过 100 万人次。里斯本是欧洲最迷人的城市之一，这里汇集相当多的博物馆及纪念碑，是里斯本之旅必到的景点。从维护良好的博物馆及古迹中，能够联想到当年葡萄牙帝国的兴盛及奢华。

- 奥比都斯——浪漫的结婚圣地。坐落在里斯本以北 100 千米处的小城奥比都斯，是当初葡萄牙国王送给王后的结婚礼物。它的城墙、鹅卵石小路以及 14 世纪的古朴风貌都使奥比都斯成为葡萄牙最浪漫的地方，甚至全世界的情侣都纷纷把奥比都斯作为婚姻的起点。

- 罗卡角——位于里斯本区的辛特拉自治市，是一处海拔约 140 米的狭窄悬崖，距离里斯本约 40 千米，处于葡萄牙的最西端，也是整个欧亚大陆的最西点。人们在罗卡角的山崖上建了一座灯塔和一个面向大洋的十字架。碑上以葡萄牙语写有著名的一句话："陆止于此、海始于斯。"在这座里斯本城西卫星城市的山顶之上，立着葡萄牙旧有王朝的夏宫——贝纳宫。与别处的海岸相比，罗卡角确实有不同之处，陡峭的悬崖如同孤独的臂膀伸向海洋，给游客一种走到天边的感觉。

- 辛特拉——辛特拉市距里斯本 32 千米，位于辛特拉山脚下。这一带山峦起伏，宫殿、城堡和别墅就坐落在这碧海连天之中，人文景观与自然风光糅合在一起，诗人拜伦把辛特拉喻为伊甸园。这里从前是王室府邸的聚集地，现在是非常难得的隐蔽场所，几乎是唯美主义者的避难所。辛特拉茂密的森林和四周环绕的平原，一直就是葡萄牙和国外游客们喜爱的夏季避暑胜地。1995 年它被联合国教科文组织宣布为世界遗产。

11. 里窝那（Livorno）

里窝那是第勒尼安海的一个港口城市，位于意大利托斯卡纳西部，是里窝那省的首府。里窝那是意大利西岸第三大港口城市。到了里窝那省的首府，一定得去看看佛罗伦萨。建议走一走老桥，探索一番古老的作坊，参观一下大教堂，欣赏布鲁内莱斯基穹顶、乔托钟楼，还有洗礼堂。佛罗伦萨仿佛就是一个露天博物馆。托斯卡纳的另一枚珍宝是比萨，距离里窝那不远。比萨的美景都集中在奇迹广场，这里有大教堂和著名的比萨斜塔，后者是这座城市的象征。

12. 拉斯佩齐亚（La Spezia）

拉斯佩齐亚毋庸置疑是全球最美的海湾之一，它有着令人神往的美景，从诗人海湾到五渔村（蒙特罗索、韦尔纳扎、科尔尼利亚、马纳罗拉和里奥马焦雷）。这五个小村庄面朝大海，曲径通幽，风景壮丽，五渔村以其无与伦比的美景被列为联合国教科文组织世界遗产。

13. 马耳他（Malta）

马耳他由马耳他群岛构成，是一片理想之地。古希腊人认为这片阳光明媚的美丽之地是受到神圣之力的眷佑。中世纪最有权力的机构之一"马耳他骑士团"在这座岛屿上留下了重要的艺术和建筑遗产。《奥德赛》传说中甜美的海中女神就生活在马耳他群岛之中。

- 瓦莱塔古城——古城地处东北马耳他湾的狭长半岛的天然良港，在地中海地区占据着重要的战略位置。瓦城的建筑受新柏拉图主义影响，城墙带有堡垒和棱堡，环绕着自然景物。历史悠久的建筑，拱门、戏院等构成了城市辉煌的一景。马耳他骑士团时期修建的建筑物——包括大公宫、圣约翰联合大教堂、小酒肆等，建筑布局整齐划一。瓦莱塔与1566年建立此城并统治其长达两个半世纪的"耶路撒冷的圣约翰"王朝的军事统治及其仁政有千丝万缕的联系。

14. 马赛（Marseille）

马赛是法国的第二大城市和最大海港，也是贸易和文化的交叉点。城市中多姿多彩的社会构成在其活力四射的音乐和艺术景点之中可见一斑。"Kennedy Corniche"是必访之地，在这里的海岸之路上，可以看到位于马赛湾彼岸的岛屿景色和 Notre Dame de la Garde 教堂。Aix-en-Provence 是综合性的娱乐胜地，也是普罗旺斯的文化和政治中心。

- 马赛历史博物馆——马赛历史博物馆拥有一些十分特别的展览，里面对马赛的复合型文化遗产进行了深入的介绍。3世纪早期的商船遗骸和罗马建筑的残垣断壁引人入胜。

- 加尔德修道院——加尔德修道院（守护圣母教堂）地势高峻，拥有十分美丽的自然景观，是整个马赛最亮丽的风景。罗马拜占庭式的长方形基督教堂气势恢宏。教堂的穹顶建于1853—1864年，彩色大理石、壁画和瓷砖于2006年得到了修复。

15. 那不勒斯（Naples）

那不勒斯是意大利南部第一大城市，该城风光旖旎，是地中海最著名的风景胜地之一。"Neapolis"意为"新城"；据传说，这里的美丽与财富源于来到此地的塞壬女妖 Parténope。那不勒斯的美食与音乐文化令享誉全球。

- 国家考古博物馆——国家考古博物馆由波旁皇族的查尔斯在18世纪后期建造，主要用来收藏他母亲伊丽莎白·凡尼斯留下来的古董。这里所珍藏的罗马时代古文物的规模之大在欧洲堪称首屈一指，其中包括从庞贝和赫库兰尼姆城发掘出来的珍宝。也收藏了许多希腊、埃及黄金时代的画像、雕刻、青铜器等古物。博物馆内设美术馆，有拉斐尔、齐齐亚诺等人的名画。

- 新城——新城建于1279年，是法国安杰诺王朝统治时期查理一世所建。城墙上四座圆筒形高塔和四周的护城河，是典型法式城堡的风格。城堡入口处有一座纪念阿丰索一世入城的凯旋门，建于1467年，上面刻有赞美其家族的浮雕，被誉为哥特式至文艺复兴式过渡期的代表杰作。目前城堡内设有小型博物馆，收藏描绘那不勒斯历史的油画。

- 卡波迪蒙特王宫——卡波迪蒙特王宫建于1738年，是波旁皇族查尔斯的新王宫，耗费了近一个世纪才完工。宫殿掩映在曾作为贵族猎场的繁茂林地里，淡红橙色和灰色相间，十分抢眼。经过数十年的修复，加建卡波迪蒙特画廊博物馆，里面展示凡尼斯重要的收藏品，有大量包括贝里尼、波提切利、卡拉瓦乔、柯雷吉欧、马萨乔和提香等意大利画家的作品。其中最著名的油画有马萨乔的《十架受苦》（*Crocifissione*），还有其他名作，如贝里尼的《耶稣显容》（*Trasfigurazione*）和提香的 9 幅油画。

● 阿玛菲海岸——隶属于意大利南部的坎佩尼亚区，东起海滨小城萨列诺（Salerno），西至距离那不勒斯不到一小时车程的苏莲托（Sorrento），其间囊括了拉维罗（Ravello）、波西塔诺（Positano）、米诺利（Minori）、阿玛菲（Amalfi）等多个依山傍水、风光旖旎的小镇。大部分房屋依山而建，砌白墙，远看如一只只栖息在嶙峋礁石上的大鸟。这是全世界 50 个最美景点之一，掩映在意大利的崇山峻岭之中，沐浴着第勒尼安海温柔的海风。

16. 奥尔比亚（Olbia）

奥尔比亚（Olbia）位于撒丁岛东北岸，濒第勒尼安海的奥尔比亚湾，是商业中心与渔港。其是撒丁岛主要客运港，同亚平宁半岛的奇维塔韦基亚等地有船只往来。有罗马式教堂、罗马时代古墓与腓尼基人的遗迹，还有绿宝石一般的海水、美丽的沙滩、香桃木的芬芳和草莓树。

17. 帕尔马（Parma）

帕尔马——由于巴利阿里群岛在地中海的重要战略位置，它在过往的多年之中饱受侵略之苦：罗马人、汪达尔人、拜占庭人、阿拉伯人和加泰罗尼亚－阿拉贡人都曾占领此地。政权的频繁更迭对这片群岛的风貌和特色都起到了重要的作用。今天，Minorca、Mallorca 以及最重要的 Ibiza 和 Formentera 已成为绝佳的"派对岛屿"，并均成为西班牙最受欢迎的旅游胜地之一。帕尔马（Parma）以其欢快的特色、活跃的港口和多姿多彩的夜生活而著称。旧城周围有城墙环绕，外部则是现代城市和港口。

18. 巴勒莫（Palermo）

巴勒莫——意大利西西里首府，位于西西里岛西北部。西西里岛位于亚平宁半岛的西南，滨第勒尼安海的巴勒莫湾，是意大利那只伸向地中海的皮靴上的足球，也是地中海最大的岛。这里辽阔而富饶，气候温暖、风景秀丽，盛产柑橘、柠檬和油橄榄。由于其发展农林业的良好自然环境，历史上被称为"金盆地"。巴勒莫是欧洲与非洲之间理想的沟通桥梁，这里拥有震撼人心的纪念景观，融合了罗马、阿拉伯和拜占庭艺术。

● 四角场——Emanuele 大街和 Maqueda 大街的交叉口，是巴勒莫老城的中心，将老城的名胜古迹分割成了四个区域。交叉口的四角分别是半弧形的巴洛克建筑立面，每座建筑都有三层，从下至上分别是代表四季的喷泉雕塑、西西里的四位西班牙国王塑像和巴勒莫的四位守护者塑像。

● 普雷托利亚喷泉——喷泉由 4 座桥梁、楼梯围绕，四周雕刻奥林匹亚众神。原本安置在佛罗伦萨的圣克莱门特宫花园，1573 年，巴勒莫购买了这座大喷泉，并为安置它而特意设计了一个开放广场。但是，喷泉四周表情暧昧的裸体雕像却让保守的西西里教民难以接受，称之为"羞耻之泉"。

● 西西里大区美术馆——美术馆位于 Palazzo Abatellis 里，是典型的哥特式建筑，又带有文艺复兴风格。一层展出了 12—16 世纪的雕塑作品，其中的精品是 12 世纪的木刻几何图案建筑部件，以及 15 世纪的大理石半身像 Eleonora of Aragon。二层展出 12—16 世纪的绘画作品。

19. 萨莱诺（Salerno）

萨莱诺（Salerno），意大利南部港市，旅游城市，附近有维苏威火山、庞贝古城、阿玛尔菲海岸以及卡普里岛。使萨莱诺日益成为广受全球游客与访客欢迎的旅游胜地，壮美的海岸大道（海滨空地）于 1990 年进行了全面的重建。

20. 萨沃纳（Savona）

萨沃纳（Savona）是意大利利古里亚大区萨沃纳省的省会，位于意大利西北部，濒临利古里亚海的热那亚湾，也是意大利著名港口城市。萨沃纳的历史一直与热那亚有千丝万缕的联系，时至今日，这两座城市仍然是友好的竞争关系。城市道路蜿蜒曲折，直通港口与城市的象征——Priamar 堡垒。

21. 圣克鲁斯—德特内里费（St.Cruz de Tenerife）

圣克鲁斯（St.Cruz de Tenerife）既安宁又友好，而这里的夜生活与多家市集又异常活跃。城市的中心是 García Sanabria 公园，这里是一座露天博物馆，会举办书籍展示、音乐会等活动，也可以在此地漫步。

22. 丹吉尔（Tangier）

丹吉尔坐落在地中海和大西洋之间的绵延群山之中，雄踞直布罗陀海峡的要冲之地。众多的历史遗迹都记载着这里的历史。丹吉尔由老城和新城组成，老城拥有风格典型而又独特的狭窄街道和集市，而新城则遍布现代建筑和各种设施。

23. 突尼斯（Tunisia）

突尼斯位于非洲北部、西欧和亚洲的中东、西亚、南亚、东南亚之间的海运线的必经之路——地中海航路中间，是中东石油运到西欧、美国的必经之地，地理位置非常重要，在非洲北端。西与阿尔及利亚为邻、东南与利比亚接壤，北、东临地中海，突尼斯海峡与意大利相望，海岸线长 1300 千米。

24. 巴伦西亚（Valencia）

巴伦西亚是西班牙第三大城市、第二大海港，还号称是欧洲的"阳光之城"。位于西班牙东南部，东濒大海，背靠广阔的平原，四季常青，气候宜人，被誉为"地中海西岸的一颗明珠"。巴伦西亚是巴伦西亚自治区和巴伦西亚省的首府，是港口和工业城市。

二、东地中海地区

1. 阿什杜德（Ashdod）

以色列的阿什杜德（Ashdod）是一座海滨城市，这里的天气属于典型的地中海气候，夏季漫长、炎热干燥。它是以色列人口排名第五的城市，也是排在海法港之后的第二大港口，位于特拉维夫和加沙地区之间。阿什杜德是一座非常具有活力的城市，由于大批移民的迁入，人口迅速增长。阿什杜德港口是以色列和国际贸易中最重要的航运中心。

2. 比雷埃夫斯 / 雅典（Athens）

每三个希腊人中就有一个生活在混乱的雅典之中。城市的广阔边界包含了比雷埃夫斯和港口地区。雅典城生活的中心是 Syntagma 广场、Omonia 广场和雅典卫城。

● 奥林匹亚古遗址——奥林匹亚遗址在伯罗奔尼撒半岛西部的山谷里，距首都雅典以西约 190 千米，坐落在克洛诺斯树木繁茂、绿草如茵的山麓，是古希腊的圣地。在公元前 10 世纪，奥林匹亚是古代厄利斯用来敬拜宙斯的一个宗教中心。在阿尔提斯这一圣地，有古代世界最高的建筑杰作之一。始于公元前 776 年的奥运会每四年在奥林匹亚举行一次。从 18 世纪开始，一批又一批的学者接连不断地来到这里考察并寻找古代奥林匹克竞技会的遗迹。1766 年，英国人钱德勒首次发现了宙斯神庙的遗址。此后，经过德国、法国、英国的大批考古学家、史学家对奥林匹亚遗址系统大规模地勘查和发掘，至 1881 年取得了大量有关古代奥林匹克竞技会的珍贵文物和史料。

● 雅典卫城——是希腊最杰出的古建筑群，是综合性公共建筑，为宗教政治的中心地（见图 12-2）。雅典卫城面积约有 4 平方千米，位于雅典市中心的卫城山丘上，始建于公元前 580 年。卫城中最早的建筑是雅典娜神庙和其他宗教建筑。1987 年被列为世界文化遗产。

图 12-2　雅典卫城

3. 巴里（Barry）

巴里是意大利南部的第二大城市，其古城中心仍然留有多处文化遗迹，这些遗迹依旧是城市的主导内容。罗马式、拜占庭式、诺曼式和斯瓦比亚式风格，无所不有。这里有在诺曼统治时期就已经竖立着的 Bsilica di San Nicola 教堂和当时用于古城防御的著名城堡。

4. 科孚（Corfu）

威尼斯人将这座美丽的岛屿命名为 Corfu。这座天堂岛屿气候温和，覆盖在青葱浓密的植物之中，拥有真正的镶嵌工艺文化和艺术底蕴。奥地利女皇伊丽莎白为了纪念无敌的希腊英雄阿喀琉斯而建造了建筑奢华、风景如画的 Paleokastritsa 和美丽的 Kanoni，在那里还可以探访岛屿上的 Vlacherna 修道院。Corfu 镇中有考古博物馆，可以在岛屿上进行激动人心的越野车之旅。

5. 康斯坦察（Constanta）

康斯坦察是罗马尼亚第二大城市，是黑海中一座非常繁忙的港口，而城中的多家博物馆体现了这里悠久的历史，此外这里还有美轮美奂的水族馆。康斯坦察位于博登湖西端，德国的西南角，毗邻瑞士。它是一座有着 2000 年历史的古城，也是一座年轻的大学城。公元 3 世纪时建为要塞。有大学、博登湖研究所、博物馆和中世纪古迹等，是疗养和旅游胜地。

6. 卡塔尼亚（Catania）

卡塔尼亚是意大利南部西西里的第二大城市，也是卡塔尼亚省的首府。一位希腊历史学家曾经这样描绘卡塔尼亚："触摸海洋，亲吻太阳，受神眷佑。"时至今日，这座位于埃特纳火山脚下的城市仍然是西西里岛上最受喜爱的观光胜地。

7. 杜布罗夫尼克（Dubrovnik）

克罗地亚这个国家的美丽之处是结合了多个城市的丰富文化遗产，其中某些还受到联合国教科文组织的保护，如 Trogir 历史中心和美丽的杜布罗夫尼克。杜布罗夫尼克是达尔马提亚海岸上的一座美丽的港口。在杜布罗夫尼克旧镇——历史悠久的拉古萨（Ragusa，杜布罗夫尼克旧称），有着地中海保存最完好的城墙，可沿着城墙漫步参观航海博物馆。

- Lovrijenac 堡垒——Lovrijenac 堡垒矗立在老城西面城门外，高出海面 37 米，犹如卫士一般从海陆两方面守卫着杜布罗夫尼克的两个入口。11 世纪威尼斯人曾经试图在相同位置建造自己的堡垒，这样便可将杜布罗夫尼克控制在自己的手中，但是杜布罗夫尼克的子民决定捍卫自己的领土。拉古萨编年史详细记载了当地人民仅用三个月的时间便建起了堡垒，并在之后的时间不断进行加固，当威尼斯人携带建造堡垒所需的全部材料乘船抵达时，只好无功而返。Lovrijenac 堡垒朝向海面的城墙有 12 米厚，面向城内的部分只有 60 厘米。堡垒的城门上用当地语言写着"用任何珠宝也换不来自由"。如今，堡垒内部也被用作戏台，在这里上演的莎士比亚名剧《哈姆雷特》已经成为杜布罗夫尼克夏季盛典的标志。

- 派勒城门——派勒城门是杜布罗夫尼克的主要出入口之一，位于老城西部。外城门修建于 1537 年，是文艺复兴样式的拱门，上方有城市的保护神圣布雷斯的雕像。之后通过一座三拱的石桥抵达内城门，内城门为 1460 年建造的哥特风格，和城墙直接相连，上方的圣·布雷斯雕像是由 20 世纪克罗地亚最伟大的雕刻家 Ivan Mestrovic 所雕刻。城门每晚都会上锁，钥匙保存在皇宫的守卫室中。

- 海事博物馆——建于 1941 年，最初是为了举办名为"杜布罗夫尼克航海线路"的展览。1987 年开始成为杜布罗夫尼克博物馆的分馆，位于 1979 年大地震后重新修建的圣约翰城堡内。1986 年海事博物馆开始举办长期展览，馆藏超过 4000 件藏品，集中展现了杜布罗夫尼克及其周边地区的航海历史。展品中有可追溯到 17 世纪、18 世纪和 19 世纪的船体模型、旗帜、大炮和其他武器，以及航海日志等物品。博物馆内的图书馆还存有大量稀世书籍和文献资料。

● 拉帕德湾——拉帕德湾是位于杜布罗夫尼克的一处海湾，海湾内有大型酒店、酒吧、餐馆、散步休闲区域、儿童乐园，还有杜布罗夫尼克最大的海滩拉帕德海滩。拉帕德海滩十分适合全家游玩，躺在柔软海滩的树荫下，聆听大海欢快的歌声。

8. 伊拉克利翁/克里特岛（Crete）

克里特岛具有无可置疑的魅力，而其中有相当一部分来自克诺索斯的弥诺陶洛斯（半人半牛的怪物）传说。该岛屿的首府伊拉克利翁是北部海岸的中心，由撒拉逊人于公元 9 世纪建造而成。克里特岛之旅可以游览克诺索斯的考古遗址、宫殿和考古博物馆，这里收藏了克里特最重要的手工艺品。

9. 伊斯坦布尔（Istanbul）

伊斯坦布尔是土耳其最大城市和港口，也是土耳其的文化、经济和金融中心，亦是国际大都市之一。伊斯坦布尔除了是土耳其最大城市和前首都之外，还一直是土耳其经济生活的中心，因为它地处国际陆上和海上贸易路线的交界位置，伊斯坦布尔也是土耳其最大的工业中心。这座城市的两个地区被加拉塔桥连接在一起，是东方与西方象征性的会合点。

● 多尔马巴赫切宫——多尔马巴赫切宫坐落于博斯普鲁斯海峡旁，完工于 1856 年，是奥斯曼帝国苏丹阿卜杜勒·麦吉德（Abdülmecid I，1823—1861）居住的新宫殿，将奥斯曼风格和欧洲风格融为一体。多尔马巴赫切宫比托普卡帕宫更加富丽堂皇，令无数游客叹为观止。

● 君士坦丁堡赛马场——君士坦丁堡赛马场是一个古罗马竞技场，曾是拜占庭帝国都城君士坦丁堡的体育和社交中心。今天，这里是伊斯坦布尔老城中心的苏丹艾哈迈德广场（Sultanahmet Meydan）。广场上摆放有 3 座石碑：图特摩斯三世方尖碑（又名狄奥多西方尖碑），蛇柱（又名普拉提亚三脚祭坛），墙柱（又称君士坦丁方尖碑）。

10. 伊兹密尔（Izmir）

伊兹密尔（Izmir）是土耳其第三大城市、第二大港，位于安纳托利亚高原西端的爱琴海边，是重要的工业、商业、外贸、海运中心，同时也是历史文化名城、旅游胜地和军事要塞。美丽的伊兹密尔坐落于海湾之中，被群山环绕。它完好地保留了古代时的繁荣风貌，以其繁忙的港口而闻名于世。伊兹密尔是土耳其重要的旅游城市，每年吸引数百万外国游客到此度假。依托独特旅游资源，市政府每年都举办大型国际艺术节和国际商贸博览会，这两项活动使其国际知名度越来越大。

11. 米科诺斯岛（Mykonos）

位于雅典东南 95 千米处的米科诺斯岛（Mykonos），以其独特的梦幻气质在爱琴海的岛屿中首屈一指。米科诺斯岛位于蒂诺斯和纳克索斯之间，是基克拉泽斯群岛中最宜人的岛屿之一，也是一处旅游胜地。当地的卡斯特罗地区位于风景如画的山顶，是由威尼斯人所建造的防御建筑。

● 图尔利亚尼斯修道院——位于米科诺斯岛内陆的居住区上迈拉（Ano Mera），在米科诺斯镇以东7千米处。这里有一座精美的大理石制的多级钟塔，上面有精美的雕刻图案，还有16世纪克里特学院成员的绘画。令这里引以为豪的是保存于此的18世纪晚期在佛罗伦萨雕刻的木质圣壁。

● 爱琴海——爱琴海是地中海东部的一个大海湾，位于地中海东北部、希腊和土耳其之间。爱琴海岛屿众多，所以爱琴海又有"多岛海"之称。爱琴海是黑海沿岸国家通往地中海以及大西洋、印度洋的必经水域，在航运和战略上具有重要地位。爱琴海海岸线非常曲折，港湾众多，共有大小约2500个岛屿。爱琴海的岛屿可以划分为七个群岛：色雷斯海群岛，东爱琴群岛，北部的斯波拉提群岛，基克拉泽斯群岛，萨罗尼克群岛，多德卡尼斯群岛和克里特岛。

12. 桑托里尼（Santorini）

桑托里尼被誉为希腊的"最美之处"。这里拥有长达69千米的海岸和数千年的历史，成为基克拉泽斯岛上金黄碧蓝的背景图画。伊亚是一座典型的桑托里尼村庄：由大理石铺成的街道如同迷宫，赭石色的房屋和蓝色的圆拱屋顶都成为这座岛屿的独特风格。在这里还可以饱览福莱甘兹罗斯岛和锡基诺斯岛的壮美景色。

● 伊亚小镇——它地处希腊的王冠圣托里尼岛，是岛上最耀眼的明珠。Oia 有着全世界最著名的日落、最漂亮的教堂、最迷人的白色小屋。伊亚的美食很多，以海鲜和各种肉类的烧烤和煎炸为特色。虽然小镇的建筑大多修建于13—16世纪，但是经常的粉刷让小镇看起来依旧如新。伊亚依山傍海，所有的建筑以白色和蓝色为主，远远望去，小镇与天空和大海浑然一体。伊亚的石阶与全世界所有地方的石阶都不同，颜色、图纹千奇百怪，既有抽象的马蒂斯风格的几何图形，又有宁静的莫奈风格的印象派画作，更有超现实主义的豹纹风格。

● 圣玛丽亚教堂——这里便是在《国家地理》杂志上出现的著名的蓝顶小教堂，蓝与白的完美结合，显得格外精致与圣洁。圣托里尼岛上的白色教堂既多又美，那种居高临下的气势令人神往。岛上有一座建于1840年的圆柱形的圣十字教堂，外形非常独特。

13. 卡塔科洛（Katakolo）

卡塔科洛（Katakolo）是希腊伊利亚市的皮尔戈斯西部一个风景如画的小港口，建于20世纪下半叶；此处与邻近的奥林匹亚相连，是古希腊最重要的神话宗教之地。令人印象最深刻的是古希腊技术博物馆，拥有150个机械装置的发明和仿制品。卡塔科洛灯塔（Faros Katakolo）于1865年首次开放。这里是爱奥尼亚海和地中海游船经常停靠的旅游胜地。

14. 卡拉马塔（Kalamata）

卡拉马塔是希腊伯罗奔尼撒半岛南部的港口。位于麦西尼亚湾北端，内宗河畔。在10世纪其为拜占庭的中心城市之一。1770—1821年为伯罗奔尼撒革命运动的总部所在地。有铁路连接首都雅典等地。位于 Taygetos Oros 山脉附近，美丽的海洋景观与岩石和植被相互映衬，让人赞叹不已。

15. 威尼斯（Venice）

威尼斯（Venice）是意大利东北部城市，也是亚得里亚海威尼斯湾西北岸重要港口。主体建于离岸4千米的海边浅水滩上，平均水深1.5米。由铁路、公路、桥与陆地相连。由118个小岛组成，并以177条水道、401座桥梁连成一体，以舟相通，有"水上都市""百岛城""桥城""水城"之称。

● 圣马可广场——威尼斯的中心广场，被拿破仑称为"世界上最美丽的客厅"，旁边的圣马可教堂是威尼斯的地标性建筑。圣马可广场东侧是圣马可大教堂和四角形钟楼，西侧是总督府和圣马可图书馆，广场有数以万计的鸽子及演奏乐队，时不时还有戴着奇异面具的小丑经过。每年二三月间，盛大的威尼斯狂欢节游行把圣马可广场变成了一场巨大的化装舞会，人们戴上面具，穿上古怪的服装，隐藏起身份，尽情释放欢乐。

● 叹息桥——叹息桥建于1603年，因桥上死囚的叹息声而得名。据说恋人们在桥下接吻就可以天长地久，电影《情定日落桥》就是在这儿取景的。叹息桥两端连接着总督府和威尼斯监狱，是古代由法院向监狱押送死囚的必经之路。叹息桥造型属早期巴洛克式风格，桥呈房屋状，上部穹隆覆盖，封闭得很严实，只有向运河一侧有两个小窗。在经过这座密不透气的桥时，只能透过小窗看看蓝天，不由自主地发出叹息之声，因为再向前走便要告别世间的一切了。

● 雷雅托桥——威尼斯的贸易中心，莎翁笔下《威尼斯商人》的背景地，大桥中央是拍摄大运河的最佳地点。雷雅托桥是威尼斯名桥，曾多次改建。13世纪初建时，木质的雷雅托桥是大运河的第一座桥梁。1444年，观看费拉拉公爵婚礼的民众踩塌了这座古老的木桥，雷雅托桥经过了一次扩建工程，并且桥上开始设立店铺。1508年，雷雅托桥被决定改建为大理石桥，采用安东尼·达蓬特的设计图建造，并在大运河上挺立至今。雷雅托桥高7米，宽55米，整座桥梁全以白色大理石建造。坐在游船上往桥的正面看去，雷雅托桥中央高大的人字形屋顶建筑两边，各有对称的6个"桥洞"，这就是雷雅托桥著名的商店街外廊。

● 布拉诺岛——布拉诺岛是渔村和编织花边的村庄，离威尼斯本岛约1个小时的船程。不知道从什么时候起，小岛的地方政府规定当地居民每年要刷一次房子的外墙，于是居民们把他们小巧玲珑的房子刷得色彩斑斓。这些多彩的房子一个挨一个组成彩虹一样的小巷，夹着清澈的小河弯曲延伸，同样色彩明亮的小船静静地停在河边。这里如同一个童话版的威尼斯，它比威尼斯本岛更简单、安详也更快乐。

● 黄金宫——威尼斯最杰出的哥特式建筑，始建于1440年。涂金的建筑物闪闪发光，过去曾被称为"黄金的宫殿"。这里收藏了威尼斯画派从14世纪到18世纪的绘画珍品，集欧洲绘画艺术之大成，主要展品包括：卡巴乔Carpaccio的《圣告图》(*The Annunciation*)、安东尼奥·凡·代克Anthony van Dyck的《基督受难记》(*Passion of Christ*)、曼帖那Mantegna的《圣塞巴斯蒂安》(*St.Sebastian*)等的作品。

16. 沃洛斯（Volos）

沃洛斯是希腊马格尼西亚郡的首府。由于与斯波拉泽斯群岛、利姆诺斯、莱斯沃斯、希俄斯以及斯基罗斯联系紧密，沃洛斯是希腊最大的工业中心之一以及第三大商业港口。

第三节　区域主要邮轮航线

一、运营的邮轮公司及其邮轮部署

【地中海邮轮】歌剧号、管乐号、和睦号、华丽号、幻想曲号、辉煌号、神曲号、诗歌号、抒情号、序曲号、音乐号、珍爱号

【歌诗达邮轮】地中海号、辉宏号、经典号、迷人号、命运女神号、太平洋号、唯美号、新浪漫号、新里维拉号、幸运号、炫目号、钻石皇冠号

【公主邮轮】碧海公主号、翡翠公主号、海岛公主号、海洋公主号、皇家公主号、加勒比公主号、太平洋公主号

【荷美邮轮】阿姆斯特丹号、奥斯特丹号、科林斯丹号、雷丹号、鹿特丹号、马士丹号、欧罗丹号、普林盛丹号、如德丹号、新阿姆斯特丹号

【皇家加勒比游轮】海洋量子号、海洋魅丽号、海洋梦幻号、海洋荣光号、海洋圣歌号、海洋探险者号、海洋迎风号

【精致邮轮】季候号、嘉印号、新月号、星座号、印象号

【丽晶邮轮】丽晶水手号、丽晶海洋号

【挪威邮轮】挪威爱彼号、挪威翡翠号、挪威之勇号

【银海游轮】银风号、银神号

【冠达邮轮】伊丽莎白女王号、玛丽女王二世号、维多利亚女王号

【大洋邮轮】玛丽娜号、里维埃拉号、蔚蓝海岸号

【庞洛邮轮】南冠号、日丽号

【精钻邮轮】精钻旅程号、精钻探索号

二、主要邮轮航线

【地中海邮轮】

● 北京（Beijing）飞往伊斯坦布尔（Istanbul）再飞往米兰（Milan）坐车至热那亚（Genoa）—马赛（Marseille）—巴塞罗那（Barcelona）—拉古莱特（La Gulette）—巴勒莫（Palermo）—罗马（Rome）—奇维塔韦基亚（Civitavecchia）—热那亚（Genoa）坐车至米兰（Milan）飞往伊斯坦布尔（Istanbul）再飞往北京（Beijing）

● 热那亚（Genoa）—马赛（Marseille）—巴塞罗那（Barcelona）—海上巡航—突尼

斯（Tunisia）—奇维塔韦基亚（Civitavecchia）—热那亚（Genoa）
- 奇维塔韦基亚（Civitavecchia）—热那亚（Genoa）—马赛（Marseille）—巴塞罗那（Barcelona）—突尼斯（Tunisia）—巴勒莫（Palermo）—奇维塔韦基亚（Civitavecchia）
- 热那亚（Genoa）—那不勒斯（Naples）—巴勒莫（Palermo）—突尼斯（Tunisia）—巴塞罗那（Barcelona）—马赛（Marseille）—热那亚（Genoa）
- 瓦尔讷明德（Warnemünde）—斯德哥尔摩（Stockholm）—塔林（Tallinn）—圣彼得堡（St. Petersburg）—哥本哈根（Copenhagen）—瓦尔讷明德（Warnemünde）
- 热那亚（Genoa）—巴塞罗那（Barcelona）—卡萨布兰卡（Casablanca）—特内里费（Tenerife）—丰沙尔（Funchal）—马加拉（Magala）—奇维塔韦基亚（Civitavecchia）—热那亚（Genoa）

【歌诗达邮轮】
- 威尼斯（Venice）—巴里（Bari）—圣托里尼（Santorini）—罗得岛（Rhodes）—全日爱琴海海上巡游—杜布罗夫尼克（Dubrovnik）—威尼斯（Venice）
- 北京（Beijing）飞往巴黎（Paris）飞往马赛（Marseille）—萨沃纳（Savona）—那不勒斯（Naples）—巴勒莫（Palermo）—突尼斯（Tunisia）—巴塞罗那（Barcelona）—马赛（Marseille）飞往巴黎（Paris）飞往北京（Beijing）
- 北京（Beijing）飞往米兰（Milan）—萨沃纳（Savona）—奇维塔韦基亚（Civitavecchia）/罗马（Rome）—那不勒斯（Naples）—帕尔马（Parma）—巴伦西亚（Valencia）—马赛（Marseille）—萨沃纳（Savona）—米兰（Milan）飞往北京（Beijing）

【公主邮轮】
- 威尼斯（Venice）—海上巡航—雅典（Athens）—库莎达瑟（Kusadasi）—伊斯坦布尔（Istanbul）—米科诺斯（Mykonos）—海上巡航—那不勒斯（Naples）—罗马（Rome）—佛罗伦萨（Florence）/比萨（Pisa）—马赛（Marseille）—巴塞罗那（Barcelona）（起点港非终点港）
- 伦敦（London）—圣彼得港（St. Peter Port）—科夫（Cove）—都柏林（Dublin）—利物浦（Liverpool）—贝尔法斯特（Belfast）—格拉斯哥（Glasgow）—海上巡航—因弗内斯/尼斯湖（Inverness）—爱丁堡（Edinburgh）—海上巡航—勒阿弗尔（Le Havre）—伦敦（London）
- 伦敦（London）—北海—卑尔根（Bergen）—海尔西特（Hellsett）—挪威海—洪宁斯沃格（Norwegian Sea - Honningsvag）—特罗姆瑟（Tromso）—罗弗敦群岛（Lofoten Islands）—挪威海（跨越北极圈）—松恩峡湾（Sognefjord）—斯塔万格（Stavanger）—北海—伦敦（London）
- 比雷埃夫斯（Piraeus）—锡拉岛（Thira）—帕特莫斯（Patmos）—库莎达瑟（Kusadasi）—加利利/拿撒勒（海法）（Galilee / Nazareth）—耶路撒冷（Jerusalem）—塞得港（Port Said）—亚历山大（Alexandria）—那不勒斯（Naples）—罗马（Rome）（起点港非终点港）

● 北京（Beijing）飞往罗马（Rome）—蒙地卡罗（Monte Carlo）—佛罗伦萨/比萨（Florence/Pisa）—那不勒斯（Naples）—锡拉岛（Thira）—库莎达瑟（Kusadasi）—米科诺斯（Mykonos）—科孚岛（Corfu）—威尼斯（Venice）—北京（Beijing）（起点港非终点港）

【皇家加勒比游轮】

● 南安普敦（Southampton）—马拉加（Malaga）—戛纳（Cannes）—巴塞罗那（Barcelona）—帕尔马（Parma）—巴伦西亚（Valencia）—卡塔赫纳（Cartagena）—里斯本（Lisbon）—维哥（Vigo）—南安普敦（Southampton）

● 南安普敦（Southampton）—希洪（Gijón）—维哥（Vigo）—丰沙尔（Funchal）—特内里费（Tenerife）—拉斯帕尔马斯（Las Palmas）—加那利群岛（Canary Islands）—里斯本（Lisbon）—南安普敦（Southampton）

● 南安普敦（Southampton）—奥斯陆（Oslo）—哥本哈根（Copenhagen）—塔林（Tallinn）—圣彼得堡（St. Petersburg）—赫尔辛基（Helsinki）—泽布吕赫（Zeebrugge）—南安普敦（Southampton）

● 南安普敦（Southampton）—直布罗陀（Gibraltar）—卡塔赫纳（Cartagena）—巴塞罗那（Barcelona）—帕尔马（Parma）—加的斯（Cádiz）—里斯本（Lisbon）—维哥（Vigo）—南安普敦（Southampton）

● 北京（Beijing）飞往迪拜（阿拉伯联合酋长国）飞往巴塞罗那（Barcelona）—普罗旺斯（Provence）—尼斯（Nice）—比萨（Pisa）—罗马（Rome）—那不勒斯（Naples）—巴塞罗那（Barcelona）飞往迪拜（阿拉伯联合酋长国）飞往北京（Beijing）

【荷美邮轮】

鹿特丹（荷兰）—南安普敦（英国）—里斯本（葡萄牙）—马拉加（西班牙）—迦太基（土耳其）—瓦莱塔（马耳他）—纳普良（希腊）—比雷艾夫斯（希腊）—苏伊士运河（埃及）—萨法加（埃及）—迪拜（阿联酋）—阿布扎比（阿联酋）—马尔马基亚（印度）—芒格洛尔港（印度）—科钦（印度）—布莱尔港（印度）—兰卡威（马来西亚）—巴生港（马来西亚）—新加坡（新加坡）—泗水（爪哇，印尼）—三宝垄（印尼）—巴里（印尼）—龙目岛（印尼）—科莫多岛—望加锡（印尼）—普罗博林戈（印尼）—泗水（爪哇，印尼）—新加坡（新加坡）—槟城（马来西亚）—普吉岛（泰国）—科伦坡（斯里兰卡）—孟买（印度）—马斯喀特（阿曼）—塞拉莱（阿曼）—亚喀巴（约旦）—沙姆沙伊赫（埃及）—苏伊士运河（埃及）—墨西拿（意大利）—那不勒斯（意大利）—奇维塔维基亚（罗马，意大利）—阿利坎特（西班牙）—阿尔梅里亚（西班牙）—丹吉尔（摩洛哥）—卡迪兹（西班牙）—里斯本（葡萄牙）—南安普敦（英国）—鹿特丹（荷兰）

【精致邮轮】

● 罗马（Rome）—那不勒斯（Naples）—瓦莱塔（Valletta）—雅典（Athens）—米科诺斯（Mykonos）—库莎达瑟（Kusadasi）—罗得岛（Rhodes）—圣托里尼（Santorini）—哈尼亚（Chania）—威尼斯（Venice）（起点港非终点港）

- 罗马（Rome）—麦西娜/陶米纳（Messina/Taumina）—雅典（Athens）—库莎达瑟（Kusadasi）—罗得岛（Rhodes）—圣托里尼（Santorini）—米科诺斯（Mykonos）—那不勒斯（Naples）—罗马（Rome）

【丽景邮轮】

- 巴塞罗那（Barcelona）—帕尔马（Parma）—梅诺卡（Menorca）—圣特罗佩（Saint-Tropez）—蒙地卡罗（Monte Carlo）—菲诺港（Portofino）—佛罗伦萨/比萨（Florence/Pisa）—罗马（Rome）（起点港非终点港）
- 蒙地卡罗（Monte Carlo）—马赛（Marseille）—巴塞罗那（Barcelona）—梅诺卡（Menorca）—圣特罗佩（Saint-Tropez）—菲诺港（Portofino）—佛罗伦萨/比萨/里窝那（Florence/Pisa/Livorno）—罗马/奇维塔韦基亚（Rome/Civitavecchia）（起点港非终点港）
- 雅典（Athens）—提洛岛（Delos）—米科诺斯岛（Mykonos）—圣托里尼（Santorini）—伊拉克利翁（Heraklion）—罗得岛（Rhodes）—库沙达瑟（Kusadasi）—伊斯坦布尔（Istanbul）（起点港非终点港）

【挪威邮轮】

- 哥本哈根（Copenhagen）—柏林/瓦尔讷明德（Berlin/Warnemünde）—塔林（Tallinn）—圣彼得堡（St. Petersburg）—赫尔辛基（Helsinki）—斯德哥尔摩（Stockholm）—哥本哈根（Copenhagen）
- 巴塞罗那（Barcelona）—普罗旺斯/土伦（Provence/Toulon）—里窝那（Livorno）—奇维塔韦基亚/罗马（Civitavecchia/Rome）—那不勒斯（Naples）—米科诺斯（Mykonos）—伊斯坦布尔（Istanbul）—库沙达瑟（Kusadasi）—雅典（Athens）—威尼斯（Venice）（起点港非终点港）
- 威尼斯（Venice）—科佩尔（Koper）—斯普利特（Split）—杜布罗夫尼克（Dubrovnik）—海上航行—墨西拿（Messina）—那不勒斯（Naples）—罗马（Rome）（起点港非终点港）
- 威尼斯（Venice）—海上巡航—科孚岛（Corfu）—圣托里尼（Santorini）—米科诺斯（Mykonos）—奥林匹亚（希腊）—海上巡航—威尼斯（Venice）

【银海游轮】

- 奇维塔韦基亚（Civitavecchia）—索伦托（Sorrento）—墨西拿（Messina）—阿基亚斯古拉斯（Agia Siguras）—莱梅索斯（Lemesos）—海法（Haifa）—阿什杜德（A Shdud）—圣托里尼岛（Santorini）—比雷埃夫斯（Piraeus）（起点港非终点港）
- 奇维塔韦基亚（Civitavecchia）—里窝那（Livorno）—蒙特卡洛（Monte Carlo）—马赛（Marseille）—波图（Porto）—帕尔马（Parma）—巴塞罗那（Barcelona）（起点港非终点港）
- 巴塞罗那（Barcelona）—伊维萨岛（Ibiza）—帕尔马（Parma）—波尔图（Porto）—塞特（Sete）—圣特罗佩（Saint-Tropez）—蒙特卡洛（Monte Carlo）（起点港非终点港）
- 奇维塔韦基亚（Civitavecchia）—里窝那（Livorno）—蒙特卡洛（Monte Carlo）—

马赛（Marseille）—波尔图（Porto）—帕尔马（Parma）—巴塞罗那（Barcelona）（起点港非终点港）

● 巴塞罗那（Barcelona）—帕尔马（Parma）—塞特（Sete）—圣特罗佩（Saint-Tropez）—蒙特卡洛（Monte Carlo）—费拉约港（Portoferraio）—奇维塔韦基亚（Civitavecchia）（起点港非终点港）

【冠达邮轮】

蒙地卡罗（Monte Carlo）—巴塞罗那（Barcelona）—卡塔赫纳（Cartagena）—直布罗陀—海上畅游—南安普敦（Southampton）（起点港非终点港）

复习思考题

1. 了解地中海周边的著名邮轮港口及热门景点。
2. 掌握南欧著名邮轮旅游目的地的旅游业发展概况。

第十三章 东北亚和东南亚地区

第一节 区域地理特征

东南亚和东北亚地区是亚太地区最重要的旅游地区（见图13-1）。东北亚旅游资源丰富，拥有美丽的自然风光、神秘的东方文化，中国、韩国和日本等国皆是旅游大国。东南亚有着浓郁的宗教文化与绚丽多姿的热带海滨滩岛胜景，长期以来是亚洲旅游业发展最快的地区之一，现已成为世界度假、避寒、访古、朝佛的旅游胜地。随着世界经济一体化进程的加快，东亚各国之间的经济合作日益加强，在21世纪旅游业呈现出新的发展态势：越来越多的国家和地区开始有意识地调整各自的旅游政策，与周边国家进行联合。

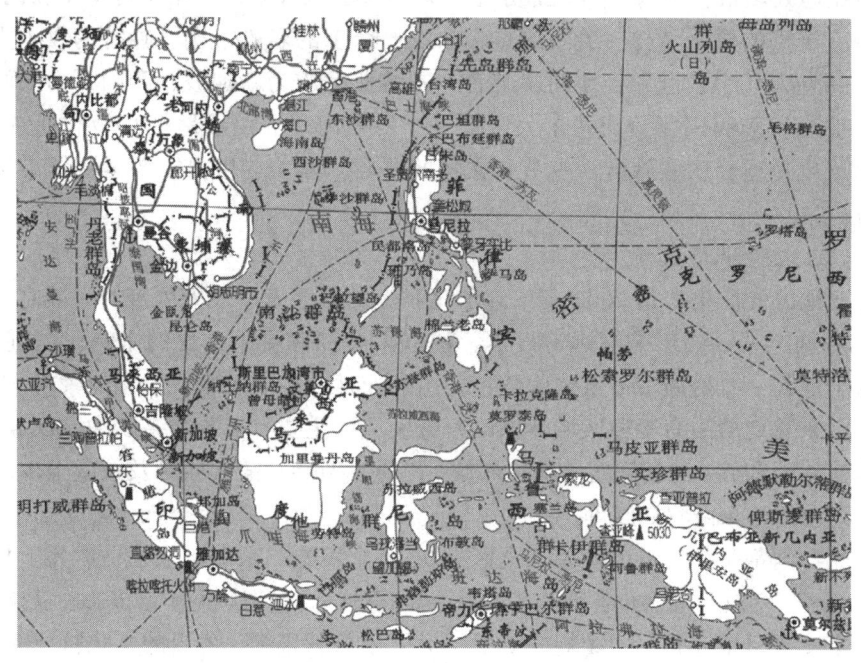

图 13-1　东南亚区域

地图来源：国家测绘地理信息局网站。审图号：GS（2008）1425号。

一、地理概况

东北亚，是指亚洲的东北部地区。广泛的陆地面积有1600多万平方千米，占亚洲总面积的40%以上，覆盖中国、日本、韩国、朝鲜、蒙古五国全境和俄罗斯远东沿海。

东南亚位于亚洲的东南部，包括中南半岛和马来群岛两大部分。中南半岛因位于中国以南而得名，南部的细长部分叫马来半岛。马来群岛散布在太平洋和印度洋之间的广阔海域，共有两万多个岛屿，分属印度尼西亚、马来西亚、东帝汶、文莱和菲律宾等国。该地区共有11个国家，包括越南、老挝、柬埔寨、泰国、缅甸、马来西亚、印度尼西亚、文莱、菲律宾、东帝汶、新加坡，总面积约447万平方千米。东南亚地处亚洲与大洋洲、太平洋与印度洋的"十字路口"。马六甲海峡是这个路口的"咽喉"，战略地位非常重要。马六甲海峡地处马来半岛和苏门答腊岛之间，全长约900千米，最窄处仅有37千米，可通行载重20万吨的巨轮，太平洋西岸国家与南亚、西亚、非洲东岸、欧洲等沿海国家之间的航线大多数经过这里。

二、自然、人文和经济特征

（一）自然特征

东北亚的沿海地区自然条件相对较为良好，气候四季分明，降雨量从西部向东北部递增。东北亚地区主要是大陆，也有海岛和半岛，但都处于北温带，季节差异大，有时还受台风的影响，海滨旅游的优势均不突出。

东南亚地处热带，中南半岛大部分地区为热带季风气候，一年中有旱季和雨季之分。东南亚拥有茂密的原始丛林、美丽的热带海滨、众多的名胜古迹、独特的风土人情，它们以特有的魅力吸引着世界各地的旅游者，旅游业已成为新加坡、泰国、马来西亚等国的重要产业。东南亚国家分成两个大区域是半岛是海岛。由于地处热带和亚热带地区，海滩与海滨风光适合度假旅游，季节和文化的差异对欧美等世界主要客源国市场具有很大吸引力。

（二）人文特征

东北亚地区的历史长达2000多年，东北亚是世界上人口最为稠密的区域之一，中国的汉文化对这个地区的影响深远，日本、朝鲜半岛都深受汉文化的影响。在近代以前，中国在这个地区一直扮演着最重要的角色。东北亚地区的居民组成以东亚蒙古人种为主，主要集中在东北亚的沿海平原区域。以语言分民族，主要有人数最多的中国汉族、满族，以及日本族（大和族），朝鲜族（也称韩族），通古斯族，蒙古族等及数量很少的印欧语系斯拉夫语族的远东俄罗斯族等。

东南亚各国都是多民族的国家。全区有90多个民族，东南亚地区是世界上华侨、华人最多的地区。宗教圣迹遍布各地，名城古迹光辉灿烂，民俗风情丰富多彩。从文化来看，东南亚国家文化呈多元化，国家规模虽然不大，但数量很多，各自的文化特点颇为突出。东南亚国家的语言种类多，语言差异大。从宗教构成来看，东南亚国家信奉的宗教以佛教与伊斯兰教为主，佛教与寺庙颇为活跃，直接体现在国家的政治和公民的日常生活中。

（三）经济特征

东北亚地区、欧盟和北美洲的美国及加拿大并称为当今世界最发达的三大区域。其中日本属于世界一流发达国家，韩国和俄罗斯属于一般发达国家。日本、韩国和中国东北的高新技术产业、重化工业和信息技术产业发达。

东南亚各国拥有丰富的自然资源和人力资源，为经济发展提供了良好的条件，形成了以季风水田农业和热带种植园为主的农业地域类型，但是经济结构比较单一。20世纪60年代以后，各国实施外向型市场经济与国家干预相结合的经济发展模式。东南亚是当今世界经济发展最有活力和潜力的地区之一。在未来新的世界发展格局中，东南亚在政治、经济上的作用和战略地位将更加重要。

三、旅游业概况

东北亚地区开放得晚，近20年旅游发展才真正形成规模。因各国地缘相邻、文化相近，东北亚是亚太地区和世界政治、经济、文化版图中十分重要的区域。近年来，东北亚地区在经济上更加密切互联，旅游交流也愈发频繁。东北亚各国有着独特的旅游资源，近年来东北亚各国之间均加强了旅游合作与开发。

东南亚地区开放得早，旅游发展时间比较长，旅游业发展基础比较好，旅游业是这些国家重要的外汇收入来源。东南亚地区自然风光充满热带气息，境内居民多信仰佛教、伊斯兰教和基督教，许多地方建有宏伟的佛塔和寺庙，有属于自己的独特文化形态，呈现出迷人的神秘色彩，对旅游者构成很大诱惑。东南亚许多国家都在利用自己的资源优势，大力发展现代旅游业。其中以泰国、新加坡、菲律宾和马来西亚的旅游业最为发达。

第二节 邮轮港口和旅游目的地

一、东北亚

1. 上海（Shanghai）

上海北接长江，东濒东海，南临杭州湾，位于长江三角洲东缘。上海港已形成"一港两码头"的国际邮轮组合母港。上海港国际客运中心与吴淞口国际邮轮港实现功能互补。上海港国际客运中心主要用于接待吨位较小的邮轮；吴淞口定位于为大中型国际邮轮、沿江沿海游船以及游艇靠泊提供综合服务的长三角区域水上旅游集散中心。两码头共同打造上海国际邮轮母港，组合形成上海接待各型国际邮轮的能力，提高上海服务长江流域乃至服务全国的能力。

2. 天津（Tianjin）

天津地处渤海湾西端，位于海河下游及其入海口处，是环渤海地区与华北、西北等内陆地区间距离最短的港口，有首都北京的"海上门户"之称。由海路前往北京以至中国北方城市的外国旅客，大部分在天津港停靠上岸。天津港拥有规模较大、设备较为先进的海上客运站，基本形成国内沿海和国际两方面的定期和不定期邮轮航线。天津港所处的环渤海地区作为中国经济新的增长点，区域经济总量大，消费能力强。

3. 厦门（Xiamen）

厦门港地处金龙湾和九龙江出海口，介于我国上海与广州之间，东北距福州港200海里，南距广州389海里。港口面向东南，有青屿水道与台湾海峡相连，港外有金门、大担及浯屿等岛屿为屏障，周围多山丘，避风条件好，各种船舶进出港不受潮水限制，为我国对外贸易港口之一，亦是华侨进出内陆的主要门户。厦门邮轮母港是一座位于繁华城市中心的新城。它东起疏港路，西至东渡港区码头，南起海湾公园北侧，北至海沧大桥南侧，占地约80万平方米。

4. 三亚（Sanya）

海南省三亚市作为全国唯一的一座热带滨海风景旅游城市，气候宜人、四季如春，素有"天然温室"之称。三亚对面是南中国海和泰国湾，一年四季都可以进行邮轮旅游。三亚凤凰岛国际邮轮港现拥有8万吨级邮轮码头，在二期工程建成后，三亚凤凰岛国际邮轮港将能同时停靠6艘3万至25万吨级的国际邮轮，建设规模和建设水平将使其成为亚洲最大最好的邮轮母港之一。凤凰岛位置优越，从三亚出港口不足1小时便可进入国际主航道，北上可至中国香港、中国台湾、日本，南达南中国海、东南亚及印度洋，是远航南中国海及印度洋的必经之路，也是国际环球邮轮东南亚交通中转站及航运补给站，在邮轮旅游航线中具有重要地理位置。

图 13-2　亚龙湾

● 亚龙湾——位于三亚市东南28千米处，是海南最南端的一个半月形海湾，全长约7.5千米，是海南名景之一（见图13-2）。亚龙湾原名牙龙湾，后改名为亚龙湾。亚龙湾沙滩绵延7千米且平缓宽阔，浅海区宽达50~60米。沙粒洁白细软，海水澄澈晶莹。能见度2~4米，适合潜水。海底资源丰富，有珊瑚礁、各种热带鱼、名贵贝类等。年平均气温25.5℃，海水温度22℃~25.1℃，终年可游泳，被誉为"天下第一湾"。

● 五指山——五指山区遍布热带原始森林，层层叠叠，透迤不尽。海南主要的江河皆源于此发源地，有不少山泉及湖泊，湖光与山色交相辉映，构成奇特瑰丽的风光。五指山原始森林,落叶厚达50厘米,空气里充满了树脂香味。五指山市是有名的"翡翠山城",因海南岛上最高山峰五指山而得名,有五指山市热带雨林、海南民族博物馆、七指岭、热带植物园、中华民族文化村、卧龙山、太平山瀑布、琼州学院、海瑞祖居、琼崖公学纪念亭、鹦哥岭、甘什岭、民族博物馆和仿古黎村、白沙起义纪念馆、仙龙洞、黎苗民族歌舞长廊、木色旅游度假风景区等风景名胜。

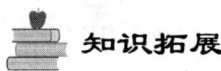 **知识拓展**

中国邮轮港口发展概况

近十多年以来中国邮轮产业高速发展,国内兴起邮轮港口建造热潮。从2008—2018年的10年间,各地先后在上海北外滩和吴淞口、天津滨海新区、深圳太子湾、厦门、三亚凤凰岛、青岛、舟山、广州南沙兴建了9个现代邮轮港,在温州、大连、连云港、海口将货运港升级改造成4个邮轮港,加上中国香港启德邮轮码头建设,总计邮轮泊位32个,港口建设总投资累计超过200亿元。2019年至今,邮轮港口的规划建设仍在不断增加。截至目前,全国已经有15个邮轮码头实现运营,规划中的码头有9个(新增唐山曹妃甸邮轮母港、儋州海花岛邮轮码头)。

从各港口的接待量来看,上海当之无愧地成为中国邮轮产业发展的中心,航次和游客量位居榜首。各个邮轮港口的发展都不仅仅局限于邮轮港口的建造、泊位的扩建,更加利用自身区位和客源的优势,提高港口创新服务的同时,深度挖掘邮轮旅游市场,积极探索如何从产业链的角度提升邮轮城市的发展潜力。例如,出台相关邮轮产业扶持计划、推动最新政策的实施、加快通关联检速度、实施邮轮船票制度、邮轮保税供船、维修国际邮轮、成立邮轮产业联盟、"邮轮+目的地"的推广模式等,都为邮轮城市的可持续化发展夯实了基础。

5. 香港(Hong Kong)

香港特别行政区卓越的地理位置使其成为邮轮横渡太平洋旅程的必经之地,加上所拥有的优越基础设施、旅游资源及旅游设施,香港发展成为"中国及远东地区的邮轮中心"。受惠于邮轮业的蓬勃发展,许多国际邮轮营运商均视香港为亚太行程的必经之地。香港主要邮轮码头位于维多利亚湾侧的海运大厦,邮轮泊位长达380米,可同时停泊两艘大型邮轮或四艘小型邮轮。2014年新建成的香港启德邮轮码头设有两个泊位,水深均达12~13米,首个泊位可供排水量达11万吨、总吨位达22万吨的世界级邮轮停泊,次个泊位则可以供中型邮轮停泊。

● 浅水湾——在香港岛之南,坡缓滩长,波平浪静,水清沙细,沙滩宽阔洁净而水浅,且冬暖夏凉,水温在16℃~27℃,历来是消夏弄潮胜地,也是游人必至的著名风景区。浅水湾是香港最高档的住宅区之一,众多别墅豪宅遍布于海湾的坡地上,同时也是香港最受欢迎及交通最方便最具代表性的泳滩。

● 香港迪士尼乐园——香港迪士尼乐园位于香港"新界"大屿山，占地1.26平方千米，于2005年9月12日正式开幕，由香港特区政府及华特迪士尼公司联合经营的香港国际主题乐园有限公司建设及营运。乐园分为7个主题园区，分别为美国小镇大街、探险世界、幻想世界、明日世界、玩具总动员大本营、灰熊山谷及迷离庄园，其中灰熊山谷和迷离庄园为全球独有。

6. 台湾（Taiwan）

台湾省地处邮轮亚洲航线中部，是东南亚航区和东北亚航区的交会之地。因其优越的地理位置和丰富多彩的旅游资源，是各大邮轮公司亚洲航线的重要节点。台湾邮轮旅游资源属于"目的地型"，以接待来访的邮轮为主，本地客源市场输出能力有限。台湾地区共拥有四个国际商港，分别是位于台湾东北部的基隆港、中部的台中港、西南部的高雄港和东南部的花莲港。四个港口的地理条件及人文风情各不相同，港埠设施亦各有差异，各自有其独特的魅力。目前，台中港、高雄港和花莲港的国际邮轮以不定期航线为主，少有定期航线。

● 阿里山——阿里山森林游乐区位于台湾省嘉义县阿里山乡，由十八座大山组成，总面积为14平方千米。群峰环绕、山峦叠翠、巨木参天，非常雄伟壮观。园区内除了有丰富且珍贵的自然资源之外，亦保留了邹人200多年原住民的人文资源，如今更因新中横公路而与玉山国家公园串联起来，是一段兼具知性与感性的森林之旅。日出、云海、铁路、森林与晚霞合称为阿里山五奇，它们是最具代表性的台湾风景，其声名更是远播海内外。

● 日月潭——台湾省天然湖泊很少，最大、最有名的就是日月潭，水域面积9平方千米，平时水深30多米。日月潭中有一个小岛，远看好像浮在水面上的一颗珠子，所以这个小岛被叫作"珠子屿"，现在也叫拉鲁岛。以这个岛为界，湖的北半部分圆圆的像太阳，湖的南半部分弯弯得像月牙，这就是日月潭名字的由来。日月潭之所以美丽，是因为它的四周是一座座长满绿树的青山，而湖水又静静的，蓝蓝的，像一面镜子，将周围的山色倒映在湖水里。

7. 长崎（Nagasaki）

长崎是日本九州岛西岸著名港市，长崎县首府。长崎位于日本的西端，与我国上海相隔仅800千米，自古以来就是沟通中国与日本的桥梁。长崎是日本锁国时代少数对外开放的港口之一，是一个交通枢纽城市，英国、葡萄牙、荷兰都是通过它与日本有了密切的往来。长崎与朝鲜半岛也有很深的渊源。

● 云仙温泉——云仙温泉是日本著名的温泉地。这里有约30个观光景点，水汽喷射，白烟袅袅，烟雾缭绕，到处可见硫黄岩石。云仙温泉又叫云仙地狱，最著名的是大叫唤地狱，100多摄氏度的热泉奔腾不息。坐在温泉里，眺望海尽头落日余晖染红的天空，壮丽而温馨。云仙是指以岛原半岛中央的云仙岳主峰普贤岳为中心的火山群一带地区，属于云仙天草国立公园。

8. 福冈（Fukuoka）

福冈县位于日本北九州，交通发达，充满活力，是九州政治、经济、文化中心。福冈的魅力除了都市购物、美食、娱乐之外，还在于能够一享周围目不暇接的自然景色和温泉。福冈特有的新鲜水产种类繁多，有"食在福冈"的美名。近年来，随着各国来访游客的增多，福冈已发展成为一个国际化的城市。

● 太宰府天满宫——太宰府天满宫作为祭祀学问之神菅原道真的天满宫总寺院，是福冈屈指可数的观光名胜之一。另外，传说因仰慕菅原道真而一夜间从京都飞来此地的"飞梅"神树，直至今日，从每年的 1 月下旬到 4 月上旬都会开出美丽的白色梅花。参道两旁排列着销售此地名产"梅枝饼"以及各种日本传统土特产的商店。

9. 鹿儿岛（Kagoshima）

鹿儿岛县是日本九州最南端的县，拥有以世界遗产屋久岛为首的各种特色岛屿，樱岛等火山，茂密的森林，丰富的温泉等，拥有多姿多彩的大自然风景和历史文化等得天独厚的观光资源，是日本为数不多的观光县之一。

10. 神户（Kobe）

神户是日本国际贸易港口城市，位于日本四大岛中最大的一个岛——本州岛的西南部，西枕六甲山，面向大阪湾，它的存在已有千年历史，而城市和海港建设的规模和速度跻身世界之冠，则是近二三十年的事。神户地处绿荫葱郁的六甲山国立公园和碧波荡漾的濑户内海之间，背山面海，自然环境优越，气候温暖，四季分明。1981 年世界第一座人工岛——港岛人工岛、后来的六甲人工岛的竣工，加上 21 世纪复合城市的创建、世界最长的吊桥——明石海峡大桥的开通，都展现了神户颇具未来感的都市风貌。

11. 大阪（Osaka）

大阪港位于日本本州西南沿海的中岛川与大和川河口之间，濒临大阪湾的东北侧，是日本五大集装箱港口之一。该港自古以来就是京都的海上门户，市内河道纵横，有"水都"之称。大阪府位于日本本州西部，是日本第二大城市，仅次于首都东京，是一座高度繁华的国际化大都市，坐落近畿平原，面临大阪湾。大阪城已成为日本的经济中心，如今是一座综合性的现代化工商业城市。

● 二条城——二条城是世界文化遗产。它始建于公元 1603 年，当时是德川家康在京都的寓所，围墙东西约 500 米、南北 400 米，并挖有壕沟。走廊铺的地板走上去会有黄莺般的叫声，以防外人闯入。而屏风上的彩绘则出自狩野一门的手笔。雕刻、金属器具装饰充分显示了桃山美术精粹。本丸御殿在天明时期于大火中烧毁。现存的建筑是从京都御所的桂宫御殿迁移来的。二条城一向以樱花种类丰富见称，是京都首屈一指的赏樱胜地。

12. 横滨（Yokohama）

横滨是仅次于东京、大阪的日本第三大城市，人口数量仅次于东京，位居日本第二。横滨位于日本关东地区南部、东临东京湾，南与横须贺等城市毗连，北接川崎市。横滨港经常被视为东京的外港，沿岸设有大量的港埠设施与伴生的工业与仓储产业。横滨曾是日本东西方交流的重要城市。

● 东京迪士尼度假区——东京迪士尼度假区距离东京有10千米,于1983年4月开幕,其宗旨是集历史知识、童话故事、自然风光和现代科学之大成,寓知识于娱乐,力求各个年龄层次的人都能在此找到乐趣。东京迪士尼度假区包括东京迪士尼乐园及东京迪士尼海洋两大游乐园,前者有七个主题区和丰富多彩的娱乐表演,后者位于海上,充满冒险与创想,也是迪士尼首度以"海"为主题的主题乐园。

● 上野公园——上野公园是东京最大的公园,面积为52.5万平方米。这里原来是德川幕府的家庙和一些诸侯的私邸,1873年改为公园。有"史迹和文化财物的宝库"之称的上野公园,有宽永寺、德川家灵庙、东昭宫、清水堂、西乡隆盛铜像等古迹。园内还有很多博物馆,如东京国立博物馆、国立科学博物馆、国立西洋美术馆、都立美术馆等。上野公园是东京最著名的赏樱胜地,园内樱树多达1200棵。

13. 清水港(Clear water port)

清水港是位于日本静冈县静冈市清水区的一座港口,港湾管理者是静冈县。在日本的港湾法中,清水港被指定为国际据点港湾,也被指定为中核国际港湾。在港则法中,清水港则被定为特定港。在清水港可远观富士山,且名胜三保松原距清水港也颇近,因此清水港和神户港及长崎港被并列为"日本三大美港"。

14. 济州岛(Jeju)

济州岛是韩国最大的岛屿,是一座典型的火山岛。120万年前开始火山活动而形成的岛屿中央,是火山爆发形成的海拔1951米的韩国最高峰——汉拿山。属海洋性气候的济州岛素有"韩国夏威夷"之称,首府济州,位于济州岛北岸中央,为军、商、渔港,是该岛最大和最重要的港口。

● 泰迪熊博物馆——泰迪熊博物馆是为展示百年来深受全世界人们喜爱的泰迪熊而建的。展馆大体可分成历史馆和艺术馆,以及企划展厅。在历史馆中,有与百年历史中有名的场面相结合而再现历史人物的泰迪熊、古董泰迪熊等,其中套用达·芬奇名作《最后的晚餐》和《蒙娜丽莎》的玩具泰迪熊造型尤为引人注目。

● 汉拿山——汉拿山巍然耸立于济州岛的中部,是代表济州岛的名山,又称瀛洲山。汉拿山分布着各种植物,有着很高的学术价值,1970年被指定为国立公园,周围分布着386座寄生火山山峰(当地语为"奥陵")。汉拿山意为"能拿下银河的高山",山顶上有约25 000年前因火山爆发而形成的直径500米的火山湖白鹿潭,周围有360多个因火山爆发形成的小火山。

15. 釜山(Busan)

釜山是韩国著名的天然港口,海鲜琳琅满目,郊区古刹众多,是引人入胜的海滨度假胜地。釜山拥有韩国最大的海水浴场——海云台、和松岛、多大浦,是疗养胜地。

● 海东龙宫寺——海东龙宫寺位于釜山东海岸,是韩国唯一一座位于海边的寺庙,周边景色非常优美。龙宫寺由懒翁大师创建于1376年高丽祸王时期,依山傍海,内有海水观音、大雄殿、龙王堂、窟法堂、四狮子三层石塔等景观。龙宫寺最特别的景致当数108

阶和日出岩。站在岩石上可以聆听到海浪拍打岩壁的声音，欣赏日出的壮观美景。每当新年，不少人都来到这里面对日出许下心愿。而农历四月时，龙宫寺入口樱花繁盛。到了释迦牟尼诞辰，寺庙被电灯装扮起来，呈现出幻境般美丽的夜景。

● 大陵苑（天马冢）——庆州市区最引人注目的是高耸的巨大古坟大陵苑，这个大陵园面积 396 000 平方米，是新罗的王和贵族的坟墓群。现在公园里有 23 个巨大的古坟，如果加上地下看不见的古坟，则超过 200 个。大陵苑里最有名的是天马冢和皇南大冢。天马冢作为 1500 多年前古新罗时代唯一的绘画作品，十分引人注目，它是大陵苑中唯一开放内部的古坟。开放的王陵内部已经成为博物馆，展出 11 526 件文物。

● 海云台——海云台是韩国南部的旅游胜地。在东南沿海的水营湾内，釜山东北约 18 千米处。有蜿蜒 2 千米的白沙海滩和林木葱郁的冬柏岛，每年在此定期举行游泳大赛和放风筝比赛。海岸和火车站间有温泉，在东边著名的"迎月之路"可观赏美丽的海滨夜景。海云台浴场沙净如玉、海水浅清、气候宜人是理想的海滨浴场。

16. 丽水（Yeosu）

丽水位于韩国南部沿海的丽水湾内，濒临朝鲜海峡的西南侧，是韩国南部的主要港口之一，也是韩国全罗南道的第二大城市。丽水市四季分明，冬暖夏凉。丽水地理位置优越，旅游资源丰富。自然景观有闲丽海上国立公园、多岛海海上国立公园、梧桐岛、巨文岛、白岛、鹫岛、万圣里海水浴场、防竹浦海水浴场，人文景观有防倭筑堤碑、全罗左水营、忠愍寺、五忠寺等。

● 无等山——无等山高耸于光州市东边，海拔 1187 米，于山顶可俯瞰光州市区全景，自古以来被认为是光州的守护神。三座高度几乎相同的岩峰并肩而立，因而有"无等山（无等级之分的山）"之名。由山麓乘巴士 30 分钟左右就可到达犹如高山植物宝库般的顶峰。这里四季都有花盛开，足以满足登山客对美的要求。

17. 仁川（Incheon）

位于韩半岛中西部的仁川，在首都首尔往西 28 千米，是韩国的第三大城市和第二大贸易港口（仅次于釜山）。作为东北亚的中心城市，是韩国走向世界的交通要塞，并拥有最先进的大型国际机场。仁川拥有丰富的海上旅游资源，具备天赐的港湾条件。得益于这种得天独厚的优势，仁川很早就成为轻工业城市，并发展成为临海工业城市。

● 乐天世界——1989 年 7 月 12 日开业的"乐天世界"是已被载入吉尼斯世界纪录的世界最大室内主题公园，同美国迪士尼乐园一样被称为世界级的主题公园。乐天世界位于首尔市中心，其主题公园有惊险的娱乐设施、凉爽的溜冰场、巨大的散心湖、各种表演场、民俗博物馆等，是集娱乐参观为一体的娱乐场所。

● N 首尔塔——1980 年 10 月 15 日开始对普通游客开放的首尔塔观景台是欣赏首尔夜景的著名旅游景点，被称为首尔的象征（见图 13-3）。首尔塔高 236.7 米，立于海拔 243 米的南山上。每晚 7~12 点，还有 6 支探照灯在天空中打出鲜花盛开的图案——"首尔之花"。首尔塔大厅内设有播放电影预告片和音乐录影带的多媒体区、儿童体验学习馆及举办展览和演出的空间。N 首尔塔是一个名副其实的复合性文化空间。首尔塔坐落于首尔，靠近仁川。

图 13-3　首尔塔

● 清溪川——清溪川位于韩国首尔市中心，是贯穿首尔南北有 600 多年历史的河流。清溪川见证了首尔市 600 年的发展历程，是首尔历史的"见证人"。清溪川为人们提供了一处感受文化、亲近大自然以及观察、学习生态的理想天地。

● 摩尼山——摩尼山海拔 496.4 米，是江原道地区最高的山。站在摩尼山的顶峰上能将京畿地区和西海的景观尽收眼底；山上的小道路况良好，适合游客漫步观光。山里除了有高丽时期的净水寺以外，还有位于顶峰的堑星坛。净水寺在摩尼山东面，周围的丛林郁郁苍苍。

二、东南亚

1. 新加坡（Singapore）

新加坡是东南亚的一个城市岛国，全年气候温暖，是著名的旅游城市。新加坡的自然生态环境保护得非常好，且拥有着世界上首个夜间动物园。新加坡是世界上最繁忙的港口，是东南亚地区最大的金融中心、航运中心。其物流服务业也非常发达，服务业是新加坡经济的重要支柱之一。2012 年 5 月新加坡邮轮码头正式投入运行，该码头可以容纳世界上最大的豪华邮轮。码头坐落于新加坡繁华海滨区的边缘，超现代设计的码头将促进新加坡旅游业的蓬勃发展。

● 圣淘沙——新加坡圣淘沙名胜世界坐落于新加坡圣淘沙岛，为新加坡首个大型综合度假胜地，占地面积达 0.49 平方千米。新加坡圣淘沙名胜世界共设六间主题各异的豪华酒店，为访客提供六种截然不同的住宿选择；这里有东南亚首个环球影城和全球最大的海洋生物园，还分布有海事博物馆、名胜世界会议中心，多家米其林名厨餐厅，奢华赌场、豪华水疗中心 ESPA 亚洲旗舰店及零售精品店。圣淘沙名胜世界亦提供多元化的娱乐节目，包括大型舞台表演《魔幻奇游》，以及《仙鹤芭蕾》和《梦之湖》等。岛上娱乐设施丰富，被誉为欢乐宝石。

● 鱼尾狮公园——鱼尾狮公园是新加坡河口的一座小公园，坐落在安德森桥边，见图 13-4。坐在公园里的椅子上，可以眺望到停泊在港口的各国船舶，视野非常辽阔。鱼尾狮塑像坐落于鱼尾狮公园内，是新加坡的标志和象征，狮头代表传说中的狮城新加坡，鱼尾象征古城淡马锡，并蕴含着新加坡由一个小渔村发展起来的成长史。该塑像高 8 米，重 40 吨，狮子口中总会喷出一股清泉。该公园以水为主题，设置表演区域和看台，游客可在此欣赏音乐会和精彩的表演。

图 13-4　鱼尾狮公园

2. 槟榔（Thea areca）

槟榔位于马来西亚半岛西北侧，分为槟岛和威省。威省的东部和北部与吉打州为邻，南部与霹雳州为邻；槟岛西部隔马六甲海峡与印度尼西亚苏门答腊岛相对。槟榔是马来西亚重要港口，是全国第三大城市，被誉为"印度洋上的绿宝石""东方明珠"，也是著名的旅游胜地。

● 槟榔山——槟榔山海拔 821 米，气候清凉宜人。于山顶俯瞰槟榔，槟榔尽收眼底，还可瞭望远处绿色的马来半岛。一望无际的蔚蓝大海与郁郁葱葱的马来半岛在色彩上极为协调，美不胜收，不到这儿难以体会"东洋珍珠"的真正韵味。

3. 兰卡威（Langkawi）

兰卡威位于马来西亚半岛西北岸，距离瓜拉玻璃市港口 30 千米，距离吉打港口 51 千米。它由 99 个热带岛屿组成，主岛被称为兰卡威。这里环境优美，有美丽的沙滩、奇特的溶洞、青翠的森林、壮观的瀑布以及种类繁多的野生动植物。

● 巨鹰广场——被称为兰卡威象征的"鹰塔",落成于1996年10月,由马哈地主持开幕典礼后启用。巨鹰广场不但是兰卡威的代表性建筑,还隐喻着生生不息的繁荣前景。整个广场范围内有景色优美的湖泊、小桥、喷泉以及拱形圆顶回廊。步入偌大空旷的广场,有趣的小喷泉随着节拍有序地起舞,真是饶有趣味。而规划完善的广场,也是个欣赏夜景、吹海风、看灿烂星光的好地方。

● 丹绒鲁沙滩——兰卡威各岛以美丽的沙滩和清澈见底的海水闻名世界。位于兰卡威岛北方的丹绒鲁因为有大量松树而得名。置身海滩可尽览附近岛屿的迷人景致。在退潮时,这些小岛都步行可及,登岛游览的体验确实是毕生难忘的经历。自丹绒鲁经过一段不长的船程就是传奇岩洞。顾名思义,关于这个岩洞有许多神秘和浪漫的神话故事;岩洞的石壁上刻画着一些至今仍然无人能够破解的古老文字。

4. 巴生港(Port Klang)

巴生港为东南亚马来西亚联邦的最大港口,位于马六甲海峡的东北部。旧名"瑞天咸港"。1973年建为红海与马六甲海峡之间第一个集装箱货运港。滨巴生河口,东距吉隆坡40千米。腹地广阔,是远东至欧洲贸易航线的理想停靠港,因此在航运市场中具有明显的竞争优势。毗邻巴生港设有自由贸易区,其腹地广阔,产业发达,已发展成为区域性的配发中心。

● 苏丹亚都沙末大厦——苏丹亚都沙末大厦是马来西亚高等法院及最高法院所在地,是吉隆坡的标志性建筑。1897年建成,曾经是殖民者的总部。当初设计这幢大楼的两名设计师都曾在印度待过一段时间,他们把大楼设计成印度和阿拉伯风格奇妙的混合体。楼中央有一个40米高的钟楼,钟楼造型类似英国的"大本钟",被称为马来西亚大本钟,但在钟楼的顶部加上了一个金色的半球形圆顶。每逢重大庆典,五光十色的彩灯照亮了整个大楼,令人感到这幢楼犹如阿拉伯神话世界中的城堡,雄伟而又有几分神秘。

● 国家博物馆——马来西亚国家博物馆是国内的主要博物馆,是一幢两层的"米南加保"风格的古典式马来建筑。入口处两侧墙上嵌饰着两幅描绘马来西亚文化历史的巨型壁画。左墙壁画描绘了马来西亚各种手工艺品的制造全貌,右墙壁画描绘了从12世纪北马的兴都教(印度教)和佛教时代起到1957年马来西亚独立的各个历史重要场面。博物馆共有4个展览室,分别展出马来西亚历史和经济史料、有关马来风俗民情的文字图片资料、当地特有的热带植物和动物模型等。展品中有16世纪在柔佛拉玛发掘出的中国瓷器和15世纪专门为伊斯兰教徒制作的明瓷,有马来西亚皮影戏与各国皮影戏的资料,有记载明代航海家郑和访问马六甲的文献复制品。

● 云顶高原——云顶高原是马来西亚旅游和避暑胜地,位于彭亨州西南吉保山脉中段东坡,吉隆坡东北约50千米处。建筑群位于海拔1772米的乌鲁卡里山,是东南亚最大的高原避暑地。云顶高原的赌场是马来西亚唯一合法的赌场,周末24小时营业,平时上午10点到次日凌晨4点营业。主题游乐场内有云霄飞车、升降机、高空木马、宇宙飞船等惊险刺激的游乐项目。山顶有面积达 4 公顷的人工湖,环湖有儿童火车、高尔夫球场、温水游泳池等,还有小溪可划船。

5. 普吉岛港(Phuket Port)

普吉岛是泰国最大的岛屿,印度洋安达曼海上的一颗"明珠",它的魅力来自它那美丽的大海和令人神往的海滩。这里的海滩类型非常丰富,有清净悠闲的海滩,有看上去豪华的、像是私人性质的海滩,有海上体育运动盛行的海滩,还有夜晚娱乐活动丰富多彩的海滩。

● 芭东海滩——芭东海滩距普吉镇 15 千米,是普吉岛开发最完善的海滩区。白天的芭东海滩游人众多,因此吸引着越来越多的游客。喜欢逛街和购物的游客也很喜欢这里,因为在海滩附近有几条遍布商店和餐馆的街道,走走看看乐趣无穷。夜晚,度假村、露天酒吧、舞厅、夜总会人来人往。

6. 曼谷(林查班)港 [Port of Bangkok(Linchaban)]

邮轮停靠的林查班港位于泰国湾北部沿海,在泰国首都曼谷往南 110 千米、芭堤雅海滩度假村往北 15 千米处,是泰国港务管理局直属的深水国际贸易商港。曼谷被誉为"佛教之都"。泰国人称曼谷为"军贴",意思是"天使之城"。曼谷市内繁忙的水上交通又使曼谷有"东方威尼斯"的美称。

● 大皇宫——大皇宫位于首都曼谷市中心,昭披耶河与湄南河交汇之畔,紧挨湄南河,由一组布局错落的暹罗式风格建筑群组成,汇集了泰国绘画、雕刻和装饰艺术的精华,见图 13-5。其宫廷建筑以白色为主,四周筑有白色宫墙。宫墙高约 5 米,总长 1900 米,主要建筑物有阿玛林宫、节基宫、律实宫和玉佛寺等。此外,由拉玛八世兴建的宝隆皮曼宫,是招待外国元首的宾馆。大皇宫景色极为精妙,和玉佛寺合称为曼谷的标志,是泰国游程中必到之地。

图 13-5 大皇宫

7. 岘港（Da Nang）

岘港在韩江曰左岸，北临观港湾。位于越南中部，北连顺化、南接芽庄。背靠五行山，东北有山茶半岛作屏障，海湾呈马蹄形，港阔水深，形势险要，为天然良港。现为海军基地，可停靠万吨级军舰。早在17、18世纪期间已非常繁华，现更发展为越南三大城市之一，人口70多万，以渔业及积极发展的旅游业为主要产业。岘港东面接连南中国海，这里细沙碧海、蓝天白云相映、环境宁静闲逸，是理想的度假胜地。

8. 胡志明市（Ho Chi Minh City）

胡志明市，原名西贡，地处湄公河三角洲东北，位于同耐河支流西贡河右岸，距海口80千米。为越南直辖市，越南最大的城市，是越南南方经济、文化、科技、旅游和国际贸易的中心。社会经济发展受西方影响，商业发达，曾有"东方巴黎"之称。18世纪末发展成东南亚著名港口和米市。胡志明市是越南南方的重要交通枢纽，有越南最大的内河港口和国际航空港。铁路可通往河内及其他大中城市；公路可通往全国各地，经公路或水路可通往柬埔寨和老挝；拥有良好的国际航空港，可通往曼谷、吉隆坡、马尼拉。

9. 芽庄（Nha Trang）

芽庄是越南中部港市，也是庆和省省会，位于丐河口南岸。其古代建为城堡，附近沿海地区分布着重要文化遗址，河口外有岛屿作屏障。如今作为空军基地，盛产鱼、虾和燕窝，且建有海洋研究院，收集1000多种鱼类，成为越南最大水族馆。附近山麓有历史悠久的古庙，是越南众多滨海城市当中一个较为僻静的海边小城市，与海上七大奇观的下龙湾相比较，芽庄的恬静内敛渐渐受到更多外国游客的关注。现在的芽庄海滨顺应了休闲、健身、旅游的潮流，芽庄度假区还提供温泉浴、矿泥浴等休闲健身服务。

10. 巴厘岛（Bali）

巴厘岛，行政上称为巴厘省，位于印度尼西亚，是著名的旅游胜地。巴厘岛上大部分为山地，全岛山脉纵横，地势东高西低。岛上还有四五座完整的锥形火山峰，其中阿贡火山海拔3142米，是岛上的最高点。沙努尔、努沙—杜尔和库达等处的海滩，是岛上景色最美的海滨浴场，这里沙细滩阔、海水湛蓝清澈。每年来此游览的各国游客络绎不绝。由于巴厘岛万种风情，景物甚为旖旎，因此，它还享有多种别称，如"神明之岛""恶魔之岛""浪漫之岛""绮丽之岛""天堂之岛""魔幻之岛""花之岛"等。

● 海神庙——海神庙是巴厘岛最重要的海边庙宇之一，始建于16世纪，用来祭祀海神。该庙坐落在海边一块巨大的岩石上，每逢潮涨之时，岩石被海水包围，整座寺庙与陆地隔绝，孤零零地矗立在海水中；只在落潮时才与陆地相连。对岸有小亭可以眺望日落景色，成为巴厘岛的一大胜景。

● 神鹰广场——巴厘岛金巴兰海湾的神鹰广场，占地2.39平方千米。是苏哈托时代留下的广场，只是一个雏形，并未完工。之所以叫神鹰广场是因为这里本来要竖起一座世界上最高大的神鹰铜像，神鹰背负巴厘岛的最高神明"破坏神"，即Wisnu神（梵文中的Vishnu神），是印度三位一体神之中的保护者。据说全部建成后将高达118米，已经完成的神明半身像高34米。据传，一位高僧曾指点苏哈托，这座铜像铸成之后将庇佑印尼国运昌盛，人民幸福平安，可惜铜像只完成了"破坏神"的头部、胸部以及神鹰的头部，苏哈托就下台了，这个耗资巨大的宏伟工程也就此搁置。

11. 科莫多岛（Komodo）

科莫多岛是印度尼西亚东努沙登加拉省西头岛屿。介于松巴哇与弗洛勒斯岛之间。南北最长40千米，东西最宽20千米，山丘起伏。由于火山和地震活动，科莫多岛与世界其他地方隔离开来，其生态系统也独具特色。科莫多岛上独特的生态孕育出一些特有的生物，当中最著名的是地球上最大的蜥蜴——科莫多龙，以及地球上最原始的哺乳动物之一眼镜猴。

12. 龙目岛（Lombok）

龙目岛是印度尼西亚西努沙登加拉省岛屿，属小巽他群岛之一。西隔龙目海峡面对巴厘岛，东隔阿拉斯海峡面对松巴哇岛，北濒爪哇海，南临印度洋，面积5435平方千米。岛上有两条山脉几乎贯穿全岛：南方山脉是石灰岩丘陵，海拔716米，北方山脉林贾尼火山海拔3726米。

13. 三宝垄（Semarang）

印度尼西亚爪哇岛中爪哇省商港和首府，分新、旧两部分。是印度尼西亚仅次于泗水、雅加达的第三大港以及中爪哇省最重要港口。市区沿海岸延伸5000米，郊区的岗蒂海拔150米，为风景美丽的住宅区。

● 雅加达独立广场——独立广场位于雅加达中区，又称莫迪卡广场（Merdeka为独立之意），在印度尼西亚有着天安门广场般的地位。广场四周街道宽阔整齐，花草树木点缀其间，绿意盎然。广场北侧为总统府，东北方有印度尼西亚最大的伊斯蒂赫尔大清真寺，西街上有国防部大院和中央博物馆，东边是火车站。广场东南角上有一组根据《摩诃婆罗多》史诗故事情节塑造的群马拉车的雕塑，十分壮观。

● 印度尼西亚缩影公园——印度尼西亚缩影公园位于雅加达市区以东约26千米处，1975年建成。这里有印尼各地的民房、湖泊、公园、纪念塔、购物中心、露天剧场、缆车、火车、水上脚踏车等各种实物的模型，相当于印度尼西亚的缩影。公园中央设有巨型印尼群岛模型图，四周园地划分为27个区，代表印尼的27个省区，如中爪哇区、巴厘区、雅加达区等。每个区内有当地传统特色的建筑物，并种植当地特有的植物。游客还可乘小船游览"印尼各岛"。印度尼西亚缩影公园内建有博物馆、图书馆、影像中心、少年宫和儿童乐园，青少年可定期到公园学习传统音乐和舞蹈。其中最醒目的一座建筑物是金蜗牛全景式电影院，每天定时放映《美丽的印度尼西亚》等全景电影。

14. 泗水（Drowning）

泗水位于印度尼西亚爪哇岛东北沿海的泗水海峡西南侧，隔峡与马都拉岛相望，是印度尼西亚的第二大海港。其早在中世纪开始就是爪哇的对外贸易港口。现为东爪哇的首府，是一个现代化的工业城市，也是爪哇岛东部和马都拉岛农产品的集散地，主要工业有造船、石油提炼、机械制造等。

第三节　区域主要邮轮航线

一、东北亚地区主要邮轮航线

（一）运营的邮轮公司及其邮轮部署

【歌诗达邮轮】维多利亚号、赛琳娜号、大西洋号、幸运号

【公主邮轮】蓝宝石公主号、钻石公主号、太阳公主号

【荷美邮轮】华伦丹号

【皇后邮轮】伊丽莎白女王号

【皇家加勒比游轮】海洋水手号、海洋航行者号、海洋量子号、海洋神话号

【精致邮轮】千禧号

【精钻邮轮】精钻探索号

【水晶邮轮】合韵号、尚宁号

【银海邮轮】银海发现号、银影号

【蓝梦邮轮】蓝梦之星

【招商维京】招商伊顿号

【爱达邮轮】爱达·魔都号、地中海号

（二）地区的主要邮轮航线

- 上海（Shanghai）—大阪（Osaka）—别府（Beppu）/细岛（Hososhima）—上海（Shanghai）
- 上海（Shanghai）—舟山群岛（Zhoushan Islands）—冲绳（Okinawa）—上海（Shanghai）
- 上海（Shanghai）—广岛（Hiroshima）—东京（Tokyo）—神户（Kobe）—上海（Shanghai）
- 上海（Shanghai）—鹿儿岛（Kagoshima）—神户（Kobe）—宫崎（Miyazaki）—上海（Shanghai）
- 上海（Shanghai）—济州（Jeju）—长崎（Nagasaki）—佐世保（Sasebo）—神户（Kobe）—名古屋（Nagoya）—清水（Shimizu）—德岛（Tokushima）—高知（Kochi）—北九州（Kitakyushu）—上海（Shanghai）
- 天津（Tianjin）—神户（Kobe）—横滨（Yokohama）—室兰（Muroran）—福冈（Fukuoka）—天津（Tianjin）
- 天津（Tianjin）—福冈（Fukuoka）—境港（Sakaiminato）—釜山（Busan）—天津（Tianjin）

- 天津（Tianjin）—釜山（Busan）—小樽（Otaru）—函馆（Hakodate）—福冈（Fukuoka）—天津（Tianjin）
- 天津（Tianjin）—济州（Jeju）—釜山（Busan）—八代（Yatsushiro）—鹿儿岛（Kagoshima）—福冈（Fukuoka）—天津（Tianjin）
- 神户（Kobe）—冲绳（Okinawa）/鹿儿岛（Kagoshima）—花莲（Hualien）—高雄（Kaohsiung）—基隆（Keelung）—神户（Kobe）
- 横滨（Yokohama）—大阪（Osaka）—广岛（Hiroshima）—冲绳（Okinawa）—基隆（Keelung）—香港（Hong Kong）—芽庄（Nha Trang）—新加坡（Singapore）
- 上海（Shanghai）—福冈（Fukuoka）—熊本（Kumamoto）/釜山（Busan）—釜山（Busan）/济州（Jeju）—上海（Shanghai）
- 香港（Hong Kong）—厦门（Xiamen）—冲绳（Okinawa）—香港/上海（Hong Kong/Shanghai）
- 厦门（Hong Kong）—鹿儿岛（Kagoshima）—长崎（Nagasaki）—济州（Jeju）—厦门（Xiamen）
- 香港（Hong Kong）—厦门（Xiamen）—冲绳（Okinawa）—香港/上海（Hong Kong/Shanghai）
- 香港（Hong Kong）—厦门（Xiamen）—长崎（Nagasaki）—济州（Jeju）—香港（Hong Kong）
- 香港（Hong Kong）—那霸（Naha）—神户（Kobe）—长崎（Nagasaki）—济州（Jeju）—香港（Hong Kong）
- 香港（Hong Kong）—基隆（Keelung）—长崎（Nagasaki）—釜山（Busan）—济州（Jeju）—仁川（Incheon）—天津（Tianjin）—上海（Shanghai）
- 神户（Kobe）—釜山（Busan）—鹿儿岛（Kagoshima）—横滨（Yokohama）
- 神户（Kobe）—高知（Kochi）—釜山（Busan）—长崎（Nagasaki）—横滨（Yokohama）
- 神户（Kobe）—函馆（Hakodate）—秋田（Akita）—富山（Toyama）—釜山（Busan）—神户（Kobe）
- 神户（Kobe）—冲绳（Okinawa）/鹿儿岛（Kagoshima）—花莲（Hualien）—高雄（Kaohsiung）—基隆（Keelung）—神户（Kobe）
- 横滨（Yokohama）—釜山（Busan）—长崎（Nagasaki）—横滨（Yokohama）
- 横滨（Yokohama）—名古屋（Nagoya）—釜山（Busan）—长崎（Nagasaki）—八代（Yatsushiro）/大阪（Osaka）—横滨（Yokohama）

二、东南亚地区主要邮轮航线

（一）运营的邮轮公司及其邮轮部署

【歌诗达邮轮】维多利亚号、赛琳娜号、炫目号、幸运号

【公主邮轮】碧海公主号、海洋公主号、蓝宝石公主号、黎明公主号、太平洋公主号、太阳公主号、钻石公主号

【荷美邮轮】阿姆斯特丹号、华伦丹号、雷丹号、鹿特丹号、史特丹号

【皇后邮轮】伊丽莎白女王号、玛丽女王二世号、维多利亚女王号

【皇家加勒比游轮】海洋航行者号、海洋量子号、海洋神话号、海洋水手号、海洋探险者号、海洋迎风号

【精致邮轮】极致号、千禧号、世纪号、星座号

【精钻游轮】精钻旅程号、精钻探索号

【丽星邮轮】双子星号

【水晶邮轮】合韵号、尚宁号

【银海邮轮】银风号、银海发现号、银影号、银啸号

【招商维京】招商伊顿号

(二) 地区的主要邮轮航线

- 香港(Hong Kong)—三亚(Sanya)—下龙湾(Halong Bay)—香港(Hong Kong)
- 香港(Hong Kong)—三亚(Sanya)—胡志明(Ho Chi Minh)—曼谷(Bangkok)—新加坡(Singapore)
- 深圳(Shenzhen)—岘港(Da Nang)—下龙湾(Ha Long Bay)—香港(Hong Kong)—深圳(Shenzhen)
- 新加坡(Singapore)—巴生港(Port Klang)/吉隆坡(Kuala Lumpur)/马六甲(Malacca)—新加坡(Singapore)
- 新加坡(Singapore)—曼谷(Bangkok)—美寿(My Tho)/苏梅岛(Koh Samui)—新加坡(Singapore)
- 新加坡(Singapore)—美寿(My Tho)—香港(Hong Kong)—厦门(Xiamen)—上海(Shanghai)
- 新加坡(Singapore)—巴生港(Port Klang)—新加坡(Singapore)/普吉岛(Phuket)—马六甲(Malacca)—新加坡(Singapore)
- 新加坡(Singapore)—巴生港(Port Klang)—兰卡威(Langkawi)—新加坡(Singapore)
- 新加坡(Singapore)—巴生港(Port Klang)—槟榔(Penang)—兰卡威(Langkawi)—普吉岛(Phuket)—新加坡(Singapore)
- 新加坡(Singapore)—槟榔(Penang)—兰卡威(Langkawi)—新加坡(Singapore)—马六甲(Malacca)—新加坡(Singapore)
- 新加坡(Singapore)—槟榔(Penang)—兰卡威(Langkawi)—普吉岛(Phuket)—新加坡(Singapore)
- 新加坡(Singapore)—槟榔(Penang)—兰卡威(Langkawi)—巴生港(Port Klang)—新加坡(Singapore)—曼谷(Bangkok)—苏梅岛(SuMei Island)—新加坡

（Singapore）

- 新加坡（Singapore）—巴厘岛（Bali）—巴生港（Port Klang）—槟榔（Penang）—普吉岛（Phuket）—新加坡（Singapore）
- 新加坡（Singapore）—巴生港（Port Klang）—普吉岛（Phuket）—仰光（Yangon）—科伦坡（Colombo）—科钦（Cochin）—门格洛尔（Mengalore）—孟买（Mumbai）

复习思考题

1. 了解东北亚和东南亚的自然和人文地理特征。
2. 熟悉东北亚和东南亚地区的主要邮轮港口、航线及旅游资源。
3. 查找更多中国母港出发的航线及其停靠港口的旅游资源。

第十四章 中东/阿拉伯海地区

第一节 区域地理特征

中东地区是指地中海东部与南部区域,从地中海东部到波斯湾的大片地区,"中东"地理上也是亚洲西部与非洲东北部的地区。中东地区的气候类型主要为热带沙漠气候、地中海气候、温带大陆性气候,其中热带沙漠气候分布最广。中东地区战略位置极其重要,联系亚、欧、非三大洲,沟通大西洋和印度洋,自古以来是东西方交通枢纽,位于"三洲五海"之地,见图14-1。因争夺宝贵的淡水资源和石油资源,常年战争不断。

图14-1 中东地区区域

地图来源:国家测绘地理信息局网站。审图号:GS(2008)1426号。

第十四章 中东/阿拉伯海地区

 **知识拓展**

中东名称的由来

中东是一个欧洲中心论词汇,意指欧洲以东,并介于远东和近东之间的地区。具体是指地中海东部与南部区域,从地中海东部到波斯湾的大片地区。在地理上,中东的范围涵盖整个西亚地区,并包含部分北非地区,也是非洲与欧亚大陆的亚区。"中东"是欧美人使用的一个地理术语。一般来说包括巴林、埃及、伊朗、伊拉克、土耳其、以色列、约旦、科威特、黎巴嫩、阿曼、卡塔尔、沙特、叙利亚、巴勒斯坦、阿联酋和也门,土耳其和塞浦路斯尽管地理上也属于中东地区的一部分,但是他们自认为属于欧洲。

欧洲人根据距离欧洲地理位置的远近划分了近东、中东和远东。

近东,通常指地中海东部沿岸地区。包括非洲东北部和亚洲西南部,但伊朗除外。第二次世界大战后,此称已为"中东"取代,但两者常通用。远东,是西方国家开始向东方扩张时对亚洲最东部地区的通称,通常包括中国东部、朝鲜、韩国、日本、菲律宾和俄罗斯太平洋沿岸地区。

中东大部分为西亚,但与西亚的区别是:①中东不包括地处外高加索的格鲁吉亚、亚美尼亚、阿塞拜疆。②中东包括非洲北部国家埃及。③中东包含了土耳其的欧洲部分(色雷斯)。中东是一湾两洋三洲五海之地,其处于联系亚欧非三大洲,沟通大西洋和印度洋的枢纽地位。三洲具体指亚欧非三大洲,五海具体指里海、黑海、地中海、红海和阿拉伯海。其中里海是世界上最大的湖泊,也是最大的内陆咸水湖。中东地区交通便利,海陆空运输线四通八达,可顺利运送石油到各国。位于"五海三洲两洋"之地的中东,既是沟通大西洋和印度洋、连接西方和东方的要道,也是欧洲经北非到西亚的枢纽和咽喉。中东在世界政治、经济和军事上的重要地位,使其成为世界历史上资本主义列强逐鹿和兵家必争之地。

中东是当今世界政治、经济和军事最敏感的地区之一。从第二次世界大战结束到20世纪90年代初,中东一直是美国和苏联两个超级大国争夺的焦点。中东的重要海湾波斯湾蕴藏着丰富的石油资源(占全世界石油资源的74%)。石油资源在世界能源中的地位逐渐上升,更增加了中东地区的重要性。另外,领土、淡水、宗教和运河的争端也使中东成为世界关注的焦点地区。

政治概念上的中东问题系指阿拉伯国家(包括巴勒斯坦)与以色列之间的冲突问题,也称巴以冲突。中东问题是资本主义列强争夺的历史产物,也是世界上持续时间最长的地区热点问题,至今已持续半个多世纪。中东问题的核心是巴勒斯坦和以色列领土问题。

一、地理概况

中东指东起阿富汗,西止土耳其的亚洲西南部,它包括部分西亚和非洲埃及。中东地区的气候类型主要为热带沙漠气候、地中海气候、温带大陆性气候。其中热带沙漠气候分布最广。联系亚、欧、非三大洲，沟通大西洋和印度洋，欧洲和亚洲，中东自古以来是东西方交通枢纽，位于"两洋三洲五海"之地，战略位置极其重要，为争夺宝贵的淡水资源和石油资源，常年战争不断。中东的民族构成比较复杂，阿拉伯人占50%以上，是世界上阿拉伯人聚居地区，集中分布在南部和中部，称阿拉伯国家，北部为非阿拉伯国家。中东是伊斯兰教、基督教、犹太教等宗教的发源地，居民98%信奉伊斯兰教，宗教在其社会生活中有着巨大而深刻的影响。

二、自然、人文和经济特征

（一）自然特征

地形：中东以高原地貌占绝对优势，如小亚细亚高原、亚美尼亚火山高原、伊朗高原等，阿拉伯半岛的地形是平坦台地式高原，这些高原面积广大，海拔在1000~2000米，属于巨大高原。高原边缘一般都环绕着更高的山地。

气候：海洋对本区影响很小，因而干燥性和大陆性是这里自然界的总特征。由于地理位置、地形和风向等因素的差异，各地气候也有很大不同。地中海沿岸地带主要是地中海式气候；里海沿岸为潮湿的亚热带气候；伊朗高原内部、美索不达米亚平原以及叙利亚和阿拉伯北部地区，为亚热带荒漠、半荒漠气候；阿拉伯半岛大部地区是热带荒漠气候，该地区向西与北部非洲相连，成为地球上最广大的干燥地区；同时，由于西亚多高原山地，也具垂直变化的高山气候。

景观：高原地区又有高山环绕，形势比较闭塞，加上气候干燥，因而形成面积广大的内流区和无流区。由于地形、气候等因素的综合影响，西亚在植被和土壤方面也以荒漠和半荒漠的面积为大。在伊朗高原和小亚细亚高原内部，以旱生植物占优势；只有地中海、爱琴海、黑海和里海沿岸地带，由于降水较多，生长一定的乔木和灌木；其他广大地区，都是荒漠、半荒漠和草原景观。

其他资源：中东是目前世界上石油储量最丰富、产量最大和出口量最多的地区，有"世界石油宝库"的称号。石油主要分布在波斯湾及其沿岸地区，其中沙特阿拉伯、伊朗、科威特、伊拉克和阿拉伯联合酋长国是重要的产油国。西亚的石油储量约占世界石油总储量的一半，产量占到世界石油总产量的近1/3，出口量占到世界出口总量的一半左右。西亚所产石油90%以上供出口，主要出口到美国、西欧和日本。

（二）人文特征

自古以来，中东就是东、西方交通的要道。"丝绸之路"由中国西安沿河西走廊出新疆，经巴基斯坦，再由西亚到欧洲。西亚除西面有陆路和国际航空线连接三大洲外，沟通地中海和红海的苏伊士运河也连接了大西洋和印度洋。土耳其海峡则是黑海通往地中海的唯一出海口。南面的波斯湾是世界石油运输的主要航道，而霍尔木兹海峡、曼德海峡是海上石油运输线上的"咽喉"。因此，中东处在联系三大洲、沟通两洋五海的现代陆海空交通枢纽地带，战略地位十分重要。

中东不仅是亚、欧、非三洲的交汇处，更是人类古代文明发祥地之一。古巴比伦

(即两河文明)位于如今伊拉克美索不达米亚平原;中东地区是伊斯兰教、基督教、犹太教等世界性和地区性宗教的发源地。因为近代史上殖民主义、帝国主义列强几经瓜分,所以使本地区的民族、语言、宗教及领土、边界问题都相当复杂。

中东的主要居民有阿拉伯人、波斯人、土耳其人和犹太人等,其中阿拉伯人的分布最为广泛。阿拉伯人约占 1/2,是世界阿拉伯人主要聚集区之一。小亚细亚半岛多为土耳其人,伊朗高原以波斯人为主,以色列主要是世界犹太人的聚居区(犹太人约占 83%)。塞浦路斯主要由希腊人和土耳其人组成,外高加索地区居住着阿塞拜疆人、格鲁吉亚人和亚美尼亚人等。

(三)经济特征

按中东各国经济特点可分为两种经济类型,即石油输出国和非石油输出国。石油输出国包括沙特阿拉伯、阿拉伯联合酋长国、卡塔尔、巴林、科威特、伊拉克、伊朗和阿曼 8 国。石油是各国的经济命脉,石油业在国内生产总值、国民收入和出口值中的比重都居绝对优势,且建筑业、运输业、加工业和商业都是以石油生产为其发展基础。战后经济发展非常迅速,人均国内生产总值居世界前列。单一经济结构常受国际市场,特别是能源市场的影响,为此,各国正在大力调整经济发展战略,逐步向多样化发展。因劳动力资源不足,每年从国外引进大量外籍工人和技术员,使其成为世界重要劳务市场。同时,以国有企业为主,各种经济成分并存。

非石油输出国经济多以农牧业为主。采矿业、加工业均较薄弱,但凭借地理位置优势,在运输、加工和提供劳务上颇得石油之利,并且收取高额的过境费用,获取相当收入。当然各国发展水平有很大差距。

中东农业开发历史悠久,受气候影响,灌溉农业地位重要。主要粮食作物有小麦、大麦、豆类,其次为粟、稻谷等;经济作物有棉花、烟草、甜菜等。畜产品和干鲜果品地位重要,是出口产品,如椰枣、榛子、阿月浑子、石榴、油橄榄、紫羔羊和安卡拉山羊等。耕地集中在沿海、河谷和绿洲地带,山地、高原的草原牧场以畜牧业为主。农产品自给率低,成为世界农牧产品主要进口区之一。

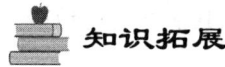 知识拓展

石油输出国组织

1960 年 9 月 10 日,伊拉克、伊朗、科威特、沙特阿拉伯和委内瑞拉 5 国决定联合起来共同对付西方石油公司,维护石油收入。1960 年 9 月 14 日石油输出国组织宣告成立,11 月 6 日在联合国秘书处备案,确立为正式的国际组织。石油输出国组织(Organization of Petroleum Exporting Countries,OPEC),总部设在奥地利首都维也纳,目前有 12 个成员国(现有 12 个成员国是:沙特阿拉伯、伊拉克、伊朗、科威特、阿拉伯联合酋长国、卡塔尔、利比亚、尼日利亚、阿尔及利亚、安哥拉、厄瓜多尔、委内瑞拉)。其宗旨是协调和统一成员国的石油政策,并确定以最适宜的手段来维护它们各自和共同的利益。该

组织成员国石油储量占世界石油储量的75%，原油产量占世界原油产量的40%，原油出口量占世界原油交易的60%。该组织成立后，经过不懈的斗争，其成员国夺回了制定油价和控制石油生产的权力。

三、旅游业概况

中东旅游区地处亚洲、非洲、欧洲交接地带和东西方海陆交通的要冲，曾是巴比伦、波斯、奥斯曼帝国等世界古文明的发祥地以及伊斯兰教、基督教和犹太教的发源地。麦加、麦地那、耶路撒冷都是世界性宗教圣地，每年从国外前来朝觐的教徒多达百万人，这里是世界宗教旅游最兴盛的地区。本区在自然环境、历史发展、经济现状及社会习俗等各方面与世界其他地区有显著差异，别具一格的自然旅游资源和阿拉伯文化也吸引外国旅游者来访。旅游业较发达的国家有以色列、约旦等。但是，中东在政治上是局势复杂地区，长期以来和平进程步履维艰，局部战争和恐怖活动持续不断，严重影响旅游业的健康发展。

第二节　邮轮港口和旅游目的地

一、迪拜（Dubai）

迪拜是阿拉伯联合酋长国最大的城市，面积3980平方千米，约占全国国土总面积的5%。人口226.2万人，约占全国人口的41.9%，为人口最多的酋长国。迪拜的经济实力也在阿联酋排第一，阿联酋70%左右的非石油贸易集中在迪拜，所以习惯上迪拜被称为阿联酋的"贸易之都"，也是中东地区的经济和金融中心。迪拜拥有世界上第一家七星级酒店（帆船酒店）、世界最高的摩天大楼（哈利法塔）、全球最大的购物中心、世界最大的室内滑雪场。重要的贸易港口和金融中心的地位，为迪拜带来了巨大的财富，迪拜几乎成了奢华的代名词。伴随着众多产业规模庞大的建设和开发，迪拜以其活跃的房地产、赛事、会谈等这些近乎问鼎世界纪录的特色吸引了全世界的目光。

（一）迪拜港

迪拜港位于阿拉伯联合酋长国东北沿海，濒临波斯湾的南侧，又名拉希德港，是阿联酋最大的港口。该港地处亚欧非三大洲的交会点，是中东地区最大的自由贸易港，尤以转口贸易发达而著称。它是海湾地区的修船中心，拥有名列前茅的百万吨级的干船坞。

2010年开港的迪拜Rashid complex码头可同时容纳4艘大型豪华邮轮，新邮轮码头的外观设计蕴含了十足的当代阿拉伯风味，它集浓厚的海事传统和纯朴热情的好客之道于一体，向世人彰显了迪拜人既传统又现代的人文气息。随着迪拜邮轮行业的迅速发展，2009年已有超过87艘邮轮承载了261 000名旅客到访阿联酋，2010年新邮轮码头全面启动接收了更多邮轮及乘客。

（二）著名景点

- 哈利法塔——哈利法塔又称迪拜大厦或比斯迪拜塔，是位于阿联酋迪拜的一栋已经建成的摩天大楼，有 162 层，总高 828 米，比台北 101 大楼足足高出 320 米，见图 14-2。由韩国三星公司负责营造，2004 年 9 月 21 日开始动工，2010 年 1 月 4 日竣工启用，并更名哈利法塔。建筑设计采用了一种具有挑战性的单式结构，由连为一体的管状多塔组成，外形具有太空时代风格，基座周围采用了富有伊斯兰建筑风格的几何图形——六瓣的沙漠之花。哈利法塔加上周边的配套项目，总投资超过 70 亿美元。哈利法塔 37 层以下是世界上首家 Armani 酒店，45 层至 108 层则作为公寓。第 123 层是一个观景台，站在上面可俯瞰整个迪拜市。建筑内有 1000 套豪华公寓，周边配套项目包括：龙城、迪拜 MALL 及配套的酒店、住宅、公寓、商务中心等。

图 14-2　哈利法塔

- 朱美拉大清真寺——朱美拉清真寺是迪拜最大最美的清真寺之一。它是迪拜很显眼的地标，也是摄影师很喜欢拍摄的地点，经常出现在国际各类出版物中。该清真寺依照中世纪法蒂玛王朝的建筑传统而修建，堪称现代伊斯兰建筑的辉煌典范。白天日光下，清真寺圆顶上镶金的菠萝纹闪闪发光，高高在上的尖塔，宣示着古兰经的庄严。晚上的时候，皎洁的月光洒在它上面，带出一种幽静神秘的色彩，很好地突出了伊斯兰教建筑圣洁优雅的艺术风格。朱美拉清真寺作为现代伊斯兰建筑的典范，尤以日落后壮丽的反光景色著称，是迪拜城中最吸引游人的景点之一。

- 阿拉伯塔酒店——又称迪拜帆船酒店，位于中东地区阿拉伯联合酋长国迪拜酋长国的迪拜市，为全世界最豪华的酒店。帆船酒店，又叫作"阿拉伯之星"。金碧辉煌、奢华无比的阿拉伯塔是世界上第一家 7 星级酒店。酒店的豪华程度令人叹为观止。酒店建在海滨的一个人工岛上，是一个帆船形的塔状建筑，一共有 56 层，321 米高，有 202 套复式客房。它的中庭和最豪华的 780 平方米的总统套房都是金灿灿的装饰风格。客房面积从 170 平方米到 780 平方米不等，最低房价也要 900 美元，最高的总统套房则要 18 000 美元。总统套房在第 25 层，家具是镀金的，设有一个电影院，两间卧室，两间起居室，一个餐厅，出入有专门电梯。已故顶级时装设计师范思哲曾对它赞不绝口。

- 国家博物馆——迪拜国家博物馆位于 Bur Dubai 东北方向的古 Al-Faheidi 城堡内。迪拜国家博物馆是迪拜少数几个提供当地历史文物的景点之一，前身是 Al-Faheidi 堡垒，是迪拜现存最古老的建筑物。建于 1798 年，1971 年正式成为迪拜国家博物馆。博物馆最棒的部分在城堡底下，从庭院左边角落一直往下走，就进入了时光隧道：有和实际尺寸一样的古市集，栩栩如生的铁匠、珠宝商和裁缝师。博物馆里还有像好莱坞制片厂一般的场景：真实大小的骆驼、绿洲、营火等，这个展现阿拉伯传统风貌的室内地下艺术馆，其中还包括已有三四千年历史的古铜器，值得慢慢欣赏。

● 黄金街——黄金街位于迪拜老城区，这里是世界第三大黄金交易集散地。黄金市场里有成百上千家店铺，全都出售黄金饰品。鳞次栉比的商铺、琳琅满目的商品和公道合理的价格令迪拜黄金市场成为珠宝爱好者的天堂。一扇扇橱窗中陈列着琳琅满目的手镯、项链、戒指、钻石、翡翠、红宝石、蓝宝石等货品，珠光宝气，尊贵奢华，黄金市场因此成为中东备受欢迎的旅游景点之一。

二、阿布扎比（Abū Dhabi）

阿布扎比是一座现代化的都市。市区内，风格各异、式样新颖的高楼大厦林立，整齐宽阔的街道纵横交错。道路两旁，房前宅后，海边滩涂，青草茵茵，绿树成行。市郊，花园式的别墅和住宅鳞次栉比，掩映在绿树、鲜花丛中；高速公路穿过郁郁葱葱的树林，绿化植被向沙漠深处延伸。凡是到过阿布扎比的人都异口同声地称赞说，阿布扎比是沙漠中的一片新绿洲，海湾南岸的一颗璀璨明珠。

（一）阿布扎比港

阿布扎比是阿拉伯联合酋长国的首都，也是阿拉伯联合酋长国阿布扎比酋长国的首府。位于阿拉伯联合酋长国的中西边海岸，波斯湾的一个T字形岛屿上。在阿布扎比居住的绝大多数居民是阿拉伯人的亚西部落人（现任阿联酋总统扎耶德是该部落的首领）。他们靠下海捕鱼、捞珍珠和饲养牛羊、骆驼为生。骆驼是他们的传统交通工具，所以他们称自己是骑在骆驼背上的民族。尽管阿布扎比位于海湾南岸，但气候却是典型的沙漠气候，年降水量极少，平均气温在25℃，夏季的气温可高达50℃。绝大部分地区寸草不生，淡水奇缺。

（二）著名景点

● 阿莱因国家博物馆——位于阿布扎比酋长国阿莱因的阿莱因国家博物馆，是阿联酋最古老的博物馆。博物馆分为民族史和考古史两大展区，可让游客通过7500年前居住在阿联酋这片土地上的遗迹展示，对阿联酋的传统和文化有一个整体的认识。博物馆的展品包括过去的器具和使用手法介绍、服装和珠宝、耕作的方式和农业用具、传统乐器和艺术手法。最受瞩目的是两部17世纪流传下来的经书和6本《古兰经》，全部都配有精巧的装饰。

● 阿布扎比皇宫酒店——阿布扎比皇宫酒店位于阿布扎比的海滩，北面和西面临海，是一座古典式的阿拉伯皇宫式建筑。每座宫殿都有一个传说故事，具有很浓郁的民族色彩。这座与阿联酋总统府仅一街之隔的宫殿式饭店，远看像一个巨大的城堡，拥有1300多米长的黄金海岸线。酒店最初是为迎接海湾合作委员会首脑会议在阿布扎比召开而修建的，故饭店的原名是会议宫，随后还曾更名为酋长国宫殿酒店。该饭店目前由凯宾斯基饭店集团管理经营，设计基调庄重大方，兼具浓郁的阿拉伯民族风格。

- 法拉利主题公园——万众瞩目的全球首座法拉利主题公园日前在阿联酋首都阿布扎比开园。法拉利主题公园的开幕赢得了全球关注，它神秘奇幻般的面纱自此被慢慢揭开。从每一个与此项目相关的工作人员脸上，都能看到一种超乎寻常的自豪和自信。
- 沙漠城——阿布扎比最迷人的气质来自它得天独厚的地理优势——沙漠。阿布扎比往西是一个很大的沙漠城，距市区100多千米。旁边有一个新建的度假村，那里的建筑保留着沙漠城市古老的建筑风格，高高低低的沙丘映衬着雄伟的宫殿，历史遗迹和自然景观相映成趣。

三、马斯喀特（Muscat）

马斯喀特是阿曼的首都及经济发展的中心，东南濒阿拉伯海，东北临阿曼湾，扼守印度洋通往波斯湾的门户。其战略地位重要，市区面积达50平方千米。马斯喀特港是古代中国和阿拉伯国家贸易的重要港口，是海上"丝绸之路"途经阿拉伯半岛的唯一港口城市。马斯喀特神秘和丰富的阿拉伯文化遗产每年都吸引着众多的海外游客。

（一）马斯喀特港

马斯喀特是阿曼最大的城市和政府所在地，地处波斯湾通向印度洋的要冲，依山临水，风景秀丽，战略地位重要。城市中的阿拉伯文化遗产丰富而富有神秘色彩。早在公元1世纪时马斯喀特就以东西方之间重要的贸易港口而闻名于世，历史上马斯喀特在不同的历史时期由不同的当地部落和外来的入侵者如波斯人和葡萄牙人所统治。马斯喀特历来就是经销香料的地方，因而它最早的名称为"米斯卡"，意为"香料之地"。

（二）著名景点

- 苏丹卡布斯大清真寺——马斯喀特苏丹卡布斯大清真寺落成于2001年5月，是一个极具吸引力的建筑奇迹。它标志着马斯喀特的宗教里程碑，犹如皇冠中的宝石，同时它也是其他文明发展的里程碑。卡布斯大清真寺可以说是全世界最美丽的清真寺。它展示了伊斯兰宗教的多样化建筑风格。高耸的5个尖塔，代表伊斯兰教的五大支柱，其中主塔高90余米，可容纳16 000名朝拜者。苏丹卡布斯大清真寺是由现任国王卡布斯苏丹个人出资兴建的。寺内还有一个图书馆和宗教研究中心。
- 丘尔梅区——丘尔梅区临近海湾的海滨浴场，宽阔而宁静。在海滨周围的许多小山头上，盖满了绿瓦红墙的小别墅，是著名的旅游区，也是商业中心。这里高层建筑鳞次栉比，大型商场连成一片，是马斯喀特最繁华的地区。
- 马斯喀特港滨海大道——滨海大道上一幢幢两三层高的白色楼房依山傍海而建，干净而整洁。海面波平如镜，甚至听不到海浪拍打岸堤的声音；近处海水十分清澈，海底的鹅卵石清晰可见。天高云淡，桅帆点点，仿佛来到了希腊的爱琴海岸。
- 马托拉集市——据说已有千年的历史，迄今仍保持着古老的风貌。这里充满浓郁的阿拉伯风情，也积淀着阿曼海事贸易的历史与文化。一走进集市，就闻到一股奇异的香气，那就是阿曼著名的乳香和其他香料混合的味道，六百多年前曾被郑和下西洋的船队从祖法尔（今阿曼南部地区）带回中国。马托拉集市内分布着迷宫般的小巷，小巷两旁是鳞次栉比的店铺，铺子里的商品摆放还保持着中世纪的风格，是许多阿曼家庭购买日常生活用品经常光顾的地方。走进任何一条小巷，都可以发现许多小店在售卖阿曼银器、雪白亮丽的阿拉伯纱、刺绣等阿拉伯传统手工艺品，同样也有阿曼茶壶、图画、水烟筒、装有饰框的阿曼短弯刀、皮具和香烛等出售。马托拉集市主要入口掩映在滨海大道的白色楼房之中，门口立有两层楼高的标志性建筑，带有伊斯兰风格的穹顶。

四、塞拉莱（Salalah）

塞拉莱又译萨拉拉或撒拉拉，阿曼南部佐法尔地区的首府与主要海港，阿曼第二大城市。位于阿拉伯半岛南岸，马斯喀特以南1000余千米处。塞拉莱的路旁常可见贩卖水果的小摊，洁净的白沙海滩旁椰影摇曳，伴随阵阵和风，令人仿佛置身于南太平洋之一隅。阿曼观光局和佐法尔地区政府每年皆于七八月间举行庆典——"卡瑞夫节"，此节庆就是在庆祝季风雨季的到来，期间有一连串的传统歌舞、戏曲、民俗工艺等表演。届时游客携家带口从炙热的中东各国前往至塞拉莱参加卡瑞夫节的庆祝活动并借机避暑，这里已成为海湾地区民众最喜爱的避暑胜地之一。塞拉莱气候深受印度洋季风影响，不同于阿拉伯半岛大部分地区的热带沙漠气候，盛产水果。塞拉莱还是著名的"香料之都"，其出产的乳香世界闻名。

五、海塞卜（Haiseb）

海塞卜是当地穆桑代姆半岛的首府，位于霍尔木兹海峡南岸，波斯湾口，是阿曼的飞地，本土与飞地间被阿联酋隔开。它是由葡萄牙人在17世纪建成，建在一个天然良港上，使其避免受到海浪冲击。该地区又被称为"阿拉伯半岛的挪威"，原因是其十分坚固，拥有像冰川一样的海岸线，高耸的山脉和清澈明亮的峡湾。那些希望在假期中将自己沉浸在当地历史中的游客不仅可以参加海塞卜城市观光游，深入了解当地渔民的传统和贝都因人的生活方式。还可以欣赏海塞卜堡和海塞卜博物馆中展出的手工艺品。

六、豪尔费坎（Khor Fakkan）

豪尔费坎位于阿拉伯联合酋长国东北沿海，濒临阿曼湾的西北侧，是阿联酋的主要集装箱港口之一。港区主要码头泊位有3个，岸线长670米，最大水深12米。港区有公路通往沙迦、迪拜，可使进出波斯湾的邮轮缩短路程500千米以上。

七、吉达港（Jeddah Port）

吉达港位于沙特阿拉伯西海岸中部，濒临红海的东侧，是圣城麦加的海上出入门户，相距约70千米。早在17世纪起就作为朝圣者的集散港而兴盛起来，现为全国的金融和商业中心。机场距港口约35千米，是世界最大的国际机场之一，每天有定期航班飞往世界各地。吉达港是中东地区历史最为悠久的港口之一，已有1300多年的历史。它也是该地区最大的港口之一，港口水深7.5~13.5米。吉达港的旅客大厅可容纳3000人，有定期轮班开往埃及、苏丹等邻近国家。吉达港年客流量在 80 万人次左右，沙特进口货物的 50%、食品进口的 70% 经该港进入。

第三节　区域主要邮轮航线

一、运营的邮轮公司及其邮轮部署

【地中海邮轮】歌剧号、序曲号、音乐号
【歌诗达邮轮】地中海号、赛琳娜号、新浪漫号、新里维拉号、幸运号、炫目号
【公主邮轮】碧海公主号、海洋公主号、太平洋公主号、太阳公主号
【荷美邮轮】阿姆斯特丹号、雷丹号、鹿特丹号
【皇后邮轮】伊丽莎白女王号、玛丽女王二世号、维多利亚女王号
【皇家加勒比游轮】海洋量子号、海洋荣光号、海洋探险者号、海洋迎风号
【嘉年华邮轮】嘉年华奇迹号、嘉年华启示号、嘉年华想象号
【精致邮轮】世纪号、星座号
【精钻游轮】精钻旅程号、精钻探索号
【挪威邮轮】挪威宝石号、挪威明珠号、挪威太阳号、挪威之星号
【水晶邮轮】合韵号、尚宁号
【银海邮轮】探索号、银风号、银海发现号、银啸号、银云号

二、主要邮轮航线

【地中海邮轮】

● 热那亚（Genoa）—奇维塔韦基亚（Civitavecchia）—海上巡航—亚历山大港（Alexandria）—塞浦路斯—海法（Haifa）—卡塔科隆/奥林匹亚（Kata Cologne/Olympia）—热那亚（Genoa）

● 北京（Beijing）—迪拜（Dubai）—米兰（Milan）—维罗纳（Verona）—威尼斯（Venice）—巴里（Bari）—卡塔科隆（Kata Cologne）—伊兹密尔（Izmir）—伊斯坦布尔（Istanbul）—杜布罗夫尼克（Dubrovnik）—威尼斯（Venice）—米兰（Milan）—北京（Beijing）

【歌诗达邮轮】

● 迪拜（Dubai）—马斯喀特（Muscat）—海塞卜（Khasab）—阿布扎比（Abu Dhabi）—迪拜（Dubai）

● 伊拉克利翁/克里特岛（Heraklion/Crete）—桑托里尼（Santorini）—海法（Haifa）—莱梅索斯（Lemesos）—阿拉尼亚（Alanya）—罗得（Rhodes）—伊拉克利翁/克里特岛

（Heraklion/Crete）

【冠达邮轮】

● 新加坡—吉隆坡（Kuala Lumpur）—普吉岛（Phuket）—海上畅游—高知（Kochi）—孟买（Mumbai）—马斯喀特（Muscat）—迪拜（Dubai）（起点港非终点港）

复习思考题

1. 熟悉中东地区概况及自然人文景观。
2. 了解中东地区主要邮轮港口。
3. 分析中东地区邮轮旅游发展的有利条件和不利条件。

第十五章

大洋洲和南太平洋地区

第一节 区域地理特征

　　大洋洲和南太平洋地区大部分位于南回归线附近，空气清新，风光旖旎，尤以自然美景、新型城市和丰盈的现代生活，吸引着来自世界各地的旅游者。本章将介绍澳大利亚及新西兰航线和南太平洋航线沿岸的纯净自然风光，描绘现代化都市魅力；让读者感受丰富的景点、崎岖的内陆、世界一流都市风貌的完美融合及其形成的迷人文化。

一、地理概况

　　大洋洲的范围有狭义和广义之分，狭义的大洋洲指太平洋中的波利尼西亚、密克罗尼西亚、美拉尼西亚三大岛群。广义的大洋洲除三大岛群外，还包括澳大利亚、新西兰、新几内亚岛，共有两万多个岛屿。陆地面积约897万平方千米，约占世界陆地面积的6%，是世界上面积最小的一个洲。大洋洲的最东点是复活节岛，最南点是麦阔里岛，最西点是德克哈托格岛，最北点是夏威夷群岛最北部的库雷岛。大洋洲大陆海岸线长约19 000千米。大洋洲旅游区，指太平洋西南部的一块大陆及赤道南、北海域中几组弧状分布的岛屿，包括澳大利亚、新西兰、巴布亚新几内亚及主要由火山和珊瑚岛组成的美拉尼西亚、密克罗尼西亚和波利尼西亚三大群岛，见图15-1。此外，区内土著人的风土人情也十分独特，如新西兰的毛利人，其民俗风情在世界独树一帜。

　　太平洋是地球上面积最辽阔的海洋，它位于南北美洲、南极洲和亚洲之间，所含的岛屿包括澳洲大陆、太平洋中南部的众多群岛，也称为大洋洲。而南太平洋一般指的是赤道与南回归线之间的海域。整个南太平洋岛群在海底其实是一个整体，这片海底礁盘总面积有500万平方千米，但露出水面的岛屿总面积只有4000平方千米。而南太平洋群岛的总人数五百多万人，其中80%是有土著血统的混血种人，13%是亚洲人，7%是欧洲人。它是世界上地理最复杂的地区，全年气温都在20℃以上，但因有海上凉风吹拂，所以凉爽宜人。季节可分旱、雨季，3—11月是旱季，也是旅游季，11—3月是雨季。本章下文介绍的三个地区在自然习俗上也许有类似的一面，但因历史背景的不同，文化差异很大，社会特征也大不相同。

图 15-1　大洋洲和南太平洋地区区域

地图来源：国家测绘地理信息局网站。审图号：GS（2008）1427号。

二、自然、人文和经济特征

（一）自然特征

大洋洲大部分地区处在南、北回归线之间，绝大部分地区属热带和亚热带，除澳大利亚的内陆地区属大陆性气候外，其余地区均属海洋性气候。绝大部分地区的年平均气温在25℃~28℃。大洋洲是亚洲与南美洲和北美洲之间空中和海上航线所经之地，也是海底电缆所经之地，同时还是舰船的淡水和燃料供应地，在国际交通上和战略上居重要地位，也因此为其旅游业的发展提供了较为优越的条件。例如大洋洲有些在地理上比较孤立的岛屿，正是由于地处重要的航线上，其旅游资源优势才得以发挥，其旅游业才能得到发展。

南太平洋环境优美，拥有得天独厚的旅游资源。海天一色的自然风光、独具特色的热带风情吸引着世界各地的游客，这些使旅游业呈现蓬勃发展势头。此外，南太平洋岛国拥有丰富的水产资源和矿产资源。

（二）人文特征

大洋洲有10 000多个岛屿，陆地总面积897万平方千米（包括岛屿），除了无常住居民的南极洲外，不仅是世界上最小的一个洲，也是人口最少的一个洲。目前，该洲人口约为2900万，仅占世界人口的0.5%。人口密度不大，每平方千米仅2.9人。大部分人口居住于澳大利亚和一些较大的岛屿上，而且主要分布于它们的边缘地带。其内陆地区人口极少，甚至无人居住。太平洋有些小岛上至今无人居住。在种族构成上，澳大利亚和新西兰两国的白种人占有优势，但在新西兰，波利尼西亚人的一支毛利人占有一定的比例（9%）。绝大部分居民使用英语，三大岛群上的当地居民分别使用美拉尼西亚语、密克罗尼西亚语和波利尼西亚语。全洲65%的人口分布在澳大利亚大陆。各岛国人口密度差异显著。巴布亚人、澳大利亚人、塔斯马尼亚人、毛利人、美拉尼西亚人、密克罗尼西亚人和波利尼西亚人等当地居民约占总人口的20%，欧洲人后裔约占70%以上，此外还有混血种人、印度人、华人和日本人等。土著居民分为黄种人和黑种人。绝大部分居民信奉基督教，少数信奉印度教。由于大洋洲有着长期的殖民地历史和早期探险、考察的历史，许多地方留下了众多的遗迹。南太平洋是太平洋南部的海域，大约在赤道以南到南纬60度的海域。南纬60度到南极的水域都被归入南冰洋的范围。与南大西洋等其他大洋比较，南太平洋并不是汪洋一片，而是有星罗棋布的小岛屿。由于南太平洋位于环太平洋板块的南部，因此在板块边沿都有很多火山岛，主要集中在西南太平洋。这些火山岛在数万年间的人类迁徙过程中，都有人类居住，繁衍成为今日在南太平洋地区的"太平洋文化圈"。

（三）经济特征

大洋洲各国经济发展水平差异显著，澳大利亚和新西兰两国经济发达，其他岛国多为农业国，经济比较落后。这些农业国的农作物有小麦、椰子、甘蔗、菠萝、天然橡胶等，其中小麦产量约占世界小麦总产量的3%，而当地居民的主要粮食是薯类、玉米、大米等。畜牧业以养羊为主，绵羊头数占世界绵羊总头数的20%左右。羊毛产量占世界羊毛总产量的40%左右。还有小麦种植与养羊兼顾的混合农业区（墨累—达令盆地）。大洋洲的工业，主要集中在澳大利亚，其次是新西兰。这些国家的工业主要有采矿、钢铁、有色金属冶炼、机械制造、化学、建筑材料、纺织等部门。大洋洲岛国工业多分布在各自的首都或首府，一般比较落后，仅以采矿及农、林、畜产品加工为主，多为外资控制，产品多供出口。近年来大洋洲国家重视发展旅游业。

三、旅游业概况

大洋洲国家重视发展旅游业。汤加、瓦努阿图等国家旅游业收入可观，成为国民经济的重要组成部分。大洋洲介于亚洲和南、北美洲之间，南遥对南极洲，是联系各大洲航线的重要交通枢纽。许多国际海底电缆均通过这里，海洋航运成为国与国、岛与岛相互交往的重要手段。陆上交通主要有铁路和公路。公路总长100万千米以上。铁路总长46 000多千米。内河航运里程约1000千米。有航线通达洲内各国和重要地区的首都和首府，同洲外各重要港口城市也均有联系。南太平洋从浑然天成的美景、瑰丽斑斓的文化到充满传奇的历史，焕发着迷人的风采。其热带岛屿蕴藏着无数宝藏，这些美丽岛屿上丰富多彩的生活、文化、历史及景点吸引着各地游客。

第二节 邮轮港口与旅游目的地

一、澳大利亚（Australia）

澳大利亚，位于南半球，面积居世界第六，仅次于俄罗斯、加拿大、中国、美国和巴西，大约相当于4/5个中国。它东临太平洋，西邻印度洋，海岸线长达37 000千米。是世界上唯一一个独占一个大陆的国家。澳大利亚境内自然景观丰富多彩，广袤辽阔的草原、阳光灿烂的沙滩、神秘迷人的沙漠、雄伟壮观的高山、五彩缤纷的珊瑚、种类繁多的珍禽异兽等，美不胜收，是一块充满奇趣的大地。

（一）主要港口

1. 悉尼（Sydney）

悉尼是澳大利亚新南威尔士州首府，濒临南太平洋，是澳大利亚乃至大洋洲最大的城市和港口，全球最大、最繁华的国际大都市之一。悉尼是全澳的经济、金融、交通中心，也是亚太地区重要的金融中心和航运中心。悉尼是国际主要的旅游胜地，以悉尼歌剧院和港湾大桥而闻名遐迩。悉尼位于东面的太平洋与西面的蓝山之间的沿岸盆地。悉尼拥有全球最大的天然海港——杰克森港（Port Jackson），以及超过70个海港和海滩，包括著名的邦戴海滩（Bondi Beach）。悉尼的市区占地1687平方千米，面积跟大伦敦相若，见图15-2。

图15-2 悉尼

● 悉尼歌剧院——悉尼歌剧院（Sydney Opera House）是澳大利亚悉尼市一个大型综合性文艺演出中心，以建筑形象独特而著称于世。它建在悉尼港内一块伸入海面的地段上，东、西、北三面临水，南面对着皇家植物园。悉尼歌剧院设备完善，使用效果优良，是一座成功的音乐、戏剧演出建筑。那些濒临水面的巨大的白色壳片群，像是海上的船帆，又如一簇簇盛开的花朵，在蓝天、碧海、绿树的映衬下，婀娜多姿，轻盈皎洁。这座建筑已被视为悉尼市的标志。

● 悉尼大桥——悉尼大桥（Sydney Harbour Bridge, Australia）和大歌剧院是澳大利亚的标志性建筑，悉尼大桥被当地居民称为"衣服架"，1857年，悉尼工程师彼得·翰德逊绘成了第一张设计图，由1400名工人花了8年时间才建好，耗资达1350万澳元（约合690万美元）。这座桥由大约600万颗铆钉固定，桥拱的跨度为503米，最高处距离海面134米。1932年3月19日，新南威尔士州当时的总理杰克·兰为该桥举行了正式的开通仪式。建成的悉尼大桥长 502.9 米，宽 48.8 米，有 8 个车道，2 条铁轨，1 条自行车道及 1 条人行道。悉尼大桥有许多重要的意义，它是连接港口南北两岸的重要桥梁，是悉尼歌剧院明信片的完美背景，也是拍摄港口全景的绝佳地点。

2. 墨尔本（Melbourne）

墨尔本位于澳大利亚东南部维多利亚州南部沿海的亚拉河口，在菲利普港湾北侧的霍布森斯湾内，是澳大利亚最大的现代化港口，也是澳大利亚东南地区羊毛、肉类、水果及谷物的输出港，还是重要的国际贸易港口。它是澳大利亚最繁忙的水上货运港口，每年处理全国 38% 的水路集装箱运输。墨尔本是澳大利亚第二大城市，是维多利亚州的首府，也是澳大利亚的工业重镇。墨尔本港是墨尔本工业和贸易的重要支撑设施，见图 15-3。

图 15-3　墨尔本游船港口

- 墨尔本奥林匹克公园——顾名思义，是两个场地的集合：墨尔本公园和奥林匹克公园。两者相邻，同位于墨尔本运动和娱乐区。墨尔本公园位于澳大利亚维多利亚州墨尔本的墨尔本运动和娱乐区。从 1988 年开始，墨尔本公园成为澳大利亚网球公开赛的主办地，在 1 月到 2 月之间举行一年一度的网球大满贯比赛。该场地也是墨尔本老虎棒球队的主场，同时也用来开展滑冰、音乐会、自行车运动、游泳和赛车项目。此公园以及相邻的奥林匹克公园体育场由墨尔本奥林匹克公园公司营运。公园内举办了大量的国内国际赛事和演出娱乐项目，如国际网球赛、足球赛、橄榄球联盟赛、越野车比赛、滑冰、音乐会等。墨尔本奥林匹克公园主要包括罗德·拉沃竞技场、海信竞技场、墨尔本公园功能中心、玛格丽特法院竞技场等场地设施。

- 圣保罗教堂——墨尔本圣保罗教堂在墨尔本市中心，是一个位于弗林德斯街和斯旺斯顿街交会处的英国圣公会大教堂。由英国建筑师威廉巴特菲设计，建于 1891 年，它是墨尔本最早的英国式教堂，也是墨尔本市区内最著名的建筑。它之所以闻名还因为它是以蓝石砌成的，而且墙壁上有着精细的纹路。1932 年，教堂又加了 3 根尖塔，使它看起来更加雄伟。该教堂外面的草坪上有一尊马修·福林德（澳大利亚最早的拓荒者）的塑像。圣保罗教堂是免费开放的，教堂的大门非常有厚重感。

3. 布里斯班（Brisbane）

布里斯班是澳大利亚第三大城市，全国最大海港，昆士兰州首府，主要工商业中心。位于布里斯班河下游两岸，市中心距河口 25 千米。西面已和伊普斯威奇连成一片，东面则扩至雷德克利夫与雷德兰之间的沿海岸地区。

● 故事桥——故事桥是布里斯班最著名的大桥，建造于 1940 年 6 月 6 日，是澳大利亚设计并建造的最大的钢铁大桥。桥的名字叫"故事桥"，但并没有什么特别的故事。之所以叫故事桥是因为它是以桥的设计者的名字"Story"命名的。故事桥之所以有名是因为 Story 后来又设计了更著名的悉尼大桥。故事桥是座钢板拉力桥，桥不长，仅 500 多米，但是它 96% 的建筑材料取自澳大利亚当地，而且是全世界仅有的两座手工制作的大桥之一。故事桥是澳大利亚第二个对外开放的可以攀爬的大桥，所以故事桥的爬桥活动是观赏布里斯班全景不容错过的项目。

● 布里斯班海湾——在布里斯班海湾（Brisbane Bayside），你可以漫步，或骑车，或泛舟，体验这片曼妙的区域。这里的活动异彩纷呈，包括驾车通过莫顿海湾游客车道探索布里斯班的前滩，跟随着棕色和白色的儒艮标志，在布恩多游览受拉姆萨尔（Ramsar）公约保护的布恩多湿地二百周年路（Boondall Wetlands Bicentennial Road）。拜访莫顿岛，可以在这里体验游泳、浮潜、沙地平底雪橇、露营、冲浪、垂钓或喂养海豚。可沿着莫顿海湾航行或巡航，还可登上每日前往曼利海港（Manly Harbour）的船只，观海畅游。

● 黄金海岸——黄金海岸位于布里斯班以南 78 千米处，乘车一个小时便可到达。它位于澳大利亚的东部沿海，是一处绵延 42 千米、由数十个美丽沙滩组成的度假胜地。黄金海岸属亚热带季风气候，终年阳光普照，空气湿润，一年四季都适宜旅游，但最好的时间在每年的 12 月到次年的 2 月。那时正是澳大利亚的夏季，非常适合潜水。黄金海岸是澳大利亚的假日游乐胜地，这里有明媚的阳光、连绵的白色沙滩、湛蓝透明的海水、浪漫的棕榈林，来这里旅游度假的人们更为这里增添了不少生机和动感。黄金海岸的中心就是冲浪者的天堂。

4. 霍巴特（Hobart）

霍巴特是澳大利亚塔斯马尼亚州的首府和港口，位于塔斯马尼亚岛东南部德温特河河口，面积约 100 平方千米。霍巴特始建于 1803 年，是澳大利亚仅次于悉尼的第二个古老的城市。一座建造于 19 世纪的水边货栈是这个城市的著名景点，捕鲸人、士兵、小官僚和投机商人曾在这里熙来攘往。现在，这里布满了咖啡馆、饭店和音乐工作室，购物者和游客穿梭其中。

● 威灵顿山——威灵顿山地处澳大利亚塔斯马尼亚霍巴特市区西面，距离市中心 16 千米，海拔 1279 米，是澳大利亚真正的南天第一峰。山下绿树成荫，花草茂盛，山顶则是怪石嶙峋，寒风扑面。从山脚到山顶的短短 30 分钟时间里，可以体会由温带到寒带的转变。威灵顿山顶是验证塔斯马尼亚 80 千米肉眼可见度的最佳地点，也是游客来霍巴特旅游的必到之地。驱车 21 千米即可到达山顶，沿途经过温带雨林、亚高山植被带和冰川岩层，最后可俯瞰霍巴特、布尼岛以及塔斯曼半岛的全景。

5. 阿瑟港（Port Arthur）

阿瑟港是澳大利亚塔斯马尼亚州的一个小镇，位于塔斯马尼亚州首府霍巴特东南约 40 千米的一个半岛上。该半岛历史悠久，有优美的海岸线，半岛上近一百平方千米的地域生长着浓密的灌木林，因此十分受度假休闲人士喜爱。阿瑟港被列入澳大利亚国家遗产名单。阿瑟港在 1830 年开始成为木材采伐场。1833 年这里成了为全澳大利亚殖民地重复犯罪者而设立的惩罚站。到 1840 年这里变成一个居民超过 2000 人的主要工业殖民地。罪犯向这里的流放直至 1877 年才结束。许多建筑物被拆除或者烧毁。现在我们看到的只是遗址。

6. 伯尼（Bernie）

伯尼位于塔斯马尼亚州的西北海岸，濒临巴斯海峡的南侧，俯瞰鸸鹋湾，是澳大利亚的第五大集装箱港口和一个充满活力的观光旅游城市。伯尼曾一度被茂密的热带雨林包围，由于当地对木材的砍伐，而催生了那里的浆纸产业。邮轮停靠伯尼，便可以访问那里的伯尼公园和动物保护区，或是澳大利亚最大的桉林场。伯尼属温带海洋性气候，年平均气温 1 月为 10℃ ~15℃，7 月为 0℃ ~5℃。

（二）其他著名景点

● 国会大厦（House of Parliament）——位于澳大利亚首都堪培拉的中心，是世界上最著名的建筑之一。坐落于国会山的山顶上，其地理位置就像其至高无上的政治权力一样。国会大厦以大量使用砖石和优质木材，及收藏包括世界上最大的挂毯之一在内的艺术精品为特色。国会大厦占地 0.32 平方千米，地上建筑有 6 层，底层为停车场，圆形的花岗岩外墙与国会山的形势配合得天衣无缝。堪培拉是世界上唯一一个向公众开放国会大厦的首都城市。

● 格里芬湖（Griffin Lake）——格里芬湖是以昔日首都建设总监伯利·格里芬的名字命名的长达 20 多千米的人工湖，湖岸周长 35 千米，面积 7.04 平方千米。环湖建有公路，路边遍植花木，湖中有为纪念库克船长而建造的喷泉，它从湖底喷出的水柱高达 137 米，站在全城任何地方，都可以看到高大的白色水柱直刺蓝天，水柱四周的水珠和雾粒在阳光的照耀下，闪烁着一道道彩虹，极为壮观。格里芬湖湖区辽阔，碧波荡漾，景色十分美丽，可供人们游泳、驾驶帆船和垂钓。湖中岛上还建有内装 53 只钟的钟楼，定时演奏，钟声十分悦耳。

● 大堡礁（Great Barrier Reef）——大堡礁是世界上最大最长的珊瑚礁群，位于南半球。它纵贯于澳大利亚的东北沿海，北从托雷斯海峡，南到南回归线以南，绵延伸展共有 2011 千米，最宽处 161 千米。有 2900 个大大小小的珊瑚礁岛，自然景观非常特殊。大堡礁的南端离海岸最远有 241 千米，北端较靠近，最近处离海岸仅 16 千米。在落潮时，部分珊瑚礁露出水面形成珊瑚岛。在礁群与海岸之间是一条极方便的交通海路。风平浪静时，游船在此间通过，船下连绵不断的多彩多姿的珊瑚景色，就成为吸引世界各地游客前来猎奇观赏的最佳海底奇观。1981年大堡礁被列入世界自然遗产名录。这里海水清澈，无污染，水温全年保持在22℃~28℃。阳光透过波光粼粼的海面，将浅海区照亮，能见度极高，是潜水爱好者的理想乐园。大堡礁是海洋中的热带雨林，海中的珊瑚洞穴里栖息着350多种绚丽多彩的珊瑚、4000多种软体动物、150多种美丽的鱼类，以及大绿龟、玳瑁等一些濒临绝迹的生物，再加上数千种海鸟，使其成为世界最大的海洋公园。

二、新西兰（New Zealand）

新西兰是英联邦国家，位于太平洋西南部，首都惠灵顿是地球上最靠南的都城。西隔塔斯曼海与澳大利亚相望，相距1600千米。由南岛、北岛及一些小岛组成，南、北两岛由库克海峡相隔。新西兰气候宜人，风景优美，同世界许多发达国家相比，其最突出的特点是没有大城市，自然、原始的田园风光令人陶醉。一望无际的草原、清新秀丽的海湾、飞流直下的瀑布、轰然巨响的热喷泉等，均毫无人工雕饰的痕迹，几维鸟、大嘴鹦鹉、南洋松、考里树等也闻名世界。

（一）主要港口

1. 奥克兰（Auckland）

奥克兰是新西兰最大的城市和港口，位于新西兰北岛中央偏北地带。在港湾之外，散落着如同珍珠般的零星岛屿；港湾内，舟楫横陈，海水清澈，海港大桥连接着两个港湾。奥克兰是新西兰的门户，美丽的海港、岛屿、波利尼西亚文化和现代大都市，这些元素组成了奥克兰的生活方式，使之享誉世界，素有"风帆之都"的美誉。

● 奥克兰海港大桥——奥克兰海港大桥横跨怀特玛塔港，于1954年开始建造，1959年完工。长1020米，是北岛最长的公路桥，也是新西兰第二长的公路桥。奥克兰海港大桥的最长跨度为243米，距离桥下的水面为43米，每天都会有很多车辆在大桥上来来往往，车流量每天约16.5万辆。自从大桥建造完成之日起，它就成为奥克兰市的地标和标志性建筑。大桥像一条蜿蜒腾飞的长龙，气势恢宏，让人赏心悦目。夜晚的奥克兰海港大桥极其婀娜多姿，在灯光的照射下更加妩媚动人，它蜿蜒的优美身姿让人不得不惊叹建筑师的高超技艺。

● 天空塔——天空塔位于新西兰最大城市奥克兰市中心的维多利亚街和霍布森街之间。天空塔高达328米，是新西兰的标志建筑物，更是南半球最高的建筑物，世界第13高的建筑物。它是全球独立式观光塔中排名第十三位的观光塔，是世界高塔联盟的成员。每年约有100万游客到此地旅游。天空塔高度安全，可抵御每小时200千米的强风，40千米外的里氏7级的地震，即使在20千米外发生里氏8级地震也不会倒塌。塔上约190米处有多层观景台和高倍望远镜，可以方便游客观赏奥克兰的全景，游客还可鼓起勇气站在玻璃地板上观赏脚下的风景。低头一望，繁华的市区街道尽在脚下。主观景台内设有电脑，游客可使用它们检索在观景台看到的景点资料。天空塔设有旋转餐厅，用餐时，奥克兰全景可一一展现在眼前，在晴天可以看到方圆82千米的地方。还有多种语言的广播服务和交互式科技设备，以及视听展览。

● 凯利塔顿海底世界——凯利塔顿海底世界是奥克兰最著名的旅游景点之一，它是著名的新西兰海洋考古学家凯利·塔顿先生的杰作。经过10年的努力，海底世界于1985年对公众开放。海底世界融冰、雪、水于一体。在这里，你能探索南太平洋海底的奥秘和自然宝藏，目睹在冰天雪地里玩耍的企鹅，感受大鲨鱼和魔鬼鱼自由自在地从你头顶游过的刺激，重现著名的新西兰南极探险家罗伯特·斯考特完成人类首次抵达南极这一伟大创举的艰辛历程。

2. 陶朗阿（Tauranga）

新西兰北岛北部港市。位于新西兰的陶朗阿是丰盛湾最大的城市，并且是这个国家人口增长最快的地区之一。陶朗阿有繁忙的输出港口，为各个行业服务。在这个大港口，所到之处都有吸引人的滨海风景。垂钓、帆船、潜水和观看海豚是非常容易安排的游览节目。

3. 惠灵顿（Wellington）

惠灵顿是新西兰首都、港口，全国第二大城市，是大洋洲国家中人口最多的首都。位于北岛最南端，扼库克海峡，适居一国中心，为南北两岛联系要冲，是本国沿海和岛际航运中心，战略地位重要，也是全国政治、工业、文化中心。市区三面依山，一面临海，怀抱着尼科尔逊天然良港。轮廓犹如古罗马圆形剧场。附近群山连绵，满目苍翠，碧海青天，景色绮丽。气候温和湿润，四季如春，是南太平洋地区著名的旅游胜地。与悉尼和墨尔本同为大洋洲的文化中心。

● 维多利亚山——在维多利亚山可以360°全景欣赏惠灵顿城市景致。这里有绝美的海港，以及向南方奔腾而去的大海。据传说，惠灵顿港口本是一个内陆湖，湖里住着两只巨大而凶猛的塔尼法（海怪）。其中一只怪兽开辟了一条通向大海的水道，打开了海港的入口。另一只名为法泰泰的怪兽试图开辟另一条路线，却因搁浅身亡。据说，维多利亚山，即 Tangi-tekeo 就是以法泰泰的灵魂来命名的。维多利亚山是惠灵顿城市公共带的一部分。惠灵顿城市公共带是1841年由殖民地公司——新西兰公司规划预留的土地，目的是用于建造"惠灵顿居民公共休闲娱乐场地"，是游客步行、慢跑和骑山地车的好地方。

● 卡洛里野生动植物保护区——这座重要的自然保护区坐落于僻静的郊外山谷，距离惠灵顿的中央商务区只有2.5千米。这是一片占地2.5平方千米的无害虫侵扰的野外天堂。卡洛里野生动植物保护区是世界上最早建立的保护区，致力于逐渐恢复这片土地上独特的自然风光。

4. 达尼丁（Dunedin）

达尼丁位于新西兰南岛东南部狭长的奥塔哥港区顶端，依山傍水、气候宜人，没有严寒和酷热，夏季是一年中最好的季节。市东北16千米奥塔哥湾口的查默斯港是其外港。达尼丁旅游业也较发达。该市附近的皇后镇是新西兰著名旅游区，每年吸引众多的国内外游客。达尼丁充满文化气息，有众多历史性建筑、博物馆和鸟类保护区。

● 奥维斯顿古宅——紧邻市中心的奥维斯顿古宅（Olveston）是达尼丁非常著名的历史性建筑，外观典雅、装潢精致，拥有35间大小不同的房间，是由一位名叫大卫·席欧明（David Theomin）的商人同家人一起建造的。在当时轰轰烈烈的淘金时代，主人靠买卖古董和家居摆饰成为当地最富有的人之一。其后代桃乐西·席欧明（Dorothy Theomin）于1966年去世后，把这座拥有35个房间的建筑捐给了市政府。现在这幢小楼已对游客开放，内部的装修和布置都保持原样，游客将从中感受到达尼丁辉煌的过去。参观奥斯维顿古宅，游客可以了解第一次世界大战时富贵人家的生活。房屋及其陈设在1906年至1926年间有过小小的改动。它同时也是一个小型的收藏馆，陈列了主人收藏的名贵油画、家具和艺术品。

● 拉那克城堡——拉那克城堡是新西兰唯一的古堡，坐落在奥塔哥半岛绵延的群岭上，是早期政治家的工作场所。城堡于1871年破土开工，由二百名工匠负责建造外部，5年后完成。又由三名英国雕刻师花了12年的时间装饰内部。它建筑风格独特，是新哥特式复兴主义建筑风格与英国殖民时代建筑风格的结合。其华丽的内部不仅有意大利的石膏天花板、威尼斯的玻璃墙、一吨重的大理石浴盆，还有南半球唯一的乔治王时代的悬梯。置身于城堡和它具有历史意义的花园之中，人们将感受到达尼丁这个城市的独特韵味。站在城堡上眺望，美丽的海湾景致尽收眼底，达尼丁港口就如一颗璀璨的明珠。

5. 内皮尔（Napier）

内皮尔是新西兰北岛霍克斯湾的重要港市。内皮尔北距哈斯丁10千米，在新西兰这两座城市又被并称为"姐妹城市"。

（二）其他著名景点

● 凯麦玛玛库森林公园（Kaimai Mamaku Forest Park）——凯麦玛玛库森林公园位于新西兰怀卡托地区，由凯麦山脉和玛玛库高原两个部分组成，占地450平方千米，将怀卡托和丰盛湾两个地区分割开来。探访凯麦玛玛库森林公园，就像步入了一座古代与近代博物馆。远古时候，凯麦玛玛库山脉犹如植物覆盖的诺亚方舟，漂浮在冰洋之上。在近代，毛利移民在山脉中开出几条小路，在亚热带森林中狩猎，采集植物为食物和药草。后来的欧洲移民也是狩猎和采集植物果实，他们还采伐树木，开采山中的黄金。公园是红山毛榉与银山毛榉的北方分界线，也是最南边的巨大贝壳杉生长地。

● 库克山国家公园（Cook Mountain National Park）——库克山国家公园位于新西兰南岛，库克山村。1990年列入世界遗产名录。库克山国家公园是一个狭长的公园，公园长达64千米，最窄处只有20千米，占地707平方千米，冰河面积占40%。它南起阿瑟隘口，西接迈因岭，正处于南阿尔卑斯山景色最壮观秀丽的中段。库克山国家公园内1/3的地区终年积雪，公园内共有15座海拔3000米以上的山峰，而海拔2000米以上的山峰则多达140座。山峰连绵起伏，气势磅礴，蔚为大观。其中海拔3764米的库克山雄踞中间，它是新西兰最高峰，相对高度3000米，也是大洋洲第二高峰，有"新西兰屋脊"的美誉，被称为"南半球的阿尔卑斯山"。毛利人称此山为"奥伦基山"，可译为"破云山"。库克山国家公园是观赏南阿尔卑斯山的绝佳景点。这里有29座山峰都高于海拔3000米，所以这里也成为新西兰登山爱好者最渴望到访的地方。库克山的山麓地带是绝佳的自然游乐场所，库克山上有美丽的高山植物花园，在库克山还可进行滑雪等活动。

● 克赖斯特彻奇国际南极中心（Christchurch International Antarctic Center）——位于

克赖斯特彻奇国际机场附近,中心内设有南极海洋鱼类馆、南极风暴仿真馆,提供有关南极日常生活与历史的多媒体视听资料,还可让游客感受到仿真南极风雪逼人的寒气。这里通过复杂的声光模拟及逼真的音像等现代科技手段,把南极大陆令人敬畏的美丽与壮观带给游客。克赖斯特彻奇是南半球前往南极的一个重要站点,19世纪初就有探险队经克赖斯特彻奇前往南极。南极馆内部按南极的气候及冰雪设计,还播放有南极的极地风光录像。1990年9月28日,国际南极中心正式开放,该中心由克赖斯特彻奇国际机场有限公司开发,用以支持南极科学研究项目。其建筑风格受到南极冰山、冰架和冰川的影响。该中心入驻单位包括新西兰、美国和意大利南极项目组,南极信息研究国际中心,南极图书资料馆。有去往南极的专用通道,南极考察专用仓库和1992年9月1日正式开放的南极景点中心。

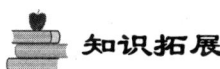 **知识拓展**

选择邮轮——选择不一样的品质出游

一、亚洲航线

适合亲子家庭游指数:4星;优点:路程近、航期短、岸上游较轻松、签证方便。

1. 中国内地出港

上海、天津、厦门、深圳和中国香港是主要的出发港,一般是在日本、韩国、越南、中国台湾等地的港口停靠,偶尔还有到符拉迪沃斯托克的航线。这些航线对于初次乘坐邮轮的国人来说是不错的体验,尤其适合全家出游。皇家加勒比、地中海邮轮等国际邮轮公司和中资邮轮公司都开设了从中国出发的固定航线。

2. 东南亚

对于中国旅行者已经熟悉的东南亚,乘邮轮旅行是一个新出现的选择。中国香港、新加坡是东南亚航线的主要出发港,从海上看下龙湾、普吉岛,甚至穿越马六甲海峡,行程轻松。岸上游也是都市、海岛游,比较适合孩子和老人游玩。

二、欧洲航线

适合亲子家庭游指数:5星;优点:风景独特且起讫港均在国外,可以在国外旅游时乘坐欧洲线,在欧洲是相对经济的旅游方式。

如果经停港有非申根国一定要办多次入境签证,即使全部旅程在申根国也强烈建议办多次;克罗地亚凭申根免签;土耳其途经港免签,起讫港要签;英国需要单独签证。

1. 东地中海

以亚平宁半岛、西西里岛到非洲突尼斯一线为界,把地中海分成东西两部分。东地中海和爱琴海的希腊、土耳其、以色列和埃及,雅典、伊斯坦布尔、耶路撒冷和亚历山大港,几乎整个西方古文明史都写在了这片海域上。可以在爱琴海、亚得里亚海的白色岛屿中间享受阳光和碧海蓝天。相比起其他欧洲旅游的方式,邮轮也是相对经济的一种。这一片海域同样是各大邮轮公司竞争激烈的线路,航线选择非常多。

2. 西地中海

西地中海同样是热门航线。除了罗马，佛罗伦萨、比萨、马赛、巴塞罗那这些都是常规停靠的欧洲城市。最特别的港口大概是北非的突尼斯，拥有另一种阿拉伯风情。突尼斯只需要申根签证，摩洛哥需要单独签证。

3. 横跨大西洋

这是硕果仅存的越洋航线，一周不靠岸的航行（纽约—伦敦），只有Cunard的船在跑。豪华复古的船身，加上不同级别的舱位及乘客，多少有当年泰坦尼克的气派，是真正的"邮轮"。

三、美洲航线

适合亲子家庭游指数：5星；优点：风景优美，热门的热带海岛相信无论是大人还是孩子都非常喜爱，四季适宜。

1. 加勒比海

既可以享受阳光和沙滩，又靠近美国，这使得加勒比海成为最受欢迎的邮轮航线，热门中的热门。这片位于南北美洲之间的热带海洋，有7000多个岛屿。除了享受热带白沙滩的休闲，也能领略不同时期欧洲殖民地的建筑以及当地人的民俗。

加勒比航线的出发港一般是美国的佛罗里达州，航程在1周左右。这里一年四季都适合邮轮出行，除非在夏天你运气太背遇上了飓风。几乎所有的邮轮公司都会在这里开辟线路，其中皇家加勒比和嘉年华这样的大品牌在此开辟的线路最多。有的邮轮公司还有其私有岛屿，只有该公司的船才能游览，比如皇家加勒比的拉巴地（Labadee）和可可礁（Coco Cay），以及公主邮轮的公主礁（Princess Cay）和公主湾（Princess Bay）。

签证：加勒比岛国凭美签证免签（古巴不通航）；哥伦比亚、危地马拉、伯利兹、萨尔瓦多、洪都拉斯、尼加拉瓜、哥斯达黎加、巴拿马凭美签证免签或落地签。

起讫港：加勒比海最大的邮轮港口迈阿密号称"邮轮之都"，不过现在越来越多的船只改从附近的劳德代尔堡（Fort lauderdale）出港。这座小城比迈阿密好看，被称作"游船之都"或者"美洲威尼斯"，有许多酒吧和俱乐部。迈阿密的海滩也非常有名，值得逗留一两天。

路线：加勒比海是世界上最大的内海，所以航线分为东线、西线和南线。东线包括多米尼加、波多黎各的圣胡安老城等，有一系列欧洲人最早开辟的殖民地别有风味，同时也不乏阳光、沙滩和免税珠宝店。西线包括大开曼等一系列小岛，以及墨西哥的柯兹美，可以看到茂密的热带雨林。西线的优点是便宜，缺点是登的都是小岛，历史短，人文风情不突出。南线一般从圣胡安出发，经过维尔京群岛、巴巴多斯等五个岛国，有时一直到南美的委内瑞拉，风土人情丰富多彩。南线同样有热带森林和白沙滩。

2. 阿拉斯加

可以欣赏最壮丽的冰山雪景。内湾航道沿途的每一处，展现壮丽的冰山及野生动物奇观。在海上能观赏奇妙的冰川和它塑造的奇诡海岸，靠岸时还可以到冰川上去，乘坐小火车或者小飞机做短途旅行，近距离观赏伟大的麦金利峰。5月可以看鲸鱼，8~9月能看到上百万条鲑鱼到阿拉斯加的凯奇坎逆流而上产卵的壮观景象。阿拉斯加航线是邮轮旅行中最为经典的行程,很多邮轮公司航线都涉及这片海域。每年的5月到9月是航线旅行的最佳时期。

港口和航线:阿拉斯加线基本上是从西雅图或温哥华出发,一种称作 Glacier Route,7天单程到阿拉斯加州府安克雷奇(Anchorage,回程坐飞机),是看冰川最好的一段,如果有空的话还可以在陆上继续北行进入阿拉斯加腹地;另一种是7天往返的 The Inside Passenger Route,只走了南边的一半,真正的好东西还没有看到。还有少数最远的航线甚至会一直绕过阿留申群岛开到白令海峡。

3. 加拿大东部和百慕大

百慕大是一座18世纪古典风格的岛屿,非常值得一游。而加拿大东部的邮轮航线主要是看红叶。大约从9月下旬到10月上旬是枫叶季节,枫叶最红只有两三个星期,红叶凋零后大雪随之而来,所以一定要提前6~12个月订票才能看上最佳风景。另外在圣劳伦斯河与五大湖区域也有邮轮路线。前往美国、加拿大、百慕大都要办理相应的签证,美国绿卡免签。

四、大洋洲航线

适合亲子家庭游指数:5星;澳大利亚浓郁的风土人情和纯天然牧草的芬芳都会给你一个亲近自然的健康旅程体验。

1. 澳大利亚和新西兰

在澳大利亚比较少的邮轮航线中,这条航线最为热门,主要是途经澳大利亚东南的几大城市,然后再到新西兰。澳大利亚需要签证,新西兰邮轮入境免签。而最梦幻的航线开往波利尼西亚的塔希提岛,不过由于路途遥远,不建议家庭出游选择此类航线,建议选择悉尼到奥克兰之间作短途精品之旅。

2. 夏威夷航线

和加勒比航线相比,夏威夷除了阳光和沙滩,群岛上的活火山和瀑布更加壮观。航线行程大约1周,最主要的邮轮公司是挪威邮轮(NCL)。

资料来源:http://zj.people.com.cn/n/2015/0106/c186327-23454102.html。

思考:邮轮旅游的目标市场群体大体有哪几类?概括其各自的特征,说一说如何有针对性地给游客提供更满意的邮轮体验。

三、波利尼西亚(Polynesia)

(一)帕皮提(Papeete)

帕皮提是太平洋东南部法属波利尼西亚首府。在塔希提岛西北岸,临太平洋马塔维湾。港内能停泊3.5万吨级船只。人口5.2万,市西5千米有国际机场,输出椰油、香料等。旅游业发达。帕皮提是南太平洋水路航运和空运中心,建有深水良港和大型国际机场。这里的海空航运,通向太平洋各岛和太平洋沿岸的国家及地区。同时,从帕皮提有小飞机飞往法属波利尼西亚的各主要小岛上,交通十分方便。

（二）塔哈岛（Tahaa）

塔哈岛和相邻的莱阿提岛被同一片珊瑚礁环抱。塔哈岛是点缀在祖母绿的礁湖中的迷人天堂，岛上耸立着 Ohiri 山，周围环绕小型陆地，构成一幅别具特色的远景。幽深的山谷使小岛呈现凹陷的形状，绵延的山坡上覆盖着茂密的植被，椰子树、蕨类植物和开花的草本植物，郁郁葱葱直到山顶。这里香草的气息浓郁醉人，环绕在整个沿海地带，穿越村庄，弥漫在长满木槿的丘陵中。Taha'a Motu Mahana 为邮轮公司私人沙滩，保罗高更号的游客可在此享受自助 BBQ、晒太阳、浮潜等活动，在塔哈还可以买到便宜正宗的黑珍珠。

（三）博拉博拉岛（Bora Bora Island）

博拉博拉岛位于南太平洋塔希提岛（Tahiti），是法属波利尼西亚的活动中心。在全世界岛屿中，恐怕没有一处能像大溪地博拉博拉岛那样令人赞叹惊艳。富比士 2005 年将之评选为最性感的小岛之一，更非浪得虚名。博拉博拉岛只有 10 千米长、4 千米宽，环岛 1 周 32 千米。全岛由一个主岛与周围环礁所组成，主岛与环礁间拥有大片的清澈浅水。其中，色彩如梦幻般的蓝色潟湖，充满了色彩斑斓的活珊瑚，无数热带鱼环游其间。岸上沙滩细致、洁白如雪，偶有赤道微风轻拂。明亮的阳光洒在南太平洋上，不同层次的海蓝与顶级度假饭店的白色洋伞，让博拉博拉岛成为欧美观光客心中最无忧无虑的热带天堂。美国作家詹姆斯·A. 米切纳称社会群岛中的波拉岛是"世界上最美丽的岛屿"。

（四）莫雷阿岛（Moorea）

莫雷阿岛被誉为"魔幻之岛"，是大溪地的姐妹岛。莫雷阿岛上的火山向天际无限延伸着，火山被绿色植物覆盖着，椰子树、棕榈树和菠萝树让这个火山岛郁郁葱葱。当然莫雷阿岛不仅是因为它的历史和地貌而闻名，它最著名的是人们富裕安宁的生活、香甜可口的菠萝、众多漂亮的白色沙滩以及海底的神奇世界。阳光偏爱这座迷人的美丽小岛，在雪白如糖的细沙映衬下，大海清冽纯情得令人窒息。波澜不惊的海面，犹如梦幻的玻璃，透明得惊人，令每一个投入者都生怕它破碎。水是清澈的，小船仿佛在水面上空悬着，高山丛林神秘而令人兴奋，自由的海鸥飞掠如帆的白云。这是一块奇幻的土地，没有冬天，没有战争。

第三节　区域主要邮轮航线

一、运营的邮轮公司及其邮轮部署

（一）大溪地航线

【保罗高更邮轮】保罗莫纳号

【歌诗达邮轮】炫目号

【公主邮轮】碧海公主号、皇冠公主号、黄金公主号、黎明公主号、太平洋公主号、太阳公主号

【荷美邮轮】阿姆斯特丹号、史特丹号、威士特丹号

【皇后邮轮】玛丽女王二世号

【皇家加勒比游轮】海洋灿烂号、海洋神话号

【精致邮轮】极致号、千禧号

【水晶邮轮】合韵号

【银海邮轮】银海发现号、银啸号

（二）澳大利亚及南太平洋航线

【保罗高更邮轮】保罗高更号

【迪士尼邮轮】魔力号

【地中海邮轮】歌剧号、管乐号、和睦号、华丽号、幻想曲号、辉煌号、神曲号、诗歌号、抒情号、序曲号、音乐号、珍爱号

【歌诗达邮轮】炫目号

【公主邮轮】碧海公主号、黄金公主号、黎明公主号、太平洋公主号、太阳公主号、钻石公主号

【荷美邮轮】阿姆斯特丹号、奥斯特丹号、华伦丹、诺丹号

【皇后邮轮】伊丽莎白女王号、玛丽女王二世号、维多利亚女王号

【皇家加勒比游轮】海洋灿烂号、海洋航行者号、海洋神话号、海洋探险者号、海洋迎风号

【精致邮轮】极致号、千禧号

【精钻邮轮】精钻旅程号、精钻探索号

【挪威邮轮】挪威爱波号、挪威翡翠号、挪威之勇号

【水晶邮轮】合韵号、尚宁号

【银海邮轮】银海发现号、银啸号

二、主要邮轮航线

【公主邮轮】碧海公主号、皇冠公主号、黄金公主号、黎明公主号、太平洋公主号、太阳公主号在大洋洲和南太平洋地区的航线情况如下：

● 悉尼（Sydney）—塔斯曼海—墨尔本（Melbourne）—塔斯曼海—塔斯马尼亚、哈伯特（Tasmania, Harbert）—塔斯曼海—峡湾国家公园（Fiordland National Park）

● 达尼丁（Dunedin）—克赖斯特彻奇（Christchurch）—皮克顿（Pike ton）—惠灵顿（Wellington）—南太平洋—陶朗阿（Tauranga）—奥克兰（Auckland）（起点港非终点港）

● 悉尼（Sydney）—海上巡航—墨尔本（Melbourne）—海上巡航—哈伯特（Hubert）—海上巡航—峡湾国家公园（Fiordland National Park）—达尼丁（Dunedin）—克赖斯特彻奇（Christchurch）—海上巡航—陶朗阿（Tauranga）—奥克兰（Auckland）（起点港非终点港）

● 悉尼（Sydney）—塔斯曼海—峡湾国家公园巡航（Fiordland National Park）—达尼丁（Dunedin）—阿卡罗阿（Akaroa）—惠灵顿（Wellington）—内皮尔（Napier）—奥克兰（Auckland）—岛屿湾（Island Bay）—塔斯曼海—悉尼（Sydney）

【精致邮轮】极致号、千禧号邮轮在大洋洲及南太平洋地区运营航线情况如下：

● 悉尼（Sydney）—岛屿湾（Island Bay）—奥克兰（Auckland）—海上巡游（穿越国际日期变更线）—帕皮提（Papeete）—莫雷阿岛（Moorea）—博拉博拉（Bora Bora）—拉海纳（Lahaina）—火奴鲁鲁（Honolulu）

【水晶邮轮】合韵号、尚宁号在大洋洲和南太平洋地区运行航线情况如下：

● 奥克兰（Auckland）—陶朗阿（Tauranga）—海上巡航—内皮尔（Napier）—海上巡航—克赖斯特彻奇（Christchurch）—达尼丁（Dunedin）—海上巡航—悉尼（Sydney）—墨尔本（Melbourne）（起点港非终点港）

复习思考题

1. 熟悉大洋洲及南太平洋地区区域概况，着重了解澳大利亚和新西兰等地的邮轮港口情况。

2. 熟知大洋洲和南太平洋地区的旅游胜地及景观特征。

3. 阅读课外资料，分析大洋洲和南太平洋地区邮轮旅游主要市场及航线特征。

第十六章

非洲地区

第一节 区域地理特征

阿非利加洲（英语：Africa），简称非洲（见图16-1）。关于其名称的来由有很多种说法，最流行的是 Afri 是北非迦太基附近（今突尼斯附近）闪米特人常见的名字，这一名字来源于腓尼基语中的 Afar，即"灰土"。在罗马帝国统治下，迦太基成了阿非利加省的省会，罗马人的后缀 –ca 是土地的意思，阿非利加 Africa 即迦太基人的土地。其他的说法有：

阿非利加一词来源于拉丁文 Aprica，意为阳光灼热之地。

阿非利加是北非柏柏尔人所崇信的一位女神的名字。

阿非利加来源于利比亚征服者之名 Epher，亚伯拉罕之孙。

非洲是世界古人类和古文明的发祥地之一，目前，世界上最古老的人类化石就是在非洲被发现的。在人类历史的早期，非洲各族人民创造了先进的文化和高度发达的文明。早在公元前 5000 年，埃及人民已定居在尼罗河两岸从事农业生产。约在公元前 3500 年，埃及进入文明时代，产生了称为"州"的城邦国家。

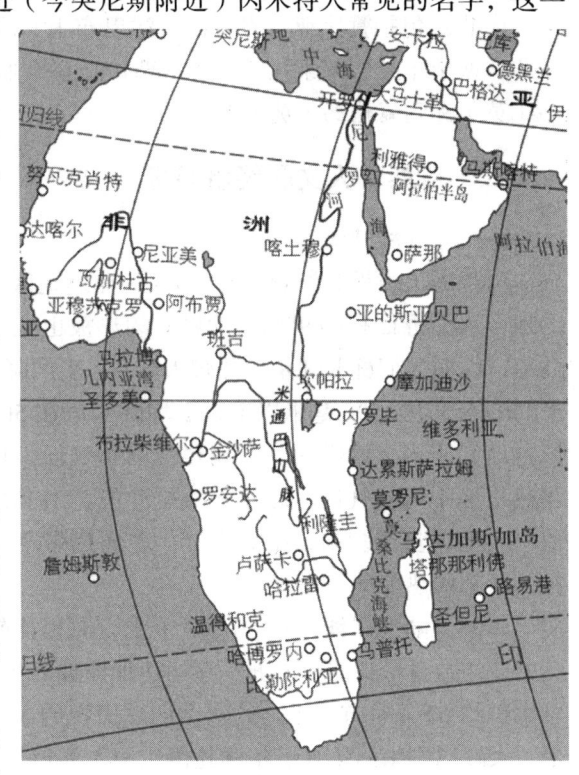

图 16-1 非洲地区区域

地图来源：国家测绘地理信息局网站。审图号：GS（2008）1428 号。

一、地理概况

非洲是"阿非利加洲"的简称，位于东半球的西南部，地跨赤道南北，非洲西北部的部分地区伸入西半球。东濒印度洋，西临大西洋，北隔地中海和直布罗陀海峡与欧洲相望，东北隅以狭长的红海与苏伊士运河紧邻亚洲。面积约3020万平方千米（包括附近岛屿）。约占全球总陆地面积的20.4%，是世界第二大洲，同时也是人口第二大洲。

非洲在地理上习惯分为北非、东非、西非、中非和南非五个地区，共60个国家和地区。

北非：包括埃及、苏丹、南苏丹、利比亚、突尼斯、阿尔及利亚、摩洛哥、亚速尔群岛（葡）和马德拉群岛（葡）。

东非：东非通常包括埃塞俄比亚、厄立特里亚、索马里、吉布提、肯尼亚、坦桑尼亚、乌干达、卢旺达、布隆迪和塞舌尔。有时也把苏丹作为东非的一部分。

西非：包括毛里塔尼亚、西撒哈拉、塞内加尔、冈比亚、马里、布基纳法索、几内亚、几内亚比绍、佛得角、塞拉利昂、利比里亚、科特迪瓦、加纳、多哥、贝宁、尼日尔、尼日利亚和加那利群岛（西）。

中非：包括乍得、中非、喀麦隆、赤道几内亚、加蓬、刚果（布）、刚果（金）、圣多美和普林西比，有时也把赞比亚、津巴布韦和马拉维作为中非的一部分。

南非：包括赞比亚、安哥拉、津巴布韦、马拉维、莫桑比克、博茨瓦纳、纳米比亚、南非、斯威士兰、莱索托、马达加斯加、科摩罗、毛里求斯、留尼汪岛（法）、圣赫勒拿岛（英）和阿森松岛（英）等。

二、自然、人文和经济特征

（一）自然特征

由于赤道横贯非洲的中部，3/4的非洲地区有太阳直射现象，年平均气温在20℃以上的地区占全洲面积的95%，世界上的热极也在非洲，利比亚的阿济济亚气温最高纪录为58℃，因而人们称非洲是"热带大陆"。境内降水较少，仅刚果盆地和几内亚湾沿岸一带平均降水量在1500毫米以上，平均降水量在500毫米以下的地区占全洲面积的50%。刚果盆地和几内亚湾沿岸一带属热带雨林气候。地中海沿岸一带夏热干燥，冬暖多雨，属亚热带地中海式气候。北非撒哈拉沙漠、南非高原西部雨量极少，属热带沙漠气候。其他广大地区夏季多雨，冬季干旱，多属热带草原气候。马达加斯加岛东部属热带雨林气候，西部属热带草原气候。

非洲大陆海岸线全长30 500千米，海岸比较平直，缺少海湾与半岛。非洲是世界各洲中岛屿数量最少的一个洲。除马达加斯加岛（世界第四大岛）外，其余多为小岛。岛屿总面积约62万平方千米，约占全洲总面积的3%。非洲全境为高原型大陆，平均海拔750米。大致以刚果河（扎伊尔称扎伊尔河）河口至埃塞俄比亚高原北部边缘为界，东南半部多海拔1000米以上的高原，称高非洲，西北半部大多在海拔500米以下，称低非洲。乞力马扎罗山是一座活火山，海拔5895米，为非洲最高峰，山岳景观秀丽。非洲东部的大裂谷是世界上最长的裂谷带，是非洲地震最频繁、最强烈的地区，也是非洲自然旅游资源最为丰富的地区。它南起希雷河口，北至西亚的死海北部，长约 6400 千米。裂谷中有不少狭长的湖泊，水深岸陡。埃塞俄比亚高原东侧的阿萨勒湖湖面在海平面以下 153 米，是非洲大陆的最低点。非洲的大河流受到地质构造和其他自然因素的影响，水系较复杂，多急流、瀑布，按长度依次为尼罗河（全长 6671 千米，世界最长河）、刚果河、尼日尔河、赞比西河、乌班吉河、开赛河、爽兰治河等。湖泊多分布在东非裂谷带。按面积大小依次为维多利亚湖、坦噶尼喀湖、马拉维湖、乍得湖等。非洲虽无雄伟绵延的高大山体，但山地突兀在起伏平缓的高原之上，相对高差大，仍然显得高峻挺拔，雄伟壮观。

众多的珍禽异兽使非洲有"动物世界"之美誉，天然动物园遍布非洲大陆，是世界上天然动物园数量最多、面积最大的大洲。其中规模较大、比较著名的天然动物园有 70 多处。此外，这里还有富饶的地下宝藏，且不少矿产蕴藏量和产量在世界上都占重要地位，如黄金、铀矿、钻石、铜矿、铝土矿、石油和天然气。非洲的黄金蕴藏量约占世界黄金资源的 2/3 以上，南非的约翰内斯堡更以"黄金之都"著名；中非的扎伊尔被人们称为"宝石之国"；赞比亚素有"铜矿之国"的称号；几内亚有"铝土之乡"的美誉等。

（二）人文特征

非洲总人口约 14.6 亿，约占全球总人口的 16%，仅次于亚洲，居世界第二位，但人口分布极不均衡：尼罗河沿岸及三角洲地区，每平方千米约 1000 人；撒哈拉、纳米布、卡拉哈迪等沙漠和一些干旱草原、半沙漠地带每平方千米不到 1 人，还有大片的无人区。

非洲是世界上民族成份最复杂的地区。据统计，非洲的民族（含部族）约有 250 个，其中人口在百万以上的有 83 个，千万以上的有 9 个，如埃及人、豪萨人、阿尔及利亚人、阿姆哈拉人、摩洛哥人、伊博人、富尔贝人、约鲁巴人和苏丹人。非洲的语言不少于 800 种，是世界上语言最复杂、最多样化的地区之一。在非洲沦为殖民地后，殖民者强制推行各自的语言，因而许多地区都沿用旧宗主国的语言作为官方语言，大多数居民略懂英语。非洲各国独立后，逐渐提倡以非洲本土的语言作为公用语。非洲各个部族都有其固定的传统和宗教信仰，除非洲本土的传统宗教外，还有来自东方的伊斯兰教和来自西方的基督教。据初步统计，非洲居民信奉本土传统宗教的有 2 亿多人，信奉伊斯兰教的约有 1.5 亿人，信奉基督教的约有 1 亿人。

（三）经济特征

历史上非洲各国的经济曾长期遭受西方发达国家的控制，使得非洲是世界上经济发展水平最低的大洲，大多数国家经济落后。农业人口约占全洲总人口的 2/3，许多经济作物的产量在世界上占有重要地位：咖啡、花生各占世界总产量的 25% 左右，可可、丁香、棕榈油、棕榈仁的产量分别占 50%~80%。采矿业和轻工业是非洲的主要工业。非洲是世界交通运输业比较落后的一个洲，还没有形成完整的交通运输体系。交通运输以公路为主，海运业占一定地位，航空业发展较快。

三、旅游业概况

非洲地域辽阔，历史悠久，给旅游者提供了众多的自然景观和人文景观。旅游者可以在观光欣赏的同时，领略到大自然造物主的神奇和人类的伟大。拥有丰富的历史文化遗迹、秀丽的自然风光和奇异的野生动植物形态，具有发展旅游业的巨大潜力。

非洲很早就开始了以宗教、商业和访古览胜为内容的旅游活动。在公元前 3000 年，古埃及法老们兴建了规模宏大的金字塔和神庙，吸引了当时许多王公贵族到埃及拜谒神庙，进行狩猎和游览活动。尽管如此，旅游作为一项事业直到 20 世纪 60 年代才开始在非洲逐步发展起来。非洲各国政府高度重视，凭借其特殊的地理环境，独特的自然景观和悠久的历史文化所构成的旅游资源优势，大力发展旅游业。根据世界旅游组织公布的数据，2012 年全球旅游人数达到 10 亿人次，游客数量持续保持增长。数据显示，欧洲、亚太地区、美洲等传统市场仍是主要的客源地和目的地。虽然传统市场依然保持增长态势，但在旅游接待量的增速方面，新兴市场更胜一筹。其中，中东、非洲两地游客接待量占全球总量的比例分别达到 6% 和 5%。非洲接待的来自世界各地的旅游人数达 5000 万人，其中北部非洲各国接待的总人数为 1470 万人，撒哈拉以南地区各国接待的总人数为 2560 万人；然而，非洲旅游业发展的总体水平不高，还有待发展和提高。

第二节　邮轮港口和旅游目的地

一、北非

1. 亚历山大港（Alexander Port）

埃及最大商港位于尼罗河三角洲西部的地中海海岸，东距塞得港 652 海里，东北至贝鲁特港 333 海里，西北至比雷埃夫斯港 669 海里，西至的黎波里港 858 海里，南至瓦英塔港 813 海里。有铁路、公路东南连埃及经济发达人口稠密的尼罗河三角洲地带各重要城镇，西连埃利、边境重镇塞卢姆，附近有国际机场。港口水域面积 7.5 平方千米。有东西港之分，东港码头线总长 6 千米，但因设备简陋，近岸较浅，多数供小船停靠，只有客运码头、木材码头、煤炭码头等可停靠 20 艘万吨级船。西港是目的地主要港区，面积 51 平方千米，水深 15 米。全港约有 65 个千吨级以上泊位，年吞吐量 2700 余万吨，居北非第一；埃及 60%~70% 的外贸物资经此运输。

● 庞贝柱——又称"萨瓦里石柱"，埃及亚历山大城的城徽。庞贝柱被称为骑士之柱，是一根高达 27 米的粉红色亚斯文花岗岩石柱，建于公元 1 世纪左右的罗马皇帝戴克里先时期，柱顶顶着花形柱头。石柱原是萨拉皮雍神庙的一部分。萨拉皮雍神庙是希腊—埃及神萨拉皮斯最重要的神庙，最初建于托勒密三世在位时期。神庙仅仅存在很短时间就被毁了，只有石柱保存下来，成为航海者的航标。巨大的石柱已经耸立1600年。

● 卡特巴城堡——卡特巴城堡前身为古代世界七大奇迹之一——亚历山大港灯塔。灯塔建于公元前280年，塔高约135米，经数次地震，于1435年完全毁坏。1480年用其原有石块在原址修筑城堡，以国王卡特巴的名字命名。1966年改为埃及航海博物馆，展出模型、壁画、油画等，介绍自一万年前从草船开始的埃及造船和航海史。它与开罗古城堡并称为埃及两大中世纪古城堡。

● 蒙塔扎宫——位于海滨大道东端，是以前的国王及王室成员避暑的行宫，所以也称为夏宫。宫殿俯瞰着幽静的海滩，周围被枣椰树林和花园环绕，建筑融合了佛罗伦萨与土耳其风格，其中最重要的建筑是建立在一块高地上的哈拉姆利克宫。园内有法鲁克国王行宫，如今已经改建为一座奢华的酒店。在蒙塔扎宫的建筑装饰中频繁出现的字母"F"颇引人注目，因为过去的埃及人认为"F"是幸运字母，王室子孙的名字都以"F"开头。现在的蒙塔扎宫更像一个公园，包括一座博物馆、几片海滩浴场以及餐厅和设备齐全的旅游中心。

● 希腊罗马博物馆——希腊罗马博物馆主要收藏亚历山大地区发现的希腊罗马时期的文物，共有约四万件藏品，从公元前3世纪直到7世纪，正是希腊罗马文明和埃及文明互相融合的重要历史时期，与开罗的埃及博物馆互为补充，共同呈现着完整的埃及历史。希腊罗马博物馆本身就是一座希腊神殿式的建筑，宽阔的展厅围绕着绿树成荫的花园，花园中也安设着同一时期的雕塑作品，让参观者可以完全置身于古老的文化氛围之中。

● 孔姆地卡遗址——孔姆地卡遗址位于亚历山大市中心火车站对面，在此考古遗址中，人们发现了一座用于音乐表演的罗马歌剧院和一个大型的3世纪罗马浴室。托勒密时代的街道和商店随之逐步被发掘出土，石柱和拱门露出地面。观看遗址可以让人们充分了解2000多年以前埃及人的生活面貌，是外国游客必去的景点之一。

2. 塞得港（Port Said）

埃及第二大港，塞得港省省会。位于苏伊士运河北端地中海海岸，河口海港、设自由工业区、基本港。埃及苏伊士运河北端的补给和中转港，运河出入口，北有东西防波堤伸入地中海，南有铁路沿运河西岸至伊斯梅利亚接埃及铁路网，西有运河经曼扎拉潟湖至马塔里亚和杜姆亚特，沟通埃及尼罗河三角洲水路和陆路交通网。塞得港有10个泊位，岸线总长度为1250米，是世界最大转运港之一。塞得港地处苏伊士运河与地中海的交汇点上，也是通向阿拉伯东方和阿拉伯西方（马格里布）国际公路的经过点，地理位置十分重要。塞得港兼有城市、港口和运河三种特色，这在世界上是少见的现象。

● 苏伊士运河——苏伊士运河位于埃及东北部，扼守欧、亚、非三大洲的交通要冲，连通着红海和地中海、大西洋和印度洋，是人工开凿的第一条通海运河。运河于1859—1869年由法国人投资开挖，先后有10万埃及民工因此而丧生。运河具有重要的战略意义和经济意义。后来英国购买了运河公司40%的股票，英法共同掌握运河的经营权，掠走巨额收益。1956年，埃及纳赛尔总统宣布运河国有化，随即爆发了英、法、以三国的侵埃战争。1967—1975年因阿以战争，运河封闭停航达8年之久。1976—1985年，埃及政府耗资约 20 亿美元进行大规模的运河扩建工程，使运河的通航能力显著增加。扩建后运河长度为 195 千米，最大宽度为 365 米，最大吃水深度 16 米，能通过 15 万吨级的满载油轮。

3. 的黎波里（Tripoli）

利比亚首都与商港，位于该国地中海海岸西北，面积 2616 平方千米，是古代重要贸易中心和战略要地，现为全国政治、经济和交通中心。它是利比亚的首都，也是该国最大的城市和重要的海港。水深 7 米以上能停靠较大船只的泊位有 10 个。商港区在南部沿海，油港区在北部沿海。的黎波里于公元前 11 世纪由腓尼基人创建，后长期由罗马人、阿拉伯人、土耳其人统治，1951 年利比亚独立后被确定为首都。由于濒临地中海，阳光明媚、景色旖旎，的黎波里享有"地中海的白色新娘"之美誉。有公路连接沿海主要城镇和邻国，港口距国际机场约 27 千米，有定期航班飞往世界各地。的黎波里港属亚热带地中海气候。

4. 突尼斯（Tunisia）

位于突尼斯共和国东北沿海的突尼斯湖口，在突尼斯湾的西南岸，濒临突尼斯海峡的西侧，是突尼斯的最大港口。从海上到突尼斯市须先进入拉古莱特（LA GOULETTE）外港，然后经过突尼斯运河（可航行吃水 6.4 米的船舶）抵达突尼斯市。该港是突尼斯的首都和全国政治、经济、文化及交通中心。交通运输发达，不仅公路可与国内联网，而且铁路西可通阿尔及利亚境内，南可达加贝斯港。突尼斯港风景秀丽，气候宜人，果树成行，品种繁多，特别是以橄榄最为著名，故被誉为橄榄之都；且靠近欧洲，经常成为国际会议的地点。港口的迦太基国际机场有定期航班飞往世界各地。

● 杰尔巴岛——突尼斯南部的一座兼具沙漠和海滩的海岛，被欧洲人称为梦幻之岛。许多欧洲游客都会在这里住上一到两周，甚至整整一个月都泡在沙滩上。岛上高级酒店遍布，也有政要名人前来度假休闲。

5. 阿尔及尔（Algiers）

阿尔及利亚首都、港口城市。位于地中海南岸阿尔及尔湾西侧，海岸线长 29 千米。南靠雄伟的泰勒阿特拉斯山脉北麓，坐落在宛如一个半圆形剧场的乌艾德·哈腊和乌艾德·马扎法兰两海湾之间，街道房屋大都建筑在山丘上，迂回起伏，犹如一颗明珠闪耀在地中海的南岸。而且它还是公元 10 世纪建立的古城，现为全国政治、经济、文化和交通中心，地中海岸最大港口之一。有泊位 54 个，码头线总长 9519 米，能实现 2.5 万吨级船随时进港。走出阿尔及尔城，越过泰勒阿特拉斯山，再往南便进入了举世闻名的撒哈拉大沙漠。

● 提帕萨古罗马遗址公园——提帕萨是距离阿尔及利亚首都阿尔及尔 70 多千米的邻省，凡是来到阿尔及利亚的外国人，几乎都会去到这个地方。提帕萨古城建于公元前 500 年左右，是腓尼基人最早与北方进行贸易交往的落脚点之一，后来随着古罗马帝国的兴盛，逐渐被古罗马人控制，并在此大兴土木，成为连接地中海岸几座大城市的重要驿站。据考证，最兴盛时期，这里曾经有 10 万居民。随着古罗马帝国的衰败，这座古城逐渐被遗弃，并在13世纪的大地震引起的海啸中被淹没，沉入海沙之中。19世纪，法国占领阿尔及利亚，开始了长达130年的殖民统治。其间，法国考古界对其进行了挖掘，使得这座沉睡多年的古城得以重见天日。随着阿尔及利亚的独立，古城的发掘工作也停止了。目前遗址公园内所展现的大约只是原有古城面积的1/3，更多的部分，仍然深埋于海沙之下。古城是依山面海而建的，风光秀美，来到这里，既能看到古罗马的遗迹，又能欣赏地中海的美景，还可以享受提帕萨小城的悠闲，品尝地道的地中海海鲜。

6. 达尔贝达（Dalbeda）

摩洛哥历史古城达尔贝达，位于大西洋岸，是摩洛哥最大的港口城市，全国经济和交通中心，拥有全国70%的现代工业，城市平均海拔50米。达尔贝达是非洲最大人工港之一，港外筑有长3180米的纵向防波堤，港内风平浪静，平均水深12米，码头长约6千米，分为磷酸盐、柑橘、谷物、杂货等专用码头，可同时接纳20艘商船；全港共计有30多个泊位，码头线总长5千米多，摩洛哥全国有70%的货物由此进出口。城市临海，树木常青，气候宜人，风光秀丽，是非洲著名的旅游城市。城市又名卡萨布兰卡。在西班牙语里，"卡萨布兰卡"也是"白色的房子"的意思。有铁路、公路通往全国各地，还有国际机场。达尔贝达还以一年一度的国际博览会而闻名。

二、西非

1. 达喀尔（Dakar）

位于佛得角半岛顶端，非洲大陆最西部，濒临大西洋。地理位置重要，是大西洋航线要冲及西非重要门户。达喀尔港口始建于1861年，水深港阔，设备较好，可泊10万吨级船只，码头总长近8000米，可同时停靠40多艘海轮，历来是欧洲至南美与南非至北美间来往船舶的重要中途站。有大型渔业码头，在港口北部新建集装箱码头。铁路北通圣路易，东达马里。毛里塔尼亚、马里等国部分进出口货物由此转口。各主要码头区都有铁路相连，内通塞内加尔主要城镇，附近有国际机场。

2. 阿比让（Abidjan）

科特迪瓦最大商港，西非最大天然良港和非洲最大集装箱港口，是西非内陆国家的主要出海口和进出口货物的集散地。有铁路贯穿该国南北，并通达布基纳法索首都瓦加杜古。港区水域面积近10平方千米，水深10~15米，有深水码头24座，包括两座集装箱码头和其他专用码头；岸线总长4000多米，可同时接纳50条船入港装卸；沟通埃布里耶潟湖与大西洋的福里迪水道，长2700米，宽370米，水深13.5~15米，大型海轮畅通无阻。阿比让是非洲繁华城市之一，人口约500万，素有"非洲小巴黎"之称，是科特迪瓦的经济首都。此外阿比让还是非洲的一个重要金融之都，它拥有一个在非洲国家最稠密的金融网，现有42个财政金融机构。

3. 拉各斯港（Port of Lagos）

尼日利亚商港，位于几内亚湾北部该国西南海岸的拉各斯潟湖口。港口由阿帕帕港区、伊多港区和阿特拉斯湾等组成。全港码头线总长7600余米，是西非最大商港之一。

仅次于阿比让港。拉各斯港港口开阔，同时，它处在大西洋几内亚湾，具有避风浪的优越条件。这座港口目前有两个大型深水码头——阿帕帕和庭坎岛，约30个泊位，可以停泊万吨轮船，担负着尼日利亚每年进出口货物运输量的70%~80%。尽管拉各斯是工业和商业中心，交通运输颇为繁忙，但是，这里也是人们休憩的好地方。维多利亚岛上的海滩和塔克瓦海湾是拉各斯的游览胜地。这里的国家博物馆珍藏着丰富的尼日利亚文化遗产，吸引着大批的旅游者。

● 拉各斯市——位于尼日利亚西南端，几内亚湾沿岸，是西非第一大城市。拉各斯是一座主要由岛屿组成的港口城市，这一地区多潟湖，滨海临湖，棕榈婆娑，椰树摇曳，一派水乡景色，被称为非洲威尼斯。维多利亚岛上的海滩和塔克瓦海湾是拉各斯的游览胜地，吸引着大批的旅游者。拉各斯国家博物馆珍藏着丰富的尼日利亚文化遗产，是了解尼日利亚历史文化、民俗风情的好去处。此外，拉各斯人对音乐、舞蹈和狂欢具有浓烈的兴趣和爱好，这是一座能歌善舞、热情好客的非洲城市。

三、东非

1. 马普托港（Port of Maputo）

莫桑比克首都和最大商港，位于该国南部马普托湾内，紧靠马普托市。港口分杂货港区和散货专用码头区。杂货码头东北—西南向伸展，连成一片，码头线长3033米，水深6.8~10.6米，可允许12~15艘船同时停靠。专用码头有煤、矿石、石油、散糖、木材集装箱等，矿石、集装箱码头前最大水深12.4米，煤、石油码头最大水深10.3米。全港有各种泊位20多个，年吞吐超过1000万吨，是东非地区最大港口之一。

● 乌达雅堡——位于拉巴特老城以东，布雷格雷格河入海处，濒临大西洋，为一古城堡建筑群。始建于12世纪柏柏尔王朝，后为阿拉伯王朝所用，曾被葡萄牙人和法国人占领。现存乌达雅堡对外开放区域分三部分：一是院内花园，为伊斯梅尔国王于17世纪所建，小巧玲珑，幽雅精致，花木繁茂，具有安达鲁西亚园林建筑的典型风格；二是博物馆，分两个展室，一个展出历代珠宝乐器，另一个展出历代民族服装，包括柏柏尔人、撒哈拉人、摩洛哥犹太人服饰以及古代红铜和土陶器皿；三是高空平台，为古时空中市场遗迹。站在平台上可俯视布雷格雷格河入海口、拉巴特古港口和萨累市全景。乌达雅堡内保留着柏柏尔民居和街道，别具风格。堡旁靠外海的一组平房，原为葡萄牙军事监狱，法国占领后改为饭馆，一直经营至今。

2. 路易港（Port Louis）

毛里求斯最大商港和自由港，也是国际商港和重要渔港。南印度洋上重要航站。位于毛里求斯西北岸一峡湾内。西距马达加斯加岛塔马塔夫港473海里，西南距德班港1500海里，西北距蒙巴萨港1420海里，东北至新加坡3320海里，西南至开普敦2280海里。港口码头主要在峡湾东北岸，有3个船坞，8个泊位，深水港长1320米，最大水深11米，码头可靠泊最大4万载重吨的船舶。大船锚地水深达37米，全国有90%以上的货物由本港中转。路易港是南印度洋重要的海底电缆站和国际航运的重要停泊站。全国大部分进、出口物资都必须经过这里，港口的码头、泊位可供远洋巨轮停泊。港内有巨大的仓库和货场，还有可供修造船只的船坞和浮坞，是世界上现代化的大型港口之一。

● 毛里求斯——毛里求斯位于非洲东部，是一个天堂般的美丽岛国。马克·吐温曾说："上帝先创造了毛里求斯，然后仿造毛里求斯创造了伊甸园。"毛里求斯景色优美，风光旖旎，美丽的海滩和明媚的阳光吸引着来自世界各地的大批旅游者。北部的潘普利莫塞斯花园内花木葱葱，百鸟啾啾，使人有如步入仙境之感。100年才开一次花的高大王棕随风摇曳，清池内漂荡着巨大的睡莲。

3. 达累斯萨拉姆（Dares Salaam）

位于坦桑尼亚东部沿海的达累斯萨拉姆湾内，濒临印度洋的西侧，东北距桑给巴尔岛约35海里。不仅是坦桑尼亚最大的海港，也是东非的著名港口之一。它是坦桑尼亚的首都和全国政治、经济、文化及交通中心，也是东非第二大城市，仅次于内罗毕，又是非洲重要的政治都市，非洲有许多重要会议在这里举行。本港水域开阔，港内避风浪条件良好，即使外口有强风大浪，对港内也无大的影响。港区主要码头泊位有11个，岸线长2016米，最大水深为10米。

4. 摩加迪沙（Mogadishu）

东非索马里首都商港。位于该国南部，港市东北，临印度洋。北距亚丁港1122海里、柏塔拉1129海里，南距基斯马尤港226海里、蒙巴萨港499海里，东距科伦坡港2094海里。港区有一向东北伸展的大突堤，与西北陆岸之间形成港池，船舶由东北入港。突堤内侧有3个泊位，沿边水深9~10米，顶端3号泊位是原油泊位，其西南1号、2号泊位为通用泊位。港湾西端为4号泊位，西北陆岸为5号泊位，其水深8.2米，均用于沿海贸易。摩加迪沙是索马里最大的商港，通过这里出口的货物主要是香蕉和畜产品。

5. 吉布提（Djibouti）

吉布提港位于亚丁湾西端吉布提共和国东南的岬角上，北距曼德海峡77海里，东距亚丁湾130海里，港口形似一向西伸的抓斗，斗门向南，其东南、东北、西北三边为码头，码头上均有铁路通达。港口距国际机场约7千米，是欧洲与非洲内陆国家航空线的重要航空站。该港属热带沙漠气候，年平均气温在35℃以上，冬季平均气温约25℃。全年平均降水量约150毫米。最大潮高2.9米，最小潮高为0.2米。吉布提港是东非优良海港之一，拥有15个泊位，其中13个为远洋深水泊位，港口外有5个加油加水泊位，港内可停靠大型船只15艘。

6. 苏丹港（Port of sudan）

位于苏丹东北沿海的中部，濒临红海的西侧，是苏丹唯一的对外贸易港口，也是全国重要的产盐基地。全国有90%以上的进出口货物经此运往世界各地。主要工业有炼油、电力、汽车、船舶修理及农牧产品加工等，并拥有大型炼油厂，其输油管道长达815千米，直达首都喀土穆。港口距国际机场约5.5千米，每天有定期航班飞往开罗及喀土穆。港区主要码头泊位有14个，岸线长2381米，最大水深12米。

四、南非

1. 开普敦（Cape Town）

位于南非西南沿海桌湾的南岸入口处，南距好望角52千米，濒临大西洋的东南侧。又名桌湾。它是南非的立法首都，是南非的主要港口之一，也是南非第二大城市。该港地理位置重要，是欧洲沿非洲西海岸通往印度洋及太平洋的必经之路。港口有3大港池，向西北半敞开，各有其出入口。全港50多个泊位，水深8.8米以上的33个。该港为南非最大客运港，也是南非与欧洲贸易的主要门户之一。交通运输发达，有铁路可直达行政首都比勒陀利亚，公路与国内各地相连接。港口距机场约20千米，每天有航班飞往约翰内斯堡，再连接国外航班。该港属亚热带地中海气候，有防波堤，长1567米。在好望角附近的桌湾地区，即使无风天气，也常有涌浪自西南袭来，故冬季期间不宜锚泊。

● 桌山——桌山是开普敦最著名的景点，被誉为南非之美的典型代表，其风光令人惊艳。桌山顶宽1066米，高约356米。每当山顶上覆有白云，开普敦人认为那是上帝在餐桌上铺上"桌巾"准备用餐。搭乘缆车上桌山顶，乘客以360°回旋上山，随着视野角度的变换，将美丽的桌湾、开普敦市区和开普半岛的蔚蓝海岸线一览无余。

● 康斯坦博西国家植物园——位于桌山以东，建于1913年，占地5.83平方千米。园内植物品种十分丰富，约有植物品种一万种，占全国植物品种的40%，95%以上都是本地野生品种。园内有4500种原属地植物，其中2600种为开普半岛所特有。园内终年花开不断，景色美不胜收，特别是在春季（9月、10月）可看到花海覆盖绵延无尽的奇景。它也是第一个被列入世界物质文化遗产名录的植物园。

● 海豹岛——海豹岛是一座位于豪特湾（Hout Bay）上的小岛，因岛上为数众多的海豹与海鸥而闻名。搭乘船（有部分舱底是透明玻璃底，可呈现难得一见而真实的海豹水底生活）前往这个小岛，观看上千只的海豹、海鸥与其他海鸟的生态活动，将是一次难得的经历。如果运气好的话，还可能看到罕见的白鲨鱼，甚至是它们捕食海豹的情景。游客和摄影爱好者多在豪特湾港口的水手码头（Mariner's Wharf）乘船前往这里。

● 好望角自然保护区——开普半岛最南端的好望角自然保护区，拥有40千米长的海岸线，孕育着超过1500种各类植物，著名的有雏菊、帝王花、爱莉卡、百合、鸢尾花和兰花，其中帝王花是南非的国花，也是最具盛名的花种。在南非有超过350种帝王花，其中一半以上的品种生长在好望角的花卉王国中。除此之外，区内还有许多鸟类和爬虫类及小型动物，如鸵鸟、羚羊、狒狒等。

● 海角区——坐落于小小半岛上，面临蔚蓝大西洋海滨的海角区是开普敦的高级住宅区，在街区美丽的海滨公路旁，坐落着众多古典的维多利亚式建筑、各种欧式别墅和现代化住宅楼。查尔斯王子和天王巨星迈克尔·杰克逊的别墅也在其中。这里最能代表开普敦的美丽和魅力，也是开普敦房产最昂贵的地方。

2. 德班港（Durban）

南非最大商港，位于该国东部印度洋岸，港区主要码头泊位有 60 多个，绝大部分为深水泊位，岸线长 9230 米，最大水深 12.8 米。本港最大可泊 30 万载重吨的超级油船。港区有露天堆场可存 20 万吨货物，仓库容量达 52 万吨，集装箱堆场面积达 102 万平方米。大船锚地水深为 18 米。有铁路通往约翰内斯堡等大城市，与非洲南部铁路联网。港口距博塔机场约 27 千米，每天有定期航班飞往约翰内斯堡，与国内外航班相连接，见图 16-2。

图 16-2　德班港口

● 沉船餐厅——南非有一家名为"货仓"（Cargo Hold）的主题餐厅，被修建在一艘沉船之内。来此就餐的人们可以一边品尝诱人的美食，一边透过巨大的玻璃窗欣赏奇妙的海底世界。这里的菜肴以海鲜为主，最具特色的是牡蛎大餐。酒足饭饱之后，游客还可以沿着楼梯走到锈迹斑斑的甲板上散步。

● 德班 Ushaka 海洋世界——Ushaka 海洋世界是非洲最大的水族馆，位于南非德班港与海滨之间的狭长地带。这家水族馆外观设计得像一辆破旧的汽车，但它的内部是一个漂亮的游乐园，也是世界上第五大水族馆，拥有 32 个水族箱，生活着海马、鲨鱼、海豚等海洋生物。

3. 伊丽莎白（Elizabeth）

伊丽莎白港位于南非东南沿海阿尔戈阿湾的西南岸，濒临印度洋的西南侧，始建于 1799 年，是南非主要海港之一。机场、港口设施良好，为南非交通枢纽之一。其风景秀丽，旅游业发达，被誉为"友好的城市"及"多风的城市"，是南非最大的羊毛交易市场。

第三节 区域主要邮轮航线

一、运营的邮轮公司及其邮轮部署

【地中海邮轮】序曲号、音乐号

【歌诗达邮轮】地中海号、赛琳娜号、新浪漫号、新里维拉号、幸运号、炫目号

【公主邮轮】碧海公主号、海洋公主号、太平洋公主号、太阳公主号

【荷美邮轮】阿姆斯特丹号、雷丹号、鹿特丹号

【皇后邮轮】伊丽莎白女王号、玛丽女王二世号、维多利亚女王号

【皇家加勒比游轮】海洋量子号、海洋荣光号、海洋探险者号、海洋迎风号

【嘉年华邮轮】嘉年华奇迹号、嘉年华启示号、嘉年华想象号

【精致邮轮】世纪号、星座号

【精钻游轮】精钻旅程号、精钻探索号

【挪威邮轮】挪威宝石号、挪威明珠号、挪威太阳号、挪威之星号

【水晶邮轮】合韵号、尚宁号

【银海邮轮】银风号、银啸号、银云号

二、主要邮轮航线

【大洋邮轮】

● 伊斯坦布尔（Istanbul）—伊拉克利翁（Heraklion）—瓦莱塔（Valletta）—拉古莱特（La Gulette）—巴伦西亚（Valencia）—卡萨布兰卡（Casablanca）—圣克鲁斯特内里费岛（Santa Cruz de Tenerife）—达喀尔（Dakar）—班珠尔（Banjul）—阿比让（Abidjan）—塔科拉迪（Takoradi）—洛美（Lome）—科托努（Cotonou）—鲸湾（Whale Bay）—开普敦（南非）（起点港非终点港）

【地中海邮轮】

● 热那亚（Genoa）—奇维塔韦基亚（Civitavecchia）—卡塔科隆奥林匹亚（Kata Colon Olympia）—塞得港（Port Said）—苏伊士运河（Suez Canal）—塞法杰（Sefaj）—亚喀巴（Aqaba）—维多利亚（Victoria）—路易港（Port Louis）—留尼汪岛（Reunion）—德班（Durban）（起点港非终点港）

第十六章 非洲地区

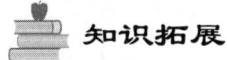 **知识拓展**

MSC 地中海邮轮南非热情邮轮之旅

MSC 地中海邮轮首次在中国推出南非邮轮行程，5 个月 11 条精彩航线带你领略神秘而又热情的非洲大陆。一提到南非，大家首先映入脑海的便会是开普敦的桌山、曾经的世界杯和野性原始的动物丛林，那么南非究竟还有什么好玩的线路呢？

线路一：

马达加斯加是座原始美丽的海岛，因那部与它同名的著名动画片而变得家喻户晓，它是世界第四大岛，拥有种类繁多的植物群和动物群。

在我们的非洲南部巡游行程中，无论你品味如何，都能找到适合自己的岛上短途旅游路线，从欣赏野生动物到野外徒步，从浮潜到水肺潜水，从海滩探险到东海岸的鲸鱼观赏，活动项目丰富多彩；而对于业余摄影爱好者来说，拍摄照片的绝佳位置更是多得数不胜数。

线路二：

邮轮会停靠在原始风光保护完好的葡萄牙岛，以及位于南部的莫桑比克首都马普托。在马普托，您将感受到活力和动感，并一览葡萄牙殖民建筑风貌，当地流通货币为米提克。除此之外，面具、雕刻等手工制品是不错的纪念品选择。

线路三：

毛里求斯深受法国文化和克里奥尔文化影响（虽然官方语言为英语），当地食物就是很好的例证，一道菜中融合了两种风情。享用美食时再搭配上当地生产的朗姆酒更是种无与伦比的享受。

邮轮停靠活力四射的毛里求斯首都路易斯港。在这里你将看到法国 18 世纪的殖民建筑，或者前往老城马埃堡，体验纯正的混血文化。

资料来源：http://youlun.mcts.cn/news/3992/。

复习思考题

1. 了解非洲旅游区主要邮轮旅游目的地国的基本概况和民俗风情。
2. 熟悉非洲旅游区主要邮轮旅游港口。
3. 掌握非洲旅游区主要邮轮旅游目的地国著名旅游城市和旅游景点的基本特征。

第十七章 南极洲地区

第一节 区域地理特征

南极洲，又称"第七大陆"，是围绕南极的大陆。南极洲位于地球的最南端，因绝大部分地处南极圈而得名，是纬度最高、最孤立的大区。因为它是一片冰雪世界，所以被称为"冰雪南极洲"（见图17-1）。南极的冰雪风光是其主要的旅游资源，南极洲作为探险胜地的作用今后势必会得到发挥。极昼极夜现象、极光现象、火山喷发景观、南极企鹅、各国设立的科考站等，是南极洲主要的旅游资源。

南极洲位于地球南端，四周为太平洋、印度洋和大西洋所包围，边缘有别林斯高晋海、罗斯海、阿蒙森海和威德尔海等。包括大陆、陆缘冰和岛屿，总面积1405.1万平方千米，约占世界陆地总面积的9.4%。全境为平均海拔2350米的大高原，是世界上平均海拔最高的洲。大陆几乎全被冰川覆盖，占全球现代冰被面积的80%以上。大陆冰川从中央延伸到海上，形成巨大的罗斯冰障，周围海上漂浮着冰山。整个大陆只有2%的地方无长年冰雪覆盖，动植物能够生存。气候酷寒，极端最低气温曾达 –89.2℃（1983年）。风速一般达每秒17~18米，最大达每秒90米以上，为世界最冷和风暴最多、风力最大的陆地。全洲平均降水量为55毫米，极点附近几乎无降水，空气非常干燥，有"白色荒漠"之称。

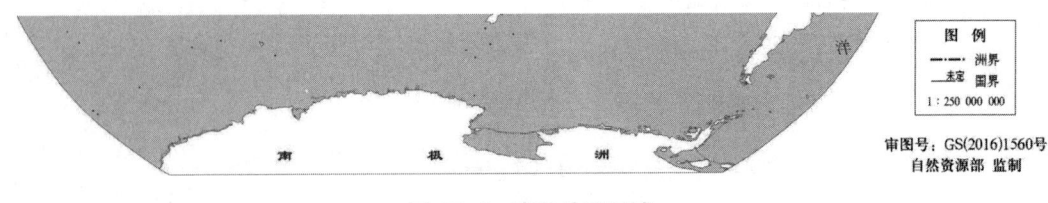

图17-1 南极地区区域

地图来源：http://bzdt.ch.mnr.gov.cn

在南极圈内暖季有连续的极昼，寒季则有连续的极夜，并有绚丽的弧形极光出现。动物有企鹅、海象、海狮、信天翁等。附近海洋产南极鳕鱼、大口鱼等，磷虾产量全球最大。已发现矿物有煤、石油、天然气、金、银、镍、钼、锰、铁、铜、铀等，主要分布在南极半岛及沿海岛屿地区。

全洲无定居居民，只有来自世界各地的科学考察人员和捕鲸队。南极大陆是人类最后到达的大陆。1911年12月挪威阿蒙森探险队首次到达南极极点。1959年12月，12个国家签订《南极条约》并于1961年生效。迄今各国在南极洲已建有60多个观测站和100多个考察基地。中国南极考察队建有长城站、中山站、昆仑站、秦岭站和泰山站。

 **知识拓展**

南极的领土纷争

从1908—1941年，共有7个国家先后对南极洲提出了领土要求。1908年英国首先宣布对西经20°~50°、南纬50°以南和西经50°~80°、南纬58°以南包括马尔维纳斯群岛（马尔维纳斯群岛）和南极半岛在内的扇形地块及其水域拥有主权；实际上英国当时的真正企图是要将整个南极大陆纳入其版图。英国在1933年代表澳大利亚对南纬60°以南、东经45°~136°和东经142°~160°相当于南极大陆40%的650万平方千米的陆地和水域提出了领土要求。

法国以他们的探险者最早发现阿德雷沿岸为由于1924年对东经136°~142°、南纬67°以南的一块狭长地域提出领土要求，1938年又重申并将这块地域延伸到极点和南纬60°。

1938年德国派测绘船对毛德皇后地一带进行闪电式考察。挪威在1939年4月也声明对东经45°至西经20°之间的地域拥有主权。

智利在1940年宣布对西经53°~90°、南纬60°以南的地域拥有主权。阿根廷于1941年宣布对西经25°~74°、南纬60°以南的地域拥有主权。英国、智利、阿根廷3国对南极提出领土要求的大部分地区相重叠，致使3国之间发生争论。美国自20世纪30年代末开始，为对南极提出领土要求做准备。美国在1945—1947年进行了代号为跃进的大规模考察，并在1948年邀请英、法、挪威、澳大利亚、智利、新西兰、阿根廷7国共同商讨南极问题，提出由8国共管或由联合国托管。

上述8国的活动引起了苏联的关注。1950年6月8日，苏联照会上述8国政府，表示不承认任何国家以任何方式对南极提出的领土要求，不承认在没有苏联参加的情况下做出有关南极的任何决定。

到20世纪40年代，英国、法国、挪威、澳大利亚、智利、阿根廷、新西兰7国已对83%的南极大陆提出了领土要求。由于对领土要求的纷争，致使南极大陆成了多种矛盾的焦点。这些矛盾的存在与发展，在客观上需要制定一个多边条约以缓解各种矛盾与纷争。1959年12月1日，阿根廷、澳大利亚、比利时、智利、法国、日本、新西兰、挪威、南非、英国、美国、苏联共12国的代表在华盛顿签署了《南极条约》。

根据1961年6月正式执行的《南极条约》，冻结了所有国家南极领土的主权要求，规定南极只用于和平目的，可以说，南极不属于任何一个国家，它属于全人类。

中国于 1983 年 6 月 8 日加入南极条约组织，同日条约对中国生效。1985 年 10 月 7 日被接纳为协商国。至 1999 年，南极条约组织有成员国 43 个，其中协商国 26 个，非协商国 17 个。2001 年 7 月，第 24 届协商会议在俄罗斯圣彼得堡举行。会议决定将南极条约常务秘书处总部设在阿根廷首都布宜诺斯艾利斯。

继《南极条约》之后，协商国又于 1964 年、1972 年、1980 年先后签订了《保护南极动植物议定措施》、《南极海豹保护公约》和《南极生物资源保护公约》；1988 年 6 月通过了《南极矿物资源活动管理公约》；1991 年 10 月在马德里通过了《南极环境保护议定书》。《南极条约》和上述公约以及历次协商国通过的 140 余项建议措施，统称为南极条约体系。1991 年在马德里通过的《南极条约环境保护议定书》中第 25 条规定，自议定书生效之日起 50 年内禁止在南极进行矿物资源活动，从而确保了南极大陆未来 50 年的和平与安宁，为全面保护南极、科学地认识南极奠定了基石。

第二节　邮轮港口和旅游目的地

一、德雷克海峡（Drake Passage）

德雷克海峡位于南美南端与南设得兰群岛之间，长 300 千米，宽 900~950 千米，平均水深 3400 米，最深 4750 米。德雷克海峡是世界上最宽的海峡，其宽度竟达 970 千米，最窄处也有 890 千米。同时，德雷克海峡又是世界上最深的海峡，其最大深度为 5248 米。如果把两座华山和一座衡山叠放到海峡中去，连山头都不会露出海面。表层水温冬季为 0.5℃~3.0℃，浮冰可漂浮至南美南端；夏季为 3.0℃~5.5℃，无浮冰。表层水富含磷酸盐、硝酸盐和硅酸盐，含量自北向南递增。这里是世界上已知的营养盐丰富，有利于生物生长的海区之一。

二、南极半岛（Antarctic Peninsula）

南极半岛也叫"帕默尔半岛"或"格雷厄姆地"。位于西南极洲，是南极大陆最大、向北伸入海洋最远（南纬 63°）的大半岛，东西濒临威德尔海和别林斯高晋海，近海有宽广的大陆架，东侧有菲尔希文森山，有深 400~600 米的大陆架，宽度在 550 米以上。西侧为别林斯高晋海，大陆架也宽广。有的常年冰封。北为与南美洲相距 970 千米的德雷克海峡。南接埃尔斯沃斯高地，是崎岖的山地与高原。北隔 970 千米的德雷克海峡与南美洲相望，南接崎岖的山地和冰雪高原。南极半岛属于新生代褶皱带，基岩起伏不平，海拔 5140 米的文森山是南极洲的最高峰。

三、南设得兰群岛(South Shetland Islands)

南设得兰群岛位于南纬 61°00′ 至 63°37′、西经 53°83′ 至 62°83′ 的范围之内,位于马尔维纳斯群岛以南约 1200 千米,距离南极大陆约 150 千米。群岛由 11 个大岛和一些小岛组成,总陆地面积为 3687 平方千米,约 80%~90% 的土地终年被冰川覆盖。群岛的最高点是位于史密斯岛的福斯特山,海拔高程为 2105 米。群岛从西南偏南的史密斯岛到东北偏北的象岛,绵延约 450 千米,见图 17-2。

图 17-2　南设得兰群岛

四、威廉群岛(William Islands)

威廉群岛包含昂韦尔岛(Anvers Island)(帕穆尔考察站 Palmer Station),库佛维岛(Cuverville Island),彼得曼岛(Petermann Island)等。船航行过利马水道(Lemaire Channel),船舷挨岸几乎紧靠着船身滑过,除景色壮观美丽之外,还可以在附近浮冰上看到许多海狗栖息于冰上。沿着参差不齐的冰壁悬崖边缘,来到昂韦尔岛,这里有美国南极帕穆尔考察站,也是生物学的研究中心(幸运的话将能邀请科学家上船做演讲)。

五、合恩角(Cape Horn)

合恩角是南美洲智利火地群岛南端的陆岬,被广泛认为是南美洲的最南端,是世界上最南端的聚落,整座城镇建在冰碛石的山坡上,房子都用斜顶建筑,冬天才不会堆积沉重的雪。通过这里的经线是大西洋和太平洋的分界。1578 年航海家德雷克首先到此,1616 年抵达的荷兰航海家以其诞生地合恩命名。南临德雷克海峡,合恩角离南极洲很近,捕鲸的活动曾是这一带的重要事业。在这里可以见到用鲸肋骨做成的"栅栏",在穷人家里还有用鲸椎骨做的小凳。在 1914 年巴拿马运河通航以前,这里是大西洋与太平洋之间航行的必经之路。现在经过巴拿马运河比绕道合恩角缩短了 1 万多千米的航程,但是船只通过运河不仅受到吨位的限制,而且要等待开启船闸,费时太多,所以"人工海峡"

还不能完全代替天然海峡的作用。合恩角气候阴冷、多雾。终年盛吹强烈西风，岸外海面波涛汹涌。

六、拉克罗港（Port of lacro）

最受游客欢迎的南极旅游景点之一是历史遗迹，包括废弃和正在使用的各国科考站，这是一道特殊的人文风景，而南极历史遗迹的管理工作由南极条约成员国负责。当参观的科考站日益稀少时，有一个站却是敞开大门，那就是拉克罗港，前身是英国探险队的主要基地，目前由英国南极遗产基金负责管理。拉克罗港建于1941年。原本是"二战"时英国的秘密基地之一，战时为了监视德国在南极的行动，1944年展开代号为"塔伯伦计划"的秘密行动。战后归马尔维纳斯群岛接管，变成科研基地，直到1962年荒废。1996年英国"南极洲遗产基金会"重建时，考察站改为小型南极博物馆，这里只在南极夏季时有四五个人值班，主要工作就是接待为数众多的访问者。为了避免生态破坏，这里每天限制350人登陆，每次登岸时不能超过60人。

拉克罗港是块面积不过一平方千米的小岛，上面只有两三栋普通的红色铁皮屋，铁皮屋改为了博物馆、礼品店和邮局，出售邮票、明信片、纪念品等，也就是说，这里是南极半岛唯一可以购物的地方，也是南极旅行里唯一可以投寄明信片及信件的地方，见图17-3。在这些建筑周围筑巢的巴布亚企鹅已经成为这里的一道风景线，博物馆设有邮局并出售些纪念品。除了邮电服务外，商店还为顾客提供了首日封和难得一见的南极企鹅形状的邮戳。经此投寄的信件会用邮政轮船把信件运到马尔维纳斯群岛，再运回英国，最后从英国按地址寄出，一般需要1~2个月。每年约有7万张明信片从此寄往100多个国家和地区。

图17-3 拉克罗港

七、欺骗岛（Deception island）

欺骗岛在南极洲东北的南设得兰群岛上，是一片黑色火山岩形成的小岛，它是南极洲的活火山之一。据说，20世纪初的某天，南极海域大雾弥漫，几个捕鱼人偶然发现雾中有个岛，可海水一涨，这个岛又不见了，好像没有了这个岛一样，"欺骗岛"的名字由此而来。

南极已记录到的最低温度为 -89℃，年平均气温约为 -25℃。但是，在这里可以在海中游泳，或者说是洗热水澡，这里就是南极"欺骗岛"，也有人称之为"迷幻岛"。它是世界上最南端的温泉。在南极"欺骗岛"岛内福斯塔湾北端斯塔湾内确实有多处温泉喷涌，这里是南极唯一能够进行海水温泉浴的旅游胜地。

要了解南极大陆的开拓史，就应该去"欺骗岛"看看。1918年，英国水兵发现并占领了"欺骗岛"后，在此大肆捕鲸，炼制鲸油，当年英国人留下的木牌上写着，到1931年，英国人在此炼制了360万桶鲸油。现在的炼制鲸油厂只剩下了废墟，欺骗岛也成了极地旅游的好地方，可以在火山岩形成的海滩上挖出的温泉中游泳。尽管来这里旅游的人不少，但是无论在海滩还是陆地上，找不到任何丢弃物。欺骗岛在南极半岛西北端，这个火山堆崩溃的遗留物像一个1287米宽的"C"字，在地图上极易辨认。那里是有实物记载的，人类最早开拓南极的地方。

八、纳克港（Port of Naq）

纳克港是尖凸企鹅的聚集地，同时也是旧阿根廷难民的避难所。它安逸地平躺在众山环抱的安洛尔湾，雄伟壮观的冰川成为它天然的屏障，纳克港是仅有的几个能登上南极大陆的地点之一。邮轮行至南极洲的天堂湾，在此可看到典型的南极景观，这是一处美丽的峡湾，三面为巨型冰山（冰河环绕），约有3048米高的冰河一直由山顶端延伸到海边，气势雄伟。雷姆海峡的东侧可说是杳无人烟，岛上挂智利国旗，建有红色房屋，此地是企鹅的大本营，在山顶上站满了不计其数的企鹅，可称为企鹅山。天堂不仅是港湾的名字，更是这里迷人风景的最佳描绘。在杰拉许海峡的庇护下，港口免受大风的侵袭，游人能够把天堂湾半岛最美的全景尽收眼底。

第三节 地区主要邮轮航线

一、运营的邮轮公司及其邮轮部署

【地中海邮轮】华丽号、辉煌号、诗歌号、抒情号
【歌诗达邮轮】地中海号、辉宏号、太平洋号、炫目号

【公主邮轮】碧海公主号、海洋公主号、星辰公主号

【荷美邮轮】阿姆斯特丹号、马士丹号、普林盛丹号、尚丹号

【皇后邮轮】玛丽女王二世号

【皇家加勒比游轮】海洋荣光号、海洋迎风号

【精致邮轮】无极号

【挪威邮轮】挪威太阳号

【水晶邮轮】合韵号、尚宁号

【银海邮轮】探索号、银神号、银啸号

知识拓展

南极航线邮轮船舶的载客量

南极一般会有两种常规活动：登陆游览和冲锋艇巡游。两个活动各有特色，但想近距离观赏和拍摄动物，往往登陆更方便。南极条约规定每个登陆点一次最多100人同时登陆，太大的船（乘客人数过多）意味着登陆需要轮换，这样在南极登陆机会就会变少。不过大船也有好处，就是行驶得比较稳，而且价格相对稍低。不同船型的差异见表17-1。

表17-1 南极邮轮旅游不同船型的差异比较

	探险小船	豪华小船	大船	超大船
载客量	100人左右或以下，装修简单的小船	载客量100人左右或以下，装修豪华的小船	载客量200人左右及以上	载客量500人左右
登陆情况	可以一次性登陆。1天可以登陆2次，每次3~4小时	可以一次性登陆。1天可以登陆2次，每次3~4小时	需要分批下船。一批登陆，一批海上巡游	登陆机会很少
优势	● 灵活，容易进行频繁的登陆活动或者巡游。 ● 船上的氛围亲密。 ● 邮轮大多是由科考船改造而来，有可能探险队员更专业。 ● 价格相对亲民	● 设施相对完善豪华。 ● 灵活，容易深入。 ● 进行频繁登陆活动。 ● 船上的氛围亲密。 ● 邮轮大多是由科考船改造而来，有可能探险队员更专业	● 设施完善，基础设施相对豪华。 ● 船上娱乐活动相对多。 ● 邮轮吨位大，行驶相对平稳（但是过德雷克海峡仍免不了晕船的可能）	● 便宜
劣势	● 客舱设施比较简单甚至简陋	● 小船中的豪华船。 ● 费用相对昂贵	● 不如小船灵活。 ● 排队轮流登陆。 ● 上下小艇比较耗时。 ● 吨位大，登陆点限制更多	● 大多时间只能巡游，不能靠岸。 ● 吃水深，登陆机会少之又少
代表船只	乌斯怀亚号、普兰修斯号、洛菲号、瓦维洛夫号	海精灵号、海洋诺娃号、海保艇号、银海探索号、RCGS坚韧号	南冠号、北冕号、日丽号、亚特兰蒂斯号、海钻石号、前进号	午夜阳光号

资料来源：https://cruise.ctrip.com/newpackage/class/detail/211。

二、主要邮轮航线

【银海邮轮】

● 乌斯怀亚（Ushuaia）—新岛（Niijima）—斯坦利港（port stanley）—南乔治亚（Georgia Southern）—象岛（Elephant Island）—南极半岛（Antarctic Peninsula）—德雷克海峡（Drake Strait）—乌斯怀亚（Ushuaia）

● 南极三岛大环线：

行程：从阿根廷的乌斯怀亚上下船，向东行驶2天至南乔治亚岛（South Georgia），玩2~3天；再向南行驶2天到达南极大陆附近，玩5~6天；然后2天穿越德雷克海峡回到乌斯怀亚，海上行程6天，上下船2天，玩8~9天，船公司负责的行程总共17~19天。

特点：南乔治亚岛上有更为令人惊叹的野生动物，王企鹅和海狗的聚集地；登陆古利德维肯，缅怀沙克尔顿墓；拜访民风友好的福克兰群岛。

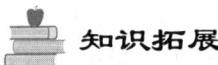 知识拓展

乘邮轮去南极旅游

早在20世纪五六十年代，国外就开展了南极旅游。1966年，阿根廷的兰布拉德公司租用了阿根廷军舰"拉纳塔亚"号，组织了40名游客访问南极，当时在国际上引起了很大反响。如今全球每年赴南极旅游的3万游客中，绝大多数都是从南美洲的阿根廷过境，也有少数是经智利过去，还有非常少的一部分游客从南非或者澳大利亚出发。

目前，游南极主要有两条路线：一条是"南极半岛线路"，游客先乘飞机到达南美洲，在智利、阿根廷等国港口上船，然后乘船前往南极洲；或者从智利南部城市彭塔乘空军班机，飞达南极半岛上的智利站，再登船进行观光。另一条是"南极大陆线路"，从澳大利亚、新西兰或南非乘船、乘飞机赴东南极大陆旅游。后者路途远，如果乘船常常要一个多月，因而旅游者多选择前者。

如果是从阿根廷上船，需要先飞到首都布宜诺斯艾利斯，再转机飞往阿根廷最南端的火地岛，从乌斯怀亚搭乘邮轮到南极。可以选择的航空公司主要是经中东转机的阿联酋航空和卡塔尔航空，以及从欧洲转机的汉莎航空。相比之下，前者的飞机更新也更舒适，适合长达30多小时的飞行，只是去程或者回程需要在当地过夜，酒店由航空公司免费安排。

南极大陆本身不需要签证，然而前往阿根廷或智利则需要办理签证。一般来说，安排行程的相关旅行社或者邮轮公司都可以代办。旅行社会联系阿根廷当地旅行社，出具邀请函，非退休人员需提供在职证明的公证，以及按照使馆要求出示财产证明就可以了。现在这个手续已逐渐简化，签证成功率非常高。

什么时候去南极旅行最合适呢？答案是11月至次年的2月，因为那是南半球的夏季，南极半岛的气温在零度上下，也是企鹅们繁殖活跃的时期。

既然邮轮是目前南极旅行的主要方式，选择一艘合适的邮轮就非常重要。经营南极旅游的商业邮轮很多，美国、加拿大、荷兰、丹麦、挪威等国都有，有些是用具有破冰能力的科考船改装的，有些则是专为极地探险量身定做的，比如挪威海达路德邮轮公司的极地探险邮轮"前进号"。前者的改装船由于多在20世纪八九十年代建造，船体老化，近几年在南极海域发生过不少险情，比如2008年的"乌斯怀亚"号搁浅，而且船上设施也老旧。后者如"前进号"是一艘2008年下水的先进破冰探险船，甚至可以在每年2月进入南极圈航行，这在各国的探险船中都是极为罕见的。

安全第一，舒适性第二。行程中都会经过德雷克海峡，往返需要三四天。众所周知，由于太平洋、大西洋在这里交汇，加之处于南半球高纬度，因此风暴成为德雷克海峡的主宰。它就像一个暴戾的海盗，用12级的西风和巨大的洋流做武器，把整个海域搅动得像一锅不断沸腾的开水。因此，破冰船的体量大小这时就变得重要起来，像"前进号""北冕号"这样万吨级的邮轮，比起千吨级别的小邮轮要稳定很多。

由于好的邮轮产品非常受欢迎，而且是面向全球发售的，国外游客一般提前半年甚至一年就得预订。在中国，除非是中国客人的包船，否则好的线路也一定要提早预订。一般邮轮的船票需在出发日的60天前付清全额款项，因此签证的准备必须早做。否则一旦签证出现状况，就会带来船票损失。另外，越早订机票也会越便宜。

除了安全和舒适性，邮轮探险队员的素质以及管理水平是决定你南极行程是否足够精彩的另一个重要因素。一些邮轮的每次旅程都有经验丰富的地理学家、自然学家、鸟类学家和专业极地探险家，甚至美国国家地理的摄影师陪同，可以在船上为客人提供一系列精彩的极地讲座。

南极的探险时代已经过去，取而代之的将是现代消费主义热情高涨的旅行时代。随着南极游的爆发式增长，也让关注环境保护的人士产生担忧。毕竟日益频繁的人类活动毫无疑问会影响到这一块生态系统脆弱的处女地。由于南极的特殊性，20世纪90年代，由7家倡导环保和责任的南极旅行公司创办了国际南极旅游组织协会IAATO。来自该组织的专业人员为游客讲述南极的各种知识和环境保护协议，已成为南极邮轮上的必修课。同时，该组织对南极旅行者和邮轮的排污制定了一系列规定。比如，游客不能带走南极的任何东西；在观看企鹅时，必须和它们保持5米以上距离，以免惊扰它们；船上的部分污水可以排放在南纬60°以北，其余垃圾都要带回乌斯怀亚；任何人在南极看到违反规定和协议的人和事，都有报告的义务；等等。旅行者穿的登陆靴在上下船前必须消毒，更不能在南极丢弃废物。组织所做的一切都是为了保护南极的自然环境。因此，如果我们中国人去到南极，请怀着对大自然的敬仰之心登陆，遵守国际公约，不给南极留下一粒尘土，以防污染这一片净土。

那么，去南极要准备哪些东西呢？大体如防水冲锋衣裤、排汗保暖内衣、手套、帽子、围巾、滑雪镜、防水袋/密封袋、登山杖、相机等，还要准备一双船上的便鞋、一套宴会装、晕船药物、国际旅行保险，最后是准备一份好心情。至于防水靴，邮轮会在登陆的时候提供，不必背着一双笨重的靴子飞越半个地球了。

如果可以克服穿越德雷克海峡巨大风浪带来的晕船这样的"小问题",等待你的将是一段决不后悔、永远难忘的南极之旅。当然,幸运的话德雷克海峡也可能波澜不惊。

思考:

归纳总结材料中提到的南极旅游的基本情况,谈谈你对南极旅游与环境保护关系的看法。

复习思考题

1. 熟悉南极地区概况,了解南极地区主要旅游吸引物。
2. 查阅相关资料,了解市场上现有的南极邮轮航线和运营的邮轮公司。

参考文献

[1] 程爵浩. 邮轮旅游业概论 [M]. 上海：上海浦江教育出版社，2015.

[2] 冯文海. 亚太地区邮轮旅游市场发展分析 [J]. 世界海运，2010（2）：70-73.

[3] 付梦霞. 中国邮轮经济发展现状及存在问题 [J]. 世界海运，2010（12）：21-23.

[4] 何斌. 基于项目管理的邮轮制造业问题研究 [D]. 大连海事大学，2014.

[5] 何佳芮. 产业链视角下青岛邮轮产业发展问题研究 [D]. 中国海洋大学，2014.

[6] 黄海东. 邮轮母港组建船队的条件与效应——上海组建本土邮轮船队必要性研究 [J]. 中国港口，2012（7）：20-22.

[7] 黄明生. 东南亚旅游资源区域特色和背景分析 [J]. 世界地理研究，1999，8（2）.

[8] 黄燕玲，汪菁菁，秦雨. 产业转型背景下中国邮轮游客感知研究——基于27126条网络文本数据分析 [J]. 西北师范大学学报（自然科学版），2021，57（2）：110-117+126.

[9] 姜宏，叶欣梁，闫国东，等. 基于旅游卫星账户的邮轮旅游经济贡献核算研究 [J]. 统计与决策，2018，34（13）：30-34.

[10] 姜伟. 航运地理 [M]. 北京：人民交通出版社，2008.

[11] 焦芳芳. 邮轮航线设计及我国母港邮轮航线拓展建议 [J]. 水运管理，2014，11（36）：26-29.

[12] 李华，吕思莉. 邮轮旅游的环境污染测算和控制情景分析——以上海港为例 [J]. 海洋开发与管理，2016，33（12）：32-38.

[13] 李华，杨宇琨. 基于关键参数分析的全球邮轮船型特征研究 [J]. 海洋开发与管理，2017，34（2）：10-16.

[14] 李华，周溪召，智路平. 河口海港型城市邮轮经济发展研究 [J]. 世界地理研究，2014（1）.

[15] 李倩铭. 邮轮旅游空间组织演变及其驱动机制研究 [D]. 上海师范大学，2014.

[16] 刘小培. 我国沿海邮轮母港选址问题研究 [D]. 大连海事大学硕士研究生学位论文，2010.

[17] 刘占福. 世界邮轮业发展趋势及其启示研究 [J]. 海洋开发与管理，2014（1）：57-60.

[18] 栾航. 邮轮港口对区域经济带动量研究 [D]. 大连海事大学，2008.

［19］罗尚焜，吴杰．内河游轮母港城市选址研究初探——国际五大内河游轮母港城市分析［J］．商场现代化，2015（Z1）：146-149．

［20］马聪玲．欧美邮轮旅游业发展：特征、问题及启示［J］．旅游管理中国经贸导刊，2014（8）：40-42．

［21］倪菁．北美邮轮旅游市场特征分析及亚太地区展望［J］．湖北第二师范学院学报，2014（8）：76-79．

［22］钱立明，张志明，王海霞．邮轮中心建设中的若干问题探讨［J］．水运工程，2006（10）：215-219．

［23］孙光圻．浅谈邮轮经济及其在我国的发展［J］．港口经济，2005（1）．

［24］孙佼佼，谢彦君．矛盾的乌托邦：邮轮旅游体验的空间生产——基于扎根理论的质性分析［J］．旅游学刊，2019，34（11）：41-50．

［25］孙瑞红，周淑怡，叶欣梁．双循环格局下中国邮轮客源市场的空间格局与分级开发［J］．世界地理研究，2023，32（07）：113-122．

［26］孙晓东，侯雅婷．邮轮旅游的负效应与责任性研究综述［J］．地理科学进展，2017，36（05）：569-584．

［27］孙晓东，林冰洁．谁主沉浮？全球邮轮航线网络结构及区域差异研究［J］．旅游学刊，2020，35（11）：115-128．

［28］孙晓东，倪荣鑫．中国邮轮游客的产品认知、情感表达与品牌形象感知——基于在线点评的内容分析［J］．地理研究，2018，37（06）：1159-1180．

［29］孙妍．基于产业链投入产出表的邮轮经济产业关联度测算［J］．统计与决策，2017（19）：5-10．

［30］王冠兰．嘉年华邮轮公司市场布局与经营效益研究［D］．华东师范大学，2009．

［31］王洁，黄华．国外邮轮旅游环境影响研究进展及其启示［J］．世界地理研究，2017，26（05）：136-146．

［32］王葳．邮轮母港规划设计［J］．水运工程，2008（12）：88-93．

［33］王文军．关注欧洲大型造船企业新重组浪潮［J］．船舶工业技术经济信息，2005（4）：30-36．

［34］吴家鸣．世界造船业中心的转移及国外造船业现状［J］．广东造船，2011（6）：33-35．

［35］徐成元，王磊．邮轮旅游供应链的旅行社激励机制研究：组织游客奖励还是营销推广扶持？［J］．旅游科学，2020，34（01）：71-87．

［36］徐虹，杨红艳，韩林娟．中外邮轮旅游研究回顾与展望——基于研究对象演变的分析［J］．旅游科学，2019，33（02）：1-18．

［37］许晓光，叶璐．世界旅游地理［M］．天津：天津大学出版社，2010．

［38］旭莲．邮轮本土产业链破土待育［J］．中国远洋航务：2011（3）：69．

［39］鄢红叶．邮轮航线规划研究［D］．大连海事大学，2012．

［40］杨丽芳.中国邮轮经济的空间战略研究——邮轮港口与港口城市的视角［D］.暨南大学，2009.

［41］杨彦锋，吴雪娇.中国邮轮旅游市场供给特征研究［J］.特区经济，2011（9）：164-167.

［42］衣博文，史达.文化适应与文化认同：基于中国邮轮游客的行为研究［J］.云南民族大学学报（哲学社会科学版），2021，38（02）：19-29.

［43］袁旭韬.国际邮轮公司组织结构及运营流程对我国游轮公司的启示［J］.水运管理，2015（1）：22-25.

［44］张广瑞.东北亚与东南亚地区旅游发展历程与政策沿革［M］.北京：中国水利水电出版社，2010.

［45］张向辉.邮轮"母港"热背后的隐忧［J］.中国船检，2015（3）：66-67.

［46］张言庆，寇敏，马波.境外邮轮旅游市场研究综述［J］.旅游学刊，2012（2）：94-100.

［47］张言庆.邮轮旅游产业经济特征、发展趋势及对中国的启示［J］.北京第二外国语学院学报，2010（7）：26-33.

［48］赵立祥，谢子轶，杨永志等.基于收益管理的邮轮客舱分配与定价模型［J］.中国管理科学，2022，30（01）：196-205.

［49］赵善梅.世界邮轮旅游市场格局变化及其对中国邮轮旅游发展的影响研究［D］.海南大学，2012.

［50］中国邮轮发展报告（2022—2023）［M］.北京：旅游教育出版社，2024.

［51］周秋麟.欧盟蓝色经济发展现状和趋势［J］.海洋经济，2013，8（3，4）：19-31.

［52］朱文婷.邮轮旅游系统结构及其优化研究——以上海为例［D］.上海师范大学，2010.

［53］Cruise Lines International Association（CLIA）.The Business of Cruising：An Introduction to the Industry［M］.Taylor & Francis，2011.

［54］John G Dempsey.The Cruise Industry［M］.ABI/Inform Trade，2006.

［55］Josephine A Bunch，et al.The Business of Cruising：An Introduction to the Industry［M］.Routledge，2018.

［56］Kendall SummerHawk，et al. The Future of the Cruise Industry：Environmental and Social Responsibility［M］.Palgrave Macmillan，2020.

［57］Ma Yanyong，Shi Jichen.The epoch of large-sire cruise ship［J］.CHINA S HIP SURVEY：2009（1）：23.

［58］Maj Fogg Jeth A.Cruise Ship Port Planning Factors［R］.Florida International University，2001.

［59］Patti Bishop.Cruise Ship Jobs：How to Get a Job on a Cruise Ship & What to Expect［M］.Cengage Learning，2014.